초판 1쇄 인쇄	2013년 4월 5일
초판 1쇄 발행	2013년 4월 10일

기획	JRC 중국어연구소
저자	장동열
발행인	김효정
발행처	JRC 북스
등록번호	제300-2002-42호
편집	최정임 ǀ 허희주 ǀ 여정애
디자인	박정현 ǀ 정소영
영업	최정호
홍보	이지연 ǀ 주현종
웹마케팅	오준석 ǀ 송환웅 ǀ 이승연 ǀ 이혜진
인쇄	천일문화사

주소	JRC 북스 서울 강남구 역삼동 822-4, 3층
전화	구입 문의 02.567.3861 ǀ 02.567.3837
	내용 문의 02.567.3860
팩스	02.567.2471
홈페이지	www.booksJRC.com

ISBN	978-89-98444-12-9 14710
	978-89-98444-11-2 (세트)
정가	18,500원

Copyright © 2013 JRC 북스

JRC 북스의 허락 없이 이 책의 일부 또는 전부를 무단 복사·복제·전재·발췌할 수 없습니다.
잘못된 책은 구입처에서 바꿔 드립니다.

머리글

여러분 안녕하세요. 저와 함께 한자의 세계로 떠나시게 됨을 환영합니다. 지리적으로 보나 역사적으로 보나 중국과 우리나라는 매우 밀접한 관계가 있습니다. 우리가 세계로 뻗어나감에 있어 중국은 우리와 함께할 동반자이기도 하지요. 때로는 친구로서 때로는 경쟁자로서, 우리는 중국을 잘 알고 있지 않으면 안 됩니다. 중국에 대해 잘 알고 중국인과 경쟁하려면 그들의 문자와 언어를 아는 것이 우선이지요. 각 기업에서 HSK 점수와 한자급수 자격증을 요구하는 것은, 기업의 세계화를 위해 중국에 대해 잘 아는 인재를 요구하기 때문입니다.

이 책은 대한검정회(大韓檢定會)에서 주관하는 한자 2급 시험을 대비하기 위한 것입니다. JRC중국어학원의 한자 2급 동영상 강의 교재로도 사용할 수 있습니다. 우리가 배울 대부분의 한자는 '의미 요소'와 '소리 요소'로 구성되어 있습니다. 그래서 이 책에서는 같은 소리 요소를 포함하면서, 한자의 소리가 같거나 유사한 것들을 함께 묶어 설명하였습니다. 필자는 대학원에서 '문자학(=한자학)'을 연구하는 사람입니다. 그리고 여러 대학에서 한자 급수 특강을 진행하고 있습니다. 그래서 필자는 현장 경험을 살려 굵고 짧은 설명으로 한자를 쉽게 외우게 하되, 학술적인 면도 살리려고 노력하였습니다. 여러분은 각 Day의 급수한자(1,000자)를 열심히 쓰면서 설명을 읽고 이해하려고 노력하십시오. 한글을 보고 한자를 쓸 수 있어야 합니다. 급수한자에 딸린 단어도 빼놓을 수 없습니다. 배운 한자를 바탕으로 단어의 뜻을 숙지해야 합니다. 그런 후에 예상 문제를 풀고 제 카페(http://cafe.naver.com/damduk375)에 있는 기출문제를 풀어보면 한자 2급은 '떼놓은 당상'이 될 겁니다. 부디 이 책이 여러분께서 한자 공부를 하는 데 있어 좋은 길잡이가 되었으면 하는 바람이 간절합니다.

끝으로, 게으른 필자에게 싫은 소리 한마디 않고 격려해 주신 JRC중국어학원의 김효정 원장과 허희주 주임께 감사의 말씀을 올리며 묵묵히 뒷바라지해 준 아내 서명희에게도 고맙다는 말을 전하고 싶습니다.

장동열

차례

머리글	3
이 책의 특징	8
이 책의 구성	9
한자급수자격검정 시험이란?	10
한자의 생성 원리	12
부수	14

Day 01 可! 할 수 있다!
한자는 어렵지 않다
○ 阿 荷 架 暇 閣 額 洛 絡 諫 鍊 煉 蘭
欄 爛 肝 刊 岸 汗 旱 軒 懇 痕 葛 謁 揭   24

Day 02 '귀감(龜鑑)'에
왜 거북 귀(龜)자가 있을까?
○ 鑑 濫 藍 艦 鹽 押 剛 鋼 綱 介 拒 距
幹 翰 兼 謙 廉 嫌 硬 唐 糖 影 諒 掠 竟   34

Day 03 胡자는
우리 민족을 멸시하는 글자?
○ 徑 缺 訣 姑 枯 胡 稿 豪 毫 浩 酷 慾
裕 攻 貢 恐 鴻 項 供 恭 洪 巷 港 頌 訟   44

Day 04 세계 속의 중국인,
화교(華僑)
○ 翁 矯 僑 較 絞 狡 郊 菓 管 館 禍 驅
鷗 歐 拘 狗 苟 構 購 閨 桂 卦 掛 輝 揮   54

Day 05 騎를 함께한
친구 사이
○ 券 圈 拳 愧 塊 傀 祈 僅 謹 槿 歎 琴
含 貪 奇 寄 騎 欺 慨 概 畿 機 紀 忌 妃   64

Day 06 屯자는 여러 의미를
가진 이음동자이다
○ 旦 檀 彈 禪 貸 垈 凍 棟 銅 桐 鬪 屯
鈍 廊 娘 曆 戀 蠻 灣 裂 嶺 零 齡 爐 祿   74

Day 07 東자는 원래
'동쪽'이 아니었다!
○ 僚 療 籠 寵 襲 屢 樓 輪 陵 隣 憐 磨
摩 魔 漠 幕 慕 模 募 漫 慢 茫 妄 岡 網   84

Day 08 중국의 창조신
반고(盤古)
○ 荒 盲 侮 梅 敏 繁 悔 娩 盟 霧 某 謀
媒 貿 紊 憫 忽 返 叛 版 販 般 盤 搬 伴   94

Day	제목	한자	쪽
Day 09	'白'자의 정체는 도대체 무엇일까?	拔 髮 芳 妨 倣 紡 傍 培 賠 伯 柏 拍 迫 泊 舶 碧 魄 播 飜 閥 範 汎 壁 僻 避	104
Day 10	寸자는 사람의 손을 본뜬 글자	倂 屛 普 譜 補 浦 捕 簿 博 薄 幅 副 赴 覆 腹 複 峰 蜂 縫 邦 俸 付 府 腐 符	114
Day 11	친구를 지키려면 '信'이 필수다	附 粉 紛 墳 憤 弗 拂 崩 批 卑 碑 婢 匪 排 輩 俳 司 飼 詞 侍 詐 帥 蔘 慘 箱	124
Day 12	蝶에 담긴 한바탕의 꿈	黨 裳 嘗 償 掌 隆 拓 碩 措 錯 籍 贊 讚 纖 貰 蝶 諜 宣 沙 抄 召 昭 紹 照 超	134
Day 13	殉자는 우리 조상들의 숭고한 순국선열(殉國先烈)	燥 隨 墮 誘 透 需 搜 禱 鑄 垂 睡 郵 遂 逐 督 寂 戚 旬 殉 盾 循 肺 提 堤 伸	144
Day 14	雅에서 말하는 까마귀는 기분 나쁜 새?	紳 緊 腎 底 抵 邪 芽 雅 宴 按 鞍 晏 映 殃 抑 池 諾 匿 惹 壤 孃 樣 詳 祥 楊	154
Day 15	명예를 위해 목숨을 버리다!	暢 湯 譯 驛 釋 澤 擇 淡 泳 詠 徐 敍 途 塗 斜 予 預 譽 輿 賜 沿 鉛 閱 銳 娛	164
Day 16	요(堯)임금은 진정한 정치인	梧 狂 幽 搖 遙 堯 燒 曉 妖 稻 鎔 庸 傭 誦 汚 誇 偶 愚 魂 冠 援 緩 韻 委 胃	174
Day 17	寸과 又는 사람의 손을 나타낸다	謂 膚 圍 違 緯 衛 愈 輸 笛 抽 軸 條 悠 尹 伊 噫 儀 疑 凝 碍 息 殆 胎 颱 翼	184
Day 18	선비는 씩씩해야 한다?	刃 姻 淫 賃 姙 緖 署 玆 磁 殘 踐 賤 酌 釣 豹 奬 莊 裝 藏 臟 障 彰 帳 張 裁	194
Day 19	才자가 들어간 글자의 의미는?	載 戴 濯 躍 赦 滴 摘 折 哲 誓 占 亭 訂 寧 廷 艇 程 廳 偵 征 整 症 穽 型 際	204
Day 20	옛 사람의 名과 字	締 濟 劑 潮 騷 逃 桃 挑 跳 株 珠 洙 殊 柱 駐 周 彫 俊 酸 唆 衝 仲 憎 贈 僧	214

차례

Day 21 辰자를 넣으면 어떤 글자가 될까요?
旨 脂 姪 織 殖 置 值 震 振 晨 骨 愼
鎭 騰 膽 藤 姿 恣 諮 資 紫 雌 租 組 彩
224

Day 22 劍과 刀는 서로 다른 종류의 칼이다?
債 績 蹟 斬 慙 漸 暫 倉 蒼 滄 悽 巡
劍 險 擔 膽 肯 哨 削 燭 觸 屬 濁 趨 焦
234

Day 23 鬼자는 귀신과 제사와 관련 있다?
惟 維 羅 稚 催 準 屈 窟 拙 述 銃 趣
側 測 侵 浸 寢 沈 枕 托 託 悼 編 偏 遍
244

Day 24 책을 태운 사람이 정말 진시황제?
評 坪 弊 幣 蔽 胞 砲 飽 爆 標 漂 被
頗 蜜 陷 咸 憾 塔 抗 航 坑 該 核 刻 奚
254

Day 25 나라를 지키기 위해 만든 글자 國
響 享 敦 郭 弦 絃 牽 峽 脅 螢 戱 獻
虜 惑 靴 換 凰 鑛 擴 橫 懷 壞 勳 默 似
264

Day 26 '동이족=한국인' 과연 맞는 등식일까?
佐 傲 侯 喉 傘 況 克 免 蹴 卿 夷 奔
契 奮 奪 秩 奏 奈 尿 履 尼 泥 屍 握 肩
274

Day 27 女가 들어간 글자 중에 좋은 뜻도 많아요
肥 腦 豚 膠 肯 祀 竝 越 妥 妾 姦 奴
毒 孔 孟 猛 覺 遜 孰 熟 慧 誌 慮 憲 惱
284

Day 28 史, 吏, 使, 事는 비슷한 글자
怪 憩 優 懼 恥 苑 態 耐 疾 癌 亨 跡
顯 頻 頃 傾 哭 啓 吏 銘 炊 替 捨 護 訴
294

Day 29 다시 한 번 가차(假借)에 대해서!
謬 眉 臨 臭 聰 聯 聘 耶 抛 捉 促 把
挿 携 攝 據 擊 遵 尉 慰 尋 封 爵 僞 却
304

Day 30 자전(字典)의 할아버지, 『설문해자(說文解字)』
弄 賦 歪 踏 疏 蔬 舜 瞬 叫 糾 殿 鍛
毁 肅 獸 獵 獲 獄 尖 虐 像 豫 貌 麗 禽
314

Day 31 虫은 원래 뱀을 본뜬 글자
禹 賓 賴 賊 負 貫 慣 辱 濃 蛇 融 蠶
潛 亂 乞 雙 雜 雁 離 雇 顧 鳳 鶴 昏 夢
324

Day 32 오늘은 전주(轉注)에 대해서!
森 梨 桑 栗 枚 析 棄 札 梁 染 礎 傑
燃 煩 焉 灰 炅 燕 熙 鳴 吐 座 墻 壓 埋
334

Day	제목	한자	쪽
Day 33	우리말 속에 숨은 한자어 찾기	塵 塞 企 鎖 錦 沒 沐 漏 添 滑 濕 涉 演 派 脈 涯 淚 激 漆 津 恕 潭 減 液 岳	344
Day 34	중국의 무당은 마스카라를 했다?	洲 苗 菌 菊 蘇 葬 蒙 茶 薦 蔑 蒸 蓋 確 靈 雷 霸 厭 厄 厥 闕 睦 隱 陣 陳 陶	354
Day 35	대나무는 종이로 사용했다	隔 穫 稱 粟 篤 築 筋 突 竊 廟 庶 廢 渡 樁 割 寡 寬 縮 宮 宜 審 宰 簡 閨 潤	364
Day 36	예나 지금이나 귀신은 무서워	那 糧 囚 倒 廻 畓 畏 畜 蓄 劃 畢 劣 勵 巧 差 冥 腰 衷 衰 裏 怖 稀 帶 滯 罷	374
Day 37	다시 한 번 전주(轉注)에 대해서!	幻 率 系 係 綿 絹 繫 累 緣 總 索 縣 懸 配 醜 鬱 瑞 琢 環 還 珍 診 飢 飾 盜	384
Day 38	彳은 사람 인(亻)자 두 개가 겹쳐진 글자가 아니에요	旋 弘 弔 臺 刺 策 劇 刷 刹 斥 斯 械 餓 豈 辭 辨 辯 軟 軌 輯 衡 役 疫 御 微	394
Day 39	玉자는 도태되어 버린 글자	縱 徵 懲 徹 撒 導 蓮 朔 邊 遮 迷 遺 遷 逸 遲 遞 逮 延 誕 丸 了 丈 丘 亞 互	404
Day 40	여러분의 건승을 기원하며!	兮 俱 升 昇 醉 卜 斤 牙 玄 瓜 矛 矢 禾 穴 羽 舟 革 鹿 麻 鼓 齊 龍 龜 戈 鬼	414

부록		
	사자성어	426
	반의자	433
	유의자	434
	약자	436
	확인학습 정답	438
	찾아보기	451

이 책의 특징

『두달에 급수 따기 **맛있는 한자 2급**』은 한자에 두려움을 갖고 있는 학습자나, 2급 한자 시험을 한 번도 본 적 없는 학습자라도 누구나 흥미를 갖고 공부할 수 있도록 구성하였습니다. 소리 요소에 착안한 저자만의 암기 비법을 통해 어떤 한자를 봐도 머릿속에 각인될 것입니다.

1. 이 책 한 권으로 어려운 한자도 40일만에 완성

2급 선정 한자를 40일 안에 암기할 수 있도록 학습 분량을 효과적으로 제시했습니다. 실제 시험에 나오는 한자와 예문, 공부한 내용을 그날그날 복습할 수 있는 확인학습이 수록되어 있어 어렵게만 느껴졌던 2급 한자도 이 책 한 권으로 쉽게 마스터할 수 있습니다.

2. '한자 이야기 ➡ 급수한자 ➡ 확인학습 ➡ 보충한자' 단계별 체계적인 구성

각 Day에서 배울 한자와 관련된 재미나는 이야기를 제공해 어렵게만 생각했던 한자를 흥미롭게 접할 수 있습니다. 또한 급수한자와 관련된 확인학습을 통해 학습한 내용을 제대로 공부했는지 확인할 수 있습니다. 특히 보충한자 코너에는 8~3급 한자를 수록하여 하위 급수의 한자도 점검할 수 있습니다.

3. 반복된 예문으로 학습 효과 2배

최신 출제 경향을 파악하여 시험에 자주 출제되는 예문을 수록해 시험에 효과적으로 대비할 수 있습니다. 또한, 중요 단어를 반복적으로 제시해 억지로 외우지 않아도 쉽게 암기할 수 있습니다.

4. 적중률 높은 실전문제 3회분 수록

실제 시험 문제와 가장 유사한 형태의 실전문제 3회분과 답안지를 제공하여 실전에 대비할 수 있습니다.

5. 교재와 동영상이 결합된 학습 시스템

교재뿐만 아니라 동영상 강의를 통해서도 한자를 익힐 수 있습니다. 이 책을 집필한 저자의 생생한 목소리를 통해 두 배의 학습 효과를 맛보실 수 있습니다. 책으로 공부하며 익히고 동영상을 보며 눈과 귀로 보고 듣는 학습법을 통해 중요한 요점을 놓치지 않고 마스터할 수 있습니다.

이 책의 구성

『두달에 급수 따기 맛있는 한자 2급』은 '한자 이야기 ➡ 급수한자 ➡ 확인학습 ➡ 보충한자' 순으로 단계적이고 체계적으로 구성되어 있습니다.

❶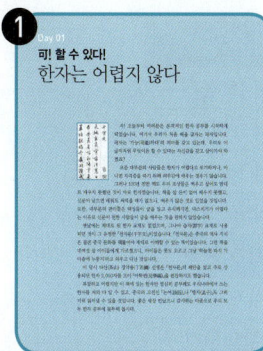

한자 이야기를 보면 바로, 아! 그런 의미였구나~
한자와 관련된 에피소드를 통해 학습할 한자를 미리 맛볼 수 있습니다.

❷

매일매일 급수한자 25개씩 공부해요!
소리 요소로 묶여 있어 한자의 뜻을 파악하기 쉬우며, 한자의 기본 정보 및 출제율 높은 예문이 제시되어 있어 시험에 완벽하게 대비할 수 있습니다.

❸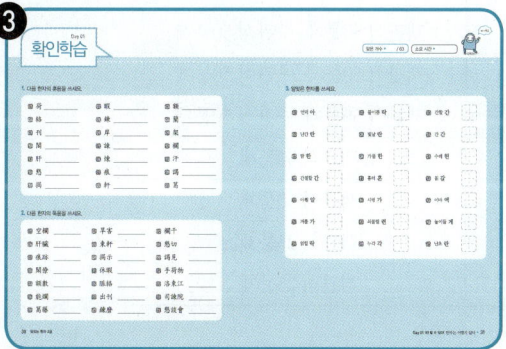

❹

보충한자를 공부하면서 어느 것 하나도 놓치지 않기!
8~3급 한자를 제시하여 이 책 한 권으로 8~2급까지 어느 한자도 놓치지 않고 공부할 수 있습니다.

확인학습으로 그날 배운 내용을 점검해 볼까?
한자의 훈음 쓰기, 한자어의 독음 쓰기, 알맞은 한자 쓰기 등 다양한 문제를 통해 학습한 내용을 바로 확인하며 자신의 실력을 체크해 볼 수 있습니다.

- 「부록」에 소개된 사자성어·반의자·유의자·약자도 함께 학습해 보세요.
- 「찾아보기」를 통해 해당 한자를 쉽게 찾을 수 있으며, 훈음이 함께 제시되어 있어 암기 노트로도 활용할 수 있습니다.

출제 경향을 분석한 적중률 높은 실전문제 3회분 수록

한자급수자격검정 시험이란?

한자급수자격검정 시험은 대한검정회가 주관하고 대한민국한자교육연구회가 주최합니다.

1. 등급별 선정 한자 및 출제 형식

등급	선정 한자 수	문항 수	시험 시간	출제 형식
사범	5,000자	200	140분	객관식 50문제, 주관식 150문제
준사범	5,000자	150	90분	객관식 50문제, 주관식 100문제
1급	3,500자	150	90분	객관식 50문제, 주관식 100문제
준1급	2,500자	150	90분	객관식 50문제, 주관식 100문제
2급	2,000자	100	60분	객관식 50문제, 주관식 50문제
준2급	1,500자	100	60분	객관식 50문제, 주관식 50문제
3급	1,000자	100	60분	객관식 50문제, 주관식 50문제
준3급	800자	100	60분	객관식 50문제, 주관식 50문제
4급	600자	100	60분	객관식 50문제, 주관식 50문제
준4급	400자	100	60분	객관식 50문제, 주관식 50문제
5급	250자	100	60분	객관식 50문제, 주관식 50문제
준5급	100자	50	60분	객관식 50문제
6급	70자	50	60분	객관식 50문제
7급	50자	25	60분	객관식 25문제
8급	30자	25	60분	객관식 25문제

① 시험은 필기 형식으로 진행됩니다.
② 국가 공인 등급은 준2급, 2급, 준1급, 1급, 사범입니다.
③ 상위 등급의 선정 한자는 하위 등급의 선정 한자 수를 포함합니다.
④ 각 급수는 응시 자격 조건이 없습니다.

2. 합격 기준

등급	합격 기준	
사범	80점 이상(1문항당 1/200 * 100점, 100점으로 환산)	200문항 중 160문항 이상
준사범	70점 이상(1문항당 1/150 * 100점, 100점으로 환산)	150문항 중 105문항 이상
1급~준1급	70점 이상(1문항당 1/150 * 100점, 100점으로 환산)	150문항 중 105문항 이상

2급~5급	70점 이상(1문항당 1점)	100문항 중 70문항 이상
준5급~6급	70점 이상(1문항당 2점)	50문항 중 35문항 이상
7급~8급	70점 이상(1문항당 4점)	25문항 중 18문항 이상

① 기출문제는 시험 종료 10일 후, 대한검정회 홈페이지(www.hanja.ne.kr) 자료실에 올려집니다.
② 합격자는 답안지 채점 후 검정 완료일로부터 1개월 뒤에 ARS서비스(060-700-2130), SMS 서비스 또는 대한검정회 홈페이지를 통해 확인할 수 있습니다.
③ 자격증은 합격자 발표 후 2주 정도 소요됩니다.

3. 참가회비

등급	7급~8급	6급~준5급	5급~준3급	3급~2급	준1급~1급	준사범~사범
참가회비	13,000	14,000	15,000	20,000	35,000	57,000

4. 우대 사항

① 자격기본법 제27조에 의거 국가 자격 취득자와 동등한 대우 및 혜택이 주어집니다.
② 대학 입시 수시 모집, 특별 전형 및 학점으로 인정되며 졸업인증제에 반영됩니다.
③ 국가공인 한자급수자격증 취득자는 군 간부 승진 고과에 반영됩니다.
④ 본 검정 시험 응시자 중 우수상 수상자(각 등급별 상위 성적 5%)는 전국한문실력경시(본선)대회 참가 자격을 부여합니다.
⑤ 경시본선대회 수상자는 상장 및 소정의 장학금을 지급합니다.
⑥ 대기업 신입사원 채용 및 인사 고과에 한자급수자격증 취득자 우대 또는 가산점이 부여됩니다.
⑦ 한자급수자격검정 3개 등급의 자격증이 학점으로 인정됩니다.

❖ 한자급수자격검정 등급별 학점 인정 내용

등급	사범	1급	준1급
인정 학점	6학점	5학점	3학점

5. 주의 사항

• 수험표와 신분증 및 답안지 작성용 검정색 볼펜과 수정 테이프를 반드시 준비하십시오.
• 수험 시간 20분 전까지는 입실 완료를 해야 합니다.
• 사범은 서울 사무총국 내 지정 고사장에서 시행합니다.(서울, 부산, 광주)

한자의 생성 원리 六書

1. 상형(象 본뜰 상 形 모양 형)

사물의 모양(形)을 본떠(象) 그림을 그리듯이 만든 글자입니다.
예) 人 | 山 | 日 | 月 | 火 | 水 | 木

2. 지사(指 가리킬 지 事 일 사)

① 추상적인 일(事)을 점이나 선 등의 기호를 이용하여 가리키고(指) 표현한 글자입니다.
예) 上 | 下 | 凹 | 凸

② 상형자에 지시성 부호를 추가한 것도 지사에 속합니다.
예) 本(木+一) | 末(木+一) | 刃(刀+ヽ)

3. 회의(會 모을 회 意 뜻 의)

이미 만들어 놓은 글자들을 모아(會) 새로운 뜻을 표현한 글자로, 구성된 한자들은 해당 글자의 음(音)과는 관계 없고 뜻(意)만 돕습니다.
예) 明(日+月) | 林(木+木) | 好(女+子) | 休(亻+木)

4. 형성(形 모양 형 聲 소리 성)

뜻을 의미하는 글자(形)와 소리(聲)를 나타내는 글자를 합쳐서 만든 것으로, 소리 부분(성부 : 聲符)의 글자를 통해 그 글자의 발음을 짐작하거나 정확히 알 수 있습니다.
예) 問(물을 문 : 口+門) | 記(기록할 기 : 言+己) | 肝(간 간 : 月+干) | 景(볕 경 : 日+京)

5. 전주(轉 구를 전[바뀌다] 注 부을 주[주석하다]) – 확정된 학설 없음

① 한자가 본의(本義)를 잃고 다른 뜻으로 가차되자 본의를 보존하기 위해 본의와 연관되는 글자를

더해 다시 만드는 경우를 말합니다.
　　예 白(잣 → 희다) ◐ 柏(잣 백)
＊白의 본의(本義)는 '잣'인데 '희다'의 뜻으로 쓰이자 '잣'의 뜻을 보존하기 위해 柏자를 만들었습니다. 따라서 白자의 뜻은 柏으로 轉하고, 柏은 白을 注(주석, 설명)하고 있습니다.

② 하나의 글자에 여러 뜻을 파생시키고 그에 따른 발음을 또다시 정한 경우를 말합니다.
　　예 惡 : 악할 악/싫어할 오 ◐ 악한 것은 사람들이 싫어한다.
　　　　樂 : 즐거울 락/노래 악/좋아할 요 ◐ 즐거우면 노래하고 노래는 사람들이 좋아한다.

6. 가차(假 빌릴 가 借 빌릴 차)

① 글자를 새로 만들지 않고, 어휘의 발음과 같은 글자를 빌려(假)와서 사용하는 경우를 말합니다. 빌려진 글자는 자기의 뜻을 잃게 됩니다.
　　예 ㅋ/又 : 오른손 '우'였으나 '또'라는 뜻으로 빌려와 사용하고 있습니다.(상형 겸 가차)
＊고대 중국어에서는 '오른손'이라는 말의 소리와 '또'라는 말의 소리가 같았던 것입니다.
　　예 /自 : 코 '자'였으나 '스스로'라는 뜻으로 빌려와 사용하고 있습니다.(상형 겸 가차)
　　　　/東 : 보따리 '동'이었으나 '동녘'의 뜻으로 빌려와 사용하고 있습니다.

② 의성어로 쓰인 경우, 또는 외래어나 다른 나라 이름을 적을 때, 한자의 뜻과는 관계없이 소리만 빌려 쓰는 것도 가차(假借)라고 합니다.
　　예 스페인(Spain) : 西班牙(서반아)
　　　　아메리카(America) : 美利加(미리가) + 나라 국(國) = 美國(미국)
　　　　프랑스(France) : 佛蘭西(불란서)
　　　　코카콜라(Coca Cola) : 可口可樂(가구가락)

부수 部首

부수(部首)란 무엇일까요? 部는 '거느리다', 首는 '머리'라는 뜻으로 하나의 한자 속에서 으뜸(首)이 되는 요소이며, 그 한자의 뜻을 이끄는 것(部)을 말합니다. 때문에 부수는 한자를 배움에 있어 반드시 알아야 할 필수 요소입니다.

부수는 중국 최고(最古)의 자전인 『설문해자(說文解字)』(서기 100년경, 후한(後漢)의 허신(許愼)이 편찬)의 540자 부수에서부터 그 개수가 계속 변화되어 왔는데, 결국 명(明)나라 매응조(梅膺祚)라는 사람이 편찬한 『자휘(字彙)』라는 자전에서 214자로 확립되었습니다. 이후 청(淸)나라 때의 『강희자전(康熙字典)』에 계승되었고, 현재 한국과 일본에서 발행되는 대부분의 자전이 214자 부수를 표준으로 삼고 있습니다.

1획

부수	예시	부수	예시	부수	예시	부수	예시
一 한 일	丁(고무래/장정 정) 丕(클 비) 世(인간 세)	丨 뚫을 곤	中(가운데 중) 丰(예쁠 봉/풍채 풍) 串(꿰미 천)	丶 불똥 주	丹(붉을 단) 丸(알 환)		
丿 삐침 별	乃(이에 내) 久(오랠 구) 之(갈 지)	乙 새 을	九(아홉 구) 亂(어지러울 난/란)	亅 갈고리 궐	了(마칠 료) 事(일 사) 予(나/줄 여)		

2획

匕 비수 비 ▶ 사람/숟가락을 본뜬 글자   又 또 우 ▶ 손을 본뜬 글자
卩(㔾) 병부 절 ▶ 앉아 있는 사람을 본뜬 글자

부수	예시	부수	예시	부수	예시
二 두 이	五(다섯 오) 于(어조사 우)	亠 머리부분 두	亡(망할 망) 交(사귈 교) 亨(형통할 형)	人(亻) 사람 인	仙(신선 선) 佛(부처 불) 他(다를 타)
儿 어진 사람 인	兒(아이 아) 兄(맏 형) 充(채울 충)	入 들 입	內(안 내) 全(온전 전) 兩(두 량)	八 여덟 팔	公(공변될 공) 六(여섯 육) 兮(어조사 혜)

부수	예시	부수	예시	부수	예시
冂 멀 경	冊(책 책) 再(두 재) 冒(무릅쓸 모)	冖 덮을 멱	冠(갓 관) 冥(어두울 명)	冫 얼음 빙	冬(겨울 동) 冷(차가울 랭) 冶(대장간 야)
几 안석 궤	机(책상 궤) 凡(무릇 범)	凵 그릇 감	凶(흉할 흉) 出(날 출) 凹(오목할 요)	刀(刂) 칼 도	刃(칼날 인) 分(나눌 분) 切(끊을 절)
力 힘 력	加(더할 가) 功(공 공) 助(도울 조)	勹 쌀 포	包(쌀 포) 勿(말 물) 勻(고를 균)	匕 비수 비	北(북녘 북/ 달아날 배) 匙(숟가락 시)
匚 상자 방	匠(장인 장) 匡(바를 광) 匱(함 궤)	匸 감출 혜	匹(짝 필) 匿(숨을 닉) 區(나눌 구)	十 열 십	千(일천 천) 升(되 승) 午(낮 오)
卜 점 복	占(점 점) 卦(점괘 괘)	卩 병부 절	卯(토끼 묘) 印(도장 인) 危(위태할 위)	厂 언덕 한	厄(재앙 액) 厓(언덕 애) 厚(두터울 후)
厶 사사 사	去(갈 거) 參(석 삼/ 참여할 참)	又 또 우	及(미칠 급) 友(벗 우) 反(돌이킬 반)		

● 3획

夂 뒤져올 치 ▶ 사람의 발을 본뜬 글자
夊 천천히 걸을 쇠 ▶ 사람의 발을 본뜬 글자
寸 마디 촌 ▶ 손을 본뜬 글자
彳 길/걸을 척 ▶ 길을 본뜬 글자

부수	예시	부수	예시	부수	예시
口 입 구	咽(목구멍 인) 喉(목구멍 후) 吻(입술 문)	囗 에울 위	四(넉 사) 圍(에워쌀 위) 困(곤궁할 곤)	土 흙 토	地(땅 지) 坑(구덩이 갱) 均(고를 균)
士 선비 사	壯(장할 장) 壻(사위 서) 壬(북방 임)	夂 뒤져올 치	處(곳 처)	夊 천천히 걸을 쇠	夏(여름 하) 夌(언덕 릉)

부수 ▶ 15

부수	예	부수	예	부수	예
夕 저녁 석	外(바깥 외) 多(많을 다) 夙(일찍 숙)	大 큰 대	夫(지아비 부) 失(잃을 실) 天(하늘 천)	女 여자 녀	妃(왕비 비) 姑(시어미 고) 妹(아랫누이 매)
子 아들 자	孔(구멍 공) 孕(아이 밸 잉) 字(글자 자)	宀 집 면	守(지킬 수) 安(편안 안) 宗(마루 종)	寸 마디 촌	尋(찾을 심) 尊(높일 존) 寺(절 사/모실 시)
小 작을 소	尚(높을 상) 尖(뾰족할 첨)	尢 절음발이 왕	尤(더욱 우) 就(나아갈 취)	尸 주검/시동 시	居(살 거) 尾(꼬리 미) 屍(주검 시)
屮 싹날 철/왼손 좌	屯(진칠 둔) 屰(거스를 역)	山 메 산	岳(큰산 악) 峰(봉우리 봉) 巖(바위 암)	川(巛) 내 천	川(내 천) 州(고을 주) 巡(순행할 순)
工 장인 공	巨(클 거) 巧(교묘할 교) 左(왼 좌)	己 몸 기	巳(뱀 사) 已(이미 이) 巴(뱀 파)	巾 수건 건	市(저자 시) 帆(돛 범) 幕(장막 막)
干 방패 간	平(평평할 평) 年(해 년) 幸(다행 행)	幺 작을 요	幻(허깨비 환) 幼(어릴 유) 幽(그윽할 유)	广 집 엄	序(차례 서) 府(관청 부) 底(밑 저)
廴 멀리갈 인	延(끌 연) 廷(조정 정) 建(세울 건)	廾 두손 공	弁(고깔 변) 弄(희롱할 롱) 弊(해질 폐)	弋 주살 익	式(법 식) 弑(죽일 시)
弓 활 궁	強(강할 강) 張(시위 얹을 장) 弦(시위 현)	크(彑) 돼지머리 계	彖(판단할 단) 彗(빗자루 혜) 彘(돼지 체)	彡 터럭 삼	形(모양 형) 彦(선비 언) 彬(빛날 빈)
彳 길/걸을 척	彷(배회할 방) 役(부릴 역) 往(갈 왕)				

4획

戶 지게/집 호 ▶ 문을 본뜬 글자　　欠 하품 흠 ▶ 입을 벌린 사람의 모습
支(攵) 칠 복 ▶ 손에 도구를 든 모습　　爿 조각 장 ▶ 침대를 본뜬 글자

부수	예	부수	예	부수	예
心(忄·㣺) 마음 심	志(뜻 지) 意(뜻 의) 忠(충성 충)	戈 창 과	戟(창 극) 戍(지킬 수) 戌(개 술)	戶 지게/집 호	房(방 방) 扁(편액 편)

부수	예	부수	예	부수	예
手(扌) 손 **수**	打(칠 타) 拓(개척할 척) 招(부를 초)	支 지탱할/갈라질 **지**	⿰多支(많을 지) 攲(기울 기)	攴(攵) 칠 **복**	敲(두드릴 고) 敵(대적할 적) 攻(칠 공)
文 글월 **문**	斑(얼룩 반) 斐(문채 비) 斌(빛날 빈)	斗 말 **두**	料(헤아릴 료) 斜(비낄 사)	斤 도끼 **근**	斧(도끼 부) 斷(끊을 단) 斬(벨 참)
方 모 **방**	旗(기 기) 族(겨레 족) 施(베풀 시)	无 없을 **무**	旡(목멜 기) 旣(이미 기)	日 날 **일**	旦(아침 단) 早(이를 조) 旨(맛 지)
曰 가로 **왈**	會(모일 회) 曷(어찌 갈) 曲(굽을 곡)	月 달 **월**	有(있을 유) 服(옷 복) 朔(초하루 삭)	木 나무 **목**	松(소나무 송) 楊(버들 양) 柳(버들 류)
欠 하품 **흠**	歌(노래 가) 歎(탄식할 탄) 飮(마실 음)	止 그칠 **지**	正(바를 정) 此(이 차) 步(걸음 보)	歹(歺) 뼈 **알**	死(죽을 사) 殃(재앙 앙) 殆(위태할 태)
殳 창/몽둥이 **수**	段(층계 단) 殷(성할 은) 殺(죽일 살)	毋 말 **무**	母(어머니 모) 毒(독 독) 每(매양 매)	比 견줄 **비**	毗(도울 비) 毘(도울 비) 毖(삼갈 비)
毛 터럭 **모**	毬(공 구) 毫(가는 털 호) 氈(모전 전)	氏 성씨 **씨**	民(백성 민) 氐(근본 저) 氓(백성 맹)	气 기운 **기**	氣(기운 기) 氛(기분 분)
水(氵·氺) 물 **수**	氷(얼음 빙) 漢(한수 한) 港(항구 항)	火(灬) 불 **화**	燃(탈 연) 燒(사를 소) 焚(사를 분)	爪(爫) 손톱 **조**	爭(다툴 쟁) 爬(긁을 파) 爰(이에 원)
父 아버지 **부**	爺(아비 야) 爹(아비 다)	爻 점괘 **효**	爽(시원할 상) 爾(너 이)	爿 조각 **장**	牀(평상 상) 牆(담 장)
片 조각 **편**	牌(패 패) 版(널빤지 판) 牘(서찰 독)	牙 어금니 **아**	⿰牙艮(깨물 간) 牚(버틸 탱)	牛 소 **우**	牟(소 우는 소리 모) 牝(암컷 빈) 牡(수컷 모)
犬(犭) 개 **견**	狗(개 구) 犯(범할 범) 狂(미칠 광)				

5획

玄 검을 현 ▶ 실이나 끈을 본뜬 글자
示 보일 시 ▶ 제사용 탁자를 본뜬 글자

부수	예	부수	예	부수	예
玄 검을 현	玆(이/검을 자) 率(거느릴 솔/비율 률)	玉 구슬 옥	理(다스릴 리) 玲(옥소리 령) 珠(구슬 주)	瓜 오이 과	瓢(바가지 표) 瓠(표주박 호)
瓦 기와 와	甑(시루 증) 甕(항아리 옹) 瓷(오지그릇 자)	甘 달 감	甚(심할 심) 甜(달 첨)	生 날 생	甥(생질 생) 産(낳을 산) 甦(소생할 소)
用 쓸 용	甫(클 보) 甬(길 용)	田 밭 전	甲(갑옷 갑) 申(펼/지지 신) 由(말미암을 유)	疋 발 소	疏(트일 소) 疑(의심할 의)
疒 병들 녁	疫(염병 역) 疼(아플 동) 症(증세 증)	癶 걸을/두발 발	癸(천간 계) 登(오를 등) 發(필 발)	白 흰 백	百(일백 백) 的(과녁 적) 皇(임금 황)
皮 가죽 피	皺(주름 추)	皿 그릇 명	盃(잔 배) 盈(찰 영) 益(더할 익)	目(罒) 눈 목	眼(눈 안) 睛(눈동자 정) 相(서로 상)
矛 창 모	矜(창자루 근/불쌍히 여길 긍) 矦(창 후)	矢 화살 시	矣(어조사 의) 知(알 지) 矯(바로잡을 교)	石 돌 석	砂(모래 사) 砲(돌쇠뇌 포) 破(깰 파)
示 보일 시	神(귀신 신) 社(땅귀신/모일 사) 祝(빌 축)	禸 짐승 발자국 유	禹(하우씨 우) 禽(새 금)	禾 벼 화	秀(빼어날 수) 私(사사 사) 秉(잡을 병)
穴 구멍 혈	究(궁구할 구) 空(빌 공) 穽(허방다리 정)	立 설 립	竝(나란히 병) 童(아이 동) 端(끝 단)		

6획

缶 장군 부 ▶ 질그릇을 의미하는 글자
臣 신하 신 ▶ 눈을 본뜬 글자
至 이를 지 ▶ 땅에 꽂힌 화살을 본뜬 글자
舛 어그러질 천 ▶ 사람의 두 발을 본뜬 글자
艮 그칠 간 ▶ 서서 눈을 크게 뜬 사람
行 다닐 행 ▶ 사거리를 본뜬 글자

부수	예	부수	예	부수	예
竹 대나무 죽	符(부신 부) 籠(바구니 롱) 筆(붓 필)	米 쌀 미	粉(가루 분) 粒(쌀알 립) 粘(끈끈할 점)	糸 실 사	紀(벼리 기) 紗(깁 사) 純(순수할 순)
缶 장군 부	缸(항아리 항) 罐(두레박 관) 缺(이지러질 결)	网(罒·罓) 그물 망	罔(없을 망) 罕(드물 한) 罫(줄 괘)	羊 양 양	美(아름다울 미) 義(옳을 의) 羔(새끼양 고)

부수	예시	부수	예시	부수	예시
羽 깃 우	習(익힐 습) 翊(도울 익) 翰(날개/붓 한)	老(耂) 늙을 로	考(상고할 고) 耆(노인 기) 者(놈 자)	而 말 이을 이	耐(견딜 내) 耎(가냘플 연)
耒 쟁기 뢰	耕(밭갈 경) 耗(벼 모) 耘(김맬 운)	耳 귀 이	耽(처질/즐길 탐) 聖(성스러울 성) 聞(들을 문)	聿 붓 율	肆(방자할 사) 肅(엄숙할 숙)
肉(月) 고기 육	腦(머릿골 뇌) 肝(간 간) 肛(항문 항)	臣 신하 신	臥(누울 와) 臨(임할 림)	自 스스로 자	臭(냄새 취) 皋(언덕 고)
至 이를 지	致(이를 치) 臺(대 대)	臼 절구 구	與(더불 여) 興(일어날 흥) 舊(예 구)	舌 혀 설	舍(집 사) 舒(펼 서)
舛 어그러질 천	舞(춤출 무) 舜(순임금 순)	舟 배 주	舫(방주 방) 舶(배 박) 船(배 선)	艮 머무를/그칠 간	良(어질 량) 艱(어려울 간)
色 빛 색	艷(고울 염) 艴(옥색 병)	艸(艹) 풀 초	芻(꼴 추) 花(꽃 화) 草(풀 초)	虍(虎) 범 호	虎(범 호) 虐(모질/사나울 학) 處(곳 처)
虫 벌레 충	蜂(벌 봉) 蚊(모기 문) 螳(버마재비 당)	血 피 혈	衆(무리 중) 衃(어혈 배)	行 다닐 행	街(거리 가) 衝(큰 거리/찌를 충) 衛(지킬 위)
衣(衤) 옷 의	表(겉 표) 衰(쇠약할 쇠) 衷(정성 충)	襾 덮을 아	西(서녘 서) 要(요긴할 요) 覆(엎어질 복/덮을 부)		

● 7획

豸 발 없는 벌레 치 ▶ 사나운 짐승을 본뜬 글자   辰 별 진/때 신 ▶ 조개를 본뜬 글자
辛 매울 신 ▶ 형벌 도구를 본뜬 글자   酉 닭 유 ▶ 술병을 본뜬 글자

부수	예시	부수	예시	부수	예시
見 볼 견	規(법 규) 覓(찾을 멱) 視(볼 시)	角 뿔 각	解(풀 해) 觴(잔 상) 觸(닿을 촉)	言 말씀 언	記(기록할 기) 訂(바로잡을 정) 訊(물을 신)
谷 골 곡	谿(시내 계) 豁(뚫린 골 활)	豆 콩 두	豈(어찌 기) 豊(풍년 풍)	豕 돼지 시	象(코끼리 상) 豚(돼지 돈) 豪(뛰어날 호)

豸 발 없는 벌레 치	豺(승냥이 시) 豹(표범 표) 貊(담비 초)	貝 조개 패	負(질 부) 財(재물 재) 貧(가난할 빈)	赤 붉을 적	赦(놓을/용서할 사) 赫(붉을 혁) 赧(얼굴 붉힐 난)
走 달릴 주	起(일어날 기) 赴(다다를 부) 越(넘을 월)	足 발 족	趾(발 지) 距(떨어질 거) 路(길 로)	身 몸 신	軀(몸 구) 躬(몸 궁) 躶(벗을 라)
車 수레 거/차	軌(길/굴대 궤) 軍(군사 군) 軋(삐걱거릴 알)	辛 매울 신	辟(임금 벽) 辣(매울 랄) 辨(나눌 변)	辰 별 진/때 신	農(농사 농) 辱(욕될 욕)
辵(辶) 쉬엄쉬엄 갈 착	迂(굽을/멀 우) 近(가까울 근) 返(돌아올 반)	邑(阝) 고을 읍	邦(나라 방) 邱(언덕 구) 邯(조나라 서울 한)	酉 닭 유	配(짝 배) 酒(술 주) 酷(독할 혹)
采 분별할 변	采(캘/채색 채) 釋(풀 석) 釉(윤/광택 유)	里 마을 리	重(무거울/거듭 중) 野(들 야) 量(헤아릴 량)	金 쇠 금	針(바늘 침) 釜(가마솥 부) 鈍(무딜 둔)

● 8획

長(镸) 긴 장	镺(길 오)	門 문 문	閃(번쩍할 섬) 閉(닫을 폐) 開(열 개)	阜(阝) 언덕 부	阪(비탈 판) 附(붙을 부) 阿(언덕 아)
隶 미칠 이/대	隸(종 례=隷)	隹 새 추	隻(외짝 척) 雀(참새 작) 集(모을 집)	雨 비 우	雲(구름 운) 雪(눈 설) 露(이슬 로)
青 푸를 청	靖(편안할 정) 靜(고요할 정)	非 아닐 비	靡(쓰러질 미) 靠(기댈 고)		

● 9획

韋 다룸가죽 위 ▶ 성곽을 둘러싼 군사의 발을 의미

面 낯 면	靦(부끄러워할 전) 靧(여월 초)	革 가죽 혁	靴(가죽신 화) 鞍(안장 안) 鞭(채찍 편)	韋 다룸가죽 위	韓(나라 이름 한) 韌(질길 인) 韜(활집 도)

韭 부추 구	韱(산부추 섬) 韮(부추 구)	音 소리 음	韻(운/운치 운) 響(울림 향)	頁 머리 혈	須(수염/모름지기 수) 順(순할 순) 頃(잠깐/이랑 경)
風 바람 풍	颱(태풍 태) 颺(날 양) 飄(회오리바람 표)	飛 날 비	飜(뒤칠/번역할 번) 霏(눈 펄펄 날릴 비)	食 밥/먹을 식	飢(주릴 기) 飯(밥 반) 飮(마실 음)
首 머리 수	馗(머리/광대뼈 규) 馘(벨 괵)	香 향기 향	馨(향기 형) 馥(향기 복)		

● 10획

馬 말 마	馳(달릴 치) 馴(길들일 순) 駐(머무를 주)	骨 뼈 골	骸(뼈 해) 體(몸 체) 髓(골 수)	高 높을 고	顑(큰 머리 고) 皜(흴 호)
髟 머리털 표	髮(터럭 발) 髻(상투 계) 髫(늘어뜨린 머리 초)	鬥 싸울 투	鬪(싸울 투) 鬧(시끄러울 료)	鬯 울창주 창	鬱(답답할 울)
鬲 솥 력	鬴(가마솥 부) 鬻(죽고 죽)	鬼 귀신 귀	魂(넋 혼) 魄(넋 백) 魔(마귀 마)		

● 11획

魚 물고기 어	魯(노나라 로) 鮑(절인어물 포) 鮫(상어 교)	鳥 새 조	鳧(오리 부) 鳩(비둘기 구) 鳶(솔개 연)	鹵 소금 로	鹽(소금 염) 鹹(짤 함)
鹿 사슴 록	麒(기린 기) 麟(기린 린) 麓(산기슭 록)	麥 보리 맥	麵(밀가루 면) 麴(누룩 국)	麻 삼 마	麾(대장기 휘) 麼(작을 마)

12획

黃 누를 황	黅(누른빛 금) 黈(누른빛 주)	黍 기장 서	黎(검을 려) 黏(찰질 점)	黑 검을 흑	默(잠잠할 묵) 黛(눈썹먹 대) 黔(검을 검)
黹 바느질할 치	黼(수 보) 黻(수 불)				

13획

黽 맹꽁이 맹	鼈(자라 별) 鼃(개구리 와)	鼎 솥 정	員(인원 원) 貞(곧을 정) 眞(참 진)	鼓 북 고	鼕(북소리 동) 鼚(북소리 창)
鼠 쥐 서	鼢(두더지 분) 鼩(생쥐 구)				

14획

鼻 코 비	鼾(코 골 한) 齅(냄새 맡을 후) 齈(콧물 농)	齊 가지런할 제	齋(재계할 재) 賷(가져갈 재)

15획

齒 이 치	齡(나이 령) 齏(씹을 제)

16획

龍 용 룡	龐(클 방) 龕(감실 감)	龜 거북 귀	—

17획

龠 피리 약	龢(화할 화) 龤(피리 지)

『맛있는 한자 2급』의
똑똑한 활용법!

▶ 한자 이야기
술술 읽히는 한자 이야기로 한자의 재미를 두 배로 느껴 보세요.

▶ 급수한자
2급 한자를 소리 요소로 묶어 설명했습니다. 소리 요소를 알아두면 한자의 뜻을 이해하기 쉽습니다. 훈음, 부수, 총획, 예문까지 한자 정보를 마스터해 보세요.

▶ 확인학습
학습한 한자는 그날그날 체크해 보세요. 틀린 문제는 체크해 두었다가 시험 전날 다시 확인해 보세요.

▶ 보충한자
하위 등급인 8~3급 한자가 깔끔하게 정리되어 있습니다. 모르는 한자는 반드시 학습하고 넘어가세요.

Day 01
可! 할 수 있다!
한자는 어렵지 않다

자! 오늘부터 여러분은 본격적인 한자 공부를 시작하게 되었습니다. 여기서 우리가 처음 배울 글자는 可자입니다. 可자는 '가능(可能)하다'의 의미를 갖고 있는데, 우리도 이 글자처럼 무엇이든 할 수 있다는 자신감을 갖고 살아가야 하겠죠?

요즘 대부분의 사람들은 한자가 어렵다고 포기하거나, 아니면 자격증을 따기 위해 의무감에 배우는 경우가 많습니다. 그러나 100년 전만 해도 우리 조상들은 배우고 싶어도 맘대로 배우지 못했던 것이 바로 한자였습니다. 책을 살 돈이 없어 배우지 못했고, 신분이 낮으면 배워도 써먹을 데가 없으니, 배우지 않은 것도 있었을 것입니다. 또한, 대부분의 관리들은 백성들이 글을 알고 유식해지면, 다스리기가 어렵다는 이유로 신분이 천한 사람들이 글을 배우는 것을 원하지 않았습니다.

옛날에는 제대로 된 한자 교재도 없었으며, 그나마 습자(習字) 교재로 사용되던 것이 그 유명한 『천자문(千字文)』이었습니다. 『천자문』은 중국의 역사 지식은 물론 중국 문화를 꿰뚫어야 제대로 이해할 수 있는 책이었습니다. 그런 책을 대여섯 살 아이들에게 가르쳤으니, 아이들은 뜻도 모르고 그냥 '하늘천 따지 가마솥에 누룽지'라고 외우고 다닌 것입니다.

이 당시 다산(茶山) 정약용(丁若鏞) 선생은 『천자문』의 폐단을 알고 주로 상용되던 한자 2,000자를 모아 『아학편(兒學編)』을 편찬하기도 했습니다.

복잡하고 어렵지만 이 책에 있는 한자만 열심히 공부해도 우리나라에서 쓰는 한자를 거의 다 알 수 있고, 중국의 고전인 『논어(論語)』나 『맹자(孟子)』도 그럭저럭 읽어낼 수 있을 것입니다. 좋은 세상 만났으니 감사하는 마음으로 우리 모두 한자 공부에 몰두해 봅시다.

阿 언덕 아

총획 8획　**부수** 阜(=阝) 언덕 부

可(옳을 가)자는 '입(口)으로 옳다라고 말한다'라는 뜻이다. 阿자는 阝가 의미 요소, 可가 소리 요소로 쓰였다.

* 阿膠(아교) : 접착제
* 阿附(아부) : 남의 비위를 맞추어 알랑거림

荷 짐/연꽃 하

총획 11획　**부수** 艸(=⺾) 풀 초

'사람(人)이 머리 위에 풀(艸)을 이고 있다'라고 하여 '짐'의 뜻이 생겼다. 艸가 의미 요소, 何(어찌 하)가 소리 요소로 쓰였다.

* 手荷物(수하물) : 손에 들 수 있는 짐
* 荷役(하역) : 짐을 싣고 내리는 일

架 시렁 가

총획 9획　**부수** 木 나무 목

加(더할 가)자는 힘(力)을 쓸 때 소리(口) 질러 '힘을 더한다'라는 뜻이다. 架자는 木이 의미 요소, 加가 소리 요소로 쓰였다. **시렁은 다른 물건을 더해(加) 얹어 놓을 수 있게 나무(木)로 만든 선반**을 말한다.

* 書架(서가) : 책꽂이
* 架設(가설) : 전기선이나 교량 따위를 공중에 설치함

暇 겨를/틈 가

총획 13획　**부수** 日 날 일

叚(빌릴 가)자는 '손(又)으로 빌려 쓴다'라는 의미로 소리 요소로 쓰였으며 日(해 일)자는 시간과 관련된 글자 속에 종종 들어간다. 즉 남에게 **빌려(叚)줄 수 있는 시간(日)**이 있다는 것은 '나에게 남는 시간이 있다'라는 의미를 나타낸다.

➕ 겨를 : '남는 시간'이라는 뜻이다.

* 休暇(휴가) : 일정 기간 쉬는 것
* 暇逸(가일) : 한가하게 놀다

閣 누각 각

총획 14획　**부수** 門 문 문

各(각각 각)자는 夂(발 치)자와 口(집)자가 더해진 글자로, '발로 걸어 **집에 들어가다**'의 뜻을 갖는다. 閣자에서 門은 **집과 같은 건물**을 의미하므로 門은 의미 요소, 各은 소리 요소로 쓰였다.

* 樓閣(누각) : 사방을 바라볼 수 있도록 높게 지은 집
* 閣僚(각료) : 내각을 조직하는 여러 부처의 장관들

액 額
락 洛
락 絡

額 이마 액

총획 18획　**부수** 頁 머리 혈

客(손님 객)자는 '우리 집(宀)에 놀러 들어오는(各) 사람은 손님'이라는 뜻이다. 額자는 **'손님(客)이 머리(頁) 숙여 인사하니 이마가 보인다'**라는 의미이다.

* 額數(액수) : 돈의 머릿수
* 扁額(편액) : 종이, 널빤지 등에 글씨를 써서 문 위에 걸어 놓은 액자

洛 물이름 락

총획 9획　**부수** 水(=氵) 물 수

낙수(洛水)는 중국에 있는 강 이름인데, 洛자는 중국의 큰 강인 황하(黃河)에 **흘러 들어가는(各) 강물(水)**의 **고유 명사**였다. 지금은 우리나라 낙동강(洛東江)에 들어가는 글자이다.

* 洛陽(낙양) : 중국 하남성에 있는 도시로 여러 왕조의 도읍지였다
* 洛東江(낙동강) : 우리나라 영남 지역을 관통하는 강

絡 얽힐/맥락 락

총획 12획　**부수** 糸 실 사

'실(糸)들이 자기들의 틈새로 **마구마구 들어가니(各) 얽힌다'**라는 뜻을 나타낸다. 糸가 의미 요소, 各이 소리 요소로 쓰였다.

* 脈絡(맥락) : 사물이 서로 이어져 있는 관계
* 經絡(경락) : 인체 내의 경맥과 낙맥을 아울러 이르는 말

간 諫
련 鍊

諫 간할 간

총획 16획　**부수** 言 말씀 언

柬(가려낼 간)자는 '나무(木)를 묶어(束) 점('')을 찍어 가려낸다'라는 뜻으로, 柬자는 소리 요소로 자주 쓰인다. 신하가 왕에게 **'옳고 그른 일을 가려내야(柬) 한다'**고 올리는 말(言)이 곧 간(諫)하는 말이다.

➕ 간하다 : '임금에게 옳지 못하거나 잘못된 일을 고치도록 말한다'라는 뜻이다.

* 司諫院(사간원) : 조선 시대 간(諫)하는 일을 맡은 관아
* 諫言(간언) : 웃어른이나 임금에게 잘못하는 일을 고치도록 올리는 말

鍊 쇠불릴 련

총획 17획　**부수** 金 쇠 금

'좋은 **쇠(金)**를 **가려내어(柬)** 도구를 만들기 위해 **두드린다**'라는 의미를 나타낸다(→ 쇠를 불리다). 金이 의미 요소, 柬(간→련)이 소리 요소이다.

➕ 쇠를 불리다 : '대장간에서 쇠를 두드리다'라는 뜻이다.

* 鍛鍊(단련) : 쇠를 두드려서 단단하게 함
* 鍊磨(연마) : 학문이나 기술을 힘써 배우고 닦음

	煉 련
 달굴 련	**총획** 13획　**부수** 火 불 화 불에 타지 않는 것을 '**불로 뜨겁게 달군다**'라는 의미로 煉자는 원래 鍊자와 같은 뜻을 가진 글자였으나, '불로 달군다'라는 의미를 나타내므로 火가 들어갔다고 보면 된다. ➕ 달구다 : '돌이나 쇠를 불에 대어 뜨겁게 하다'라는 뜻이다. * 煉乳(연유) : 우유를 농축한 것 * 煉獄(연옥) : 죽은 사람의 영혼이 천국에 가기 전에 남아 있는 죄를 씻기 위해 불로 단련 받는 곳

	蘭 란
 난초 란	**총획** 21획　**부수** 艸(=艹) 풀 초 '많은 풀(艸) 중에서 **향기가 있고 아름다운 난초를 가려내어**(柬) **집**(門)에서 **키운다**'라는 뜻이다. * 蘭草(난초) : 난초과의 식물을 통틀어 이르는 말 * 其臭如蘭(기취여란) : 절친한 친구 사이 

	欄 란
欄 난간 란	**총획** 21획　**부수** 木 나무 목 '**집**(門)에 **들어오지 말아야 할 사람**을 **가려내기**(柬) **위해 나무**(木)를 **설치한다**'라는 의미를 나타낸다(→ 난간을 만들다). * 欄干(난간) : 층계, 다리, 마루 따위의 가장자리에 일정한 높이로 막아 세우는 구조물 * 空欄(공란) : 지면에 비어 있는 칸

	爛 란
爛 빛날 란	**총획** 21획　**부수** 火 불 화 爛자는 '**문**(門)**에 불**(火)**이 붙어 빛난다**'라는 뜻의 글자이다. * 天眞爛漫(천진난만) : 매우 순수하고 참됨 * 能爛(능란) : 익숙하고 솜씨 있음

	肝 간
肝 간 간	**총획** 7획　**부수** 肉(=月) 고기 육 肉(=月)자는 우리 몸과 관련된 글자 속에 들어가고, 干(방패 간)자는 공격을 막는 방패를 본뜬 글자이다. 따라서 肝자는 **신체**(肉) **장기** 중에서 '**간**'을 나타내는 글자이다. 肉이 의미 요소이고, 干이 소리 요소이다. * 肝臟(간장) : 장기(臟器)로서의 간(肝) * 肝炎(간염) : 간에 생기는 염증

刊 책 펴낼 간	**총획** 5획 **부수** 刀(=刂) 칼 도 '방패(干)처럼 평평한 나무 위에 칼(刀)로 **글자를 새겨 책을 펴낸다**'라는 의미를 나타낸다. 刀자가 의미 요소, 干자가 소리 요소로 쓰였다. * 刊行(간행) : 책을 찍어냄 * 出刊(출간) : 책이 인쇄되어 세상에 나옴
岸 언덕 안	**총획** 8획 **부수** 山 메 산 '산(山)처럼 **솟아 있는 언덕**(厂)'을 의미하는 글자이다. 여기서 언덕을 의미하는 글자인 厂(언덕 한)과 山이 의미 요소, 干이 소리 요소로 사용되었다. * 沿岸(연안) : 강이나 호수, 바다를 따라 잇닿아 있는 육지 * 海岸(해안) : 바다와 육지가 맞닿은 부분
汗 땀 한	**총획** 6획 **부수** 水(=氵) 물 수 '방패(干)처럼 우리 **몸을 보호해 주는 액체**(水)인 **땀**'을 나타내는 글자이다. * 多汗症(다한증) : 땀이 지나치게 많이 나는 증세 * 可汗(가한) : 중세에 몽골, 터키 등에서 군주를 일컫는 말
旱 가물 한	**총획** 7획 **부수** 日 날 일 '방패(干)로 **태양**(日)을 **가리고 다닐 정도로 햇빛이 강렬하다**' 즉 '**가뭄이 들다**'라는 의미이다. 가물다 : '땅의 물기가 바싹 마를 정도로 오랫동안 계속하여 비가 오지 않다'라는 뜻이다. * 旱害(한해) : 가뭄에 의한 피해 * 旱稻(한도) : 밭에 심는 벼
 수레/처마 헌	**총획** 10획 **부수** 車 수레 거/차 軒자는 옛날에 귀족이 타던 **수레**(車)로 그늘을 만들기 위해 수레 위에 **방패**(干)**처럼 지붕을 설치한 것**을 말한다. 그래서 수레라는 뜻과 함께 '**지붕에 있는 처마**'라는 뜻도 파생되었다.  * 東軒(동헌) : 지방의 수령(守令)들이 업무를 보던 곳 * 軒軒丈夫(헌헌장부) : 외모가 준수하고 풍채가 당당한 남자

	간 懇
	흔 痕

懇
간절할 간

- 총획 17획
- 부수 心 마음 심

艮(그칠 간)자는 目과 匕(사람)이 결합된 글자로 '걸음을 멈추고 바라본다'라는 의미이다. 소리 요소인 艮과 豸(발 없는 벌레 치), 心이 더해진 글자로 '**야생 동물(豸)의 습격이 그치길(艮) 마음(心)으로 간절히 바란다**'라는 뜻이다.

* 懇切(간절) : 정성스러운 마음
* 懇談會(간담회) : 정답게 이야기를 나누는 모임

痕
흉터 흔

- 총획 11획
- 부수 疒 병들 녁

아파서(疒) 수술을 한 뒤 통증은 그쳤(艮)지만, 수술 자국인 '**흉터가 남게 되었다**'라는 뜻이다.

* 痕跡(흔적) : 무엇인가 지나간 뒤 남은 자취
* 刀痕(도흔) : 칼에 베인 흔적

	갈 葛
	알 謁
	게 揭

葛
칡 갈

- 총획 13획
- 부수 艹(=艹) 풀 초

曷(어찌 갈)자는 '어찌'라는 의미를 가진 **의문사**로 다른 글자의 소리 요소로 자주 쓰인다. 따라서 葛자는 '**어떻게든(曷) 넝쿨을 뻗으려고 하는 식물(艹)인 칡**'이라고 이해하면 외우기 쉽다. 艹가 의미 요소이고 曷이 소리 요소이다.

* 葛藤(갈등) : 감정이 칡이나 등나무처럼 뒤얽힌 상태, 개인의 이해 관계가 얽혀 서로 적대시 함
* 葛巾野服(갈건야복) : 은자(隱者)의 두건과 거친 옷

謁
뵐·아뢸 알

- 총획 16획
- 부수 言 말씀 언

'**어찌합니까(曷)라며 아뢰기(言) 위해 윗사람을 뵙는다**'라는 의미로, 言이 의미 요소로 사용되었다.

➕ 아뢰다 : '윗사람에게 말씀드려 알리다'라는 뜻이다.

* 謁見(알현) : 윗사람을 찾아 뵙는 일
* 拜謁(배알) : 지위가 높거나 존경하는 사람을 만남

揭
높이들 게

- 총획 12획
- 부수 手(=扌) 손 수

'**어찌합니까(曷) 하며 묻기 위해 손(手)을 높이 든다**'라는 뜻이다.

* 揭揚(게양) : 깃발을 올려 달다
* 揭示(게시) : 남에게 보이기 위해 높이 걸거나 붙여 둠

키가 아주 작은 한자는 무엇일까요?

답 : 只(다만 지)

입(口) 아래에 바로 다리(八)가 있으니까요!

확인학습 Day 01

1. 다음 한자의 훈음을 쓰세요.

- 01 荷 _____
- 02 暇 _____
- 03 額 _____
- 04 絡 _____
- 05 鍊 _____
- 06 蘭 _____
- 07 刊 _____
- 08 岸 _____
- 09 架 _____
- 10 閣 _____
- 11 諫 _____
- 12 欄 _____
- 13 肝 _____
- 14 煉 _____
- 15 汗 _____
- 16 懇 _____
- 17 痕 _____
- 18 謁 _____
- 19 揭 _____
- 20 軒 _____
- 21 葛 _____

2. 다음 한자의 독음을 쓰세요.

- 01 空欄 _____
- 02 旱害 _____
- 03 欄干 _____
- 04 肝臟 _____
- 05 東軒 _____
- 06 懇切 _____
- 07 痕跡 _____
- 08 揭示 _____
- 09 謁見 _____
- 10 閣僚 _____
- 11 休暇 _____
- 12 手荷物 _____
- 13 額數 _____
- 14 脈絡 _____
- 15 洛東江 _____
- 16 能爛 _____
- 17 出刊 _____
- 18 司諫院 _____
- 19 葛藤 _____
- 20 鍊磨 _____
- 21 懇談會 _____

맞은 개수 ▶ / 63   소요 시간 ▶

3. 알맞은 한자를 쓰세요.

01 언덕 아	02 물이름 락	03 간할 간
04 난간 란	05 빛날 란	06 간 간
07 땀 한	08 가물 한	09 수레 헌
10 간절할 간	11 흉터 흔	12 칡 갈
13 아뢸 알	14 시렁 가	15 이마 액
16 겨를 가	17 쇠불릴 련	18 높이들 게
19 얽힐 락	20 누각 각	21 난초 란

Day 01 보충한자

可 옳을 가
- 총획 5획 | 부수 口 | 준4급
- 可決(가결) : 회의에서 의안을 결정함
- 可否(가부) : 옳고 그름

假 거짓/빌릴 가
- 총획 11획 | 부수 人(=亻) | 준3급
- 眞假(진가) : 참과 거짓
- 假定(가정) : 사실이 아닌 것을 임시로 인정함

歌 노래 가
- 총획 14획 | 부수 欠 | 5급
- 歌詞(가사) : 노랫말
- 國歌(국가) : 나라를 대표하는 노래

各 각각 각
- 총획 6획 | 부수 口 | 5급
- 各自(각자) : 서로 다른 매 사람
- 各其(각기) : 각자 저마다

河 물 하
- 총획 8획 | 부수 水(=氵) | 준4급
- 黃河(황하) : 중국의 대표적인 강
- 江河(강하) : 강물의 총칭

格 격식 격
- 총획 10획 | 부수 木 | 준4급
- 格調(격조) : 사람의 품격과 취향
- 品格(품격) : 품위와 기품

何 어찌 하
- 총획 7획 | 부수 人(=亻) | 3급
- 六何原則(육하원칙) : '누가, 언제, 어디서, 무엇을, 어떻게, 왜'의 여섯 가지

客 손 객
- 총획 9획 | 부수 宀 | 준4급
- 賓客(빈객) : 일반적인 손님
- 顧客(고객) : 자주 찾아오는 손님

加 더할 가
- 총획 5획 | 부수 力 | 준4급
- 加重(가중) : 더 무겁게 함
- 加減(가감) : 더하고 뺌

落 떨어질 락
- 총획 13획 | 부수 艸(=艹) | 준4급
- 墮落(타락) : 품행이 나빠 구렁에 빠짐
- 落下(낙하) : 아래로 떨어짐

賀 하례할 하
- 총획 12획 | 부수 貝 | 3급
- 祝賀(축하) : 기뻐하며 인사함
- 賀禮(하례) : 축하하는 예식(禮式)

略 간략할 략
- 총획 11획 | 부수 田 | 준3급
- 簡略(간략) : 간단하고 소략함
- 戰略(전략) : 전쟁에 있어서의 용병 방법

> 8~3급 한자도 함께 체크해 보세요!

路 길 로
- 총획 13획 | 부수 足 | 준4급
- 道路(도로) : 길에 대한 총칭
- 路程(노정) : 거쳐가는 길이나 과정

露 이슬 로
- 총획 21획 | 부수 雨 | 3급
- 露宿(노숙) : 길이나 밖에서 잠자는 것
- 露出(노출) : 밖으로 드러내는 것

限 한정 한
- 총획 9획 | 부수 阜(=阝) | 4급
- 限定(한정) : 정해진 제한을 두어 하지 못하게 함
- 限界(한계) : 사물의 정해 놓은 범위

練 익힐 련
- 총획 15획 | 부수 糸 | 4급
- 練習(연습) : 기술을 되풀이 하여 익힘
- 修練(수련) : 인격, 기술, 학문 따위를 닦고 연마함

渴 목마를 갈
- 총획 12획 | 부수 水(=氵) | 3급
- 渴症(갈증) : 목마른 증상
- 飢渴(기갈) : 배고프고 목마름

眼 눈 안
- 총획 11획 | 부수 目 | 4급
- 眼科(안과) : 눈 치료를 전문으로 하는 병원
- 眼鏡(안경) : 잘 보이게 얼굴에 쓰는 것

敢 감히 감
- 총획 12획 | 부수 支(=攵) | 3급
- 勇敢(용감) : 씩씩하며 기운차며 겁이 없음
- 敢鬪(감투) : 용감하게 싸움

根 뿌리 근
- 총획 10획 | 부수 木 | 준4급
- 根幹(근간) : 뿌리와 줄기, 매우 중요한 부분
- 根據(근거) : 근본이 되는 토대

嚴 엄할 엄
- 총획 20획 | 부수 口 | 3급
- 嚴格(엄격) : 언행이 엄숙하고 딱딱함
- 嚴正(엄정) : 엄격하고 바름

銀 은 은
- 총획 14획 | 부수 金 | 5급
- 銀行(은행) : 돈을 맡기고 찾는 곳
- 銀子(은자) : 은으로 만든 돈

巖 바위 암
- 총획 23획 | 부수 山 | 3급
- 巖石(암석) : 부피가 큰 돌
- 玄武巖(현무암) : 화산 분출 때 생기는 암석

恨 한할 한
- 총획 9획 | 부수 心(=忄) | 3급
- 悔恨(회한) : 뉘우치고 한탄함
- 恨歎(한탄) : 원망이나 후회할 때 하는 탄식

監 볼 감
- 총획 14획 | 부수 皿 | 4급
- 監視(감시) : 유심히 살펴봄
- 監督(감독) : 잘못이 없게 다 잡아 봄

Day 01 可! 할 수 있다! 한자는 어렵지 않다

Day 02
'귀감(龜鑑)'에 왜 거북 귀(龜)자가 있을까?

오늘 우리가 배울 한자 중에 鑑(거울 감)이라는 글자가 있습니다. 이 글자에서 의미 요소에 해당하는 부수는 무엇일까요? 바로 金(쇠 금)자입니다. 그렇다면 金자 옆에 있는 글자는 무엇일까요? 監(볼 감)자입니다. 監자의 갑골 문자는 ☒으로 왼쪽은 그릇(皿)을 오른쪽(☒)은 눈을 강조한 모습으로 사람이 앉아 있는 형상을 하고 있습니다. 즉 사람이 눈을 크게 뜨고 그릇을 보고 있는 모습을 만화처럼 묘사한 것입니다. 따라서 鑑자는 보기(監) 위해 쇠(金)로 만든 물건인 '거울'을 의미하는 글자입니다. 鑑자가 들어가는 대표적인 단어에는 龜鑑(귀감)이 있는데 '거울로 삼아 본받을 만한 모범'이라는 뜻입니다. 여기서 龜자는 '거북 귀'자입니다. 龜자의 갑골 문자를 살펴 보면 ☒ 윗부분은 머리이고, 오른쪽은 거북이의 갈라진 등껍질을 나타냅니다. 고대 중국의 왕조인 은(殷 : 상(商)이라고도 함)나라 왕실에서는 국가의 크고 작은 일에 모두 점을 쳐서 신의 뜻을 묻고 진행했습니다. 이때 점을 치면서 사용했던 도구가 바로 거북이의 배 껍질이었습니다. 은나라 사람들은 큰 거북이의 배 껍질(腹甲 : 복갑)의 안쪽에 홈을 여러 개 파고, 그곳에 말린 약쑥(약재로 쓰는 쑥)을 박아 담은 다음 불을 붙였는데, 그러면 복갑의 바깥 부분이 '폭' 소리를 내며 갈라졌습니다. 보통은 세로로 갈라지고 그 세로면에서 가로로 또 갈라지기도 했으며 그 갈라진 모습을 보고 길(吉)과 흉(凶)을 점쳤습니다. 그것을 반영한 글자가 卜(점 복 : 복갑이 '폭'하고 갈라졌으므로 '복'으로 읽게 되는 것임)자와 占(점칠 점)자입니다. 따라서 신의 뜻을 의미하는 龜자와 나 자신을 비추어 보고 가다듬을 수 있는 물건인 鑑자를 더해 龜鑑이라는 단어가 만들어진 것입니다.

鑑 거울 감	**총획** 22획　**부수** 金 쇠 금 監(볼 감)자의 臣은 눈을 본뜬 글자로 '사람이 눈으로 그릇을 본다'라는 뜻이다. 따라서 鑑자는 '보기(監) 위해 쇠(金)로 만든 것'이 거울이다라는 의미를 나타낸다. 金이 의미 요소이고 監이 소리 요소가 된다. * 龜鑑(귀감) : 거울로 삼아 본보기가 될 만한 것 * 寶鑑(보감) : 다른 사람이나 후세에 본보기가 될 만한 귀중한 일이나 사물 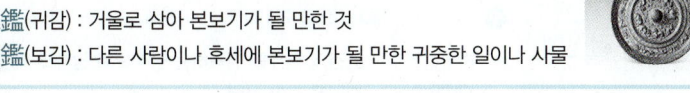
濫 넘칠 람	**총획** 17획　**부수** 水(=氵) 물 수 '잔에 있는 물(水)이 보인다(監)'라는 뜻으로 '물이 넘치다'라는 의미를 나타낸다. * 汎濫(범람) : 물이 넘쳐 흐름 * 濫獲(남획) : 짐승이나 물고기 따위를 마구잡음
藍 쪽 람	**총획** 18획　**부수** 艸(=艹) 풀 초 옛사람들은 쪽풀에서 푸른 염색약을 뽑아냈는데, '보기(監) 좋은 염색약을 뽑는 풀(艸)'이라는 의미이다. ➕ 쪽 : '쪽'은 풀 이름으로 '쪽풀'이라고도 한다. * 靑出於藍(청출어람) : 제자가 스승보다 낫다는 뜻 * 伽藍(가람) : 중이 불도를 닦는 곳 
艦 싸움배 함	**총획** 20획　**부수** 舟 배 주 적군을 감시(監)하기 위해 크게 만든 배(舟)를 의미한다. * 艦隊(함대) : 싸움배의 무리 * 哨戒艦(초계함) : 적을 감시하는 배
鹽 소금 염	**총획** 24획　**부수** 鹵 소금 로 '좋은 맛을 드러내 보이기(監) 위한 조미료는 소금(鹵)이다'라는 의미이다. * 鹽分(염분) : 소금 성분 * 鹽田(염전) : 소금을 만드는 밭 

옛 사람의 오류

人자에 대해 옛 사람들은 이렇게 설명했습니다.
'인간은 사회적 동물이다. 혼자서는 살 수 없다.
한 사람(丿)은 또 다른 사람(乀)과 서로 기대며 살아야 한다'
하지만 이것은 틀린 말입니다. 人자는 그냥 한 사람의 옆모습(亻)이지요!

| 압 押

押 누를/수결 압

총획 8획　**부수** 手(=扌) 손 **수**

甲(갑옷 갑)자는 군사들이 입는 갑옷의 가죽이 엮여 있는 것을 보고 본뜬 글자이다. 押자는 '**손으로 누른다**'고 해서 手가 의미 요소이고 甲이 소리 요소가 된다. 또한 '**갑옷이 무거워서 몸을 누른다**'는 뜻을 나타내기도 한다.

➕ 수결 : '예전에 자기의 성명이나 직함 아래에 도장 대신에 자필로 글자를 직접 쓰다'라는 뜻이다.
* 押收(압수) : 물건의 점유를 취득하는 방식으로 강제로 빼앗는다는 의미
* 押送(압송) : 죄인을 잡아 보냄

| 강 剛
| 강 鋼
| 강 綱

剛 굳셀 강

총획 10획　**부수** 刀(=刂) 칼 **도**

칼(刀)은 다른 물건을 베거나 자르므로 刀가 의미 요소이고, 岡자는 '**강한 느낌**'을 주는 글자로 소리 요소이면서 뜻을 돕기도 한다. 岡(언덕 강)자에서는 山이 의미 요소이고 冂(=网 그물 망)이 소리 요소가 된다.

* 剛直(강직) : 굳세고 곧다
* 外柔內剛(외유내강) : 겉은 부드러운 듯하나 속은 굳세다는 의미

鋼 강철 강

총획 16획　**부수** 金 쇠 **금**

岡자는 강한 느낌을 주는 글자이기 때문에 鋼자는 '**강한**(岡) **쇠**(金)는 **강철**이다'라고 외우면 된다. 金이 의미 요소이고 岡이 소리 요소가 된다.

* 鋼鐵(강철) : 부러지지 않는 강한 쇠
* 製鋼(제강) : 시우쇠를 불려서 강철을 만듦

綱 벼리 강

총획 14획　**부수** 糸 실 **사**

벼리는 **튼튼한 끈**이어야 하므로 岡이 뜻을 돕고 있다. 糸가 의미 요소이고, 岡이 소리 요소이다.

➕ 벼리 : 고기를 잡는 그물의 코를 꿰어, 그물을 잡아 당길 수 있게 한 동아줄이다.
* 三綱五倫(삼강오륜) : 유교에서 기본이 되는 세 가지 도리와 다섯 가지 윤리
* 綱常罪人(강상죄인) : 삼강(三綱)과 오상(五常)을 어긴 죄인

| 개 介

介 낄 개

총획 4획　**부수** 人 사람 **인**

介자는 갑옷을 입은 사람을 본뜬 글자로 추정되는데, 후에 '**끼다, 사이에 들어가다**'의 뜻이 되었다. 介자를 잘 보면 위를 향하는 화살표로 보이기도 한다. 따라서 '**화살이 틈새로 끼어들어 간다**'로 외우면 된다.

➕ 끼이다 : '틈새에 박히다'라는 뜻이다.
* 仲介(중개) : 제 삼자가 두 사람 사이에 들어가 일을 주선함
* 介入(개입) : 사이에 끼어 들어가다

拒
막을 거

총획 8획　**부수** 手(=扌) 손 수

巨(클 거)자는 工(장인 공)자에서 파생되어 '크다'의 뜻을 나타내며, 일반적으로 다른 글자의 소리 요소로 많이 쓰인다. 拒자는 **'손으로 막는다'**고 해서 手가 의미 요소, 巨가 소리 요소가 된다.

* 抗拒(항거) : 순종하지 않고 맞서서 대항하다
* 拒否(거부) : 요구나 제의 따위를 받아들이지 않고 물리친다

거 拒
거 距

距
떨어질·상거할 거

총획 12획　**부수** 足 발 족

'**양 발**(足)**을 크게**(巨) **벌려 두 발 사이에 거리**가 생겼다'라는 의미를 나타낸다. 足이 의미 요소, 巨가 소리 요소가 된다.

 상거하다 : '서로 떨어지다'라는 뜻이다.

* 距離(거리) : 두 물체 사이의 떨어진 거리
* 相距(상거) : 서로 떨어져 있는 두 곳의 거리

幹
줄기 간

총획 13획　**부수** 干 방패 간

倝(햇빛 간)자는 日(태양), 十十(풀), 人(태양이 쬐는 모습)이 더해진 글자이다. 幹자는 원래 榦자로 쓰였으며, '**햇볕**(倝)**을 잘 받은 나무**(木)**가 줄기를 뻗는다**'라는 뜻이었다. 지금은 木이 干으로 바뀌어 쓰이고 있다.

* 根幹(근간) : 어떠한 일의 뿌리나 줄기가 되는 중요한 사항
* 幹部(간부) : 기관이나 조직체 따위의 중심이 되는 자리에서 책임을 맡거나 지도하는 사람

간 幹
한 翰

翰
날개/글 한

총획 16획　**부수** 羽 깃 우

원래 '**날개**'라는 뜻으로 羽가 의미 요소가 되고 倝이 소리 요소가 된다. 후에 '**글, 편지**' 등의 뜻이 파생되었다.

* 書翰(서한) : 편지
* 翰林(한림) : 조선 시대에 예문관 검열을 이르는 말

兼
겸할 겸

총획 10획　**부수** 八 여덟 팔

兼자는 손(彐)에 **두 포기의 벼**(禾)**를 잡고 있는 모습**을 본뜬 글자로 하나가 아니고 둘이라고 하여 '**겸하다**'의 뜻이 되었다. 벼 두 포기는 적은 양이므로 兼자에는 '**적다**'의 뜻도 내포되어 있다.

* 兼職(겸직) : 두 가지 일을 함께 하는 것
* 文武兼全(문무겸전) : 문식(文識)과 무략(武略)을 다 갖추고 있음

겸 兼

겸	謙
렴	廉
혐	嫌

謙 겸손할 겸

총획 17획　**부수** 言 말씀 언

兼자에는 '적다'의 뜻이 내포되어 있다. 따라서 謙자는 '**말이 적다**'라는 뜻이 된다. 말 수가 적은 사람은 겸손한 사람이므로 '**겸손하다**'의 뜻이 되었다.

* 謙遜(겸손) : 자기를 낮추는 태도
* 謙讓(겸양) : 겸손한 태도로 양보함

廉 청렴할 렴

총획 13획　**부수** 广 집 엄

廉자는 '집(广)에 **재산이 별로 없다**(兼)'라는 뜻으로 '**청렴하다**'의 뜻이 파생되었다. 广이 의미 요소, 兼이 소리 요소이면서 뜻을 돕는다.

* 淸廉(청렴) : 검소함
* 低廉(저렴) : 가격이 낮다(=廉價 : 염가)

嫌 싫어할 혐

총획 13획　**부수** 女 여자 녀

'**여자**(女)들은 **재산이 적은**(兼) **사람을 싫어한다**'로 외우면 기억하기 쉽다. 嫌자는 현재 '**의심하다**'의 뜻으로도 쓰인다.

* 嫌惡(혐오) : 매우 싫어함
* 嫌疑(혐의) : 의심함

경	硬

硬 굳을 경

총획 12획　**부수** 石 돌 석

更(고칠 경/다시 갱)자는 틀에 매놓는 악기로 추정되는 丙(남녘 병)자와 攴(손에 작대기 들고 있는 모습)이 더해진 글자이다. '채를 들고(攴) 악기(丙)를 때린다'는 의미였으나 후에, '고치다, 다시'의 뜻이 파생되었다. 硬(굳을 경)자는 石(돌 석)자와 更자의 결합이다. **굳고 단단한 것**은 돌이므로 石이 의미 요소이고 更은 소리 요소이다.

* 硬直(경직) : 뻣뻣하게 굳어 있음
* 強硬(강경) : 굳세게 버티어 굽히지 않음

당	唐

唐 당나라 당

총획 10획　**부수** 口 입 구

唐자는 '집(广)에서 **손**(⺕)에 **도구**(丨)를 들고 일하면서 **입**(口)**으로 떠든다**'는 뜻으로 원래 '큰소리치다'라는 의미였다. 그러나 후에 큰소리치기 좋아하는 '**중국 사람, 중국**'을 가리키는 글자가 되었다.

* 荒唐(황당) : 믿기지 않는 이야기
* 唐人(당인) : 중국인

糖 달·엿 당/사탕 탕	**총획** 16획　**부수** 米 쌀 미 '쌀밥(米)을 오래 씹으면 단맛이 난다'라는 의미를 나타내는 글자로 米가 의미 요소, 唐이 소리 요소이다. * 糖尿(당뇨) : 당(糖) 성분이 있는 오줌 * 糖料(당료) : 설탕의 원료	당糖 · 탕

影 그림자 영	**총획** 15획　**부수** 彡 터럭 삼 京(서울 경)자는 높은 건물을 본뜬 글자이다. 서울에는 높은 건물이 많으므로 '서울'의 뜻이 되었다. 影자는 '**높은 건물(京) 위에 해(日)가 쨍쨍(彡) 비추니 그림자가 생긴다**'라는 뜻이다. * 影響(영향) : 사물에 미쳐 반응이나 변화를 주는 일 * 撮影(촬영) : 형상을 사진이나 영화로 찍음	영影 량諒 략掠

諒 살필 량	**총획** 15획　**부수** 言 말씀 언 '말을 할 때 살피고 조심해야 한다'라는 뜻이므로 言이 의미 요소, 京(경→량)이 소리 요소이다. * 諒解(양해) : 사정을 살펴서 이해함 * 諒察(양찰) : 다른 사람의 사정을 자세히 살펴줌

掠 노략질할 략	**총획** 11획　**부수** 手(=扌) 손 수 '전쟁이 나면 군사들은 **서울(京)로 진격하여 손(手)으로 노략질을 하게 된다**'라는 의미이다. 手가 의미 요소, 京(경→략)이 소리 요소이다. ➕ 노략질 : 떼를 지어 돌아다니며 사람을 헤치거나 강제로 재물을 빼앗는 것을 뜻한다. * 掠奪(약탈) : 남의 것을 빼앗음 * 擄掠(노략) : 떼를 지어 다니며 다른 사람의 재물을 빼앗음

竟 마침내·마칠 경	**총획** 11획　**부수** 立 설 립 音(소리 음)자와 儿(사람 인)자의 결합으로 **어떤 '사람(儿)이 시끄럽게 소리(音) 지르는 것이 마침내 끝났다**'라는 의미이다. * 畢竟(필경) : 마침내 * 竟夜(경야) : 밤을 새움	경竟

Day 02 확인학습

1. 다음 한자의 훈음을 쓰세요.

- 01 鑑 _____
- 02 藍 _____
- 03 鹽 _____
- 04 鋼 _____
- 05 綱 _____
- 06 介 _____
- 07 拒 _____
- 08 距 _____
- 09 兼 _____
- 10 硬 _____
- 11 糖 _____
- 12 竟 _____
- 13 濫 _____
- 14 諒 _____
- 15 艦 _____
- 16 影 _____
- 17 押 _____
- 18 唐 _____
- 19 剛 _____
- 20 嫌 _____
- 21 幹 _____

2. 다음 한자의 독음을 쓰세요.

- 01 濫獲 _____
- 02 艦隊 _____
- 03 押收 _____
- 04 剛直 _____
- 05 幹部 _____
- 06 書翰 _____
- 07 謙讓 _____
- 08 鹽田 _____
- 09 嫌惡 _____
- 10 諒解 _____
- 11 掠奪 _____
- 12 糖料 _____
- 13 龜鑑 _____
- 14 鋼鐵 _____
- 15 介入 _____
- 16 拒否 _____
- 17 距離 _____
- 18 兼職 _____
- 19 強硬 _____
- 20 荒唐 _____
- 21 影響 _____

맞은 개수 ▶　　/ 63　　소요 시간 ▶

3. 알맞은 한자를 쓰세요.

01 넘칠 람	02 싸움배 함	03 누를 압
04 굳셀 강	05 줄기 간	06 글 한
07 겸손할 겸	08 청렴할 렴	09 싫어할 혐
10 당나라 당	11 그림자 영	12 살필 량
13 노략질할 략	14 마침내 경	15 거울 감
16 사탕 탕	17 쪽 람	18 굳을 경
19 소금 염	20 강철 강	21 겸할 겸

Day 02 보충한자

覽 볼 람	총획 21획 · 부수 見 · 3급	觀覽(관람) : 연극이나 영화를 구경함 閱覽室(열람실) : 공부하는 방

韓 나라 이름 한	총획 17획 · 부수 韋 · 5급	大韓民國(대한민국) : 아시아 대륙 동쪽에 위치하고 있는 민주 공화국

甲 갑옷 갑	총획 5획 · 부수 田 · 준3급	甲骨文(갑골문) : 거북 껍질과 쇠뼈에 새겨 놓은 한자 甲冑(갑주) : 갑옷과 투구

建 세울 건	총획 9획 · 부수 廴 · 4급	建立(건립) : 건물, 탑 등을 만들어 세움 建國(건국) : 나라를 세움

皆 다 개	총획 9획 · 부수 白 · 3급	國民皆兵(국민개병) : 전시에 모든 국민이 병사가 됨 皆骨山(개골산) : 금강산의 겨울 이름

健 건강할 건	총획 11획 · 부수 人(=亻) · 4급	健康(건강) : 몸에 병이 없는 상태 健兒(건아) : 건강하고 씩씩한 사나이

階 섬돌·계단 계	총획 12획 · 부수 阜(=阝) · 3급	階段(계단) : 오르내리기 편하게 만든 층층대 階級(계급) : 사회나 조직에서의 지위

敬 공경 경	총획 13획 · 부수 攴(=攵) · 준4급	恭敬(공경) : 삼가서 공손히 섬김 敬老(경로) : 노인을 공경함

巨 클 거	총획 5획 · 부수 工 · 준3급	巨人(거인) : 몸집이 큰 사람 巨大(거대) : 매우 큼

警 깨우칠/경계할 경	총획 20획 · 부수 言 · 준3급	警告(경고) : 주의하라고 알림 警備(경비) : 사고가 나지 않게 미리 살핌

乾 하늘/마를 건	총획 11획 · 부수 乙 · 3급	乾濕(건습) : 마른 것과 젖은 것

驚 놀랄 경	총획 23획 · 부수 馬 · 3급	驚異(경이) : 놀랄 만큼 다름 驚愕(경악) : 몹시 놀라서 충격을 받음

更 고칠 경/다시 갱	총획 7획　부수 曰　준3급 更生(갱생) : 다시 살아남 變更(변경) : 새롭게 다시 바꿈

8~3급 한자도 함께 체크해 보세요!

便 편할 편/똥오줌 변	총획 9획　부수 人(=亻)　5급 便利(편리) : 사용하기에 매우 좋음 便所(변소) : 용변을 보는 곳
境 지경 경	총획 14획　부수 土　준3급 地境(지경) : 땅의 경계선 國境(국경) : 나라와 나라 사이의 경계선
庚 천간/별 경	총획 8획　부수 广　준3급 庚寅年(경인년) : 백호랑이띠의 해 庚年(경년) : 庚이 들어간 해
鏡 거울 경	총획 19획　부수 金　3급 鏡浦臺(경포대) : 강원도에 있는 누대 明鏡止水(명경지수) : 맑은 거울과 고요한 물
康 편안 강	총획 11획　부수 广　준3급 平康(평강) : 평화롭고 안정됨 康寧(강녕) : 몸이 건강하고 안녕함
輕 가벼울 경	총획 14획　부수 車　준4급 輕車(경차) : 작고 가벼운 차 不可輕(불가경) : 가벼이 여겨서는 안 된다
京 서울 경	총획 8획　부수 亠　5급 京鄕(경향) : 서울과 시골 西京(서경) : 서쪽에 있는 서울
經 날줄/글 경	총획 13획　부수 糸　준3급 經度(경도) : 지도에서 세로로 된 좌표 聖經(성경) : 종교상 최고의 법전
景 볕 경	총획 12획　부수 日　4급 景致(경치) : 자연의 아름다운 경관 背景(배경) : 뒤쪽의 경치
硏 갈 연	총획 11획　부수 石　준3급 硏修(연수) : 학문을 연구하고 닦음 硏磨(연마) : 갈고 닦음
涼 서늘할 량	총획 10획　부수 水(=氵)　3급 淸涼(청량) : 공기나 물이 맑고 시원함 凄涼(처량) : 초라하고 가엾음
決 결단할 결	총획 7획　부수 水(=氵)　준4급 決斷(결단) : 결정하여 단정 지음 決裁(결재) : 직원이 제출한 안건을 승인함

Day 03
胡자는 우리 민족을 멸시하는 글자?

오늘 우리가 공부할 글자 중에 가장 눈여겨봐야 하는 글자는 胡(오랑캐 호)자입니다. 胡자가 시험에 잘 나오는 글자이기도 하지만, 이 글자가 우리나라 사람과 어느 정도 관련이 있기 때문입니다. 胡자를 우리는 흔히 '오랑캐 호'라고 부르는데, 오랑캐란 무슨 뜻일까요? '오랑캐'는 조선 시대 만주 지역에 살았던 여진인(女眞人)을 일컫는 말이었으나 후에 이민족(異民族)을 멸시하는 명칭으로 쓰였습니다. 또한 고대 중국인들은 胡자를 북방 민족을 멸시하는 명칭으로 사용했습니다. 胡자의 의미 요소는 오른쪽에 있는 月(=肉)자로 원래의 뜻은 '소의 턱 밑에 늘어져 있는 살'이었습니다. 중국인들은 북방 민족을 소와 같은 짐승에 비유하여 불렀던 것입니다. 중국인들은 이민족을 모두 네 종류로 나누었는데 고대에 우리를 일컬었던 명칭으로는 濊(더러울 예), 貊(종족 이름 맥 : 豸(발 없는 벌레 치)자가 있다) 등이 있으며 결코 좋은 의미를 붙여주지 않았습니다. 그리고 남방 사람들은 蠻(오랑캐 만 : 虫(벌레 충)자가 있다), 서쪽 사람들(지금의 티베트 사람)은 戎(오랑캐 융 : 戈(창 과)자가 있다)이라고 불렀습니다. 그리고 그들은 네 방향의 이민족들을 자기들이 교화하고 가르쳐야 한다고 믿고 있었으며, 현대에 들어와서는 이민족이 살고 있는 지역조차 자기들의 영토로 삼으려는 야욕을 드러냈습니다. 첫째로 몽골의 영역이었던 곳을 흡수해 '내몽골자치구'로 삼았고, 티베트 지역을 무력으로 침공하여 달라이 라마는 미국에 망명해 있습니다. 이어 발해 역사를 중국 역사로 편입시켰고 동북 공정(東北工程)을 진행하여 고구려사를 강탈하려고 합니다.

이에 우리는 정신을 똑바로 차리고 국력을 키워 중국의 견제에 대비해야 한다고 생각합니다. 자! 공부합시다. 공부만이 나라를 살릴 수 있는 길입니다.

경 徑

徑
지름길 경

- **총획** 10획　**부수** 彳 길/걸을 척

彑(베틀 경)자에서 巜은 당겨진 실, 나머지는 베틀을 본뜬 글자이다. 다른 글자 속에서 소리 요소 역할을 한다. 이 글자는 '베틀에 당겨진 **실**(巠)**처럼 쭉 뻗은 길**(彳)**은 지름길이다**'라는 의미를 나타낸다.

* 捷徑(첩경) : 지름길
* 直徑(직경) : 원의 지름

결 缺
결 訣

缺
이지러질 결

- **총획** 10획　**부수** 缶 그릇 부

'이지러지다, 그릇이 깨지다'라는 뜻으로 夬(과녁 뚫을 결)자는 화살(矢)이 과녁(그)을 뚫은 모습을 나타낸다. 따라서 缺자는 '**그릇**(缶)**이 화살을 맞아**(夬) **깨졌다**'라는 의미이다.

➕ 이지러지다 : '한쪽 귀퉁이가 떨어져 없어지다'라는 뜻이다.

* 缺席(결석) : 가야 할 곳에 가지 않고 빠지다
* 缺損(결손) : 빠지고 모자란 부분

訣
이별할/비결 결

- **총획** 11획　**부수** 言 말씀 언

'활을 쏘면(夬) 화살이 **나로부터 떠나듯 말**(言)**이 내 입을 떠난다**(→이별한다)'라는 의미를 담고 있다. 후에 '**비결**'의 뜻이 파생되었다.

* 永訣(영결) : 영원히 이별함
* 秘訣(비결) : 자기만 알고 있는 좋은 방법

고 姑
고 枯

姑
시어미 고

- **총획** 8획　**부수** 女 여자 녀

古(예 고)자는 10세대(十) 위에 계신 조상 때부터 내려오는 옛날 이야기(口)라는 의미이다. 따라서 姑자는 '**여자**(女)**가 나이를 많이 먹으면**(古) **시어미가 된다**'라는 뜻이다.

* 姑婦(고부) : 시어미와 며느리
* 姑息之計(고식지계) : 우선 당장 편한 것만을 택하는 꾀나 방법

枯
마를 고

- **총획** 9획　**부수** 木 나무 목

'**나무**(木)**가 오래**(古)**되면 수분이 날아가 마르게 된다**'라는 뜻이다. 木이 의미 요소, 古가 소리 요소이자 뜻을 돕는다.

* 枯木(고목) : 마른 나무
* 枯渴(고갈) : 물이 말라서 없어짐

호 胡

胡
오랑캐 호

- 총획 9획 부수 肉(=月) 고기 육

胡자는 중국 북쪽에 살던 민족을 일컫던 글자이다. 흔히 '**흉노**'를 말하는 것으로 '그들은 **예로부터(古) 고기(肉)를 주식으로 삼았다**'고 한다.

➕ 흉노 : 진나라, 한나라 때 몽골 고원에서 활약하던 기마 민족으로 기원전 3세기 말에 최초의 국가를 건설하고 전성기를 맞이하였으나 1세기경 남북으로 분열되었다.

* 胡人(호인) : 야만인, 미개하여 문화가 낮은 사람들
* 胡蝶(호접) : 나비

고 稿
호 豪
호 毫

稿
볏짚/원고 고

- 총획 15획 부수 禾 벼 화

짚은 '다듬지 않은 것'이라는 뜻으로 후에 '**다듬지 않은 원고(原稿)**'를 의미하는 글자로도 쓰이게 되었다. 禾가 의미 요소가 되고 高(높을 고)가 소리 요소로 쓰였다.

* 原稿(원고) : 인쇄하거나 발표하기 위해 쓴 글
* 寄稿(기고) : 신문, 잡지에 글을 싣기 위해 원고를 보냄

豪
호걸 호

- 총획 14획 부수 豕 돼지 시

원래는 큰(高) 멧돼지(豕)라는 뜻이었으나 후에 덩치가 큰 '**영웅호걸**'이라는 뜻으로 쓰이게 되었다. 豕가 의미 요소, 高의 생략형(아래쪽의 口가 생략됨)이 소리 요소로 쓰였다.

* 豪傑(호걸) : 용기가 뛰어나고 기개가 있는 사람
* 文豪(문호) : 훌륭한 문학 작품을 써서 알려진 사람

毫
가는 털 호

- 총획 11획 부수 毛 터럭 모

'살짝 불어도 **높이(高) 날아가는 작은 털(毛)**'로 외우면 기억하기 쉽다. 毛가 의미 요소, 高의 생략형이 소리 요소(고→호)이다.

* 秋毫(추호) : 가을이 되면 돋아나는 짐승의 가느다란 털(매우 작은 것을 비유)
* 揮毫(휘호) : 붓으로 글씨를 쓰거나 그림을 그림

호 浩

浩
넓을 호

- 총획 10획 부수 水(=氵) 물 수

告(알릴 고)자는 '소(牛)가 음매(口)하며 자기의 뜻을 알리다'라는 뜻이다. 즉, '사람들에게 많이 **알려진(告) 물(水)은 넓은 물이다**'라고 외우면 기억하기 쉽다. 水가 의미 요소, 告가 소리 요소로 쓰였다.

* 浩然之氣(호연지기) : 흔들리지 않는 바르고 큰 마음
* 浩浩蕩蕩(호호탕탕) : 기세가 있고 힘찬 모습

酷
독할 혹

- 총획 14획 부수 酉 닭 유

'병 속에 있는 술(酉)이 자기의 향기를 사람들에게 알린다(告)'라는 뜻으로 '**독한 술**'을 의미한다.

* 酷毒(혹독) : 정도가 매우 심함
* 酷寒(혹한) : 매우 추움

혹 酷

慾
욕심 욕

- 총획 15획 부수 心 마음 심

欲(하고자할 욕)자는 谷(골짜기 곡)과 欠(하품 흠)이 결합한 글자로 '골짜기에서 하품을 하다'라는 뜻이다. 하품을 한다는 것은 잠을 자고자 한다는 것이므로 후에 하고자 하다라는 뜻이 되었다. 慾자는 '**하고자 하는**(欲) **마음**(心)'이므로 자연히 '**욕심**'이라는 뜻이 된다.

* 慾心(욕심) : 분수에 넘치게 무엇을 탐내거나 누리고자 하는 마음
* 物慾(물욕) : 재물을 탐내는 마음

욕 慾
유 裕

裕
넉넉할 유

- 총획 12획 부수 衣(=衤) 옷 의

'**텅빈 골짜기**(谷)처럼 **옷**(衣)이 **크고 헐렁하다**'라는 뜻으로 '**넉넉함**'을 의미한다.

* 富裕(부유) : 돈이 많아 생활이 넉넉함
* 餘裕(여유) : 넉넉하고 남음이 있는 상태

攻
칠 공

- 총획 7획 부수 攴(=攵) 칠 복

'**장인**(工)이 손에 **연장을 들고**(攵) **내려친다**'라는 뜻으로 攵이 의미 요소, 工이 소리 요소이면서 뜻을 돕는다.

* 攻擊(공격) : 나아가 적을 치다
* 專攻(전공) : 전문적으로 하는 공부

공 攻
공 貢

貢
바칠 공

- 총획 10획 부수 貝 조개 패

'**장인**(工)이 **값진**(貝) **물건을** 왕에게 **바친다**'라는 뜻으로 貝가 의미 요소, 工이 소리 요소가 된다.

* 朝貢(조공) : 속국이 종주국에게 예물을 바치는 일
* 貢獻(공헌) : 힘을 써 이바지함

공 恐

恐
두려울 공

총획 10획　**부수** 心 마음 심

恐자는 工자와 凡(평범할 범)자, 그리고 心자가 더해진 글자이다. '**평범한**(凡) **장인**(工)들은 **좋은 물건을 만들지 못해** 왕을 **두려워한다**(心)'로 이해하면 기억하기 쉽다.

* 恐怖(공포) : 두려워함
* 恐喝(공갈) : 겁을 주려고 윽박지르거나 을러댐

홍 鴻

鴻
기러기 홍

총획 17획　**부수** 鳥 새 조

'큰 **강물**(江) 위에 **훨훨 날아가는 새**(鳥)인 **기러기**'를 생각하면 기억하기 쉽다. 鳥가 의미 요소, 江(물 강)이 소리 요소이다.

* 鴻雁(홍안) : 기러기
* 鴻鵠之志(홍곡지지) : 크고 높은 뜻

항 項

項
목 항

총획 12획　**부수** 頁 머리 혈

工자의 첫 획(一)이 머리, 마지막 획(一)이 몸통이라 할 때 두 번째 획(丨)은 '목'이 될 수 있다. 목은 머리 아래에 있으므로 頁이 의미 요소, 工이 소리 요소(공→항)로 쓰인다.

* 項目(항목) : 낱낱의 조항(條項)
* 條項(조항) : 법률이나 규정의 조목과 항목

공 供
공 恭

供
이바지할 공

총획 8획　**부수** 人(=亻) 사람 인

共(함께 공)자는 두 손으로 많은 물건을 위로 받드는 형상이다. 따라서 供자는 '어떤 **사람**(人)이 **두 손에 물건을 받들어**(共) **바친다**'라는 뜻을 나타낸다.

➕ 이바지하다 : '도움이 되게 하다'라는 뜻을 나타낸다.

* 提供(제공) : 물건을 사용하고 누리도록 주다
* 供給(공급) : 물건을 갖추고 쓰임에 응함

恭
공손할 공

총획 10획　**부수** 心(=忄) 마음 심

'두 손에 물건(共)을 받들어 올리는 사람의 마음(心) 가짐은 공손한 법'이라고 암기하면 기억하기 쉽다. 心이 의미 요소, 共이 소리 요소로 쓰였다.

* 恭遜(공손) : 공경하고 겸손함
* 恭敬(공경) : 공손히 받들어 모심

		홍 洪

洪
넓을 홍

총획 9획 **부수** 水(=氵) 물 수

'물(水)이 함께(共) 모여서 넓은 바다를 이룬다'라는 뜻으로 水가 의미 요소, 共이 소리 요소(공→홍)이다.

* 宇宙洪荒(우주홍황) : 우주는 넓고 거칠다
* 洪水(홍수) : 비가 많이 와서 하천의 물이 넘침

		항 巷
		항 港

巷
거리 항

총획 9획 **부수** 己 몸 기

巷자는 己(몸 기 : 사람)와 共이 더해진 글자로 **사람들(己)이 함께(共) 다니는 길**을 의미한다.

* 街談巷說(가담항설) : 길에 떠도는 소문
* 巷間(항간) : 마을과 마을의 사이

港
항구 항

총획 12획 **부수** 水(=氵) 물 수

물(水) 위에 있는 거리(巷), 즉 배가 드나드는 '**항구**'를 의미하는 글자이다. 水가 의미 요소, 巷이 소리 요소로 쓰였다.

* 港口(항구) : 배가 드나드는 곳
* 出港(출항) : 배가 항구를 떠남

		송 頌
		송 訟

頌
기릴 송

총획 13획 **부수** 頁 머리 혈

公(공평할 공)자의 八자는 '둘로 나눈다'라는 뜻이다. 頌자는 백성들을 **공평(公)**하게 대우하는 우두머리(頁)를 '**칭찬하다, 기리다**'의 뜻을 나타낸다.

➕ 기리다 : '칭찬하다'라는 뜻을 나타낸다.

* 稱頌(칭송) : 공덕을 칭찬하여 기림
* 頌德(송덕) : 공덕을 기림

訟
송사할 송

총획 11획 **부수** 言 말씀 언

'**공평한(公) 판결**을 바라며 법원에서 **이야기(言)를 하다**'로 외우면 기억하기 쉽다.

➕ 송사하다 : '법원에서 소송을 걸다'라는 뜻을 나타낸다.

* 訟事(송사) : 법원에서 소송을 걸다
* 訴訟(소송) : 재판에 의해 원고와 피고의 법률 관계의 확정을 법원에 요구함

옛 사람의 오류 2

東(동녘 동)자를 옛 사람들은 이렇게 설명했습니다. '동쪽에서 떠오른 해(日)가 나무(木)에 걸린 모습이다.' 그러나 이 말은 틀린 말이에요. 왜냐하면 해는 서쪽에서도 나무에 걸리기 때문이지요.

東자의 고문자는 으로 보따리 물건의 모습으로, '동녘'의 뜻은 가차된 것입니다.

Day 03 확인학습

1. 다음 한자의 훈음을 쓰세요.

- 01 缺 _____
- 02 枯 _____
- 03 姑 _____
- 04 稿 _____
- 05 慾 _____
- 06 裕 _____
- 07 攻 _____
- 08 貢 _____
- 09 恐 _____
- 10 項 _____
- 11 供 _____
- 12 恭 _____
- 13 巷 _____
- 14 港 _____
- 15 頌 _____
- 16 訟 _____
- 17 洪 _____
- 18 鴻 _____
- 19 酷 _____
- 20 浩 _____
- 21 毫 _____

2. 다음 한자의 독음을 쓰세요.

- 01 永訣 _____
- 02 胡人 _____
- 03 豪傑 _____
- 04 秋毫 _____
- 05 酷毒 _____
- 06 鴻雁 _____
- 07 洪水 _____
- 08 缺席 _____
- 09 姑婦 _____
- 10 枯渴 _____
- 11 寄稿 _____
- 12 訟事 _____
- 13 物慾 _____
- 14 攻擊 _____
- 15 朝貢 _____
- 16 恐怖 _____
- 17 條項 _____
- 18 供給 _____
- 19 巷間 _____
- 20 稱頌 _____
- 21 浩然之氣 _____

맞은 개수 ▶ / 63   소요 시간 ▶

3. 알맞은 한자를 쓰세요.

01 지름길 경
02 이별할 결
03 오랑캐 호

04 호걸 호
05 가는 털 호
06 넓을 호

07 독할 혹
08 기러기 홍
09 넓을 홍

10 이지러질 결
11 마를 고
12 시어미 고

13 볏짚 고
14 욕심 욕
15 넉넉할 유

16 칠 공
17 바칠 공
18 두려울 공

19 목 항
20 이바지할 공
21 공손할 공

Day 03 胡자는 우리 민족을 멸시하는 글자? ▶ 51

Day 03 보충한자

快 쾌할 쾌	총획 7획 부수 心(=忄) 준3급 爽快(상쾌) : 마음이 시원하고 거뜬함 輕快(경쾌) : 움직임이 가볍고 상쾌함	

| **湖** 호수 호 | 총획 12획   부수 水(=氵)   4급
湖水(호수) : 땅이 우묵하게 들어가 물이 고인 곳
湖沼(호소) : 호수와 늪 |

| **古** 예 고 | 총획 5획   부수 口   준5급
古代(고대) : 아주 먼 옛날
上古史(상고사) : 먼 옛날의 역사 |

| **告** 고할 고 | 총획 7획   부수 口   준4급
報告(보고) : 사실을 알림
告發(고발) : 범죄 사실을 수사 기관에 알림 |

| **故** 연고 고 | 총획 9획   부수 攴(=攵)   4급
緣故(연고) : 까닭이나 이유
故人(고인) : 돌아가신 분 |

| **造** 만들 조 | 총획 11획   부수 辵(=辶)   준3급
製造(제조) : 물건을 만들어 냄
急造(급조) : 급하게 빨리 만듦 |

| **苦** 쓸·괴로울 고 | 총획 9획   부수 艸(=艹)   준4급
苦盡甘來(고진감래) : 괴로움이 다하면 즐거움이 온다
苦痛(고통) : 괴로움과 아픔 |

| **俗** 풍속 속 | 총획 9획   부수 人(=亻)   준3급
風俗(풍속) : 옛날부터 전해 내려오던 생활 습관
雅俗(아속) : 아담한 것과 속된 것 |

| **固** 굳을 고 | 총획 8획   부수 口   4급
凝固(응고) : 딱딱하게 굳음
固體(고체) : 굳어 있는 물체 |

| **浴** 목욕할 욕 | 총획 10획   부수 水(=氵)   4급
沐浴(목욕) : 머리를 감고 몸을 씻다
沐室(욕실) : 목욕을 할 수 있는 방 |

| **個** 낱 개 | 총획 10획   부수 人(=亻)   4급
個人(개인) : 한 사람 한 사람
個數(개수) : 낱개의 수 |

| **欲** 하고자 할 욕 | 총획 11획   부수 欠   3급
欲求(욕구) : 바라고 구함
欲望(욕망) : 무엇을 하거나 갖고자 하는 바람 |

空 빌 공	총획 8획　부수 穴　5급 色卽是空(색즉시공) : 현실의 존재는 윤회에 의한 것이므로 불변하는 존재가 아님	

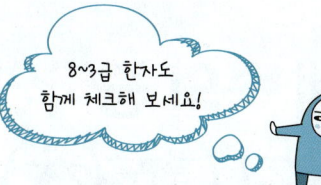
8~3급 한자도 함께 체크해 보세요!

功 공 공	총획 5획　부수 力　5급 功績(공적) : 힘써 쌓은 공로 武功(무공) : 군사(軍事)상의 공적(功績)	**橋** 다리 교	총획 16획　부수 木　4급 橋梁(교량) : 강물 위에 있는 다리 橋架(교가) : 다리 기둥 위에 가로지른 나무	
江 강 강	총획 6획　부수 水(=氵)　7급 江山(강산) : 강과 산, 자연 長江(장강) : 중국 남부를 흐르는 긴 강	**交** 사귈 교	총획 6획　부수 亠　5급 交際(교제) : 사람들을 사귐 交叉(교차) : 엇갈려 지나감	
紅 붉을 홍	총획 9획　부수 糸　3급 紅顔(홍안) : 젊어서 혈색이 좋은 얼굴 五星紅旗(오성홍기) : 중국 국기(國旗)	**校** 학교 교	총획 10획　부수 木　5급 將校(장교) : 소위 이상의 무관 校訂(교정) : 책의 틀린 부분을 바로잡음	
共 함께 공	총획 6획　부수 八　5급 共存(공존) : 함께 생존함 共産(공산) : 함께 생산함	**效** 본받을 효	총획 10획　부수 攴(=攵)　4급 效果(효과) : 보람으로 나타나는 좋은 결과 藥效(약효) : 약의 효과	
公 공변될·공평할 공	총획 4획　부수 八　준4급 公衆(공중) : 사회의 대부분의 사람들 公開(공개) : 어떤 내용을 여러 사람들에게 터놓다	**果** 과실 과	총획 8획　부수 木　준4급 因果應報(인과응보) : 원인과 결과는 서로 물고 물린다, 즉 돌고 돈다는 뜻	
松 소나무 송	총획 8획　부수 木　준3급 老松(노송) : 늙은 소나무 落落長松(낙락장송) : 가지가 아래로 축축 늘어진 키 큰 소나무	**課** 매길·부과할 과	총획 15획　부수 言　4급 課程(과정) : 일정 기간 중에 배우는 학업의 범위 賦課(부과) : 세금을 매기어 물게 함	

Day 04
세계 속의 중국인, 화교(華僑)

오늘 우리가 배울 글자 중에 僑(객지에 살 교)자가 있습니다. 僑자는 원래 두 개의 긴 장대를 밟고 높이 서 있는 사람, 즉 '광대'를 나타내는 글자였습니다. 따라서 人자 옆에 있는 喬자는 '높을 교'자라는 의미를 나타냅니다.

僑자가 들어간 단어 중에 華僑(화교)라는 글자가 있습니다. 화교는 본국을 떠나 해외 각처로 이주하여 현지에 정착, 경제 활동을 하며 본국과 문화적, 사회적, 법률적, 정치적 측면에서 유기적인 연관성을 갖고 있는 중국인이나 그들의 자손을 의미합니다. 한국에 정착한 화교는 대략 19세기 말로 조선이 개항하면서 인천 등에서 노동자로 근무했는데, 20세기 초반부터 요식업에 종사하는 화교가 늘어났습니다.

화교들은 생활력이 강하기로 유명합니다. 동남아 여러 나라에 진출한 화교들이 상권과 정치권을 장악하고 있다는 사실은 이미 널리 알려진 사실입니다. 그래서 대한민국 정부는 화교가 경제적인 실권을 쥐는 것을 지속적으로 견제해 왔습니다. 1961년 외국인 토지 소유 금지법으로 화교들의 부동산 소유를 제한했고, 1963년 화폐 개혁 등으로 화교들이 모은 현금을 강제로 끌어내기도 했습니다. 1973년에는 양곡 절약을 구실로 중국 음식점에서 쌀밥 판매를 금지하면서 중국 음식점에서는 자장면을 주 메뉴로 할 수밖에 없었다고 합니다.

어쨌든 세계 어느 나라를 가던지 중국 음식점이 없는 곳이 없다는 사실! 중국인들의 생활력과 혈통을 지키는 노력이 가상(嘉尙)하다고 할 수 있겠죠?

翁
늙은이 옹

- 총획 10획　부수 羽 깃 우

公(공평할 공)자는 고대에 귀족을 나타내는 글자였는데, '수염이 깃털(羽)처럼 하얀 귀족은 나이가 많다'라는 데서 翁자에 '**늙은이**'라는 뜻이 생겼다. 羽(깃 우)가 의미 요소, 公이 소리 요소로 쓰였다.

* 塞翁之馬(새옹지마) : 변방에 사는 늙은이, 인생은 변화가 많음
* 老翁(노옹) : 늙은 남자의 존칭

옹 翁

矯
바로잡을 교

- 총획 17획　부수 矢 화살 시

喬(높을 교)자는 高자에서 파생된 글자이다. 矯자는 '**화살**(矢)을 **높이**(喬) 날리려면 **구부러진 부분**을 **바로 잡아야 한다**'로 외우면 기억하기 쉽다.

* 矯正(교정) : 올바르게 바로잡음
* 矯導所(교도소) : 행형(行刑)의 사무를 맡아보는 기관

교 矯
교 僑

僑
객지에 살 교

- 총획 14획　부수 人(=亻) 사람 인

원래는 높은(喬) 장대를 딛고 묘기를 펼치는 곡예단의 광대(人)를 의미하는 글자였다. 그들은 집을 떠나 떠도는 사람들이므로 '**객지에 살다**'라는 의미를 나타낸다. 人이 의미 요소, 喬가 소리 요소로 쓰인다.

➕ 객지 : 자기의 집을 멀리 떠나 임시로 지내는 곳을 말한다.

* 僑胞(교포) : 외국에 있는 한국인
* 華僑(화교) : 외국에 사는 중국인

較
견줄 교

- 총획 13획　부수 車 수레 거/차

원래는 일종의 수레를 의미하는 것이었으나 후에 '비교하다'의 뜻이 되었다. '여러 **수레**(車)가 **교차**(交)해서 **지나가니** 수레들을 **비교해 본다**'로 외우면 기억하기 쉽다. 車가 의미 요소, 交가 소리 요소로 쓰였다.

* 比較(비교) : 견주다
* 較量(교량) : 비교하여 헤아림

교 較
교 絞

絞
목맬 교

- 총획 12획　부수 糸 실 사

'**실**(糸)이 죄수의 목에서 교차(交)하다' 즉, '**목을 매다**'라는 의미를 나타낸다. 糸가 의미 요소, 交가 소리 요소로 쓰였다.

* 絞首刑(교수형) : 목을 매는 형벌
* 絞殺(교살) : 목을 졸라 살해함

| 교 狡
| 교 郊

狡 교활할 교

총획 9획　**부수** 犬(=犭) 개 견

'인간과 오랫동안 **사귀어 온**(交) 개(犬)는 영리하다 못해 **교활하기까지 하다**'로 이해하면 외우기 쉽다. 여기서 犬이 의미 요소, 交가 소리 요소로 쓰였다.

* 狡猾(교활) : 약은 꾀를 쓰는데 능함
* 狡兎(교토) : 교활한 토끼

郊 들 교

총획 9획　**부수** 邑(=阝) 고을 읍

'마을(阝) 사람들과 **사귀려면**(交) 들로 놀러 가야 한다'로 외우면 기억하기 쉽다. 阝가 의미 요소이고 交는 소리 요소이다.

* 郊外(교외) : 도시의 밖
* 近郊(근교) : 도시에서 가까운 변두리

| 과 菓

菓 과자 과

총획 12획　**부수** 艸(=⺿) 풀 초

果(과실 과)자는 '과수원(田)에 있는 나무(木)에 열매가 열렸다'라는 뜻이다. 菓자는 풀(艸)처럼 얇은 '**비스킷, 과자**'로 외우면 쉽다. 艸가 의미 요소, 果가 소리 요소로 쓰였다.

* 菓子(과자) : 비스킷, 쿠키, 사탕 같은 먹을거리
* 製菓(제과) : 빵이나 과자를 만듦

| 관 管
| 관 館

管 대롱 관

총획 14획　**부수** 竹 대나무 죽

官(벼슬 관)자는 阜(언덕 부)와 宀(집 면)이 더해져 '언덕 위에 지은 객관(客館)'이라는 뜻이었다. 그러나 이용객이 주로 벼슬아치였기 때문에 후에 '벼슬'이라는 뜻이 생겨났다. 管자는 대나무(竹)의 속이 비어있으므로 '**대롱**'이라는 뜻이 되었다. 여기서 竹이 의미 요소, 官은 단순한 소리 요소로 쓰였다.

➕ 대롱 : 속이 비고 둥근 토막을 말한다.

* 管掌(관장) : 차지하여 맡아봄
* 管理(관리) : 어떤 일의 사무를 맡아서 처리함

館 집/객사 관

총획 17획　**부수** 食 밥/먹을 식

官자는 원래 '객사, 객관'이라는 뜻이었다. 그러나 후에 '벼슬'이라는 뜻으로 바뀌자 **밥**(食)이 **제공되는 객관**이라 하여 官에 食을 더해 館자를 만들게 되었다.

* 旅館(여관) : 여행자가 머무는 집
* 客館(객관) : 지나가는 관원(官員)이 머무는 집

화 禍

총획 14획　**부수** 示 보일 시

咼(뼈 괘)자는 骨자가 변화한 것으로 역시 뼈의 뜻을 갖고 있으며 示자는 제탁을 의미한다. '제사 음식으로는 고기와 술이 필수인데 **제탁**(示) 위에 **고기를 올리지 않고 뼈**(咼)**만 올리니** 신이 노하셔서 **재앙을 내린다**'라는 뜻으로 기억하면 암기하기 쉽다.

➕ 재앙 : 뜻하지 않게 생긴 불행한 변고를 말한다.

* 殃禍(앙화) : 재앙
* 禍根(화근) : 재앙의 근원

禍
재앙 화

구 驅
구 鷗
구 歐

총획 21획　**부수** 馬 말 마

區(구분할 구)자는 큰 상자(匚) 안에 작은 물건(品)을 정리한 모습이다. 區자가 '구' 발음이므로 '**말**(馬)**을 몰구**(區) **가다**'로 외우면 쉽다. 馬가 의미 요소, 區가 소리 요소가 된다.

* 驅逐(구축) : 내쫓다
* 驅迫(구박) : 못 견디게 괴롭히다

驅
몰 구

총획 22획　**부수** 鳥 새 조

갈매기는 새의 한 종류이므로 鳥가 의미 요소, 區가 소리 요소이다.

* 鷗盟(구맹) : 갈매기와 벗함, 자연과 벗삼아 은거함
* 白鷗(백구) : 갈매기

鷗
갈매기 구

총획 15획　**부수** 欠 하품 흠

'입을 벌려(欠) 토하면 무엇을 먹었는지 구분(區)할 수 있다'로 기억하자. 입을 벌려 음식을 토하므로 欠(하품 흠 : 사람이 입 벌린 모습)이 의미 요소, 區가 소리 요소이다.

* 歐吐(구토) : 음식을 게워 냄
* 歐羅巴(구라파) : 유럽(Europe)에 대한 한자어

歐
토할 구

구 拘

총획 8획　**부수** 手(=扌) 손 수

句(글귀 구)자는 人과 口가 더해진 글자로 말과 문장, 단어라는 뜻이 있다. 따라서 拘자는 '옛날에는 **말**(句)**을 잘못해도 붙잡혀**(扌) **갔었다**'라고 외우면 기억하기 쉽다. 손으로 잡고 있으므로 手가 의미 요소, 句가 소리 요소이다.

* 拘束(구속) : 자유를 억제함, 붙잡아 감
* 拘留(구류) : 죄인을 1일 이상 30일 미만 동안 자유를 빼앗아 가두어 놓는 일

拘
잡을 구

| 구 狗
| 구 苟

狗 개 구

총획 8획　　**부수** 犬(=犭) 개 **견**

'말귀(句)를 알아듣는 개(犬)'라는 의미로 기억하면 외우기 쉽다.
* 泥田鬪狗(이전투구) : 진흙밭에서 싸우는 개. 볼썽사나운 싸움
* 羊頭狗肉(양두구육) : 양의 머리를 걸어 놓고 개고기를 판다는 뜻으로, 겉보기만 그럴듯하게 보이고 속은 변변하지 아니함을 이르는 말

苟 진실로 구

총획 9획　　**부수** 艸(=⺿) 풀 **초**

원래는 풀 이름으로 사용되던 글자였으나, 후에 '**진실로, 구차하다**' 등의 뜻이 되었다. 艸가 의미 요소, 句가 소리 요소이다.
* 苟且(구차) : 몹시 가난하고 궁색함
* 苟命徒生(구명도생) : 구차하게 목숨을 부지하며 살아감

| 구 構
| 구 購

構 얽을 구

총획 14획　　**부수** 木 나무 **목**

構자는 '**나무(木)를 얼기설기(冓) 엮어 쌓아 놓은 모습**'을 의미하는 글자이다.
* 構造(구조) : 꾸며서 만듦
* 構成(구성) : 여러 부분을 모아 전체를 이룸

購 살 구

총획 17획　　**부수** 貝 조개 **패**

'돈을 주고 사는 것'이므로 貝가 의미 요소이고 冓가 소리 요소이다.
* 購買(구매) : 돈을 주고 물건을 사다
* 購讀(구독) : 책이나 잡지를 사서 읽음

| 규 閨

閨 안방 규

총획 14획　　**부수** 門 문 **문**

圭(홀 규)자는 신하가 황제를 만날 때 손에 들던 길쭉한 물건이다. 圭자는 다른 글자 속에서 소리 요소 역할을 한다. '홀(圭)은 매우 귀중한 물건이니 집(門)에 보관할 때는 반드시 **안방에 두어야 한다**'로 외우면 기억하기 쉽다.
* 閨房(규방) : 안방
* 閨秀(규수) : 남의 집 처녀를 고상하게 이르는 말

桂
계수나무 계

총획 10획　**부수** 木 나무 목

木이 의미 요소이고 圭(규→계)가 소리 요소이다.

* 桂樹(계수) : 계수나무
* 桂皮(계피) : 계수나무 껍질

계 桂
괘 卦
괘 掛

卦
점괘 괘

총획 8획　**부수** 卜 점 복

'점(卜)친 결과를 홀(圭)에 새겨 놓는다'로 외우면 기억하기 쉽다. 卜이 의미 요소이고 圭(규→괘)가 소리 요소이다.

* 占卦(점괘) : 점을 쳐서 얻은 결과
* 八卦(팔괘) : 주역(周易)에 나오는 8가지 괘

掛
걸 괘

총획 11획　**부수** 手(=扌) 손 수

'손으로 걸어 놓는 것'이므로 手가 의미 요소, 卦가 소리 요소가 된다.

* 掛鐘(괘종) : 벽걸이 시계
* 掛圖(괘도) : 벽에 걸어 놓는 학습용 그림이나 지도

輝
빛날 휘

총획 15획　**부수** 車 수레 거/차

휘 輝
휘 揮

여기에 쓰인 軍(군사 군)자는 '무기를 실은 수레(車)를 덮었다(冖)'라는 뜻으로 '군사'의 의미를 갖는다. 輝자는 光(빛 광)자와 軍자가 결합된 글자로 '**군인(軍)들의 무기와 눈빛이 빛난다(光)**'로 외우면 기억하기 쉽다.

* 輝煌(휘황) : 눈이 부시도록 빛남
* 光輝(광휘) : 환하고 아름답게 눈이 부심

揮
휘두를 휘

총획 12획　**부수** 手(=扌) 손 수

'군인(軍)들은 걸을 때 손(手)을 힘차게 휘두른다'의 의미로 외우면 기억하기 쉽다. 手가 의미 요소이고 軍이 소리 요소이다.

* 指揮(지휘) : 어떠한 일을 지시하며 시킴
* 揮帳(휘장) : 피륙을 여러 폭으로 이어서 빙 둘러치는 장막

옛 사람의 오류 3

夫(남편 부)자를 옛 사람들은 이렇게 설명했습니다.
'남편은 하늘보다 높은 존재다. 보라, 하늘(天)을 뚫고(夫) 올라가지 않는가!'
하지만 그건 여자를 종속적 존재로 보기 위한 수단일 뿐이었습니다.
夫자의 고문자는 夫로 비녀(一)를 꽂은 남성(大)의 모습이지요.

Day 04 확인학습

1. 다음 한자의 훈음을 쓰세요.

- 01 矯 _____
- 02 較 _____
- 03 郊 _____
- 04 管 _____
- 05 禍 _____
- 06 拘 _____
- 07 苟 _____
- 08 構 _____
- 09 揮 _____
- 10 翁 _____
- 11 僑 _____
- 12 絞 _____
- 13 狡 _____
- 14 菓 _____
- 15 館 _____
- 16 驅 _____
- 17 鷗 _____
- 18 歐 _____
- 19 狗 _____
- 20 購 _____
- 21 閨 _____

2. 다음 한자의 독음을 쓰세요.

- 01 構造 _____
- 02 僑胞 _____
- 03 八卦 _____
- 04 狡兎 _____
- 05 菓子 _____
- 06 旅館 _____
- 07 驅逐 _____
- 08 矯正 _____
- 09 管掌 _____
- 10 購買 _____
- 11 閨秀 _____
- 12 絞首刑 _____
- 13 掛圖 _____
- 14 輝煌 _____
- 15 歐羅巴 _____
- 16 比較 _____
- 17 近郊 _____
- 18 羊頭狗肉 _____
- 19 殃禍 _____
- 20 拘束 _____
- 21 塞翁之馬 _____

60 맛있는 한자 2급

맞은 개수 ▶ / 63   소요 시간 ▶

3. 알맞은 한자를 쓰세요.

01 늙은이 옹		02 객지에 살 교		03 목맬 교	
04 교활할 교		05 과자 과		06 객사 관	
07 몰 구		08 갈매기 구		09 토할 구	
10 개 구		11 살 구		12 안방 규	
13 계수나무 계		14 점괘 괘		15 걸 괘	
16 빛날 휘		17 바로잡을 교		18 견줄 교	
19 들 교		20 대롱 관		21 재앙 화	

Day 04 세계 속의 중국인, 화교(華僑) ▶ 61

Day 04 보충한자

孤 외로울 고	총획 8획 · 부수 子 · 3급 孤兒(고아) : 부모 없이 혼자된 아이 鰥寡孤獨(환과고독) : 외롭고 의지할 데 없는 사람들	

過 지날 과	총획 13획 · 부수 辵(=辶) · 준4급 過猶不及(과유불급) : 지나치는 것은 미치지 못하는 것과 같다

官 벼슬 관	총획 8획 · 부수 宀 · 준3급 官職(관직) : 관리의 직무와 벼슬자리 長官(장관) : 한 관청의 으뜸 벼슬

區 구분할·나눌 구	총획 11획 · 부수 匸 · 5급 區分(구분) : 구역을 나눔 區域(구역) : 갈라놓은 지역

觀 볼 관	총획 25획 · 부수 見 · 4급 觀察(관찰) : 자세히 들여다봄 觀點(관점) : 사물을 보는 입장

句 글귀 구	총획 5획 · 부수 口 · 준3급 句節(구절) : 문장의 토막 名句(명구) : 뛰어나게 잘된 글귀

勸 권할 권	총획 20획 · 부수 力 · 3급 勸獎(권장) : 권면하고 장려함 勸勵(권려) : 권면하고 격려함

求 구할 구	총획 7획 · 부수 水(=氵) · 4급 求道者(구도자) : 진리나 종교적인 깨달음을 추구하는 사람 追求(추구) : 뒤쫓아가서 구함

權 권세 권	총획 22획 · 부수 木 · 준3급 權力(권력) : 강제로 복종시킬 수 있는 힘 投票權(투표권) : 투표할 수 있는 권리

救 구원할 구	총획 11획 · 부수 支(=攵) · 4급 救濟(구제) : 어려운 사람을 구함 救助(구조) : 구원하고 도와줌

歡 기쁠 환	총획 22획 · 부수 欠 · 3급 歡喜(환희) : 매우 기뻐함 歡聲(환성) : 기뻐서 외치는 소리

球 구슬/공 구	총획 11획 · 부수 玉(=王) · 준4급 蹴球(축구) : 공을 발로 차는 경기 排球(배구) : 손으로 공을 쳐 넘기는 경기

講 − 욀 강
- 총획 17획 | 부수 言 | 준3급
- 講義(강의) : 글이나 학설을 알기 쉽게 가르침
- 講說(강설) : 강의하고 설명함

> 8~3급 한자도 함께 체크해 보세요!

窮 − 다할 궁
- 총획 15획 | 부수 穴 | 3급
- 窮理(궁리) : 이치를 깊이 연구함
- 窮塞(궁색) : 매우 빈곤하고 어려움

卷 − 책 권
- 총획 8획 | 부수 㔾 | 3급
- 手不釋卷(수불석권) : 손에서 책을 놓지 않고 꾸준히 공부함
- 席卷(석권) : 놀라운 기세로 세력을 떨침

佳 − 아름다울 가
- 총획 8획 | 부수 人(=亻) | 준3급
- 佳人(가인) : 아름다운 사람
- 佳作(가작) : 좋은 작품

近 − 가까울 근
- 총획 8획 | 부수 辵(=辶) | 5급
- 近海(근해) : 육지에 가까운 바다
- 近隣(근린) : 가까운 이웃

街 − 거리 가
- 총획 12획 | 부수 行 | 준3급
- 街談(가담) : 세상에 떠도는 소문
- 街道(가도) : 크고 작은 길

勤 − 부지런할 근
- 총획 13획 | 부수 力 | 3급
- 勤勉(근면) : 매우 부지런함
- 勤務(근무) : 직무에 종사함

光 − 빛 광
- 총획 6획 | 부수 儿 | 5급
- 光明(광명) : 빛이 매우 밝음

難 − 어려울 난
- 총획 19획 | 부수 隹 | 준3급
- 難易度(난이도) : 어렵고 쉬운 정도
- 艱難(간난→가난) : 살림이 매우 어려움

軍 − 군사 군
- 총획 9획 | 부수 車 | 5급
- 軍需(군수) : 군대에 필요한 물자
- 軍事(군사) : 군대에 관한 일

漢 − 한수/한나라 한
- 총획 14획 | 부수 水(=氵) | 5급
- 漢江(한강) : 우리나라에서 가장 큰 강
- 漢族(한족) : 중국에서 주(主)를 이루는 민족

運 − 움직일 운
- 총획 13획 | 부수 辵(=辶) | 준4급
- 運搬(운반) : 물건을 다른 곳으로 옮김
- 運轉(운전) : 자동차나 기계를 움직이게 다룸

今 − 이제 금
- 총획 4획 | 부수 人 | 준5급
- 只今(지금) : 이제, 곧
- 昨今(작금) : 어제와 오늘, 요즈음

Day 05
騎를 함께한
친구 사이

오늘 우리는 騎(말탈 기)자를 배웁니다. 騎자는 의미 요소인 馬(말 마)자와 소리 요소인 奇(기이할 기)자의 결합으로 단순하게 '말(馬)탈 기(奇→騎)'라고 외우면 됩니다.

요즘 어린이들에게는 각종 장난감이나 놀이기구가 많이 있지만 옛 사람들은 그렇지 못했을 것입니다. 그래서 그들은 대나무 장대를 말(馬) 삼아 함께 타며 놀았던 모양입니다. 그럼 어린 시절 대나무 장대를 함께 타며 놀던 옛 친구를 사자성어로 뭐라고 할까요? 죽마고우(竹馬故友)라는 성어를 다들 알고 계시죠? 오늘은 친구에 관한 사자성어를 좀 알아보려 합니다.

먼저, '자기 자신을 잘 이해하고 알아주는 친구'는 지기지우(知己之友)라고 합니다. 고대 중국에 백아(伯牙)와 종자기(鍾子期)라는 지기지우가 있었습니다. 백아는 거문고 연주가였는데, 그가 연주를 하면 종자기는 백아가 무슨 생각을 하는지 다 이해했다고 합니다. 이후 종자기가 먼저 세상을 떠나자 백아는 이제 더 이상 자신의 음악을 이해하는 사람이 없다 하여 자신이 아끼던 거문고의 현(絃)을 다 끊어버리고 맙니다. 여기서 나온 성어가 '백아절현(伯牙絕絃)'입니다. 또한 '매우 친하다'는 뜻을 나타내는 막역(莫逆)이라는 단어가 있습니다. 없을 막(莫)자에 거스를 역(逆)자로 '상대방을 잘 알아 거스를 일이 없는 친구 사이'라는 뜻이 됩니다. 이는 막역지우(莫逆之友)라고도 합니다. 우리는 보통 친구라고 하면 비슷한 나이의 또래를 생각하게 됩니다. 그러나 때로는 나이 차이가 많이 나는데도 친구처럼 서로를 이해하고 돕는 사람들이 있습니다. 이런 경우는 '나이를 잊은 사귐'이라 하여 '망년지교(忘年之交)'라고 합니다.

권	券
권	圈
권	拳

券 문서 권

총획 8획　**부수** 刀 칼 도

刀자를 뺀 나머지 부분은 米와 廾(두손 공)이 상하로 결합된 형상이며 '말다, 둥글게 하다'의 뜻을 갖는다. '둥글게 말아 놓은 대나무 책에 **칼**(刀)로 **거래 내역을 새긴 문서**'를 의미하는 글자이다.

* 證券(증권) : 증거가 되는 문건
* 福券(복권) : 추첨 따위를 통하여 일치하는 표에 대해서 상금이나 상품을 주는 표

圈 둘레 권

총획 11획　**부수** 囗 에울 위

卷(책 권)자는 '사람(㔾)이 앉아서 책을 본다'라는 뜻이다. 따라서 圈자는 '**에워싼 둘레**'를 의미하며 囗가 들어간 것이다. 囗가 의미 요소, 卷이 소리 요소이다. 뜻이 같은 글자로는 圍(둘레 위)가 있다.

* 文化圈(문화권) : 같은 문화를 공유하는 범위
* 圈域(권역) : 어떤 특정 지역 안의 구역

拳 주먹 권

총획 10획　**부수** 手 손 수

米와 廾으로 이루어진 소리 부분은 '말다'의 뜻이 있으므로 '**손**(手)**을 말아 쥐면 주먹이 된다**'라는 의미를 나타낸다. 즉 주먹은 손이므로 手가 의미 요소이고 나머지 부분이 소리 요소이다.

* 拳鬪(권투) : 주먹으로 하는 격투기
* 拳法(권법) : 주먹이나 발을 사용하는 무술

괴	愧
괴	塊

愧 부끄러울 괴

총획 13획　**부수** 心(=忄) 마음 심

'**귀신**(鬼)**이 밤에만 다니는 이유**는 스스로 **부끄러워**(心)**하기 때문**이다'로 이해하면 외우기 쉽다. 마음으로 부끄러워하는 것을 나타내므로 心이 의미 요소이고 鬼(귀신 귀→괴)가 소리 요소이다.

* 慙愧(참괴) : 몹시 부끄러워함
* 愧辱(괴욕) : 부끄럽고 욕됨

塊 흙덩이 괴

총획 13획　**부수** 土 흙 토

塊자는 '**흙**(土)**으로 귀신**(鬼)**을 만들었으나 그것은 흙덩이에 불과하다**'라는 의미로 이해하면 외우기 쉽다. 흙덩이를 나타내는 글자이므로 土가 의미 요소, 鬼가 소리 요소가 된다.

* 金塊(금괴) : 흙덩어리
* 團塊(단괴) : 바위 층(層) 속에 있는 여러 모양의 덩어리

괴 傀

傀
꼭두각시 괴

총획 12획 **부수** 人(=亻) 사람 인

'**사람**(人)이 꼭두각시처럼 **귀신**(鬼)에게 조종을 당한다'라는 의미이므로 人이 의미 요소이고 鬼가 소리 요소이다.

➕ 꼭두각시 : 다른 사람의 조종에 따라 움직이는 사람을 비유할 때 쓰인다.

* 傀儡(괴뢰) : 꼭두각시
* 傀奇(괴기) : 이상하고 기이함

기 祈

祈
빌 기

총획 9획 **부수** 示 보일 시

'**신에게 빈다**'라는 뜻이므로 제탁을 본뜬 글자인 示가 의미 요소이고, 斤(도끼 근)이 소리 요소이다. '**도끼**(斤)를 **제탁**(示)에 올리고 빈다'라는 뜻이기도 하다.

* 祈禱(기도) : 신에게 원하는 바를 빌다
* 祈願(기원) : 바라는 일이 이루어지도록 빌다

근 僅
근 謹
근 槿

僅
겨우 근

총획 13획 **부수** 人(=亻) 사람 인

菫(진흙 근)자는 黃자와 土자가 상하로 결합한 것으로 누런(黃) 진흙(土)이라는 뜻이다. 다른 글자 속에서 소리 요소 역할을 한다. '**사람**(人)이 **진흙탕**(菫)에 **빠졌다가 겨우 빠져 나온다**'라는 뜻으로 이해하면 외우기 쉽다.

* 僅僅(근근) : 겨우, 간신히
* 僅少(근소) : 얼마 되지 않다, 매우 적다

謹
삼갈 근

총획 18획 **부수** 言 말씀 언

'**말을 조심하고 삼가야 한다**'라는 뜻이므로 言이 의미 요소, 菫이 소리 요소이다.

* 謹賀新年(근하신년) : 삼가 새해를 축하드립니다
* 謹愼(근신) : 삼가고 조심하다

槿
무궁화 근

총획 15획 **부수** 木 나무 목

'**생명력이 강해 진흙**(菫)**밭에서도 잘 자라는 나무**(木)'는 **무궁화**이다'로 이해하면 외우기 쉽다. '무궁화 나무'를 의미하는 글자이므로 木이 의미 요소, 菫이 소리 요소이다.

* 槿域(근역) : 무궁화가 많은 지역인 '대한민국'을 의미함
* 朝槿(조근) : 무궁화

歎 탄식할 탄

총획 15획　**부수** 欠 하품 흠

'**진흙탕**(堇)에 **빠진 사람**이 **입을 벌려**(欠) **탄식한다**'라는 의미이다. 입을 벌려 탄식하므로 欠이 의미 요소이고, 堇의 변형된 모습이 소리 요소이다.

* 歎息(탄식) : 한숨을 쉬며 한탄함
* 慨歎(개탄) : 분하고 못마땅하게 여기며 한탄함

琴 거문고 금

총획 12획　**부수** 玉(=王) 구슬 옥

今(이제 금)은 '지금, 현재'의 뜻을 갖고 있으며 소리 요소로 쓰인다. '**구슬 두 개**(王王)가 **부딪치는 것처럼 맑은 소리**가 나는 **거문고**'를 의미하는 글자이다.

* 琴瑟(금슬) : 거문고와 비파, 부부간의 아름다운 정
* 心琴(심금) : 외부의 자극에 의해 미묘하게 움직이는 마음

含 머금을 함

총획 7획　**부수** 口 입 구

'**지금**(今) **입**(口)에 **음식을 머금고 있다**'라는 뜻을 나타내므로 口가 의미 요소, 今(금→함)이 소리 요소로 쓰인다.

* 含有(함유) : 어떤 물질이 또 다른 성분을 갖고 있음
* 包含(포함) : 함유하고 있음

貪 탐낼 탐

총획 11획　**부수** 貝 조개 패

'**지금**(今) **눈앞에 돈**(貝)이 있으므로 **탐이 난다**'라는 뜻이다. '돈을 탐낸다'라는 뜻이므로 貝가 의미 요소이고, 今(금→탐)이 소리 요소이다.

* 貪慾(탐욕) : 갖고자 하는 욕심
* 貪官汚吏(탐관오리) : 백성의 재물을 빼앗는 나쁜 관리

奇 기이할 기

총획 8획　**부수** 大 큰 대

大자와 可(가능할 가)자가 합쳐진 글자이다. **큰**(大)**일**을 모두 **가능하게**(可) **이루는 사람**은 특이한 사람이므로 '**기이하다**'라는 뜻이 되었다.

➕ 기이하다 : '기묘하고 이상하다'라는 뜻이다.

* 奇怪(기괴) : 이상하고 괴상함
* 奇拔(기발) : 유달리 뛰어남

Day 05 騎를 함께한 친구 사이

| 기 寄
| 기 騎

寄
부칠 기

총획 11획　**부수** 宀 집 면

'이상하고 생소한(奇) 집(宀)인 남의 집에서 산다'라는 의미로 宀(집 면)이 의미 요소이고 奇가 소리 요소이다.

➕ 부치다 : '남의 집에서 먹고 자다'라는 뜻이다.

* 寄附(기부) : 물건을 무상으로 주다
* 寄與(기여) : 도움이 되도록 이바지함

騎
말탈 기

총획 18획　**부수** 馬 말 마

'말(馬) 등에서 **이상한(奇) 재주를 부리려면 말을 탈줄 알아야 한다**'로 이해하면 쉽다. 馬가 의미 요소, 奇가 소리 요소이다.

* 騎馬(기마) : 말을 타다
* 騎射(기사) : 말을 타며 활을 쏘는 기술

| 기 欺

欺
속일 기

총획 12획　**부수** 欠 하품 흠

其(그 기)자는 농기구의 하나인 '키'를 본뜬 글자로 후에 '그것'이라는 뜻으로 쓰였다. 欺자는 '**입을 벌려(欠) 거짓말하며 상대를 속인다**'라는 뜻으로 키를 머리에 쓰고 입을 벌려 거짓말하는 사기꾼을 연상하면 쉽다. 欠이 의미 요소, 其가 소리 요소가 된다.

* 欺瞞(기만) : 상대를 속임
* 詐欺(사기) : 거짓말하여 속임

| 개 慨
| 개 槪

慨
슬퍼할 개

총획 14획　**부수** 心(=忄) 마음 심

旣(이미 기)자는 사람이 밥을 앞에 두고 다른 곳을 보고 있는 모습을 본뜬 글자로 '이미 밥을 먹었다'라는 뜻이다. 慨자는 '**가족들이 나만 빼고 밥을 이미(旣) 먹어서 내 마음(心)이 슬프다**'라는 의미를 나타낸다.

* 慨歎(개탄) : 슬퍼하며 탄식함
* 憤慨(분개) : 몹시 분하게 여김

槪
대개 개

총획 15획　**부수** 木 나무 목

'이미(旣) 다 자란 나무(木)는 대략 살펴도 된다'라는 의미이다.

* 大槪(대개) : 대체적인 줄거리
* 槪論(개론) : 전체의 내용을 요약한 대강의 논설

| 기 畿 |
| 기 機 |

畿 경기 기

총획 15획　**부수** 田 밭 전

幾(몇 기)자는 幺(작을 요), 人, 戈(창 과)의 결합으로 '창을 든 병사가 몸을 작게 하여 적군이 몇 인지 센다'라는 의미이다. 畿자는 '서울을 둘러싼 **경기 지역은 논과 밭**(田)이 **발달된 지역**'이므로 田이 의미 요소, 幾의 생략형이 소리 요소이다.

* 京畿(경기) : 서울을 중심으로 한 가까운 지방
* 畿湖(기호) : 우리나라의 경기도와 황해도 남부 및 충청남도 북부를 이르는 말

機 기계 기

총획 14획　**부수** 木 나무 목

'나무로 만든 베틀과 같은 기계'를 의미하는 글자이므로 木이 의미 요소, 幾가 소리 요소이다.

* 機械(기계) : 여러 부품을 모아 동력을 일으키게 만든 물건
* 機會(기회) : 어떤 일을 하는 데 있어 적절한 시기나 경우

| 기 紀 |
| 기 忌 |
| 비 妃 |

紀 벼리 기

총획 9획　**부수** 糸 실 사

벼리는 그물에 있는 튼튼한 끈이므로 糸가 의미 요소이고, 己가 소리 요소가 된다.

* 紀綱(기강) : 중요한 규율과 질서
* 紀念(기념) : 어떤 뜻 깊은 일이나 훌륭한 인물 등을 오래도록 잊지 아니하고 마음에 간직함

忌 꺼릴 기

총획 7획　**부수** 心 마음 심

'피하고 싶은 마음'을 의미하므로 心이 의미 요소이고 己가 소리 요소이다.

* 忌避(기피) : 꺼리며 피함
* 忌諱(기휘) : 꺼리거나 두려워 피함

妃 왕비 비

총획 6획　**부수** 女 여자 녀

왕비는 여성이므로 女가 의미 요소이고 己(기→비)가 소리 요소이다.

* 王妃(왕비) : 왕의 아내
* 后妃(후비) : 제왕의 배필

쉬어가요~

圖 이 글자를 세 글자로 나누세요.
답 : 圖書館(도서관)
건물(囗) 안에 책(書)이 꽉 찼으니까요~

Day 05 확인학습

1. 다음 한자의 훈음을 쓰세요.

- 01 券 _____
- 02 祈 _____
- 03 拳 _____
- 04 謹 _____
- 05 歎 _____
- 06 琴 _____
- 07 貪 _____
- 08 奇 _____
- 09 寄 _____
- 10 欺 _____
- 11 槪 _____
- 12 紀 _____
- 13 畿 _____
- 14 妃 _____
- 15 機 _____
- 16 圈 _____
- 17 愧 _____
- 18 塊 _____
- 19 傀 _____
- 20 僅 _____
- 21 槿 _____

2. 다음 한자의 독음을 쓰세요.

- 01 寄附 _____
- 02 慙愧 _____
- 03 金塊 _____
- 04 傀奇 _____
- 05 僅僅 _____
- 06 歎息 _____
- 07 槿域 _____
- 08 包含 _____
- 09 騎馬 _____
- 10 慨歎 _____
- 11 忌避 _____
- 12 王妃 _____
- 13 紀綱 _____
- 14 機會 _____
- 15 京畿 _____
- 16 槪論 _____
- 17 詐欺 _____
- 18 奇拔 _____
- 19 心琴 _____
- 20 朝槿 _____
- 21 文化圈 _____

맞은 개수 ▶ / 63   소요 시간 ▶

3. 알맞은 한자를 쓰세요.

01 둘레 권
02 부끄러울 괴
03 흙덩이 괴
04 꼭두각시 괴
05 겨우 근
06 무궁화 근
07 머금을 함
08 말탈 기
09 슬퍼할 개
10 꺼릴 기
11 문서 권
12 빌 기
13 주먹 권
14 삼갈 근
15 탄식할 탄
16 거문고 금
17 탐낼 탐
18 기이할 기
19 부칠 기
20 속일 기
21 대개 개

보충한자
Day 05

念 생각 념
- 총획 8획 | 부수 心 | 4급
- 概念(개념) : 어떤 사물의 일반적 지식
- 理念(이념) : 이성에 의해 얻어지는 최고의 생각

吸 마실·숨 들이쉴 흡
- 총획 7획 | 부수 口 | 준3급
- 呼吸(호흡) : 숨을 내쉬고 들이쉬는 것
- 吸收(흡수) : 빨아들임

陰 그늘 음
- 총획 11획 | 부수 阜(=阝) | 준3급
- 陰陽(음양) : 중국 사상에서, 천지를 만드는 두 기운
- 陰地(음지) : 그늘진 곳

其 그/키 기
- 총획 8획 | 부수 八 | 4급
- 出其不意(출기불의) : 적군이 뜻하지 않은 상태에서 무찔러 나아가다

吟 읊을 음
- 총획 7획 | 부수 口 | 3급
- 吟遊詩人(음유시인) : (중세 유럽) 여러 지역을 편력하며 서정시를 지은 사람들

基 터 기
- 총획 11획 | 부수 土 | 4급
- 基礎(기초) : 어떤 일에 대한 밑바탕
- 基盤(기반) : 사물의 밑바탕과 토대

及 미칠 급
- 총획 4획 | 부수 又 | 준3급
- 及第(급제) : 과거 시험에 합격함
- 不狂不及(불광불급) : 미치지 않으면 도달할 수 없다

旗 깃발 기
- 총획 14획 | 부수 方 | 5급
- 太極旗(태극기) : 우리나라 국기(國旗)
- 旗手(기수) : 깃발을 들고 앞장서는 사람

急 급할 급
- 총획 9획 | 부수 心 | 5급
- 緩急(완급) : 천천히 하는 것과 빨리 하는 것
- 急行(급행) : 빨리 가는 것

期 기약할 기
- 총획 12획 | 부수 月 | 4급
- 期約(기약) : 시간을 정하고 약속함
- 期間(기간) : 두 일정한 시기의 사이

級 등급 급
- 총획 10획 | 부수 糸 | 준4급
- 等級(등급) : 위아래를 구별한 등수
- 首級(수급) : 전쟁에서 베어 온 적군의 머리

旣 이미 기
- 총획 11획 | 부수 无 | 3급
- 旣往(기왕) : 이전에, 이미
- 旣出問題(기출문제) : 이미 출제되었던 문제

8~3급 한자도 함께 체크해 보세요!

氣 기운 기	총획 10획 / 부수 气 / 5급 氣高萬丈(기고만장) : 기운이 만장(萬丈)이나 뻗쳤다는 뜻, 펄펄 뛸 만큼 성이 남		

汽 물 끓는 김 기	총획 7획 / 부수 氵 / 4급 汽車(기차) : 증기 기관으로 달리는 열차 蒸氣(증기) : 물을 끓이면 생기는 김	結 맺을 결	총획 12획 / 부수 糸 / 준4급 締結(체결) : 얽어서 맴, 조약을 맺음 結婚(결혼) : 혼인 관계를 맺음
幾 몇 기	총획 12획 / 부수 幺 / 3급 幾何(기하) : 얼마 機微(기미) : 낌새	內 안 내	총획 6획 / 부수 入 / 7급 內外(내외) : 안과 밖
記 기록할 기	총획 10획 / 부수 言 / 5급 記者(기자) : 사건을 취재하여 신문에 올리는 사람 日記(일기) : 매일 일을 적은 것	納 들일 납	총획 10획 / 부수 糸 / 준3급 納付(납부) : 세금을 냄 滯納(체납) : 기한까지 내지 못하고 밀림
起 일어날 기	총획 10획 / 부수 走 / 준3급 起床(기상) : 잠자리에서 일어남 起點(기점) : 시작하는 곳	但 다만 단	총획 7획 / 부수 人(=亻) / 3급 非但(비단) : 다만, 오직
改 고칠 개	총획 7획 / 부수 攴(=攵) / 4급 改革(개혁) : 새로운 것으로 바꿈 改過遷善(개과천선) : 잘못을 고치고 착하게 됨	壇 제단 단	총획 16획 / 부수 土 / 4급 祭壇(제단) : 제사를 위해 높이 쌓은 단 壇君(단군) : 『삼국유사』에서 표기하는 '단군' 할아버지
吉 길할 길	총획 6획 / 부수 口 / 준4급 吉兆(길조) : 좋은 일이 생길 조짐 吉夢(길몽) : 좋은 꿈	端 끝/단정할 단	총획 14획 / 부수 立 / 4급 端初(단초) : 일의 첫머리 端緖(단서) : 어떤 일의 실마리

Day 06
屯자는 여러 의미를 가진 이음동자이다

오늘 우리는 屯자를 만나게 됩니다. 屯자는 '모일(진칠) 둔, 어려울 준'으로 읽히는데, 원래는 '어려울 준'이 '모일 둔'보다 먼저 쓰였던 뜻과 발음으로 생각됩니다. 중국 최초의 자전(字典)인 『설문해자(說文解字)』에서는 屯자를 다음과 같이 설명하고 있습니다.

'屯(ᄒ) : 難也. 象艸木之初生. 屯然而難. 从屮貫一. 一, 地也. 尾曲(屯 : '어렵다'의 뜻이다. 풀과 나무가 처음 돋아날 때의 모습을 본뜬 글자이다. 屮(싹날 철)자와 一자로 구성되었는데, 一은 땅이다. 끝부분을 구부려서 쓴다)'이라고 제시되어 있습니다. 屯자의 갑골 문자(ᄒ)를 보면 땅에서 싹이 돋아 올라오는 것처럼 보이기도 합니다.

'모이다, 진치다'의 뜻은 설명조차 되어있지 않은데, 이는 아마도『설문해자』가 편찬된 이후에 생긴 뜻으로 보입니다. '진칠 둔'으로 쓰이는 경우로는 屯田(둔전), 駐屯(주둔), 屯據(둔거), 屯營(둔영) 등이 있고, '어려울 준'으로 쓰이는 경우로는 屯困(준곤), 屯險(준험) 등이 있습니다.

이러한 글자를 이음동자(異音同字)라고 하는데, 대한검정회 시험에는 이 글자의 출제 빈도가 높습니다. 두 가지 뜻과 발음, 그리고 사용되는 단어를 모두 확실히 알고 있어야 하겠습니다.

旦 아침 단

- **총획** 5획　**부수** 日 날 일
- '수평선(一) 위에 태양(日)이 떠오르는 시간인 아침'을 의미하는 글자이다.
  * 旦夕(단석) : 아침과 저녁
  * 元旦(원단) : 새해 첫날 아침

檀 박달나무 단

- **총획** 17획　**부수** 木 나무 목
- 檀자는 나무 이름을 의미하므로 木이 의미 요소, 亶이 소리 요소이다. 여기서 亶자는 창고를 본뜬 글자로 旦자가 포함되어 있다.
  * 檀君朝鮮(단군조선) : 단군이 세운 나라
  * 檀弓(단궁) : 박달나무로 만든 활

彈 탄알 탄

- **총획** 15획　**부수** 弓 활 궁
- 單(홑 단)자는 사냥용 도구를 본뜬 글자로 후에 '하나'의 뜻이 되었다. 彈자는 둥근 돌을 쏘는 활(弓)을 의미하는 글자였으나 후에 둥근 돌인 '탄알'을 뜻하게 되었다.
  * 彈丸(탄환) : 둥근 총알
  * 彈弓(탄궁) : 탄환을 쏘는 활

禪 고요할 선

- **총획** 17획　**부수** 示 보일 시
- '제탁(示)에 사냥 도구(單)를 올려 기원한다'라는 의미였으나 그 분위기가 '고요하다'라는 뜻을 나타내게 되었다.
  * 參禪(참선) : 스님들이 하는 수행의 일종
  * 禪讓(선양) : 임금의 자리를 물려줌

貸 빌릴 대

- **총획** 12획　**부수** 貝 조개 패
- 代(대신 대)자는 人과 弋(줄 달린 화살 익)이 결합된 글자로 사람이 창(戈)이 없어 주살(弋)을 대신 들고 전쟁에 나간다는 뜻이다. '돈을 주고 빌리는 것'이므로 貝가 의미 요소, 代가 소리 요소이다.
  * 賃貸(임대) : 돈을 주고 빌림
  * 貸與(대여) : 빌려 줌

| 대 垈

垈 터 대

- 총획 8획
- 부수 土 흙 토

垈자는 '집 지을 터'를 의미하는 글자이다. 따라서 土가 의미 요소이고 代가 소리 요소가 된다.

➕ 터 : 건물이나 집을 지을 자리를 말한다.

* 垈地(대지) : 집 지을 땅
* 家垈(가대) : 집의 터전

| 동 凍
| 동 棟

凍 얼 동

- 총획 10획
- 부수 冫 얼음 빙

東(동녘 동)은 보따리를 본뜬 글자로 후에 '동녘'이라는 뜻이 되었다. 凍자는 얼(冫) 동(東)으로 이해하면 쉽다. 冫이 의미 요소이고 東이 소리 요소이다.

* 凍結(동결) : 얼어붙다
* 凍足放尿(동족방뇨) : 언 발에 오줌 누기

棟 마룻대 동

- 총획 12획
- 부수 木 나무 목

마룻대란 집의 기둥 위에 높이 얹어 놓는 나무를 말하며, 마루는 '높다'라는 뜻을 나타낸다. 木이 의미 요소, 東이 소리 요소이다.

* 棟梁之材(동량지재) : 한 집안이나 나라의 훌륭한 인재
* 汗牛充棟(한우충동) : 수레에 실어 운반하면 소가 땀을 흘리게 되고 쌓아 올리면 들보에 닿을 정도의 양이라는 뜻으로, 책이 많음을 이르는 말

| 동 銅
| 동 桐

銅 구리 동

- 총획 14획
- 부수 金 쇠 금

同(같을 동)자는 '울타리(冂) 안에 사람들이 함께(一) 모여 있다'라는 뜻으로 銅자는 '**인류와 함께(同) 지내온 쇠(金)인 구리**'를 의미하는 글자이다. 金이 의미 요소, 同이 소리 요소이다.

* 靑銅器(청동기) : 푸른 빛이 나는 구리로 만든 기구
* 銅貨(동화) : 구리로 만든 돈

桐 오동나무 동

- 총획 10획
- 부수 木 나무 목

고대에 딸을 낳으면 오동나무를 심었다고 한다. '**여인과 함께(同) 자라는 나무(木)**가 오동나무'인 것이다. 桐자는 나무를 의미하므로 木이 의미 요소이고 同이 소리 요소이다.

* 梧桐(오동) : 오동나무
* 胡桐(호동) : 물레나물과의 늘푸른큰키나무

鬪 싸움 투

총획 20획　**부수** 鬥 싸울 투

鬥(싸울 투)자는 원래 '싸우다'의 뜻을 갖는 글자였으나 후에 뜻을 강조하기 위해 寸(손을 본뜬 글자 : 손으로 때리니까)자와 소리 요소인 豆(콩 두)자를 추가해 鬪자를 만들게 되었다.

* 鬪爭(투쟁) : 상대를 쓰러뜨리기 위해 싸움
* 決鬪(결투) : 승패를 결정하기 위해 벌이는 싸움

屯 모일·진칠 둔 / 어려울 준

총획 4획　**부수** 屮 풀 철

'땅(一)에서 풀(屮)이 돋아난다'는 데서 '모이다'의 뜻을 나타냈으나 '군대가 모여있다'는 뜻이 파생되어 '진치다'의 뜻이 되었다. 소리 요소로 많이 쓰인다.

➕ 진치다 : '(군사들이 어디에) 진지를 구축하고 머무른다'는 뜻을 나타낸다.

* 駐屯地(주둔지) : 군대가 머무르는 지역
* 屯困(준곤) : 어렵고 곤란함을 느낌

鈍 무딜·둔할 둔

총획 12획　**부수** 金 쇠 금

屯자에는 '풀'이라는 뜻이 있다. 따라서 鈍자는 '쇠(金)로 만든 칼로 풀(屯)을 많이 베니 칼이 **무뎌졌다**'는 의미를 나타낸다.

➕ 무디다 : 칼이나 송곳 따위의 날이 날카롭지 못함을 의미한다.

* 銳鈍(예둔) : 날카로운 것과 무딘 것
* 鈍角(둔각) : 90도보다 큰 각도(角度)

廊 행랑 랑

총획 13획　**부수** 广 집 엄

良(어질 량)자는 잘 꾸민 복도를 본뜬 글자로 '좋다, 어질다'의 뜻을 나타내며, 郎(사내 랑)자는 '마을(阝)을 좋게(良) 꾸미는 사내들'이라는 뜻이다. 廊자는 **사내(郎) 머슴들이 머무는 방(广)은 행랑(行廊)이다**'라고 이해하면 외우기 쉽다.

* 舍廊(사랑) : 집의 안채와 떨어져 있는 곳으로 바깥주인이 거처하며 손님을 접대하는 곳
* 行廊(행랑) : 대문 옆에 있던 방으로 주로 하인이 거처하던 방

娘 아가씨 낭

총획 10획　**부수** 女 여자 녀

'어머니'라는 뜻을 나타내기도 하는 이 글자는 '**여인(女)의 일생에서 가장 좋은(良) 시기는 아가씨일 때이다**'라고 이해하면 외우기 쉽다. 특히 이 글자는 발음에 주의해야 한다. '낭'을 '랑'으로 헷갈리지 않도록 한다.

* 娘子(낭자) : 젊은 여자에 대한 높임말
* 娘家(낭가) : 어머니의 친정, 외갓집

력 曆

曆
책력 력

총획 16획　**부수** 日 날 일

'언덕(厂) 아래에서 벼농사(禾禾)를 잘 지으려면 날짜(日)가 적힌 달력이나 책력을 참고해야 한다'라는 뜻이다.

* 冊曆(책력) : 날짜와 절기를 적은 책
* 太陽曆(태양력) : 지구가 태양의 둘레를 한 바퀴 도는 데 걸리는 시간을 1년으로 정한 역법

련 戀
만 蠻
만 灣

戀
사모할 련

총획 23획　**부수** 心 마음 심

䜌(이을 련)자는 '말과 실이 끊임없이 이어진다'라는 뜻이다. 따라서 戀자는 '나의 마음(心)과 그의 마음이 이어져있으니 서로를 사모한다'라는 의미를 나타낸다.

➕ 사모하다 : '애틋하게 생각하고 어려워하다'라는 뜻이다.

* 戀慕(연모) : 서로를 사랑함
* 戀書(연서) : 연애편지

蠻
오랑캐 만

총획 25획　**부수** 虫 벌레 충

蠻자는 '중국의 남방 지역 사람들'을 의미하는 글자이다. 그곳은 덥고 습도가 높기 때문에 벌레(虫)가 많았다.

* 蠻夷(만이) : 한족(漢族)이 아닌 이민족을 멸시하여 일컫는 말
* 南蠻(남만) : 남쪽 지역에 사는 이민족을 멸시하는 말

灣
물굽이 만

총획 25획　**부수** 水(=氵) 물 수

灣자는 '해안 중에서 땅이 弓자처럼 구부러져 들어간 지역'을 뜻한다. 그래서 水자와 弓자가 추가된 것이다.

* 臺灣(대만) : 타이완
* 港灣(항만) : 배가 들어오고 사람이 배를 탈 수 있도록 만든 시설

렬 裂

裂
찢을 렬

총획 12획　**부수** 衣 옷 의

列(늘어놓을 렬)자는 '칼(刀)로 소를 잡아 뼈(歹)를 발라내어 늘어 놓는다'라는 의미로 소리 요소로 많이 사용되는 글자이다. 裂자는 '칼(刀)로 옷(衣)을 찢는다'라는 뜻을 나타낸다.

* 分裂(분열) : 여러 갈래로 찢어짐
* 破裂(파열) : 깨지거나 갈라져 찢어짐

쉬어가요~

人, 儿(사람 인)자는 남자를 나타내는 글자로 생각됩니다. 즉 女에 상대되는 글자인 것이죠. 집(宀)에 여자(女)가 있으면? 安(편안 안)자가 되고 집(宀)에 남자(儿)가 있으면? 穴(쓸데 없을 용)자가 되지요. 역시 남자는 나가야 하나 봅니다.

嶺 고개 령

총획 17획　**부수** 山 메 산

令(명령 령)자는 스(신이 계신 곳 : 사당)과 卩(사람 : 제사장)이 합해진 글자로 신의 명령을 듣는 제사장을 나타낸다. 후에 제사장은 신의 명령을 듣는다는 데서 '명령'이라는 뜻이 되었으며 소리 요소로 쓰였다. '산(山)이나 머리(頁)처럼 높은 땅은 바로 고개나 언덕이 되는 것이다'로 이해하면 암기하기 쉽다.

* 大關嶺(대관령) : 강원도 강릉시 성산면과 평창군 대관령면 사이에 있는 고개
* 分水嶺(분수령) : 어떤 사물이 발전하는 데 있어서의 전환점을 비유하여 일컫는 말

零 떨어질 령

총획 13획　**부수** 雨 비 우

'비(雨)는 하늘에서 땅으로, 명령(令)은 상관에서 부하에게 떨어진다'라는 공통점이 있다는 것으로 이해하면 암기하기 쉽다. 令은 물론 소리 요소이기도 하다.

* 零落(영락) : 시들어 떨어지다
* 零下(영하) : 섭씨 영도 이하

齡 나이 령

총획 20획　**부수** 齒 이 치

'이(齒)를 보면 연령대를 알 수 있다'로 이해하면 암기하기 쉽다. 齒가 의미 요소이고 令이 소리 요소이다.

* 年齡(연령) : 나이
* 高齡(고령) : 노인으로서 썩 많은 나이

爐 화로 로

총획 20획　**부수** 火 불 화

盧(그릇 로)자는 호랑이(虍) 무늬가 있는 그릇(皿)을 의미한다. 때문에 '불(火)을 담는 그릇(盧)은 화로가 된다'로 이해하면 암기하기 쉽다.

* 火爐(화로) : 난방을 위해 불을 담은 그릇
* 鎔鑛爐(용광로) : 높은 온도로 광석을 녹여서 쇠붙이를 뽑아내는 가마

祿 복/녹 록

총획 13획　**부수** 示 보일 시

彔(새길 록)자는 송곳을 본뜬 글자로 '새기다'의 뜻을 갖는다. 祿자는 '신(示)의 위대함을 제탁(示)에 새겼더니(彔) 복을 내려주신다'라는 의미를 나타낸다. 다른 글자의 소리 요소 역할을 한다.

* 祿俸(녹봉) : 옛날 관리가 나라로부터 받는 금품
* 干祿(간록) : 관리가 되어 녹봉을 구한다는 뜻

Day 06 확인학습

1. 다음 한자의 훈음을 쓰세요.

- 01 鬪 _____
- 02 娘 _____
- 03 戀 _____
- 04 鈍 _____
- 05 裂 _____
- 06 嶺 _____
- 07 零 _____
- 08 檀 _____
- 09 彈 _____
- 10 貸 _____
- 11 銅 _____
- 12 旦 _____
- 13 禪 _____
- 14 垈 _____
- 15 凍 _____
- 16 棟 _____
- 17 桐 _____
- 18 屯 _____
- 19 廊 _____
- 20 蠻 _____
- 21 灣 _____

2. 다음 한자의 독음을 쓰세요.

- 01 旦夕 _____
- 02 參禪 _____
- 03 垈地 _____
- 04 凍結 _____
- 05 棟梁 _____
- 06 梧桐 _____
- 07 駐屯 _____
- 08 行廊 _____
- 09 港灣 _____
- 10 蠻夷 _____
- 11 冊曆 _____
- 12 年齡 _____
- 13 火爐 _____
- 14 干祿 _____
- 15 零落 _____
- 16 銳鈍 _____
- 17 戀慕 _____
- 18 分水嶺 _____
- 19 鬪爭 _____
- 20 銅貨 _____
- 21 賃貸 _____

맞은 개수 ▶ / 63   소요 시간 ▶

3. 알맞은 한자를 쓰세요.

- 01 아침 단
- 02 고요할 선
- 03 터 대
- 04 얼 동
- 05 마룻대 동
- 06 오동나무 동
- 07 모일 둔
- 08 행랑 랑
- 09 오랑캐 만
- 10 물굽이 만
- 11 책력 력
- 12 나이 령
- 13 화로 로
- 14 복 록
- 15 싸움 투
- 16 아가씨 낭
- 17 사모할 련
- 18 무딜 둔
- 19 찢을 렬
- 20 고개 령
- 21 떨어질 령

Day 06 보충한자

單 홑·하나 단
- 총획 12획 | 부수 口 | 준3급
- 單式(단식) : 단순한 방식이나 형식
- 單刀直入(단도직입) : 직접적으로 말함

同 한가지 동
- 총획 6획 | 부수 口 | 준5급
- 共同(공동) : 어떤 일을 함께함
- 同一(동일) : 하나처럼 같음

戰 싸움 전
- 총획 16획 | 부수 戈 | 준4급
- 戰士(전사) : 싸움하는 군사
- 戰鬪(전투) : 승리를 얻기 위한 수단

洞 고을 동
- 총획 9획 | 부수 水(=氵) | 5급
- 洞內坊內(동네방네) : 이 마을 저 마을 모두
- 洞窟(동굴) : 산에 있는 깊고 넓은 굴(窟)

代 대신 대
- 총획 5획 | 부수 人(=亻) | 5급
- 代理(대리) : 대신 처리함
- 世代(세대) : 한 생물이 태어나서 생명을 마칠 때까지의 시간

頭 머리 두
- 총획 16획 | 부수 頁 | 5급
- 腦裏(뇌리) : 머릿속
- 頭目(두목) : 좋지 못한 집단의 우두머리

東 동녘 동
- 총획 12획 | 부수 木 | 8급
- 東方(동방) : 동쪽 방향
- 聲東擊西(성동격서) : 동쪽으로 치는 듯하다가 서쪽으로 공격함

純 순수할 순
- 총획 10획 | 부수 糸 | 준3급
- 純情(순정) : 순수한 감정
- 純潔(순결) : 몸과 마음이 깨끗함

童 아이 동
- 총획 12획 | 부수 立 | 준4급
- 童蒙(동몽) : 남자아이
- 三尺童子(삼척동자) : 철없는 어린아이

登 오를 등
- 총획 12획 | 부수 癶 | 5급
- 登山(등산) : 산에 오름
- 登校(등교) : 학교에 감

鐘 쇠북 종
- 총획 20획 | 부수 金 | 3급
- 鐘閣(종각) : 종(鐘)이 걸려 있는 누각
- 警鐘(경종) : 잘못되지 않도록 미리 주는 충고

燈 등불 등
- 총획 16획 | 부수 火 | 준3급
- 電燈(전등) : 전기로 켜는 등불
- 風前燈火(풍전등화) : 바람 앞의 등불처럼 위급한 상황

證 증거 증
- 총획 19획 | 부수 言 | 3급
- 證據(증거) : 사실을 증명하는 근거
- 僞證(위증) : 거짓된 증거

> 8~3급 한자도 함께 체크해 보세요!

樂 즐길 락/음악 악/좋아할 요
- 총획 15획 | 부수 木 | 5급
- 快樂(쾌락) : 매우 즐거움
- 音樂(음악) : 성악(聲樂)과 기악(器樂)의 예술

兩 두 량
- 총획 8획 | 부수 入 | 4급
- 一擧兩得(일거양득) : 한 번의 수고로 둘의 이익을 얻음
- 兩手(양수) : 두 손

藥 약 약
- 총획 19획 | 부수 艸(=艹) | 준4급
- 良藥苦口(양약고구) : 좋은 약은 입에 쓰다. 자신에게 이로움을 이르는 말

歷 지날 력
- 총획 16획 | 부수 止 | 준4급
- 歷史(역사) : 정치적·사회적으로 지나온 옛날
- 經歷(경력) : 직업상 현재까지 지나온 길

良 어질 량
- 총획 7획 | 부수 艮 | 준4급
- 善良(선량) : 착하고 어질다
- 良好(양호) : 성적이나 품질 등이 매우 좋다

變 변할 변
- 총획 23획 | 부수 言 | 4급
- 變數(변수) : 어떤 상황의 가변적 요인
- 朝變夕改(조변석개) : 아침과 저녁으로 자주 바뀜

朗 밝을 랑
- 총획 11획 | 부수 月 | 4급
- 朗報(낭보) : 즐거운 소식
- 朗誦(낭송) : 밝은 목소리로 읽거나 외움

列 벌일 렬
- 총획 6획 | 부수 刀(=刂) | 준3급
- 陳列(진열) : 물건을 쭉 늘어놓음
- 列擧(열거) : 여러 사실을 늘어놓음

浪 물결 랑
- 총획 10획 | 부수 水(=氵) | 3급
- 浪子(낭자) : 떠돌아다니는 사람
- 風浪(풍랑) : 바람과 파도

例 법식 례
- 총획 8획 | 부수 人(=亻) | 준4급
- 例文(예문) : 예로 드는 문장
- 例示(예시) : 예를 들어 보여줌

郞 사내 랑
- 총획 10획 | 부수 邑(=阝) | 3급
- 新郞(신랑) : 결혼을 앞둔 젊은 남성
- 郞君(낭군) : 젊은 여자가 남편이나 연인을 이르던 말

令 하여금/명령 령
- 총획 5획 | 부수 人 | 4급
- 令夫人(영부인) : 남의 아내를 높여 부르는 말
- 令愛(영애) : 윗사람의 딸을 높여 부르는 말

Day 06 屯자는 여러 의미를 가진 이음동자이다

Day 07
東자는 원래 '동쪽'이 아니었다!

오늘 우리가 배울 한자 중에 莫(없을 막)자가 있습니다. 莫자의 갑골 문자는 ☒으로, 풀숲(艸) 속에 있는 태양(日)을 묘사한 것입니다. 莫자 맨 아래에 있는 大자는 풀 두 포기가 변한 것임을 알 수 있습니다. 따라서 莫자는 '해가 저물다'의 뜻을 나타내는 글자입니다. 그러나 세월이 지나면서 莫자는 변화를 겪게 됩니다. '해가 저물다'라는 자기의 뜻을 잃고 '없다'의 뜻으로 쓰이게 된 것입니다. 하나의 한자가 자기 본연의 뜻을 잃고 완전히 다른 뜻으로 쓰이게 되는 경우를 가차(假借)라고 합니다. 假자와 借자는 모두 '빌리다'의 뜻을 나타내는 글자로 완전히 다른 뜻을 위해 글자를 빌려왔다는 의미를 나타냅니다. 그렇다면 사라진 '저물다'의 뜻을 가진 글자는 어떻게 다시 만들어야 할까요? '해가 저물다'의 뜻을 위해 莫자에 日자를 붙여 暮(저물 모)자를 만들면 됩니다. 暮자는 莫의 뜻을 설명하기 위해 만들어진 글자로 莫자의 전주자(轉注字)라고 부릅니다. 그렇다 보니 暮자에는 태양이 두 개나 들어간 것입니다.

이렇게 가차 용법으로 쓰이는 글자는 莫자 말고도 무수히 많습니다. 대표적인 글자가 東(동녘 동)자 입니다. 『설문해자(說文解字)』에서 東을, '動也. 从木. 从日在木中(움직임이다. 木자가 의미 요소이다. 태양이 나무 중간에 걸린 모습을 의미하는 글자이다)'이라고 설명한 이래, 동쪽에서 솟아오르는 태양이 나무에 걸린 모습으로 알고 있었습니다. 그러나 東자의 갑골 문자가 ☒으로 발견된 후 '보따리 물건'을 의미하는 글자로 日자와는 전혀 관계없는 것임을 알게 되었습니다. 東이 원래 보따리 물건이었으므로 현대 중국어의 東西가 '물건'이라는 뜻이 된 것입니다.

僚
동료 료

총획 14획　**부수** 人(=亻) 사람 인

僚(횃불 료)자의 윗부분은 大와 火가 겹쳐진 글자로 활활 타는 횃불을 의미한다. '나를 즐겁고 밝게(尞) 해주는 사람(人)인 친구'를 의미하는 글자로 人이 의미 요소, 尞가 소리 요소이다.

* 同僚(동료) : 함께 일을 하는 사람, 친구
* 官僚(관료) : 직업적인 관리 또는 그들의 집단

療
병고칠 료

총획 17획　**부수** 疒 병들 녁

'아픈(疒) 사람의 마음이 횃불(尞)처럼 밝아졌다' 즉 '병을 고쳤다'라는 의미를 나타내는 글자이다.

* 治療(치료) : 병을 고치다
* 診療(진료) : 진찰하고 병을 고치다

籠
새장 롱

총획 22획　**부수** 竹 대나무 죽

'대나무(竹)로 새장을 만들어 용(龍)을 잡아 넣었다'라고 연상하면 된다. 竹이 의미 요소, 龍이 소리 요소이다.

* 籠絡(농락) : 사람을 교묘한 꾀로 속이는 짓
* 鳥籠(조롱) : 새를 넣어 기르는 장, 새장

寵
사랑 총

총획 19획　**부수** 宀 집 면

'궁궐(宀)에 계시는 용(龍)이신 왕께서는 백성들의 사랑을 받는다'라는 뜻으로 龍은 흔히 王에 비유된다.

* 寵愛(총애) : 남달리 귀엽게 여겨 사랑함
* 寵辱若驚(총욕약경) : 총애와 모욕을 초월함을 비유적으로 이르는 말

襲
엄습할 습

총획 22획　**부수** 衣 옷 의

襲자는 원래 용이 그려진 수의(壽衣)를 의미했다. 그러나 수의가 다시 죽음과 연결되어 '죽음이 언제인지 모르게 갑자기 올 수 있다'라는 의미로 사용되어 '엄습하다'의 뜻이 되었다.

* 襲擊(습격) : 갑자기 쳐들어가 공격하다
* 空襲(공습) : 공군이 비행기를 이용하여 총격이나 폭격으로 적을 습격하는 일

쉬어가요~

다음을 나타내는 한자는 무엇일까요?

큰일났다! 아가씨(女)가 건달들(男男) 틈에 둘러 쌓였네!
답 : 嬲 (희롱할 뇨)

이런~ 여자들(女女) 틈에 꽃미남(男)이 둘러 쌓였군!
답 : 嫐 (희롱할 뇨)

屢 자주·여러 루

총획 14획 **부수** 尸 주검/시동 시

屢자에서 尸는 戶의 줄임형으로 '집'을 의미하며 婁는 여인의 머리 위에 물건이 높이 싸인 모습을 나타낸다. 따라서 屢자는 '높은 집'을 의미한다. 후에 '**자주, 여러**'의 뜻이 파생되었다.

* 屢次(누차) : 여러 번
* 屢代(누대) : 여러 대

樓 다락 루

총획 15획 **부수** 木 나무 목

婁에는 '쌓는다'의 뜻이 있다. 따라서 樓자는 '**나무로 쌓은 다락**'이라는 의미를 나타낸다. 다락은 목조 건물이므로 木이 의미 요소이고 婁가 소리 요소이다.

* 樓閣(누각) : 사방이 탁 트이게 지은 높은 건물
* 摩天樓(마천루) : 하늘을 찌를 듯이 솟은 아주 높은 고층 건물

輪 바퀴 륜

총획 15획 **부수** 車 수레 거/차

侖(둥글 륜)자는 집을 의미하는 亼(집의 지붕 모양)자와 冊(책 책)자가 더해진 글자이다. 옛날에 보던 대나무 책(冊)은 김밥을 말듯 둥글게 말아 집에 보관했으므로 '둥글다'의 뜻으로 쓰였다. '**수레(車)의 부속 중에서 둥근(侖) 것**은 곧 **바퀴**이다'로 연상하면 외우기 쉽다.

* 輪廻(윤회) : 삶은 돌고 돈다는 불교의 설(說)
* 輪讀(윤독) : 여러 사람이 같은 글이나 책을 돌려 가며 읽음

陵 언덕 릉

총획 11획 **부수** 阜(=阝) 언덕 부

夌(언덕 릉)자는 土, 儿(사람 인), 夊(발)이 더해진 글자로 이 글자가 원래 '언덕 릉'자였다. 이 글자에 阝(언덕 부)자를 더해 뜻을 강조하게 되었다. 陵자는 阝가 의미 요소, 夌이 소리 요소 겸 의미 요소가 된다. '**능멸하다, 업신여기다**' 등의 뜻이 파생되었다.

* 丘陵(구릉) : 언덕, 나지막한 산
* 陵蔑(능멸) : 남을 업신여기며 깔보다

隣 이웃 린

총획 15획 **부수** 阜(=阝) 언덕 부

'**언덕(阝)을 넘어 걸어가서(舛) 쌀(米)을 주고 받는 사이는 이웃**이다'라는 의미를 나타낸다.

* 隣近(인근) : 이웃한 가까운 곳
* 德不孤必有隣(덕불고필유린) : 덕이 있는 자는 외롭지 않고 반드시 이웃이 있다

憐	총획 15획　부수 心(=忄) 마음 심	련 憐

憐
불쌍히 여길 련

'불우한 사람에게 걸어가서(舛) 쌀(米)을 전해주는 것은 불쌍하게 여기기 때문이다'로 기억하면 외우기 쉽다. 마음으로 불쌍하게 여기므로 心이 의미 요소이다.

* 憐憫(연민) : 불쌍히 여김
* 同病相憐(동병상련) : 어려운 처지에 있는 사람끼리 서로 가엾게 여김을 이르는 말

磨
갈 마

총획 16획　부수 石 돌 석

마 磨
마 摩
마 魔

'맷돌로 간다' 또는 '돌로 삼을 갈아내다'라는 의미를 나타내기도 한다. 石이 의미 요소이고 麻(삼 마)가 소리 요소가 된다.

* 琢磨(탁마) : 옥을 갈고 닦음
* 硏磨(연마) : 학문을 갈고 닦음

摩
문지를 마

총획 15획　부수 手 손 수

'잘 다듬은 삼(麻)을 손(手)으로 문질러 본다'라는 의미이다.

* 按摩(안마) : 손으로 몸의 근육을 문지르거나 누름
* 摩擦(마찰) : 물건과 물건을 마주 대어 비빔

魔
마귀 마

총획 21획　부수 鬼 귀신 귀

'잘 다듬어 놓은 마(麻 : 대마초 등)를 귀신(鬼)이 먹고 무시무시한 마귀가 되었다'라는 의미를 나타낸다.

* 魔鬼(마귀) : 귀신보다 한 단계 높은 괴물
* 惡魔(악마) : 질이 나쁜 마귀

漠
사막 막

총획 14획　부수 水(=氵) 물 수

막 漠

莫(없을 막 𦰩)자는 고문자에서 볼 수 있듯, 지는 해(日)가 풀 숲(艸)에 들어가 있는 모습을 나타낸 것이며 원래의 뜻은 '저물다'였으나 후에 '없다'라는 뜻으로 쓰이게 되었다. 따라서 漠자는 '물(水)이 없는(莫) 곳인 사막'을 뜻하는 글자이다.

* 沙漠(사막) : 물이 없고 모래만 있는 땅
* 大漠(대막) : 큰 사막

막 幕
모 慕
모 模
모 募

幕
장막 막

총획 14획　**부수** 巾 수건 건

밖에서 **안을 볼 수 없게**(莫) **둘러친 헝겊**(巾)이 바로 **장막**이다.

* 帳幕(장막) : 밖에서 안을 볼 수 없게 친 헝겊
* 幕府(막부) : 변방에서 지휘관이 머물면서 군사를 지휘하던 군막(軍幕)

慕
사모할 모

총획 15획　**부수** 心(=忄) 마음 심

'멀리 있어 **여기 없는**(莫) **사람을 마음**(心)으로 **사랑한다**'라는 의미이다. 莫이 소리 요소(막→모)로 쓰였다.

* 思慕(사모) : 마음으로 사랑하고 생각함
* 慕華思想(모화사상) : 중국을 사랑하고 따르하던 묵은 사상

模
본뜰/모범 모

총획 15획　**부수** 木 나무 목

模자는 원래 나무(木)로 만든 거푸집을 의미하는 글자였다. 거푸집과 같은 모습으로 물건을 찍어내므로 模자에 '**본뜨다, 모범**' 등의 뜻이 생겼다.

➕ 본뜨다 : 무엇을 본보기로 삼아 그대로 쫓아 함을 의미한다.

* 模範(모범) : 원래는 청동기 거푸집의 안틀과 바깥틀을 의미했으나 지금은 어떤 일의 기준이라는 뜻으로 쓰임
* 模倣(모방) : 흉내내고 본뜸

募
모을 모

총획 13획　**부수** 力 힘 력

'**힘쓸**(力) **사람이 없다**(莫)! 다시 **모아**(募)**보자!**'로 연상하여 외우면 기억하기 쉽다.

* 募金(모금) : 돈을 모으다
* 募集(모집) : 사람이나 물품을 모음

만 漫

漫
질펀할 만

총획 14획　**부수** 水(=氵) 물 수

曼(당길 만)자는 '태양(日) 아래서 눈(目→罒)을 손(又)으로 당긴다'는 의미이다. 漫자의 뜻인 '질펀하다'는 '물에 젖다'라는 의미로 '**손으로 눈을 당기면**(曼) 당연히 **눈물**(水)**이 나와 젖게 된다**'로 생각하면 외우기 쉽다.

* 浪漫(낭만) : 로맨스(romance) 또는 로망(roman)을 한자로 음역한 것
* 漫畫(만화) : 사물의 특징을 잡아 익살스럽게 그린 그림

慢 거만할 만

- **총획** 14획　**부수** 心(=忄) 마음 심

'남의 눈을 함부로 **당기는(曼) 사람**의 **마음(心)**은 **거만하다**'로 외우면 편하다. 心이 의미 요소이고 曼이 소리 요소이다.

* 傲慢(오만) : 교만하고 거만함
* 倨慢(거만) : 잘난 체하며 남을 업신여기는 데가 있음

茫 망망할 망

- **총획** 10획　**부수** 艸(=艹) 풀 초

亡(망할 망)자는 사람(人)이 숨어(ㄴ) 있는 모습으로, 원래의 뜻은 '도망하다'이다. 나중에 '죽다, 없다, 망하다' 등의 뜻이 파생되었다. 茫자는 '**초원(艸)이나 바다(水)가 드넓다**'라는 뜻을 나타내는 글자이다.

➕ 망망하다 : '넓고 멀다'라는 뜻이다.

* 茫茫大海(망망대해) : 드넓은 바다
* 茫漠(망막) : 뚜렷한 구별이 없다

妄 망령들 망

- **총획** 6획　**부수** 女 여자 녀

이 단어의 의미인 '망령되다'는 '늙어서 정신이 흐려지며 말과 행동이 어긋나다'라는 뜻이다. 이 글자의 의미를 그대로 풀어 보면 '**여성(女)의 뇌세포가 죽어(亡)서 정신이 흐려진다**'는 의미가 된다.

* 妄靈(망령) : 지금의 치매 현상을 예전에 일컫던 말
* 妄想(망상) : 이치에 맞지 아니한 망령된 생각을 함, 또는 그 생각

罔 없을 망

- **총획** 8획　**부수** 网(=罓) 그물 망

원래는 그물(网→罓)을 의미하는 글자였으나 亡자에 의해 '**없다**'의 뜻으로 쓰이고 있다.

* 學而不思則罔(학이불사즉망) : 배우고 생각하지 않으면 얻는 게 없다
* 罔測(망측) : 정상적인 상태에서 어그러져 어이가 없거나 차마 보기가 어렵다

網 그물 망

- **총획** 14획　**부수** 糸 실 사

罔자는 원래 '그물'이라는 뜻이었으나 '없다'의 뜻으로 쓰이자 糸을 더해 '**그물**'이라는 뜻의 글자를 만들어 사용하였다.

* 網羅(망라) : 그물로 물고기를 잡아 올리듯 어떤 사물들을 모은다는 의미
* 漁網(어망) : 고기잡이용 그물

Day 07 東자는 원래 '동쪽'이 아니었다!

확인학습 Day 07

1. 다음 한자의 훈음을 쓰세요.

- 01 襲 _____
- 02 樓 _____
- 03 輪 _____
- 04 陵 _____
- 05 隣 _____
- 06 憐 _____
- 07 慕 _____
- 08 模 _____
- 09 募 _____
- 10 妄 _____
- 11 療 _____
- 12 僚 _____
- 13 籠 _____
- 14 寵 _____
- 15 磨 _____
- 16 屢 _____
- 17 摩 _____
- 18 魔 _____
- 19 漠 _____
- 20 幕 _____
- 21 漫 _____

2. 다음 한자의 독음을 쓰세요.

- 01 治療 _____
- 02 同僚 _____
- 03 籠絡 _____
- 04 寵愛 _____
- 05 屢次 _____
- 06 琢磨 _____
- 07 按摩 _____
- 08 魔鬼 _____
- 09 沙漠 _____
- 10 帳幕 _____
- 11 浪漫 _____
- 12 倨慢 _____
- 13 茫茫 _____
- 14 罔測 _____
- 15 網羅 _____
- 16 襲擊 _____
- 17 樓閣 _____
- 18 輪廻 _____
- 19 陵蔑 _____
- 20 憐憫 _____
- 21 妄靈 _____

맞은 개수 ▶   / 63   소요 시간 ▶

3. 알맞은 한자를 쓰세요.

01 병고칠 료	02 동료 료	03 새장 롱
04 사랑 총	05 자주 루	06 갈 마
07 문지를 마	08 마귀 마	09 사막 막
10 장막 막	11 질펀할 만	12 거만할 만
13 망망할 망	14 없을 망	15 그물 망
16 엄습할 습	17 다락 루	18 바퀴 륜
19 언덕 릉	20 이웃 린	21 사모할 모

Day 07 보충한자

| 冷 찰 랭 | 총획 7획 · 부수 冫 · 4급
冷却(냉각): 차갑게 하거나 식히는 것
冷淡(냉담): 태도나 말투가 쌀쌀함 |

| 數 셈 수/자주 삭 | 총획 15획 · 부수 攴(=攵) · 준4급
數學(수학): 셈을 하는 학문
頻數(빈삭): 매우 자주 일어남 |

| 領 목/거느릴 령 | 총획 14획 · 부수 頁 · 4급
綱領(강령): 일을 하는 데 으뜸 되는 줄거리
領袖(영수): 한 집단의 우두머리 |

| 論 논할 론 | 총획 15획 · 부수 言 · 준3급
論說(논설): 사물의 이치를 들어 설명함
論文(논문): 어떤 문제에 대해 논리에 맞게 설명한 글 |

| 禮 예도 례 | 총획 18획 · 부수 示 · 준4급
克己復禮(극기복례): 자기를 이기고 예(禮)를 회복함
禮儀(예의): 공손하고 삼가는 몸가짐 |

| 倫 인륜 륜 | 총획 10획 · 부수 人(=亻) · 준3급
人倫(인륜): 사람들이 지켜야 할 도리
倫理(윤리): 사람들이 지켜야 할 도리와 규범 |

| 體 몸 체 | 총획 23획 · 부수 骨 · 준4급
體育(체육): 신체의 발달을 촉진하는 운동
身體(신체): 우리의 몸 |

| 泣 울 읍 | 총획 8획 · 부수 氵 · 3급
涕泣(체읍): 눈물을 흘리며 울다
泣訴(읍소): 울며 하소연하다 |

| 錄 기록할 록 | 총획 16획 · 부수 金 · 준3급
記事(기사): 어떤 일을 적음
抄錄(초록): 손으로 베껴 기록함 |

| 莫 없을 막 | 총획 11획 · 부수 艸(=艹) · 준3급
莫大(막대): 그보다 더 큰 것이 없음
莫無可奈(막무가내): 어쩔 도리가 없음 |

| 綠 푸를 록 | 총획 14획 · 부수 糸 · 준4급
綠陰(녹음): 푸른 나뭇잎의 그늘
綠色(녹색): 푸른색 |

| 暮 저물 모 | 총획 15획 · 부수 日 · 3급
日暮途遠(일모도원): 날은 저물고 갈 길은 멀다, 할 일은 많은데 나이는 들어버렸다 |

8~3급 한자도 함께 체크해 보세요!

亡 망할 망
- 총획 3획 | 부수 ㅗ | 준4급
- 亡身(망신): 체면이나 명망을 망침
- 亡命(망명): 정치적인 이유로 외국으로 몸을 옮김

望 바랄 망
- 총획 11획 | 부수 月 | 4급
- 望雲之情(망운지정): 타향에서 부모를 그리워함
- 旣望(기망): 음력 16일, 望(망)은 15일

忘 잊을 망
- 총획 7획 | 부수 心 | 준3급
- 忘却(망각): 잊어버림
- 刻骨難忘(각골난망): 죽어도 은혜를 잊지 않음

忙 바쁠 망
- 총획 6획 | 부수 心(=忄) | 3급
- 奔忙(분망): 매우 바쁨
- 忙中閑(망중한): 바쁜 가운데 한가로운 때

每 매양 매
- 총획 7획 | 부수 毋 | 5급
- 每日(매일): 날마다
- 每年(매년): 해마다

海 바다 해
- 총획 10획 | 부수 水(=氵) | 5급
- 東海(동해): 우리나라 동쪽에 있는 바다
- 海洋(해양): 넓은 바다

買 살 매
- 총획 12획 | 부수 貝 | 준4급
- 賣買(매매): 팔고 사는 행위
- 買入(매입): 사들임

賣 팔 매
- 총획 15획 | 부수 貝 | 준4급
- 販賣(판매): 물건을 팔다
- 賣渡(매도): 팔아 넘김

讀 읽을 독
- 총획 22획 | 부수 言 | 5급
- 讀書百遍意自見(독서백편의자현): 집중하여 여러 번 읽으면 뜻은 저절로 알 수 있음

續 이을 속
- 총획 21획 | 부수 糸 | 준3급
- 連續(연속): 계속 이어서
- 續編(속편): 원래 편찬된 책에 이어 또 펴내는 책

免 면할 면
- 총획 7획 | 부수 儿 | 3급
- 赦免(사면): 죄나 허물을 용서함
- 免死(면사): 죽음을 면하게 해 줌

勉 힘쓸 면
- 총획 9획 | 부수 力 | 3급
- 勉勵(면려): 애써 노력함
- 勉學(면학): 학문에 힘씀

金 쇠 금
- 총획 8획 | 부수 金 | 8급
- 金融(금융): 돈의 융통
- 賃金(임금): 노동에 대한 대가

Day 08
중국의 창조신
반고(盤古)

오늘 우리는 盤자에 대해 배우려고 합니다. '소반 반'이라고도 하고 '쟁반 반'이라고도 하는데, 소반이건 쟁반이건 둥근 모습을 하고 있습니다. 여기서 般(일반 반)자는 '배가 빙글 빙글 돈다'의 뜻이 있으므로 소리 요소인 동시에 뜻도 도와주고 있음을 알 수 있습니다.

盤자가 들어가는 단어 중에 盤古(반고)라는 단어가 있습니다. 반고란 무엇일까요? 옛날 쟁반? 오래된 쟁반? 정답은 중국 창세 신화에 나오는 주인공입니다. 성경책도 아니고 웬 창세 신화냐고요? 모르는 소리 하지 마시라! 중국에도 천지 창조의 신화가 있습니다. 뿐만 아니라 진흙으로 사람을 만들었다고 하는 여와(女媧)라고 하는 여신도 있습니다. 성서의 여호와, 중국의 여와, 모두 진흙으로 사람을 만들었다고 하는데 누가 원조인지 궁금하기도 합니다. 어쨌든 오늘은 반고에 대해 간단히 알아보자구요.

아주 오랜 옛날 하늘과 땅의 구분이 없던 세상은 달걀과 같은 모양에 온갖 물질이 엉켜 있는 상태였습니다. 그 속에 반고가 잠을 자고 있었습니다. 어느 날 반고가 잠에서 깨어 도끼로 공간을 휘두르자 하늘과 땅이 나누어지게 되었습니다. 그는 두 팔로 하늘을 지탱했고, 하루에 한 길(丈)씩 자라서 하늘이 아주 높이까지 올라가게 되었습니다. 그러나 반고는 누적된 피로에 의해 과로사(過勞死)하고 맙니다. 그후 그의 눈동자는 해와 달이 되고, 마지막으로 내쉰 숨은 바람과 공기, 그의 피는 강과 바다로, 그의 근육은 산맥이, 그의 머리칼은 풀과 나무로 변하게 되었습니다. 이처럼 반고는 아무런 대가 없이 온몸을 바쳐 세상을 만들고 천지에 바쳤습니다. 그렇다면 우리나라에도 창세 신화가 있을까요? 단군 신화는 왕조 개창 신화이고 창세 신화라고 볼 수는 없지만 제주도에 가면 무속인들 사이에 전해오는 창세 신화가 있다고 하니, 알아보면 재미있을 것 같네요.

荒
거칠 황

- **총획** 10획　**부수** 艸(=++) 풀 초
- 荒자는 '풀(艸)도 없고(亡), 시냇물(川)도 흐르지 않으니 거친 황무지가 된다'는 것을 의미하는 글자이다.
  * 荒蕪地(황무지) : 풀이 자라지 않는 거친 땅
  * 荒涼(황량) : 황폐하여 거칠고 쓸쓸하다

盲
소경 맹

- **총획** 8획　**부수** 目 눈 목
- 시력(目)을 잃은(亡) 사람인 '소경, 맹인'을 의미하는 글자이다.
  - ➕ 소경 : '시각 장애인'을 낮잡아 이르는 말이다.
  * 文盲(문맹) : 글을 읽지 못하는 사람
  * 盲人(맹인) : 시력을 잃은 사람

侮
업신여길 모

- **총획** 9획　**부수** 人(=亻) 사람 인
- 每(매양 매)자는 비녀를 꽂은 어머니의 모습으로 '항상, 언제나'의 뜻을 가진 글자이다. 每자는 소리 요소로 많이 쓰인다. '우리 인간(人)은 때로 어머니(每)를 업신여길 때가 있다'라는 의미를 나타낸다.
  * 侮蔑(모멸) : 상대방을 업신여김
  * 侮辱(모욕) : 깔보고 욕되게 함

梅
매화 매

- **총획** 11획　**부수** 木 나무 목
- 어머니(每)처럼 항상(每) 변치 않는 나무(木)인 매화를 의미한다.
  * 梅蘭菊竹(매란국죽) : 지조를 상징하는 사군자(四君子)로 매화, 난초, 국화, 대나무가 이에 속한다.
  * 梅雨(매우) : 6월 중순(中旬)부터 7월 상순까지 계속되는 장마

敏
재빠를 민

- **총획** 11획　**부수** 攴(=攵) 칠 복
- '손에 도구(攵)를 들고 내려치는 행동을 매일(每) 반복하면 동작이 빨라진다'라는 의미를 나타낸다.
  * 敏感(민감) : 빨리 반응하는 감각
  * 機敏(기민) : 눈치가 빠르고 동작이 날쌔다

획수가 가장 적은 한자는 무엇일까요?
답 : 一, 乙, 丶 등등

획수가 가장 많은 한자는 무엇일까요?
답 : 龍龍龍龍 (말 많을 절)
(총 64획. 용이 네 마리나 날아가니 사람들이 놀라 떠든다는 뜻이에요)

| 번 繁
| 회 悔

繁
번성할 번

- **총획** 17획　**부수** 糸 실 사
- '실(糸)을 뽑는 동작이 빨라지면(敏) 장사가 잘 돼서 **번성하게 된다**'라는 의미이다. 糸가 의미 요소이고 敏이 소리 요소이다.
  * 繁盛(번성) : 형세가 불어나고 늘어나서 잘됨
  * 繁殖(번식) : 붇고 늘어서 많이 퍼지는 것

悔
뉘우칠 회

- **총획** 10획　**부수** 心(=忄) 마음 심
- '우리는 **매일(每)** 자기가 한 일에 대해 **마음(心)**으로 **뉘우치고 반성**해야 한다'라는 의미를 나타낸다.
  * 後悔(후회) : 일이 끝난 뒤에 뉘우침
  * 悔改(회개) : 잘못을 뉘우치고 고침

| 만 娩

娩
해산할 만

- **총획** 10획　**부수** 女 여자 녀
- 免(면할 면 ⑦)자는 투구를 쓴 병사의 모습으로, '위험으로부터 벗어나다, 면하다' 등의 뜻을 갖고 있으며 소리 요소로 많이 쓰인다. '**여성(女)**이 **면(免)**하고 싶어하는 고통은 **해산**의 고통이다'라고 이해하면 암기하기 쉽다.
- ➕ 해산하다 : '아이를 낳다'라는 뜻이다.
  * 分娩(분만) : 아기를 낳다
  * 順娩(순만) : 순조롭게 아기를 낳음

| 맹 盟

盟
맹세 맹

- **총획** 13획　**부수** 皿 그릇 명
- 明(밝을 명)자는 해와 달을 모아 '밝다'의 뜻을 나타낸 글자이다. 옛날에 제후(諸侯)들은 **그릇(皿)**에 **희생의 피**를 담아 **입술에 바르며 맹세**를 했다고 한다. 明이 소리 요소로 쓰였다.
  * 盟誓(맹서) : 맹세의 원말
  * 結盟(결맹) : 연맹이나 동맹을 결성함

| 무 霧

霧
안개 무

- **총획** 19획　**부수** 雨 비 우
- 務(힘쓸 무)자는 矛(창 모), 攵(손에 도구), 力 등이 더해져 '힘쓰다'의 뜻을 나타내는 글자이다. 안개는 **비(雨)와 같은 기상 현상**이므로 雨가 의미 요소이고 務가 소리 요소가 된다.
  * 霧散(무산) : 안개처럼 흩어져 버림
  * 濃霧(농무) : 짙은 안개

某 아무 모

총획 9획　**부수** 木 나무 목

甘(달 감)자와 木자가 결합한 글자로 원래는 '달콤한 나무 열매'라는 뜻이었으나 누구나 따먹을 수 있다고 하여 '**아무**'의 뜻이 생겼다.

* 某氏(모씨) : 아무개 씨(氏)
* 某處(모처) : 어느 곳

謀 꾀할 모

총획 16획　**부수** 言 말씀 언

'달콤한 열매(某)를 잘 딸 수 있는 방법을 의논(言)한다'라는 뜻으로 후에 '**꾀하다, 도모하다**' 등의 뜻이 생겼다.

➕ 도모하다 : '어떤 일을 이루기 위하여 대책과 방법을 세우다'라는 뜻이다.

* 謀略(모략) : 남을 해치려는 꾀
* 權謀(권모) : 그때 형편에 따른 모략

媒 중매 매

총획 12획　**부수** 女 여자 녀

'아무개(某) 총각과 아무개 처녀를 연결해 주는 여인(女)은 **중매쟁이**'라고 연상하면 기억하기 쉽다.

* 媒體(매체) : 어떤 작용을 한쪽에서 다른 쪽으로 옮겨 주는 것
* 仲媒(중매) : 중간에서 혼인을 맺게 해 주는 것

貿 무역할 무

총획 12획　**부수** 貝 조개 패

卯(토끼 묘)자는 토끼띠라는 글자에만 쓰여지고 있어 '토끼 묘'라고 부르고 있으나 고문자(𠂎)를 보면 하나의 물체가 둘로 잘린 것으로 보인다. 즉 '바다나 국경에 의해 **나누어진(卯) 두 나라에서 돈(貝)이 오가는 것이 무역**이다'라고 기억하면 된다.

* 貿易(무역) : 나라와 나라 사이의 장사 행위
* 貿易風(무역풍) : 적도(赤道) 부근의 더운 공기가 위로 올라가 그 빈 곳을 채우려고 북극과 남극에서 불어오는 바람

紊 어지러울 문

총획 10획　**부수** 糸 실 사

'실(糸)로 비단에 글(文)을 새긴다'라는 의미로 숙련되지 않은 사람은 어지럽게 새긴다고 하여 紊자에 '**어지럽다, 문란하다**' 등의 뜻이 생겼다.

* 紊亂(문란) : 몹시 어지러운 것을 뜻함
* 紊棄(문기) : 어지러워지며 쇠퇴함

| 민 憫 |

憫 불쌍히 여길 민

- 총획 15획
- 부수 心(=忄) 마음 심

閔(조문할 민)자는 축문(文)을 읽는 집(門)을 나타내는 글자로 '조문하다, 위문하다'가 원래 뜻이다. 따라서 憫자는 **조문객**(閔)의 **마음**(心)인 '**불쌍히 여기다**'의 뜻을 갖게 되었다.

* 憫憫(민망) : 불쌍하고 딱하며 안타까움
* 憫然(민연) : 답답하고 딱하며 안타까움

| 홀 忽 |

忽 갑자기 홀

- 총획 8획
- 부수 心 마음 심

勿(말 물)자는 피가 묻은(ノノ) 칼(刀)을 의미하는 글자로 '하지 마라'의 뜻을 나타낸다. 따라서 忽자는 '**하지 말아야 하는 일**(勿)이 가끔은 **마음**(心) 속에서 **갑자기 떠오르는 때가 있다**'로 연상하여 외우면 기억하기 쉽다. 心이 의미 요소이고 勿이 소리 요소이다 (물→홀).

* 疏忽(소홀) : 데면데면하고 가벼움
* 忽然(홀연) : 갑자기

| 반 返 |
| 반 叛 |
| 판 版 |

返 돌아올 반

- 총획 8획
- 부수 辵(=辶) 쉬엄쉬엄 갈 착

反(돌이킬 반)의 갑골 문자는 ㄈ으로 어떤 물체를 손으로 뒤집는 모습을 나타내고 있다. 따라서 返자는 '**가다가**(辶) **몸을 반대**(反)**로 돌리면 출발했던 곳으로 돌아오게 된다**'로 이해하면 외우기 쉽다.

* 返還(반환) : 도로 돌려 줌
* 去者必返(거자필반) : 떠난 사람은 반드시 돌아옴

叛 배반할 반

- 총획 9획
- 부수 又 또 우

半(절반 반)자는 '소(牛)를 절반으로 나누었다'라는 뜻으로 '내가 이끌던 **무리의 절반**(半)이 **내 의견에 반대**(反)**하면서 떠나간다는 것은 나를 배반하는 것이다**'라고 이해하면 외우기 쉽다.

* 背叛(배반) : 신의(信義)를 등지고 떠나감
* 叛逆(반역) : 나라와 겨레를 배반함

版 판목 판

- 총획 8획
- 부수 片 조각 편

片자는 木자의 오른쪽 절반만 쓴 것으로 '나뭇조각, 나무판자' 등을 의미한다. 나무판자(片)에 글씨를 반대(反)로 새겨 책을 찍어내는 것을 '판목'이라고 한다.

* 出版(출판) : 책을 펴내다
* 版權(판권) : 『법률』 저작권법에 의하여 인정된 재산권의 하나

販
팔 **판**

판 販

총획 11획　**부수** 貝 조개 패

'싼 값에 사 온 것을 돈(貝) 받고 되돌려(反) 판매한다'라는 의미이다.

* 販賣(판매) : 물건을 팔다
* 販路(판로) : 상품이 팔려가는 방면이나 길

般
돌/일반 **반**

반 般
반 盤
반 搬

총획 10획　**부수** 舟 배 주

舟와 殳(손에 도구를 든 모습 : 여기서는 배를 젓는 노)의 결합으로 원래의 뜻은 '배가 돌다'의 뜻이었으나 후에 '일반적이다'의 뜻이 되었다.

* 一般(일반) : 전체에 두루 해당되는 것
* 全般(전반) : 어떤 일이나 부문에 대하여 그것에 관계되는 전체, 또는 통틀어서 모두

盤
소반 **반**

총획 15획　**부수** 皿 그릇 명

般자는 원래 '배가 돌다'의 뜻이므로 '둥글다'의 뜻을 내포하고 있다. 따라서 盤자는 **둥근(般) 그릇(皿)**인 '쟁반, 소반'의 뜻을 나타낸다.

➕ 소반 : 자그마한 밥상을 말한다.

* 盤石(반석) : 넓고 편편한 바위
* 鍵盤(건반) : 피아노, 오르간 따위에서 손가락으로 치도록 된 부분을 늘어놓은 면

搬
운반할 **반**

총획 13획　**부수** 手(=扌) 손 수

'**손(手)**의 **일반적(般)**인 작용은 물건을 들어 옮기고 운반하는 것이다'로 기억하자. 手가 의미 요소이고 般이 소리 요소이면서 뜻을 돕고 있다.

* 運搬(운반) : 물건을 들어 옮김
* 搬入(반입) : 운반하여 들여옴

伴
짝 **반**

반 伴

총획 7획　**부수** 人(=亻) 사람 인

사람(人)은 누구나 혼자 살 수 없기 때문에 **자신의 반쪽(半)**인 배우자, 즉 '**짝을 찾아야 한다**'라는 뜻이다. 人이 의미 요소이고 半이 소리 요소이면서 뜻을 돕는다.

* 伴侶者(반려자) : 평생을 함께하는 사람
* 伴奏(반주) : 노래를 부를 때 보조적으로 연주되는 악기의 소리

Day 08 확인학습

1. 다음 한자의 훈음을 쓰세요.

- 01 般 _____
- 02 販 _____
- 03 版 _____
- 04 返 _____
- 05 貿 _____
- 06 謀 _____
- 07 某 _____
- 08 盟 _____
- 09 悔 _____
- 10 繁 _____
- 11 盲 _____
- 12 梅 _____
- 13 敏 _____
- 14 荒 _____
- 15 侮 _____
- 16 娩 _____
- 17 霧 _____
- 18 媒 _____
- 19 紊 _____
- 20 憫 _____
- 21 忽 _____

2. 다음 한자의 독음을 쓰세요.

- 01 敏感 _____
- 02 侮蔑 _____
- 03 分娩 _____
- 04 霧散 _____
- 05 仲媒 _____
- 06 紊亂 _____
- 07 憫然 _____
- 08 忽然 _____
- 09 背叛 _____
- 10 盤石 _____
- 11 搬入 _____
- 12 伴侶 _____
- 13 全般 _____
- 14 販路 _____
- 15 版權 _____
- 16 返還 _____
- 17 貿易 _____
- 18 權謀 _____
- 19 盟誓 _____
- 20 繁殖 _____
- 21 荒蕪地 _____

맞은 개수 ▶   / 63   소요 시간 ▶

3. 알맞은 한자를 쓰세요.

01 거칠 **황**	02 업신여길 **모**	03 해산할 **만**
04 안개 **무**	05 중매 **매**	06 어지러울 **문**
07 불쌍히 여길 **민**	08 갑자기 **홀**	09 배반할 **반**
10 소반 **반**	11 운반할 **반**	12 짝 **반**
13 일반 **반**	14 팔 **판**	15 판목 **판**
16 돌아올 **반**	17 무역할 **무**	18 꾀할 **모**
19 아무 **모**	20 맹세 **맹**	21 뉘우칠 **회**

Day 08 중국의 창조신 반고(盤古) ▶ 101

Day 08 보충한자

晚 늦을 만	총획 11획　부수 日　3급 晚秋(만추) : 늦가을 晚學(만학) : 늦은 나이에 공부함
柳 버들 류	총획 9획　부수 木　3급 楊柳(양류) : 버드나무 과에 속하는 갈잎 큰키나무
明 밝을 명	총획 8획　부수 日　5급 光明(광명) : 밝은 빛 明若觀火(명약관화) : 불 보듯 뻔함
無 없을 무	총획 12획　부수 火(=灬)　5급 無爲自然(무위자연) : 인공을 가하지 않는 그대로의 자연 無關(무관) : 관계없음
務 힘쓸 무	총획 11획　부수 力　준3급 任務(임무) : 맡아서 힘써야 할 일 勤務(근무) : 부지런히 힘써야 할 일
舞 춤출 무	총획 14획　부수 舛　3급 飮食歌舞(음식가무) : 술 마시고 밥 먹고 노래하고 춤추는 것
柔 부드러울 유	총획 9획　부수 木　3급 柔道(유도) : 부드러움이 위주인 무술 外柔內剛(외유내강) : 겉은 부드러우나 내면은 강직함
勿 말 물	총획 4획　부수 勹　3급 多勿(다물) : '옛땅을 되찾음'이라는 뜻의 고구려어(高句麗語)
卯 토끼 묘	총획 5획　부수 卩　준3급 辛卯年(신묘년) : 토끼띠의 해
物 물건 물	총획 8획　부수 牛　5급 萬物(만물) : 모든 물건 物質(물질) : 물체의 본바탕
留 머무를 류	총획 10획　부수 田　3급 留學(유학) : 다른 나라에 머물러 공부함 滯留(체류) : 여행지에 오래 머무름
未 아닐 미	총획 5획　부수 木　4급 未成年(미성년) : 성년이 안 된 나이 未練(미련) : 깨끗이 잊지 못하고 끌리는 데가 남아 있는 마음

味 맛 미	총획 8획 / 부수 口 / 4급 味覺(미각) : 맛을 느끼는 감각 興味津津(흥미진진) : 재미가 넘침	8~3급 한자도 함께 체크해 보세요!

妹 아랫누이 매	총획 8획 / 부수 女 / 4급 姉妹(자매) : 언니와 여동생 妹夫(매부) : 여동생의 남편	**半** 반 반	총획 5획 / 부수 十 / 5급 半島(반도) : 대륙과 붙어 삼면이 바다로 둘러싸인 곳 折半(절반) : 하나를 반으로 가름
民 백성 민	총획 5획 / 부수 氏 / 5급 民主(민주) : 백성이 주권을 가지고 있음 民心(민심) : 백성들의 마음	**判** 판단할 판	총획 7획 / 부수 刀(=刂) / 준3급 判斷(판단) : 사물을 인식하여 논리에 따라 판정을 내림 裁判(재판) : 옳고 그름을 따져 판단함
眠 잠잘 면	총획 10획 / 부수 目 / 3급 睡眠(수면) : 잠을 자다	**防** 막을 방	총획 7획 / 부수 阜(=阝) / 준3급 攻防(공방) : 공격과 방어 國防(국방) : 나라를 지키고 막아내다
反 돌이킬 반	총획 4획 / 부수 又 / 준4급 反對(반대) : 두 사물이 맞서 있는 상태 反面(반면) : 어떤 사실과 반대되는 면	**放** 놓을 방	총획 8획 / 부수 攴(=攵) / 5급 釋放(석방) : 잡아놓은 사람을 놓아 줌 放出(방출) : 밖으로 내보냄
板 널빤지 판	총획 8획 / 부수 木 / 4급 板子(판자) : 판판하고 넓게 켠 나뭇조각 看板(간판) : 상호를 잘 보이게 써서 높이 걸어 놓은 것	**房** 방 방	총획 8획 / 부수 戶 / 준3급 煖房(난방) : 방을 따뜻하게 함 廚房(주방) : 부엌
飯 밥 반	총획 13획 / 부수 食 / 준3급 飯店(반점) : 식당, 중국에서는 호텔을 말함 白飯(백반) : 흰 쌀밥	**訪** 찾을/물을 방	총획 11획 / 부수 言 / 준3급 訪問(방문) : 남을 찾아가 봄 巡訪(순방) : 차례대로 방문함

Day 09
'白'자의 정체는 도대체 무엇일까?

오늘 우리가 배울 글자 중에 白(흰 백)자라는 글자가 있습니다. 白자의 갑골 문자는 ㅇ으로, 이 갑골 문자에 대해서는 학자들의 다양한 의견이 제시되고 있습니다. 그 첫 번째가 '엄지손가락을 본뜬 것'이라는 의견입니다. 우리가 엄지손가락을 치켜올리면 '최고'라는 의미를 나타내는 것처럼 白자에 '으뜸, 최고'라는 뜻이 내포되어 있으면서 소리 요소로도 쓰인다는 것입니다. 예를 들면 伯(맏 백)자는 '사람(人)들 중 으뜸(白)'이라는 것이고, 舶(큰배 박)자는 '배(舟) 중에 으뜸(白)'이라는 뜻을 나타낸다는 것입니다.

두 번째는 白자는 '잣(수정과에 띄워 먹는 하얀 것)을 본뜬 것'이라는 의견입니다. 그런데 '잣'이라는 뜻의 白자가 나중에 '희다'의 뜻으로 가차(假借)되어 쓰이자 '잣'을 나타내는 글자인 柏(잣 백)자를 다시 만들었다는 것입니다. 필자는 후자의 견해를 따르고 있는데 독자들은 어떤지 모르겠네요~

白자가 들어가는 단어 중에 白眉(백미)라는 단어가 있습니다. 중국 삼국 시대 때 유비(劉備)의 부하 중 마량(馬良)이라는 사람이 있었습니다. 그는 5형제 중 한 명이었는데, 두 번째 이름인 字(자)에 모두 常(상)자가 쓰였습니다. 그들은 모두 학문이 뛰어났으나 그중 마량의 실력이 가장 뛰어났다고 합니다. 마량은 어릴 때부터 눈썹에 흰 털이 섞여 있어서 '白眉(백미)'라는 별명이 있었는데 사람들은 마씨 집안 5형제를 가리켜, '마씨의 五常이 다 좋은데 그중 白眉가 최고다'라고 칭송했습니다. 그로부터 많은 것들 중에서 특히 뛰어나는 것을 가리켜 白眉라고 부르게 되었습니다.

拔 뺄·뽑을 발

총획 8획　**부수** 手(=扌) 손 수

'손(手)으로 개털(犮)을 뽑는다'라는 의미이다. 犮(개털 발)자는 犬(개 견)과 ノ(개털)이 더해진 글자로 소리 요소로 많이 쓰이는 글자이다.

* 拔齒(발치) : 이를 뽑음
* 拔本塞源(발본색원) : 좋지 않은 일의 근본 원인이 되는 요소를 완전히 없애 버려서 다시는 그러한 일이 생길 수 없도록 함

髮 터럭 발

총획 15획　**부수** 髟 머리털 표

長(긴 장), 彡(터럭 삼), 犮(개털 발)이 결합된 글자이다. '긴(長) 털(彡)은 개털(犮)이다'로 외우면 된다. 髮자는 자형을 보면 알 수 있듯 원래는 개털을 의미했지만 지금은 **사람의 머리카락**을 의미하는 글자로 쓰인다.

➕ 터럭 : 사람이나 길짐승의 몸에 난 길고 굵은 털을 말한다.
* 頭髮(두발) : 머리카락
* 危機一髮(위기일발) : 매우 위험한 순간

芳 꽃다울 방

총획 8획　**부수** 艸(=艹) 풀 초

方(모 방)자는 쟁기를 본뜬 글자로 '방향'의 뜻을 가지며 소리 요소로 많이 쓰인다. 艹자는 여기서 꽃(花)을 의미한다. '여기저기 **사방팔방(方)에 꽃(艹)이 만발하여 향기가 높다**'라는 의미이다. 方자는 소리 요소이기도 하다.

* 芳年(방년) : 꽃다운 나이
* 芳草(방초) : 향기로운 풀

妨 해로울 방

총획 7획　**부수** 女 여자 녀

옛날은 남녀 불평등의 사회였다. 妨자는 '**여자(女)들이 사회의 각 방면(方)으로 진출하려고 하면 해롭다**'고 막았던 사실을 반영한 글자이다.

* 妨害(방해) : 남의 일을 못하게 하며 해를 끼침
* 無妨(무방) : 괜찮음, 해롭지 않음

倣 본받을 방

총획 10획　**부수** 人(=亻) 사람 인

放(놓을 방)자는 方과 攵의 결합으로 '쳐서(攵) 밖으로 내보낸다'라는 뜻이다. '**사람(人)은 밖으로 나가(放) 보고 배우며 산다**'라는 의미를 나타내는 글자이다.

* 模倣(모방) : 다른 것을 보고 본뜨거나 본받음
* 倣似(방사) : 매우 비슷하다

방 紡
방 傍

紡
길쌈 방

총획 10획　**부수** 糸 실 사

길쌈이란 실을 내어 옷감을 짜는 모든 일을 통틀어 이르는 말이다. '실(糸)의 방면(方)에 관한 모든 일은 길쌈'으로 이해하면 외우기 쉽다.

* 紡織(방직) : 실로 피륙을 짜는 작업
* 紡績(방적) : 실을 뽑아내는 작업

傍
곁 방

총획 12획　**부수** 人(=亻) 사람 인

人과 立(약간 변형됨), 方(소리 요소)이 결합된 글자로 '사람(人)이 곁에 서(立) 있다'라는 의미이다.

* 傍觀(방관) : 곁에서 보기만 하다
* 傍聽(방청) : 직접적인 관계가 없는 사람이 회의, 토론, 연설, 공판(公判), 공개 방송 따위에 참석하여 들음

배 培
배 賠

培
북돋을 배

총획 11획　**부수** 土 흙 토

培자는 '식물을 땅(土)에 심고 잘 자라나게(立) 거름을 먹여(口) 준다'라는 의미의 글자이다. 여기서 '북돋우다'라는 뜻은 '농작물을 잘 자라게 거름을 주고 잡초를 뽑는다'라는 의미이다.

* 培根(배근) : 뿌리를 북돋움
* 培養(배양) : 식물을 북돋아 기름

賠
배상할 배

총획 15획　**부수** 貝 조개 패

'돈(貝)으로 배상하겠다고 서서(立) 입(口)으로 말하다'로 이해하면 외우기 쉽다.

* 賠償(배상) : 남에게 입힌 손해를 갚아줌
* 賠款(배관) : 손해를 배상한다고 약속한 조항

백 伯

伯
맏 백

총획 7획　**부수** 人(=亻) 사람 인

白(흰 백)자는 엄지손가락의 모양을 본떠 만든 글자로 '최고'라는 의미가 있다는 설과 잣(잣나무)을 본뜬 것이라는 설이 있다. '형제(人) 중에서 최고(白)는 맏이다'로 기억하면 된다.

* 伯仲(백중) : 우열을 가릴 수 없음
* 伯氏(백씨) : 남의 큰 형을 높이는 말

柏 잣나무 백

총획 9획 **부수** 木 나무 목

柏자의 白은 '잣'이라는 뜻을 취한다. 따라서 '**잣**(白)이 **열리는 나무**(木)는 **잣나무**다'로 외우면 기억하기 쉽다.

* 松柏(송백) : 소나무와 잣나무
* 歲寒松柏(세한송백) : 추운 계절(季節)에도 소나무와 잣나무는 잎이 지지 않는다는 뜻으로 어떤 역경 속에서도 변하지 않는 굳은 절개를 말한다.

拍 칠 박

총획 8획 **부수** 手(=扌) 손 수

拍자는 '**손**(扌)**바닥이 하얗게**(白) **되도록 손뼉을 치다**'로 이해하면 외우기 쉽다. 손으로 치니까 手가 의미 요소이고 白이 소리 요소(백→박)이다.

* 拍手(박수) : 손뼉을 치다
* 拍掌大笑(박장대소) : 손뼉을 치며 크게 웃다

迫 닥칠/핍박할 박

총획 9획 **부수** 辵(=辶) 쉬엄쉬엄 갈 착

'다가온다'라는 뜻으로 후에 '핍박하다'의 뜻이 파생되었다. 辶이 의미 요소이고 白이 소리 요소이다.

➕ 핍박하다 : '바짝 죄어서 몹시 괴롭게 굴다'라는 뜻을 나타낸다.

* 開封迫頭(개봉박두) : 개봉 날짜가 머리 앞으로 다가옴
* 驅迫(구박) : 못살게 굴다

泊 배댈 박

총획 8획 **부수** 水(=氵) 물 수

泊자는 '**흰**(白) **물거품**(水)**을 일으키며 배가 들어온다**'로 외우면 된다. 배가 항구에 머물게 되므로 '머물다'의 뜻이 파생되었다. '항구에 배가 들어온다'는 뜻이므로 水가 의미 요소이고 白이 소리 요소이다.

* 碇泊(정박) : 배가 닻을 내리고 머무름
* 宿泊(숙박) : 여관에 들어가 잠을 자고 머무름

舶 큰 배 박

총획 11획 **부수** 舟 배 주

白자에는 '으뜸, 최고'의 뜻이 내포되어 있다(➡ 106쪽 伯자 참고). 따라서 舶자는 '**배**(舟) **중에서 최고**(白)**의 배는 큰 배**이다'라는 의미를 나타낸다.

* 船舶(선박) : 비교적 큰 배를 일컫는 말
* 大舶(대박) : 커다란 배

> **쉬어가요~**
>
> 가장 긴 뜻을 가지고 있는 한자는 무엇일까요?
>
> 답 : 閄
>
> '문 뒤에 몸을 숨겼다가 갑자기 나와서 지나가는 사람을 놀라게 하는 소리 혹'자로 한글을 세어보니 총 29자네요.

| 벽 碧 |
| 백 魄 |

碧 푸를 벽

총획 14획 **부수** 石 돌 석

玉(구슬 옥), 石, 白이 결합된 글자이다. '돌(石)과 함께 있는 옥(玉)의 색깔이 희다(白) 못해 **푸른빛을 띤다**'라는 의미이다.

* 桑田碧海(상전벽해) : 뽕밭이 푸른 바다로 됨. 세상의 변화가 극심함을 나타냄
* 碧眼(벽안) : 파란색의 눈을 가진 외국인

魄 넋 백

총획 15획 **부수** 鬼 귀신 귀

'하얀(白) 소복을 입은 귀신(鬼)은 **죽은 이의 넋**이 변한 것이다'라는 의미이다.

⊕ 넋 : 사람의 몸에 있으면서 몸을 거느리고 정신을 다스리는 것을 말한다.

* 魂魄(혼백) : 사람의 몸을 다스리는 넋
* 魂飛魄散(혼비백산) : 몹시 놀라 혼백이 흩어지다

| 파 播 |
| 번 飜 |

播 뿌릴 파

총획 15획 **부수** 手(=扌) 손 수

番(차례 번)자는 禾, 米, 田이 결합한 글자로 '논(田)에 벼(禾, 米)를 심을 때 차례대로 심는다'라는 뜻이며 다른 글자 속에서 소리 요소 역할을 한다. 播자는 '논(田)에서 손(手)으로 씨앗(禾, 米)을 **뿌린다**'라는 의미를 나타낸다.

* 傳播(전파) : 전하여 널리 퍼뜨림
* 播種(파종) : 씨를 뿌림

飜 뒤칠/나부낄 번

총획 21획 **부수** 飛 날 비

飛자는 '새가 날갯짓을 한다'라는 뜻이다. 飜자는 '날갯짓을 하면 날개가 바로 됐다가 **뒤집다**가를 반복하게 된다'로 이해하면 기억하기 쉽다. 番은 소리 요소이다.

⊕ 뒤치다 : '뒤집거나 엎어 놓다'라는 뜻이다.

* 飜譯(번역) : 외국어를 한국어로 바꿈
* 飜覆(번복) : 말이나 판단을 바꾸어 전과 다르게 함

| 벌 閥 |

閥 문벌 벌

총획 14획 **부수** 門 문 문

伐(칠 벌)자는 '창(戈)으로 사람(人)을 친다'라는 뜻이다. 閥자는 '적을 토벌(伐)한 공으로 이루어진 가문(門)'을 의미하는 글자이다.

* 門閥(문벌) : 귀족 가문
* 財閥(재벌) : 재계(財界)에서 세력 있는 자본가

108 맛있는 한자 2급

範
법 범

- 총획 15획 부수 竹 대나무 죽

竹(대나무 죽)자는 죽간(竹簡)을 의미하는 글자로 '책'이라는 뜻을 나타내기도 한다. '**사람**(巳)이 **수레**(車)를 **운전하기 위해서는 책**(竹)을 보고 교통 **법규를 익혀야 한다**'라는 의미이다.

* 範本(범본) : 본으로 삼거나 본으로 보여줄 만한 것
* 敎範(교범) : 모범으로 삼아 가르치는 기본 법칙

범 範

汎
뜰 범

- 총획 6획 부수 水(=氵) 물 수

凡(무릇 범 ㅂ)자는 배에 있는 돛을 본뜬 글자로 나중에 '무릇, 평범하다'의 뜻이 되었다. 汎자는 '**물**(水)에 **돛**(凡)**단배가 떠 있다**'라는 뜻을 나타내는 글자로 후에 '넓다'의 뜻도 갖게 되었다.

* 汎世界(범세계) : 세계적으로 모두 아우르다
* 汎濫(범람) : 물이 넘쳐 흐름

범 汎

壁
벽 벽

- 총획 16획 부수 土 흙 토

辟(죄수 벽)자는 형벌(辛 : 형벌 도구)을 받은 죄수(尸)를 의미하는 글자이다. 때문에 壁자는 '**형벌 받은 죄수**(辟)**를 흙**(土)**으로 만든 벽 속에 가둔다**'라는 의미를 나타내는 글자이다.

* 障壁(장벽) : 칸막이로 가리어 막은 벽
* 壁畫(벽화) : 벽에 그린 그림

벽 壁
벽 僻
피 避

僻
후미질/치우칠 벽

- 총획 15획 부수 人(=亻) 사람 인

'**형벌 받은 죄수**(辟)**가 사람**(人)**들이 살지 않는 곳으로 귀양을 갔다**'라는 의미이다. 여기서 '후미지다'는 '구석지고 으슥하다'라는 뜻이다.

➕ 귀양 : 고려·조선 시대에 죄인을 먼 시골이나 섬으로 보내어 일정 기간 동안 제한된 곳에서 살게 하던 형벌을 말한다.

* 偏僻(편벽) : 도시에서 멀리 떨어짐
* 窮僻(궁벽) : 매우 후미지고 으슥하다

避
피할 피

- 총획 17획 부수 辵(=辶) 쉬엄쉬엄 갈 착

'**형벌 받은 죄수**(辟)**가 달아난다**(辶)'라는 뜻으로 '**피해 도망간다**'라는 의미를 나타내는 글자이다.

* 避難(피난) : 난리를 피하다
* 回避(회피) : 몸을 숨기고 만나지 아니함

Day 09 확인학습

1. 다음 한자의 훈음을 쓰세요.

- 01 髮 _____
- 02 芳 _____
- 03 妨 _____
- 04 培 _____
- 05 拍 _____
- 06 播 _____
- 07 範 _____
- 08 汎 _____
- 09 壁 _____
- 10 避 _____
- 11 拔 _____
- 12 倣 _____
- 13 紡 _____
- 14 傍 _____
- 15 賠 _____
- 16 伯 _____
- 17 柏 _____
- 18 迫 _____
- 19 泊 _____
- 20 舶 _____
- 21 碧 _____

2. 다음 한자의 독음을 쓰세요.

- 01 拔本 _____
- 02 倣似 _____
- 03 紡織 _____
- 04 傍觀 _____
- 05 賠款 _____
- 06 伯仲 _____
- 07 松柏 _____
- 08 驅迫 _____
- 09 宿泊 _____
- 10 船舶 _____
- 11 碧海 _____
- 12 培養 _____
- 13 翻譯 _____
- 14 門閥 _____
- 15 窮僻 _____
- 16 避難 _____
- 17 障壁 _____
- 18 汎世界 _____
- 19 敎範 _____
- 20 播種 _____
- 21 魂飛魄散 _____

맞은 개수 ▶ / 63   소요 시간 ▶

3. 알맞은 한자를 쓰세요.

01 뺄 **발**
02 본받을 **방**
03 길쌈 **방**
04 곁 **방**
05 배상할 **배**
06 맏 **백**
07 잣나무 **백**
08 닥칠 **박**
09 배댈 **박**
10 큰 배 **박**
11 푸를 **벽**
12 넋 **백**
13 뒤칠 **번**
14 문벌 **벌**
15 후미질 **벽**
16 터럭 **발**
17 꽃다울 **방**
18 해로울 **방**
19 북돋울 **배**
20 칠 **박**
21 뿌릴 **파**

Day 09 '白'자의 정체는 도대체 무엇일까? ▶ 111

Day 09 보충한자

倍 곱절 배	총획 10획 / 부수 人(=亻) / 4급
	倍加(배가) : 곱으로 늘어남
	倍道兼行(배도겸행) : 이틀 길을 하루에 감

凡 무릇 범	총획 3획 / 부수 几 / 3급
	平凡(평범) : 매우 일반적임
	凡人(범인) : 매우 평범한 사람

部 떼/거느릴 부	총획 11획 / 부수 邑(=阝) / 5급
	部分(부분) : 전체를 몇으로 나눈 하나
	部處(부처) : 정부의 각 조직체의 부와 처

丙 남녘 병	총획 5획 / 부수 一 / 준3급
	丙子胡亂(병자호란) : 병자년(1636) 여진족이 조선을 침공한 전쟁

百 일백 백	총획 6획 / 부수 白 / 6급
	百八煩惱(백팔번뇌) : 인간에게는 108개의 괴로움이 있다는 말

病 병 병	총획 10획 / 부수 疒 / 준4급
	疾病(질병) : 인체의 기능 장애에 관한 병
	病人(병인) : 환자

番 차례 번	총획 12획 / 부수 田 / 5급
	番號(번호) : 차례를 나타내는 횟수
	當番(당번) : 차례의 번이 됨

福 복 복	총획 14획 / 부수 示 / 준4급
	祝福(축복) : 복을 빌어줌
	福德(복덕) : 타고난 행복

伐 칠 벌	총획 6획 / 부수 人(=亻) / 준3급
	征伐(정벌) : 다른 나라를 쳐러 감
	徐羅伐(서라벌) : 신라의 옛 이름

富 부자 부	총획 12획 / 부수 宀 / 4급
	富裕(부유) : 돈이 많고 넉넉함
	富豪(부호) : 재산이 많고 세력이 있는 사람

犯 범할 범	총획 5획 / 부수 犬(=犭) / 3급
	犯人(범인) : 범죄자
	侵犯(침범) : 남의 재산, 권리, 영토 등을 침노함

朴 성 박	총획 6획 / 부수 木 / 준4급
	朴赫居世(박혁거세) : 신라의 시조이자 밀양 박씨의 시조

復 돌아올 복	총획 12획 · 부수 亻 · 준3급 復歸(복귀): 떠났다가 돌아옴 復活(부활): 소멸되었다가 다시 살아남

💭 8~3급 한자도 함께 체크해 보세요!

逢 만날 봉	총획 11획 · 부수 辵(=辶) · 3급 相逢(상봉): 서로 만나다 逢着(봉착): 만나서 부딪침
不 아니 불/부	총획 4획 · 부수 一 · 준5급 不可(불가): 해서는 아니 됨 不正(부정): 올바르지 아니함
奉 받들 봉	총획 8획 · 부수 大 · 준4급 奉仕(봉사): 남을 위하여 일함 奉享(봉향): 받들어 배향함
否 아닐 부	총획 7획 · 부수 口 · 준3급 否認(부인): 어떤 사실이 있음을 인정하지 아니함 否定(부정): 그렇지 않다고 인정함
分 나눌 분	총획 4획 · 부수 刀 · 5급 分割(분할): 잘라서 나눔 分裂(분열): 나뉘고 찢어짐
杯 잔 배	총획 8획 · 부수 木 · 3급 杯中蛇影(배중사영): 술잔 속의 뱀 그림자, 자기 스스로 의혹이 생겨 고민함
貧 가난할 빈	총획 11획 · 부수 貝 · 4급 安貧樂道(안빈낙도): 가난하지만 편안하게 즐기면서 살아감 貧賤(빈천): 가난하고 천함
朋 벗 붕	총획 8획 · 부수 月 · 3급 朋友有信(붕우유신): 친구 간에는 믿음이 있어야 한다 朋黨(붕당): 이해를 함께하는 사람들
佛 부처 불	총획 7획 · 부수 人(=亻) · 준3급 佛敎(불교): 부처의 가르침을 따르는 종교 成佛(성불): 부처가 되는 일
悲 슬플 비	총획 12획 · 부수 心 · 준3급 悲劇(비극): 슬픈 결과의 연극 慈悲(자비): 사랑하고 불쌍히 여김
費 쓸 비	총획 12획 · 부수 貝 · 4급 費用(비용): 물건을 사거나 일할 때 드는 돈 消費(소비): 돈, 시간, 노력 등을 사용함
女 여자 녀	총획 3획 · 부수 女 · 8급 女史(여사): 결혼한 여자를 높이는 말 淑女(숙녀): 교양과 예의를 갖춘 점잖은 여자

Day 09 '白'자의 정체는 도대체 무엇일까?

Day 10
寸자는
사람의 손을 본뜬 글자

오늘 우리가 배울 글자 중에 符(부신 부)자라는 글자가 있습니다. 이 글자의 소리 요소는 付(줄 부)로 人과 寸(마디 촌)이 결합된 글자입니다. 付자의 고문자는 𠂤로 나타내는데, 여기서 쓰인 寸자는 사람의 손(彐)을 본뜬 모양으로 '사람에게 손으로 어떤 물건을 건네준다'라는 의미를 나타냅니다. 따라서 符자는 '대나무(竹)로 만든 물건을 왕이 신하에게 주어(付) 지방으로 보낸다'라는 의미를 나타냅니다.

〈고대 중국에서 사용하던 부신(符信)〉

부신(符信)이란 나무나 대나무에 글자를 쓰고 도장을 찍은 뒤에, 이것을 다시 두 조각으로 쪼개어 하나는 왕이 보관하고 하나는 상대에게 주어, 증거로 삼았던 물건입니다. 병조에서 발행하여 군사를 발동할 때 '발병(發兵)'이라 써서 지방의 관찰사에게 주던 '발병부(發兵符)'가 대표적인 예입니다. 따라서 전해들은 이야기와 부신이 일치하여 들어맞는 것을 '부합(符合)한다'고 말하고, 어떤 사람의 명성과 실제의 모습이 같은 것을 보고 '명실상부(名實相符)'라고 부르게 된 것입니다.

| | 병 併 |
| | 병 屛 |

併 아우를 병

총획 10획　**부수** 人(=亻) 사람 인

幷(함께 병)자는 亻, 亻, 二가 겹쳐진 글자로 '두 사람이 함께'라는 의미이다. 따라서 '**한 사람(人)이 두 사람(幷)을 아우르고 감싸준다**'라는 뜻이다.

➕ 아우르다 : '여럿을 모아 한 덩어리나 한 판이 되게 하다'라는 뜻이다.

* 併合(병합) : 둘을 하나로 합침
* 併記(병기) : 함께 아울러 적는 것

屛 병풍 병

총획 11획　**부수** 尸 주검/시동 시

尸자는 여기서 시체를 의미한다. 屛자는 '**두 사람이 함께(幷) 조문(尸)가서 병풍 앞에 서 있음**'을 의미하는 글자이다.

* 屛風(병풍) : 바람을 막거나 무엇을 가리기 위해 치는 물건
* 屛障(병장) : 적의 침입을 막는 것

| | 보 普 |
| | 보 譜 |

普 넓을 보

총획 12획　**부수** 日 날 일

並(竝 : 나란히 병)과 日이 합해진 글자로 立자가 두 개인 竝자는 두 사람이 나란히 서 있음을 나타낸다. 普자는 '**나란히 서 있는 많은 사람들(竝)을 널리 비추는 태양(日)**'을 의미하는 글자이다.

* 普遍(보편) : 널리 고르게 퍼져 있음
* 普通(보통) : 특별하지 않고 흔히 볼 수 있어 평범함

譜 족보 보

총획 19획　**부수** 言 말씀 언

'**널리(普) 퍼져 있는 자손들의 이름을 다 부를(言) 수 없어서 족보에 이름을 적는다**'라는 의미를 나타내는 글자이다. 言이 의미 요소이고 普가 소리 요소이다.

* 族譜(족보) : 집안의 계통과 혈통을 적은 책
* 樂譜(악보) : 음악의 곡조를 일정한 기호를 써서 기록한 것

| | 보 補 |

補 기울 보

총획 12획　**부수** 衣(=衤) 옷 의

甫(클 보)자는 '밭(田)에 싹이 많이(十) 돋아서 자란다'는 뜻으로 밭(田)과 관련된 의미를 나타내며 소리 요소로도 쓰인다. '**밭(甫)의 농부가 입는 옷(衣)은 금방 해지기 마련이다**'라는 의미이므로 옷을 꿰맨다는 뜻을 가진 衣가 의미 요소로 쓰인다.

➕ 기울다 : '다른 것에 견주어 그것보다 못하다'라는 뜻이다.

* 補身(보신) : 보약을 먹어 몸을 보호함
* 補償(보상) : 남에게 끼친 손해를 갚음

포 浦	浦 물가 포	총획 10획 부수 水(=氵) 물 수

'흐르는 물(水) 옆에 밭(田)을 일군다'라는 의미로 '물 옆, 물가' 등의 뜻이 된 글자이다. 浦자에는 포구(浦口)의 뜻이 파생되기도 했다. 서울의 마포(麻浦)나 영등포(永登浦)는 과거에 포구가 있던 곳이다.

* 浦口(포구) : 배가 드나드는 곳
* 浦稅(포세) : 조선 시대 후기에 포구로 드나드는 화물에 과하던 세(稅)

捕 잡을 포
총획 10획   부수 手(=扌) 손 수

'손(手)으로 밭(甫)에 있는 농작물을 잡는다'라는 의미이다. 손으로 잡으니까 手가 의미 요소이고 甫가 소리 요소이면서 뜻을 돕는다.

* 逮捕(체포) : 범인을 찾아서 잡음
* 捕捉(포착) : 꽉 붙잡다, 어떤 정세를 알아차림

부 簿
박 博
박 薄

簿 문서 부
총획 19획   부수 竹 대나무 죽

'손(寸)으로 밭(甫)에 물(氵)을 주며 농사를 짓는 동안의 수입과 지출 내역을 책(竹)에 적는다'라는 의미이다. 여기서 竹(대나무 죽)은 책(冊)과 관련된다(➡ 109쪽 範자 참고).

* 簿記(부기) : 재산의 출납, 변동의 내용을 적는 장부
* 帳簿(장부) : 돈의 지출과 수입을 적는 문서

博 넓을 박
총획 12획   부수 十 열 십

'밭(甫)에 손(寸)으로 많은(十) 농작물을 심으려면 밭이 넓어야 한다'라는 의미이다.

* 博士(박사) : 대학원의 규정된 절차를 밟고 받는 학위
* 博覽强記(박람강기) : 넓게 배우고 많이 외우고 있음

薄 얇을 박
총획 17획   부수 艸(=艹) 풀 초

'밭(甫)에서 자란 풀(艸)의 두께가 매우 얇다'라는 뜻을 나타낸다.

* 稀薄(희박) : 액체의 농도나 밀도가 낮음
* 薄弱(박약) : 굳세지 못하고 약함

幅 폭 폭

총획 12획 **부수** 巾 수건 건

畐(가득찰 복)자는 술이 가득 들어 있는 술 항아리를 본뜬 글자이다. 따라서 幅자는 '**헝겊(巾)으로 술 항아리(畐)의 주둥이를 덮기 위해 폭(너비)을 잰다**'라는 의미를 나타낸다.

* 振幅(진폭) : 진동하는 폭
* 大幅(대폭) : 규모(規模)에 있어서 썩 많거나 크게

副 버금 부

총획 11획 **부수** 刀(=刂) 칼 도

'**가득찬 것(畐)을 칼(刀)로 잘라서 양이 반으로 줄었다**'라는 의미를 나타낸다. 이 의미를 바탕으로 '**두 번째**'의 뜻이 나오게 되었다.

➕ 버금가다 : 으뜸의 바로 아래. 두 번째를 가리킨다.

* 副食(부식) : 주식에 딸려 먹는 음식물
* 副作用(부작용) : 어떤 일에 부수적으로 일어나는 바람직하지 못한 일

赴 다다를 부

총획 9획 **부수** 卜 점 복

走(달릴 주)자와 卜(점 복)자가 결합된 글자로 '**점(卜)을 치기 위해 달리니(走) 곧 도착했다**'는 데서 '**다다르다**'의 뜻이 되었다.

* 赴任(부임) : 임무를 받아 새로운 일자리로 감
* 赴援(부원) : 구원하러 감

覆 덮을 복

총획 18획 **부수** 襾 덮을 아

复(𠬝)자는 발로 풀무(바람을 일으키는 공기주머니)를 밟는 것을 본뜬 글자이다. 풀무는 여러 번 밟아야 하므로 '반복하다'의 뜻이 나왔다. 이 글자에 彳(길)을 더해 復(돌아올 복)자가 만들어 졌으며 覆자의 소리 요소로 쓰였다. 覆자는 '**열린 것을 다시(復) 뚜껑(襾)으로 덮는다**'는 의미이다.

* 飜覆(번복) : 아까 했던 말을 바꾸어 다시 함
* 覆面(복면) : 얼굴을 알아보지 못하도록 얼굴 전부 또는 일부를 헝겊 따위로 싸서 가림

腹 배 복

총획 13획 **부수** 肉(=月) 고기 육

肉자가 들어가면 우리 몸과 관계 있는 글자이며 复자는 풀무를 밟고 있는 발을 의미한다. 따라서 腹자는 '**우리 몸(肉)에 공기가 들어가면 주머니처럼 부풀어 오르는 곳은 배**'라는 뜻이다. 肉이 의미 요소이고 复자가 소리 요소이다.

* 口蜜腹劍(구밀복검) : 입으로는 달콤함을 말하나 뱃속에는 칼을 숨기고 있음. 겉은 친절하나 속은 음흉함
* 腹案(복안) : 마음속에 품고 있는 계획

| 복 複 |

複 겹칠 복

총획 14획   **부수** 衣(=衤) 옷 의

複자는 '옷(衣)을 입고 **반복하여**(复) **또 입으니** 여러 겹으로 **겹쳐 입었다**'라는 뜻을 나타낸다.

* 複寫(복사) : 원본을 베낌
* 複製(복제) : 본디 것과 똑같은 것을 만듦

| 봉 峰 |
| 봉 蜂 |
| 봉 縫 |

峰 봉우리 봉

총획 10획   **부수** 山 메 산

丰(풀 봉)자는 풀 한 포기를 본뜬 글자로 '봉'이라는 소리 요소로 쓰인다. '**발**(夂)로 풀(丰)을 **밟으며** 산(山)**봉우리**까지 **오른다**'라는 의미이다.

* 高峰(고봉) : 높은 봉우리
* 孤峰(고봉) : 외따로 떨어져 있는 봉우리

蜂 벌 봉

총획 13획   **부수** 虫 벌레 충

'**발**(夂)로 풀(丰)을 **밟아가며** 꿀을 따는 곤충(虫)은 바로 **벌**이다'라는 의미를 나타낸다.

* 養蜂(양봉) : 벌을 키움
* 蜂起(봉기) : 벌떼처럼 떼지어 세차게 일어남

縫 꿰맬 봉

총획 17획   **부수** 糸 실 사

逢(만날 봉)자는 '풀(丰)을 밟으며(夂) 님을 만나러 간다(辶)'라는 뜻이다. '**옷의 뜯어진 부분을 만나게**(逢)**하여** 실(糸)을 **지나게 하면 꿰매게 된다**'라는 뜻이다.

* 裁縫(재봉) : 옷감을 마르고 꿰매어 옷을 만듦
* 天衣無縫(천의무봉) : 천사의 옷은 꿰맨 흔적이 없다는 뜻으로, 완전무결하여 흠이 없음을 이르는 말

| 방 邦 |

邦 나라 방

총획 7획   **부수** 邑(=阝) 고을 읍

'고을(阝)에 풀(丰)처럼 **많은 사람들**이 살다 보니, 점점 **영역은 넓어지고 사람도 많아지면서 나라를 이루게 되었다**'라는 뜻이다.

* 友邦(우방) : 친구처럼 서로 돕는 나라
* 聯邦(연방) : 자치권을 가진 다수의 나라가 공통의 정치 이념 아래에서 연합하여 구성하는 국가

俸 녹·봉급 봉

총획 10획　**부수** 人(=亻) 사람 인

'奉(받들 봉)'자는 여러 개의 풀(丰丰)을 두 손으로(廾) 받들어 올린다'라는 뜻이다. 때문에 이 풀은 신에게 바치는 제물이라 볼 수 있다. **사람(人)이 윗사람을 잘 모시면(奉) 매달 봉급을 받게 된다**'라는 의미를 나타낸다.

* 俸給(봉급) : 계속적 노무에 대한 보수
* 祿俸(녹봉) : 옛날에 관리가 나라로부터 받는 금품

봉 俸

付 줄/부칠 부

총획 5획　**부수** 人(=亻) 사람 인

寸(𠂇)자는 오른손을 본뜬 글자이다. '**사람(人)에게 손(寸)으로 물건을 건네준다**'라는 뜻으로 다른 글자 속에서 소리 요소로 많이 쓰인다.

* 納付(납부) : 세금을 냄
* 付託(부탁) : 어떤 일을 해 달라고 청하거나 맡김

부 付
부 府
부 腐
부 符

府 관청 부

총획 8획　**부수** 广 집 엄

공문서를 주고(付) 받는 건물(广)은 바로 '**관공서나 관청**'이 된다.

* 政府(정부) : 나라를 다스리는 기관
* 府庫(부고) : 옛날에 곳간으로 쓰려고 지은 집

腐 썩을 부

총획 14획　**부수** 肉 고기 육

고기는 잘 썩으므로 肉이 의미 요소이고 府는 소리 요소이면서 뜻을 돕는다. **어느 나라의 정부(府)던지 다 부패는 있기 마련**이니까 말이다.

* 腐敗(부패) : 유기물이 세균에 의해 분해됨, 또는 정치나 사상, 의식 따위가 타락함
* 陳腐(진부) : 사상, 표현, 행동 따위가 낡아서 새롭지 못하다

符 부신 부

총획 11획　**부수** 竹 대나무 죽

대나무(竹)로 만들어 반을 잘라 왕이 지방의 제후에게 반쪽을 주는(付) 증표가 바로 '**부신**'이다.

* 符合(부합) : 두 개의 부신이 맞듯 잘 들어맞는 것
* 符信(부신) : 왕이 신하에게 주는 일종의 증표

> **쉬어가요~**
> 위 上자와 아래 下자를 결합한 卡, 이 글자는 무슨 한자일까요?
> 답 : 카드(card) 카(카드로 결제할 때 위에서 아래로 내려 긁으니까)
> 우리나라에서는 안 쓰지만 중국에서는 상용하는 글자랍니다~

Day 10 寸자는 사람의 손을 본뜬 글자

Day 10 확인학습

1. 다음 한자의 훈음을 쓰세요.

- 01 普 _____
- 02 譜 _____
- 03 補 _____
- 04 浦 _____
- 05 捕 _____
- 06 博 _____
- 07 薄 _____
- 08 幅 _____
- 09 副 _____
- 10 腹 _____
- 11 複 _____
- 12 峰 _____
- 13 邦 _____
- 14 付 _____
- 15 府 _____
- 16 倂 _____
- 17 屛 _____
- 18 簿 _____
- 19 赴 _____
- 20 覆 _____
- 21 蜂 _____

2. 다음 한자의 독음을 쓰세요.

- 01 倂合 _____
- 02 屛風 _____
- 03 簿記 _____
- 04 赴任 _____
- 05 覆面 _____
- 06 養蜂 _____
- 07 裁縫 _____
- 08 祿俸 _____
- 09 腐敗 _____
- 10 符信 _____
- 11 政府 _____
- 12 納付 _____
- 13 聯邦 _____
- 14 複製 _____
- 15 腹案 _____
- 16 副食 _____
- 17 振幅 _____
- 18 稀薄 _____
- 19 該博 _____
- 20 逮捕 _____
- 21 普遍 _____

맞은 개수 ▶ / 63   소요 시간 ▶

3. 알맞은 한자를 쓰세요.

01 아우를 병
02 병풍 병
03 문서 부

04 다다를 부
05 덮을 복
06 벌 봉

07 꿰맬 봉
08 녹 봉
09 썩을 부

10 부신 부
11 넓을 보
12 족보 보

13 기울 보
14 물가 포
15 잡을 포

16 넓을 박
17 얇을 박
18 폭 폭

19 버금 부
20 배 복
21 겹칠 복

Day 10 寸자는 사람의 손을 본뜬 글자 ▶ 121

Day 10 보충한자

射 쏠 사	총획 10획　부수 寸　3급 射藝(사예) : 활 쏘는 기술 便射(편사) : 편을 짜서 활 쏘는 경기	

| **待** 기다릴 대 | 총획 9획　부수 彳　준4급
虐待(학대) : 모질게 대우함
待期(대기) : 기다림 |

| **謝** 사례할 사 | 총획 17획　부수 言　4급
感謝(감사) : 고마움을 나타내는 인사
謝禮(사례) : 상대에게 고마운 뜻을 나타냄 |

| **作** 지을 작 | 총획 7획　부수 人(=亻)　5급
作家(작가) : 예술 작품을 만드는 사람
僞作(위작) : 다른 사람의 작품을 흉내냄 |

| **寺** 관청 시/절 사 | 총획 6획　부수 寸　준3급
軍器寺(군기시) : 병기를 담당하던 관청
少林寺(소림사) : 소림 무술을 하던 중국의 절 |

| **昨** 어제 작 | 총획 9획　부수 日　준4급
昨年(작년) : 지난해
昨醉未醒(작취미성) : 어제 마신 술이 아직 깨지 않음 |

| **時** 때 시 | 총획 10획　부수 日　5급
時間(시간) : 어떤 시각에서 다른 시각까지의 사이
時代(시대) : 문제가 되고 있는 그 시기 |

| **師** 스승 사 | 총획 10획　부수 巾　4급
師傅(사부) : 스승님
料理師(요리사) : 음식을 전문으로 만드는 사람 |

| **詩** 글·시 시 | 총획 13획　부수 言　5급
童詩(동시) : 어린이를 위한 시
詩人(시인) : 시를 쓰는 사람 |

| **追** 쫓을 추 | 총획 10획　부수 辵(=辶)　3급
訴追(소추) : 형사 건에 대하여 법원에 심판을 신청하여 이를 수행하는 일 |

| **持** 가질·잡을 지 | 총획 9획　부수 手(=扌)　준3급
支持(지지) : 붙들어서 버티게 함
把持(파지) : 꽉 움켜쥐고 있음 |

| **參** 석 삼/참여할 참 | 총획 11획　부수 厶　준4급
壹貳參(일이삼) : 一, 二, 三의 갖은자
參與(참여) : 어떤 일에 끼어들어 관계함 |

相 서로 상	총획 9획 부수 目 준4급 相互(상호) : 상대가 되는 이쪽과 저쪽 宰相(재상) : 임금을 돕던 이품 이상의 벼슬		

| 想 생각 상 | 총획 13획 부수 心 준3급
想像(상상) : 어떤 모습을 머릿속에 그림
思想(사상) : 어떤 사물에 대해 갖고 있는 구체적인 생각 | 賞 상줄 상 | 총획 15획 부수 貝 4급
賞金(상금) : 상으로 주는 돈
受賞(수상) : 상을 받음 |

| 霜 서리 상 | 총획 17획 부수 雨 3급
霜風高節(상풍고절) : 어떠한 난관이나 어려움에 처해도 굽히지 않는 높은 절개 | 性 성품 성 | 총획 8획 부수 心(=忄) 5급
性品(성품) : 사람의 성질이나 됨됨이
性格(성격) : 개인이 가지고 있는 고유한 성질 |

| 尚 높을/오히려 상 | 총획 8획 부수 小 3급
崇尙(숭상) : 높여 소중히 여김
高尙(고상) : 몸가짐과 품은 뜻이 깨끗하고 높음 | 姓 성씨 성 | 총획 8획 부수 女 6급
同姓(동성) : 성씨가 같음
姓氏(성씨) : 성(姓)을 높여 부르는 말 |

| 堂 집 당 | 총획 11획 부수 土 준4급
明堂(명당) : 어떤 일에 썩 좋은 자리
堂上官(당상관) : 정삼품 이상의 품계에 있는 벼슬자리 | 星 별 성 | 총획 9획 부수 日 4급
直星(직성) : 타고난 성질이나 성미
行星(행성) : 중심별의 인력을 받아 돌게 되는 별 |

| 當 마땅할 당 | 총획 13획 부수 田 5급
擔當(담당) : 어떤 일을 맡음
該當(해당) : 무엇에 관계되는 바로 그것 | 昔 예 석 | 총획 8획 부수 日 3급
昔者(석자) : 옛날, 예전
朴昔金(박석김) : 신라의 왕족이었던 박씨, 석씨, 김씨 |

| 常 항상 상 | 총획 11획 부수 巾 4급
常識(상식) : 보통의 지식
五常(오상) : 인의예지신(仁義禮智信)의 다섯 가지 덕 | 惜 아낄 석 | 총획 11획 부수 心(=忄) 3급
惜別(석별) : 서로 헤어지는 것을 안타깝게 여김
惜敗(석패) : 경기에서 애석하게 짐 |

Day 11
친구를 지키려면 '信'이 필수다

오늘 우리가 배울 한자 중에 崩(무너질 붕)자가 있습니다. 崩자는 山이 무너진다는 데서 山이 의미 요소가 되고 朋(벗 붕)자가 소리 요소 역할을 합니다. 원래 朋자는 여러 개의 조개를 끈으로 엮어 놓은 모습을 본뜬 글자로 고문자는 珏으로 씁니다. 예전에 고대 중국에서는 조개를 화폐로 사용했습니다. 물론 아무 조개나 사용한 것은 아니었고 지금의 동남아 지역에서 잡히는 '마노조개'를 사용했다고 합니다. 그래서 朋자는 돈을 엮어 놓은 모습을 나타내며 당시의 화폐 단위로 사용했던 글자입니다. 그러나 나중에 본래의 뜻을 잃고 지금은 '친구'라는 뜻으로 사용되고 있습니다.

그렇다면 친구 간에 지켜야 할 것 중에 중요한 것은 무엇이 있을까요? 그것은 바로 '믿음'입니다. 옛 성현들은 친구 간에 信을 지켜야 한다고 역설했습니다. 신라의 화랑도(花郞徒)들의 덕목인 세속오계(世俗五戒)에 '교우이신(交友以信 : 친구를 사귐에 信으로써 한다)'이라고 제시되어 있고, 삼강오륜(三綱五倫)에 봐도 '붕우유신(朋友有信 : 친구간에는 믿음이 있어야 한다)'이라는 덕목이 있습니다.

공자(孔子)는 '有朋自遠方來不亦樂乎(유붕자원방래불역락호)'라고 하여 '먼 곳에 있는 친구가 찾아온다면 즐겁지 않겠느냐'라고 말한 바 있고, 그의 제자 증참(曾參)은 매일 세 가지로 스스로를 돌이켜 반성했는데, 그 중의 하나가 '與朋友交而不信乎(여붕우교이불신호)'였습니다. 바로 '친구와 사귐에 있어 信을 지켰느냐'고 스스로에게 물었던 것입니다.

附 붙을 부

- **총획** 8획 **부수** 阜(=阝) 언덕 부

'언덕(阝)에 흙을 주어(付) 붙인다'라는 의미로 阝가 의미 요소, 付가 소리 요소가 된다.

* 附屬(부속) : 주된 일에 딸려서 붙음
* 附錄(부록) : 큰 책에 딸려오는 작은 책

粉 가루 분

- **총획** 10획 **부수** 米 쌀 미

'쌀(米)을 나누면(分) 가루가 된다'라는 뜻으로 여기서 分(나눌 분)은 소리 요소이자 뜻을 돕고 있다.

* 粉末(분말) : 미세한 가루
* 粉塵(분진) : 티끌

紛 어지러울 분

- **총획** 10획 **부수** 糸 실 사

'실(糸)을 나누면(分) 방이 어지럽혀진다'라는 의미를 나타낸다.

* 紛糾(분규) : 일이 뒤엉켜 말썽이 많음
* 紛亂(분란) : 어지럽고 소란스러움

墳 무덤 분

- **총획** 15획 **부수** 土 흙 토

'땅(土)에 시신과 부장품(貝)을 넣고 풀(卉 : 풀이 많은 모습)로 봉분을 만들었음'을 표현한 글자이다.

➕ 봉분 : 흙을 둥글게 쌓아 올려서 무덤을 만든 것을 말한다.

* 墳墓(분묘) : 무덤
* 古墳(고분) : 고대에 만들어진 무덤

憤 분할 분

- **총획** 15획 **부수** 心(=忄) 마음 심

'풀(卉) 속에 돈(貝)을 잃어버려 분하다'라는 의미이다. 분한 것은 마음의 작용이므로 心이 의미 요소가 된다.

* 憤怒(분노) : 분하여 성냄
* 發憤忘食(발분망식) : 일을 이루려 노력하니 먹는 것도 잊음

옛날 우리나라의 대표 무기는 무엇일까요?
답 : 단연 활이죠! 우리나라 각궁(角弓)의 위력은 상상 초월! 화살을
두 개씩 먹여 쏠 수도 있죠.
중국의 활은 화살 두 개가 불가능해요. 弗(아니 불)자가 있잖아요~

불 弗	弗 아니 불	**총획** 5획　**부수** 弓 활 궁
불 拂		'활(弓)에 화살 두 개(丨丨)를 얹으니 **날아가지 않는다**'라는 의미를 나타낸다. 달러($)와 비슷해서 '달러'의 뜻으로도 사용하고 있다.
		* 弗素(불소) : 할로겐 원소의 하나
		* 弗居(불거) : 그곳에 거하지 아니함

	拂 떨 불	**총획** 8획　**부수** 手(=扌) 손 수
		拂자는 '**옷**에 있어서는 **아니(弗)되는 것**(먼지 같은 것)이 있어 **손(手)**으로 **떨어낸다**'라는 의미이다.
		➕ 떨어내다 : '떨어져 나오게 하다'라는 뜻을 나타낸다.
		* 拂拭(불식) : 말끔하게 치워 없앰
		* 支拂(지불) : 값을 치르기 위해 돈을 냄

붕 崩	崩 무너질 붕	**총획** 11획　**부수** 山 메 산
		朋(벗 붕)자는 고대에 화폐로 쓰이던 조개를 끈에 엮은 모습(拜)을 본뜬 글자이다. 후에 '친구'의 뜻이 가차되었다. '**친구(朋)끼리 힘을 합치면 산(山)도 무너뜨릴 수 있다**'라는 의미로 山이 의미 요소이고 朋이 소리 요소이다.
		* 崩壞(붕괴) : 산이나 건물이 무너짐
		* 崩御(붕어) : 임금의 죽음

비 批	批 비평할 비	**총획** 7획　**부수** 手(=扌) 손 수
		比(견줄 비)자는 두 사람(匕)이 키를 재고 있는 모습으로 '**손으로 두 사람을 가리키며 비평하고 야단친다**'라는 의미를 나타낸다. 手가 의미 요소이고 比가 소리 요소이다.
		* 批評(비평) : 비판하며 평가함
		* 批判(비판) : 옳고 그름을 가리어 판단함

비 卑	卑 낮을 비	**총획** 8획　**부수** 十 열 십
		卑자는 손에 무언가를 들고 있는 모습(&#xFFFD;)인데 이 형상이 꼭 파리채처럼 보인다. 옛날에 손에 파리채를 들고 있는 사람은 '**신분이 낮은 사람**'이라고 기억하면 암기하기 쉽다.
		* 卑賤(비천) : 신분이 낮고 천함
		* 尊卑(존비) : 신분의 높고 낮음

碑 비석 비

- **총획** 13획 **부수** 石 돌 석
- 일반적인 비석은 높이가 사람보다 낮은(卑) 돌(石)이다. 石이 의미 요소이고 卑가 소리 요소이다.
  * 碑石(비석) : 무덤 앞에 망자의 이름을 쓴 돌
  * 廣開土太王碑(광개토태왕비) : 만주 집안현에 있는 광개토태왕의 비석

비 碑
비 婢

婢 여종 비

- **총획** 11획 **부수** 女 여자 녀
- '신분이 낮은(卑) 여인(女)은 여자 종이다'라는 의미를 나타낸다.
  * 侍婢(시비) : 시중드는 여자종
  * 官婢(관비) : 조선 시대 때 관청에 속한 여자 종

匪 도둑 비

- **총획** 10획 **부수** 匚 상자 방
- '자기의 물건이 아닌데(非) 상자(匚)에 숨기는 짓은 도둑이 하는 것이다'라는 의미이다. 여기서 쓰인 非(아닐 비)자는 새의 날개를 본뜬 글자로 소리 요소로 많이 쓰인다.
  * 匪賊(비적) : 도둑
  * 拳匪(권비) : 중국의 역사에서 '의화단'을 달리 이르는 말

비 匪
배 排
배 輩

排 물리칠 배

- **총획** 11획 **부수** 手(=扌) 손 수
- '옳지 않은(非) 일을 권하면 손(手)으로 물리쳐야 한다'라는 의미이다.
  * 排斥(배척) : 좋지 않은 것을 물리치고 내침
  * 排出(배출) : 밖으로 내보냄

輩 무리 배

- **총획** 15획 **부수** 車 수레 차/거
- 일반적으로 차(車)에는 많은 사람이 타고 있으므로 '무리'의 뜻을 나타낸다. 車가 의미 요소이고 非가 소리 요소이다.
  * 年輩(연배) : 서로 비슷한 나이
  * 先輩(선배) : 학교를 먼저 졸업한 사람들

| 배 俳 |

俳
광대 배

총획 10획 **부수** 人(=亻) 사람 인

옛날 연극에서 '**자기가 아닌**(非) **다른 사람의 역할**을 하는 **사람**(人)들은 **광대**'라고 불렀다. 人이 의미 요소이고 非가 소리 요소이다.

* 俳優(배우) : 연극이나 영화에서 역할을 맡아 연기를 하는 사람
* 嘉俳(가배) : 신라 시대 궁중에서 하는 놀이

| 사 司 |
| 사 飼 |
| 사 詞 |

司
맡을 사

총획 5획 **부수** 口 입 구

司자의 고문자는 〔그림〕로 나타낸다. 口를 제외한 나머지 부분은 '손'이라는 설과 '숟가락'이라는 설이 있는데, 정확한 유래는 아직 알 수 없다. 소리 요소로 많이 쓰이는 글자이다.

* 司會(사회) : 모임을 맡아 진행함
* 司法(사법) : 어떤 문제에 대하여 법률을 적용함

飼
먹일 사

총획 14획 **부수** 食 밥/먹을 식

'**맡은**(司) **바 일을 열심히 하는 사람**은 잘 **먹여**(食)**야 한다**'라는 의미이다. 食이 의미 요소이고 司가 소리 요소이다.

* 飼料(사료) : 짐승에게 주는 먹이
* 飼育(사육) : 먹이고 키움

詞
말 사

총획 12획 **부수** 言 말씀 언

詞자는 '단어'를 의미한다. 즉 명사(名詞), 동사(動詞)처럼 맡은 바 역할에 따라 분류할 수 있다. 그러므로 詞자는 **맡은**(司) **바 역할을 다 하는 말**(言)**인 단어**를 의미하는 글자이다.

* 名詞(명사) : 사물의 명칭을 나타내는 단어
* 詞典(사전) : 辭典(사전)과 같은 말, 단어를 모아 풀이해 놓은 책

| 시 侍 |

侍
모실 시

총획 8획 **부수** 人(=亻) 사람 인

寺(관청 시/절 사)자는 원래 之(갈 지)와 寸(마디 촌 : 손)이 결합된 글자로 之가 소리 요소로 쓰였다. '절 사'자이기 전에 원래는 '관청 시'자였으며 이 글자는 원래 소리 요소로 많이 쓰이는 글자이다. 따라서 侍자는 **관청**(寺)**에 가면 사람들이 윗사람**(人)**을 모시고 일을 한다**'라는 의미이다.

* 侍坐(시좌) : 모시고 앉음
* 近侍(근시) : 임금을 가까이에서 모시던 신하

		사 詐

詐
속일 사

총획 12획　**부수** 言 말씀 언

乍자는 作(지을 작)의 줄임형이다. 詐자는 '잠깐의 **위기를 모면하기 위해 만들어(作) 낸 말(言)**'을 의미하는 글자이다.

* 詐欺(사기) : 이익을 위해 남을 속임
* 詐取(사취) : 남을 속여서 물건을 뺏음

		수 帥 · 솔

帥
장수 수/거느릴 솔

총획 9획　**부수** 巾 수건 건

帥자는 巾(여기서는 깃발)과 自(언덕 부)의 줄임형이 결합된 글자로, 언덕 위에서 깃발을 휘두르며 지휘하는 '**장군**'이나 '**장수**'를 의미한다. 장수들은 군대를 이끌기 때문에 '**거느리다**'의 뜻이 파생되었고 이 때에는 '**솔**'로 읽는다.

➕ 거느리다 : '부하나 군대 따위를 통솔하여 이끈다'라는 뜻이다.

* 將帥(장수) : 군대를 지휘하는 사람
* 魁帥(괴수) : 못된 짓을 하는 무리의 장수

		삼 蔘 참 慘

蔘
인삼 삼

총획 15획　**부수** 艸(=艹) 풀 초

參(석 삼/참여할 참)자는 '사람(人)의 머리 위에 별(厶) 세 개가 반짝거림'을 의미한다. 艸가 의미 요소가 되고 彡(터럭 삼)과 參이 소리 요소로 쓰였다. **삼(參) 년 이상** 땅에 묻혀 **자라야 하는 식물(艸)**인 '**인삼**'을 의미하는 글자이다.

* 山蔘(산삼) : 산에 자라서 심마니들이 캐는 삼
* 人蔘(인삼) : 두릅나뭇과의 여러해살이 풀

慘
참혹할 참

총획 14획　**부수** 心(=忄) 마음 심

'**전쟁**이나 **기근**이 **삼(參)년 이상** 계속되면 **참혹한 결과가 생긴다**'라는 뜻이다. 心이 의미 요소이고 參이 소리 요소이다.

* 慘酷(참혹) : 비참하고 끔찍함
* 悲慘(비참) : 눈뜨고 볼 수 없을 만큼 슬프고 참혹함

		상 箱

箱
상자 상

총획 15획　**부수** 竹 대나무 죽

여기에 쓰인 相(서로 상)자는 원래 '나무를 눈으로 살핀다'라는 뜻이었으나 후에 '서로'의 뜻이 파생되었다. 箱자는 '**대나무를 서로 엮어 바구니나 상자를 만든다**'라는 의미를 나타낸다.

* 箱子(상자) : 박스
* 木箱(목상) : 나무 상자

Day 11 확인학습

1. 다음 한자의 훈음을 쓰세요.

- 01 粉 _____
- 02 紛 _____
- 03 憤 _____
- 04 弗 _____
- 05 拂 _____
- 06 批 _____
- 07 碑 _____
- 08 婢 _____
- 09 排 _____
- 10 帥 _____
- 11 附 _____
- 12 墳 _____
- 13 崩 _____
- 14 匪 _____
- 15 俳 _____
- 16 飼 _____
- 17 蔘 _____
- 18 慘 _____
- 19 箱 _____
- 20 詞 _____
- 21 詐 _____

2. 다음 한자의 독음을 쓰세요.

- 01 附屬 _____
- 02 粉末 _____
- 03 粉糾 _____
- 04 墳墓 _____
- 05 憤怒 _____
- 06 支拂 _____
- 07 崩御 _____
- 08 批評 _____
- 09 匪賊 _____
- 10 悲慘 _____
- 11 尊卑 _____
- 12 碑石 _____
- 13 侍婢 _____
- 14 年輩 _____
- 15 俳優 _____
- 16 近侍 _____
- 17 將帥 _____
- 18 人蔘 _____
- 19 詐取 _____
- 20 輩出 _____
- 21 司會 _____

맞은 개수 ▶ / 63   소요 시간 ▶

3. 알맞은 한자를 쓰세요.

01 붙을 부		02 무덤 분		03 무너질 붕	
04 도둑 비		05 광대 배		06 먹일 사	
07 인삼 삼		08 참혹할 참		09 상자 상	
10 가루 분		11 어지러울 분		12 분할 분	
13 떨 불		14 비평할 비		15 비석 비	
16 여종 비		17 물리칠 배		18 장수 수	
19 무리 배		20 말 사		21 속일 사	

Day 11 보충한자

借 빌릴 차
- 총획 10획 | 부수 人(=亻) | 3급
- 假借(가차) : 한자 활용법의 하나로, 한자 본연의 뜻과 관계 없이 다른 뜻으로 빌려 씀

先 먼저 선
- 총획 6획 | 부수 儿 | 6급
- 先生(선생) : 학생을 가르치는 사람
- 優先(우선) : 다른 것보다 앞섬

洗 씻을 세
- 총획 9획 | 부수 水(=氵) | 준4급
- 洗面(세면) : 얼굴을 씻다
- 洗手(세수) : 손을 씻다

活 살 활
- 총획 9획 | 부수 水(=氵) | 5급
- 生活(생활) : 살아감
- 活力(활력) : 살아갈 수 있는 힘

成 이룰 성
- 총획 7획 | 부수 戈 | 5급
- 成功(성공) : 공을 이룸
- 功成弗居(공성불거) : 공을 이루고 그것에 연연하지 않음

城 성 성
- 총획 10획 | 부수 土 | 4급
- 城市(성시) : 도시
- 漢城(한성) : 서울의 옛 이름

誠 정성 성
- 총획 14획 | 부수 言 | 4급
- 精誠(정성) : 참되고 성실한 마음
- 誠實(성실) : 정성스럽고 참됨

盛 성할 성
- 총획 12획 | 부수 皿 | 4급
- 豊盛(풍성) : 넉넉하고 많음
- 旺盛(왕성) : 한창 성함

聲 소리 성
- 총획 17획 | 부수 耳 | 4급
- 名聲(명성) : 알려진 이름
- 虛張聲勢(허장성세) : 실속도 없으면서 떠벌림

世 세상 세
- 총획 5획 | 부수 一 | 준5급
- 世代(세대) : 아이가 성장해 부모 일을 계승할 때까지 약 30년의 기간
- 世界(세계) : 인류 사회 전체

葉 잎 엽
- 총획 13획 | 부수 艸(=艹) | 4급
- 落葉(낙엽) : 떨어지는 잎
- 葉書(엽서) : 작은 편지 용지의 하나

歲 해 세
- 총획 13획 | 부수 止 | 4급
- 歲月(세월) : 흘러가는 시간
- 年歲(연세) : 나이의 높임말

寫 베낄 사	총획 15획 · 부수 宀 · 4급 寫生(사생) : 경치를 그리는 일 寫本(사본) : 원본을 베낀 책이나 문서		8~3급 한자도 함께 체크해 보세요!

少 적을 소	총획 4획 · 부수 小 · 준5급 少年易老學難成(소년이로학난성) : 소년은 늙기 쉽고 학문은 이루기 어렵다	儒 선비 유	총획 16획 · 부수 人(=亻) · 3급 儒家(유가) : 공자가 창시한 학파, 인(仁)을 중요시함 儒生(유생) : 유학을 공부하는 사람
妙 묘할 묘	총획 7획 · 부수 女 · 준3급 妙齡(묘령) : 스무 살 안팎의 여자 나이 神妙(신묘) : 매우 신비롭다	壽 장수 수	총획 14획 · 부수 士 · 3급 長壽(장수) : 오래도록 삶 壽命(수명) : 생물이 살아 있는 연한
招 부를 초	총획 8획 · 부수 手(=扌) · 3급 招聘(초빙) : 예절을 갖추어 부름 招待(초대) : 모임에 참가해 줄 것을 요청함	隊 무리 대	총획 12획 · 부수 阜(=阝) · 준3급 軍隊(군대) : 군인들의 모임 隊伍(대오) : 편성된 대열
操 잡을 조	총획 16획 · 부수 手(=扌) · 4급 志操(지조) : 원칙과 신념을 굽히지 않고 끝까지 밀고 나가는 정신 德操(덕조) : 변함 없는 굳은 절개	叔 아재비 숙	총획 8획 · 부수 又 · 3급 叔父(숙부) : 작은 아버지 堂叔(당숙) : 5촌 아저씨
選 가릴 선	총획 16획 · 부수 辵(=辶) · 4급 選擧(선거) : 조직에서 대표자나 임원을 뽑음 選拔(선발) : 적합한 사람을 뽑아냄	淑 맑을 숙	총획 11획 · 부수 水(=氵) · 3급 私淑(사숙) : 직접 가르침을 받지는 않았으나 마음속으로 그 사람을 본받아 공부함
秀 빼어날 수	총획 7획 · 부수 禾 · 3급 秀麗(수려) : 빼어나게 아름다움 秀作(수작) : 우수한 작품	市 저자 시	총획 5획 · 부수 巾 · 5급 市場(시장) : 물건을 사고 파는 곳 市井(시정) : 사람들이 모인 곳

Day 12

蝶에 담긴
한바탕의 꿈

오늘 배울 한자 중에 蝶(나비 접)자가 있습니다. 이 한자는 나비와 연관된 글자로, 나비를 한자어로 호접(胡蝶)이라고 합니다. 그리고 이와 관련된 호접몽(胡蝶夢)이라는 단어도 있습니다. 호접몽이라는 말은 『장자(莊子)』라는 책에 나오는 말입니다.

장자가 어느 날 낮잠을 자고 있었습니다. 그는 꿈속에서 나비가 되어 훨훨 날아다니고 있었는데, 잠에서 깨어나보니 나비였던 자신은 온데간데 없고, 다시 한 인간인 장자라는 사람으로 되돌아 온 것입니다. 그는 '내가 꿈에서 나비가 된 것인지, 나비가 꿈에서 장자가 된 것인지 모르겠다'고 생각했습니다. 그리고 그때부터 호접몽이란 '인생의 덧없음'을 나타내는 단어로 쓰이기 시작했습니다.

이와 관련된 또 다른 이야기가 있습니다. 어느 노예가 있었습니다. 이 노예는 주인집에서 새벽부터 밤 늦게까지 고되게 일만 했습니다. 너무나 고달픈 나날이었지만 이 사내는 밤마다 자신이 주인이 되어 매일 밤 주인을 마구 부려먹는 꿈을 꾸며 위안을 받았습니다. 그렇다면 이 사람의 본질은 대체 어느 쪽일까요? 반은 현실에서 주인에게 부림을 당하지만 나머지 반은 꿈속에서 거꾸로 주인을 마구 부리고 있으니 어느 쪽이 이 사람의 참모습인지 알 수가 없습니다.

장자는 나비의 이야기와 노예의 이야기를 왜 했을까요? 우리가 살고 있는 이 세상은 어차피 한바탕 꿈이라는 이야기를 하고자 했던 건 아닐까요? 인생이 한바탕 꿈이라면 생활의 고통 따위는 아무것도 아닌 것이 될 텐데 말이죠.

黨 무리 당

총획 20획　부수 黑 검을 흑

尙(높을 상)자는 宀(집)과 八(연기)가 결합된 글자로 '지붕 위로 연기가 높이 올라간다'는 의미이며 대부분 소리 요소로 많이 쓰인다. '검은(黑) 것을 숭상(尙)하는 악의 무리'는 의미를 나타낸다.

* 朋黨(붕당) : 정치적인 견해를 함께 하는 사람들의 모임
* 黨首(당수) : 정당(政黨)을 대표하는 사람

裳 치마 상

총획 14획　부수 衣 옷 의

치마는 바지와 달리 '높이(尙) 추켜 올려 입을 수 있는 옷(衣)이다'라는 의미이다.

* 衣裳(의상) : 웃옷과 아래옷을 합하여 이르는 말
* 同價紅裳(동가홍상) : 같은 값이면 다홍치마

맛볼 상

총획 14획　부수 口 입 구

旨(맛 지)자에서 匕자는 숟가락, 曰자는 입, 旨자는 맛있는 음식을 의미하므로 嘗자는 **맛(旨)볼 상(尙)**으로 이해하면 외우기 쉽다.

* 未嘗不(미상불) : 아닌게 아니라, 아마도
* 嘗試(상시) : 시험하여 봄

償 갚을 상

총획 17획　부수 人(=亻) 사람 인

賞(상줄 상)자는 상으로 돈(貝)을 준다는 의미이다. 償자는 **수고한 사람(人)의 노고에 대한 보답**이라는 데서 '**갚다**'의 뜻이 되었다.

* 賠償(배상) : 남에게 입힌 손해를 돈으로 갚음
* 辨償(변상) : 남에게 진 빚을 갚음

掌 손바닥 장

총획 12획　부수 手 손 수

'**손(手)을 높이(尙) 올려 손바닥을 보여준다**'라는 의미이다.

* 掌握(장악) : 손에 꽉 쥐고 관장함
* 拍掌大笑(박장대소) : 손뼉을 치며 크게 웃음

륭 隆	隆 높을 륭	**총획** 12획　**부수** 阜(=阝) 언덕 부 '발(夂)로 언덕(阝)을 오르는 데 시간이 일생(一生) 걸린다'라고 하여 '매우 높은 언덕'이라는 뜻을 나타낸다. * 隆盛(융성) : 크게 번성함 * 隆興(융흥) : 형세가 세차게 일어남
척·탁 拓 석 碩	拓 넓힐 척/박을 탁	**총획** 8획　**부수** 手(=扌) 손 수 '황무지의 돌(石)을 손(手)으로 날라 개척한다'는 데서 '넓히다'의 뜻이 되었다. 또한 비석(石)의 글씨를 손(手)으로 찍어낸다는 데서 '찍다, 박다'의 뜻으로도 쓰인다. * 開拓(개척) : 거친 땅을 일구어 넓힘 * 拓本(탁본) : 비석에 새겨진 글씨를 찍어냄, 또는 그러한 것
	碩 클 석	**총획** 14획　**부수** 石 돌 석 '사람의 머리(頁)가 바위(石)만큼 크다'라는 뜻을 나타낸다. * 碩士(석사) : 대학의 학부를 졸업한 후 이어가는 공부 과정 * 碩學(석학) : 널리 배운 학자
조 措 착 錯	措 둘 조	**총획** 11획　**부수** 手(=扌) 손 수 昔(옛 석)자의 고문자는 ꇂ으로 아랫부분은 日(해 일)이고, 윗부분은 파도를 본뜬 글자이다. '아득히 먼 옛날 홍수가 있었던 시절'을 의미한다고 한다(확실한 설은 아님). 措자는 **손(手)으로 어떠한 것을 예전(昔)에 있던 자리에 둔다**라는 의미를 나타낸다. * 措置(조치) : 벌어지는 사태를 잘 살펴서 필요한 대책을 행함 * 措大(조대) : 깨끗하고 가난한 선비
	錯 어긋날/섞일 착	**총획** 16획　**부수** 金 쇠 금 '쇠(金)로 만든 물건도 오래(昔) 지나면 닳아서 어긋나고 잘못된다'라는 의미를 나타낸다. 후에 '섞이다'의 뜻이 파생되기도 하였다. * 錯誤(착오) : 착각으로 인한 잘못 * 錯覺(착각) : 잘못 이해함

籍 문서 적

총획 20획 **부수** 竹 대나무 죽

여기에 쓰인 耒(쟁기 뢰)자는 나무로 만든 쟁기를 의미하는 글자이다. 籍자는 **농사(耒)를 지은 후 수확량을 대나무(竹)**로 만든 **장부에 적었다**는 데서 '**문서, 장부**'의 뜻이 되었다. 昔(예 석)은 소리 요소로 쓰였다.

* 書籍(서적) : 일반적인 책
* 符籍(부적) : 흉을 쫓고 복을 부른다는 종이

贊 도울 찬

총획 19획 **부수** 貝 조개 패

先(먼저 선)자는 止(발)와 그 아래 儿(人의 변형)이 결합되어 '사람이 걸을 때 발이 먼저 나간다'는 뜻을 나타낸다. 贊자는 先자 두 개와 貝자가 더해진 것으로 '**사람들이 서로 먼저(先) 돈(貝)을 꺼내어 어려운 사람을 돕는다**'라는 의미를 나타낸다.

* 贊助金(찬조금) : 돕기 위해 내는 돈
* 協贊(협찬) : 돈이나 다른 물건을 이용하여 다른 사람을 도움

讚 기릴 찬

총획 26획 **부수** 言 말씀 언

'**남을 돕는(贊) 사람**은 다른 이들의 **말(言)로 칭찬을 듣게 된다**'라는 뜻이다.

➕ 기리다 : '칭찬하다'라는 뜻을 나타낸다.

* 禮讚(예찬) : 존경하며 칭찬함
* 讚美(찬미) : 아름다움을 칭찬함

纖 가늘 섬

총획 23획 **부수** 糸 실 사

糸, 人, 戈, 韭(부추 구) 등이 결합된 글자로 '**실(糸)도 가늘고 부추(韭)도 가늘며**, 사람이 들고 있는 **창(戈)도 가늘다**'라는 의미이다.

* 纖纖玉手(섬섬옥수) : 가늘고 고운 여인의 손
* 纖維(섬유) : 실 모양으로 된 고분자 물질

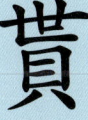
貰 세낼 세

총획 12획 **부수** 貝 조개 패

世(세상 세)자는 十자를 세 개 쓴 것으로 원래는 30년, 한 세대(世代)를 의미하는 글자였으나 후에 '세상, 세계'의 뜻이 파생되었다. 貰자는 '**세상(世)을 살아감에 있어** 우리는 **돈(貝)을 주고 많은 물건을 빌려 쓰고 있다**'라는 뜻이다.

➕ 세내다 : '돈을 주고 빌린다'라는 뜻을 나타낸다.

* 傳貰(전세) : 돈을 주고 일정 기간 동안 빌려 씀
* 月貰(월세) : 다달이 내는 방세

접 蝶
첩 諜

蝶 나비 접

총획 15획　부수 虫 벌레 충

虫(벌레 충)자는 곤충이나 벌레와 관련된 글자 속에 자주 들어간다. '나무(木) 위에 자기 세상(世)으로 생각하고 날아다니는 곤충(虫)은 나비이다'라는 뜻이다.

* 蝶兒(접아) : 나비
* 蝶泳(접영) : 나비의 날갯짓을 닮은 수영법

諜 염탐할 첩

총획 16획　부수 言 말씀 언

나무(木) 위에 숨어 세상(世) 사람들의 이야기(言)를 '몰래 듣다, 염탐하다'라는 뜻의 글자이다.

➕ 염탐하다 : 몰래 남의 사정을 살피고 조사함을 말한다.

* 間諜(간첩) : 비밀 수단을 써서 적의 정보를 캐오는 사람
* 諜報(첩보) : 상대편의 정보를 알아보고 보고함

선 宣

宣 베풀 선

총획 9획　부수 宀 집 면

宣자의 고문자는 亘으로 벽에 멋진 무늬를 새겨놓은 집, 황제가 사는 궁전이 원래의 뜻이었다. 황제는 좋은 정치를 베풀어야 하므로 '베풀다'의 뜻이 되었다.

* 宣布(선포) : 널리 알리다
* 宣言(선언) : 두 개인이나 두 집단 사이의 결정을 대외적으로 알리는 일

사 沙
초 抄

沙 모래 사

총획 7획　부수 水(=氵) 물 수

少(적을 소)자는 모래알 네 개를 의미하는 글자로 후에 '적다'의 뜻으로 쓰이게 되자 水를 더해 모래를 나타내는 글자 沙를 만들었다. 바닷가에 모래가 있으므로 水를 더한 것이다.

* 沙漠(사막) : 모래로 덮여 풀이 나지 않는 넓은 벌판
* 沙上樓閣(사상누각) : 기초가 부실하여 오래가지 못할 일

抄 베낄 초

총획 7획　부수 手(=扌) 손 수

'두꺼운 책의 요점을 적은(少) 양으로 정리하여 손(手)으로 베낀다'라는 뜻이다.

* 抄錄(초록) : 소용될 것만을 골라서 뽑아 베낌
* 抄本(초본) : 손으로 베낀 책

		소 召
		소 昭
		소 紹
		조 照
		초 超

召 부를 소

총획 5획　**부수** 口 입 구

'칼(刀) 같이 날카로운 목소리(口)로 **부른다**'라는 뜻이다.

* 召集(소집) : 불러 모으다
* 召喚(소환) : 사법 기관에서 개인을 부름

昭 밝을 소

총획 9획　**부수** 日 날 일

'세상이 어두워서 태양(日)을 불러내니(召) 밝아졌다'라는 의미이다.

* 昭明太子(소명태자) : 『문선(文選)』을 편찬한 중국 양(梁)나라의 태자
* 王昭君(왕소군) : 중국 한나라 시대의 후궁, 빼어난 미모로 이름났다

紹 이을 소

총획 11획　**부수** 糸 실 사

'두 가닥의 실(糸)을 불러(召) 잇는다'라는 뜻이다.

* 紹介(소개) : 두 사람의 관계를 이어 줌
* 紹絶(소절) : 끊어진 대(代)를 이어 줌

照 비출 조

총획 13획　**부수** 火(=灬) 불 화

'밝은(昭) 빛(火)이 세상을 비춘다'라는 의미이다.

* 照明(조명) : 밝게 비추어 줌
* 照光(조광) : 번쩍이는 것

超 넘을 초

총획 12획　**부수** 走 달릴 주

'부름(召) 받은 사람이 달려(走)가다가 장애물을 만나 뛰어 넘는다'라는 의미를 나타내는 글자이다.

* 超越(초월) : 한계나 표준을 뛰어 넘음
* 超人(초인) : 뛰어난 능력을 가진 사람

쉬어가요~

옛 사람의 오류4

옛날 사람들은 武(무력 무)자를 止戈爲武(지과위무), 즉 '전쟁(戈)을 그치게(止)하는 것이 武(자국의 국방력)이다'라고 생각했어요. 하지만 아니에요! 무(武)는 그냥 창(戈)을 들고 씩씩하게 걸어(止) 간다는 의미였어요. 지(止)가 발이기 때문이죠.

Day 12 蝶에 담긴 한바탕의 꿈 ▶ 139

Day 12 확인학습

1. 다음 한자의 훈음을 쓰세요.

- 01 黨 _____
- 02 償 _____
- 03 拓 _____
- 04 錯 _____
- 05 籍 _____
- 06 贊 _____
- 07 讚 _____
- 08 宣 _____
- 09 超 _____
- 10 昭 _____
- 11 照 _____
- 12 裳 _____
- 13 嘗 _____
- 14 掌 _____
- 15 隆 _____
- 16 碩 _____
- 17 措 _____
- 18 纖 _____
- 19 貰 _____
- 20 蝶 _____
- 21 諜 _____

2. 다음 한자의 독음을 쓰세요.

- 01 衣裳 _____
- 02 讚美 _____
- 03 掌握 _____
- 04 隆盛 _____
- 05 措置 _____
- 06 纖維 _____
- 07 傳貰 _____
- 08 間諜 _____
- 09 辨償 _____
- 10 抄本 _____
- 11 召集 _____
- 12 紹介 _____
- 13 照明 _____
- 14 超人 _____
- 15 宣布 _____
- 16 蝶泳 _____
- 17 協贊 _____
- 18 未嘗不 _____
- 19 符籍 _____
- 20 碩士 _____
- 21 沙上樓閣 _____

맞은 개수 ▶　　　/ 63　　소요 시간 ▶

3. 알맞은 한자를 쓰세요.

- 01 치마 상
- 02 맛볼 상
- 03 손바닥 장
- 04 높을 륭
- 05 클 석
- 06 둘 조
- 07 가늘 섬
- 08 세낼 세
- 09 나비 접
- 10 염탐할 첩
- 11 모래 사
- 12 베낄 초
- 13 부를 소
- 14 이을 소
- 15 무리 당
- 16 갚을 상
- 17 넓힐 척
- 18 어긋날 착
- 19 문서 적
- 20 도울 찬
- 21 기릴 찬

Day 12 보충한자

姉 손위 누이 자	총획 8획 · 부수 女 · 4급
	姉妹(자매) : 언니와 여동생 姉兄(자형) : 누나의 남편

神 귀신 신	총획 10획 · 부수 示 · 5급
	鬼神(귀신) : 사람이 죽은 뒤에 남는다는 넋 神聖(신성) : 신비롭고 성스러움

是 이/옳을 시	총획 9획 · 부수 日 · 4급
	是非(시비) : 옳은 일과 잘못된 일 是日(시일) : 오늘날

電 번개 전	총획 13획 · 부수 雨 · 5급
	電氣(전기) : 물질 안의 전자 때문에 생기는 힘 電光石火(전광석화) : 매우 빠른 동작

題 이마/제목 제	총획 18획 · 부수 頁 · 준4급
	題目(제목) : 책이나 영화 등의 이름 課題(과제) : 처리하거나 해결해야 할 문제

堅 굳을 견	총획 11획 · 부수 土 · 3급
	堅固(견고) : 매우 단단하게 굳음 堅持(견지) : 견해나 입장을 굳게 지킴

式 법 식	총획 6획 · 부수 弋 · 준4급
	格式(격식) : 격에 맞는 일정한 방식 式場(식장) : 예식을 거행하는 곳

賢 어질 현	총획 15획 · 부수 貝 · 준3급
	賢明(현명) : 어질고 사리에 밝음 聖賢(성현) : 성인(聖人)과 현인(賢人)을 아울러 이르는 말

試 시험 시	총획 13획 · 부수 言 · 4급
	試驗(시험) : 공부한 내용을 평가하는 것 考試(고시) : 자격이나 면허를 주기 위한 시험

紙 종이 지	총획 10획 · 부수 糸 · 준4급
	裏面紙(이면지) : 뒷면을 쓸 수 있는 종이 廢紙(폐지) : 쓸모 없어 버리게 된 종이

申 펼/지지 신	총획 5획 · 부수 田 · 준3급
	申請(신청) : 기관에 어떠한 일이나 물건을 알려 청구함

低 낮을 저	총획 7획 · 부수 人(=亻) · 4급
	低級(저급) : 낮은 등급 低價(저가) : 낮은 가격

> 8~3급 한자도 함께 체크해 보세요!

| 安 편안 안 | 총획 6획 · 부수 宀 · 5급
平安(평안) : 평화롭고 편안함
仁者安仁(인자안인) : 인(仁)한 사람은 仁을 편안하게 여긴다 |

| 案 책상 안 | 총획 10획 · 부수 木 · 4급
案件(안건) : 토의하거나 조사해야 할 일
擧案齊眉(거안제미) : 남편에게 순종하는 아내를 이르는 말 |

| 地 땅 지 | 총획 6획 · 부수 土 · 6급
地球(지구) : 우리가 살고 있는 땅덩어리
地震(지진) : 땅이 흔들이고 갈라지는 지각의 변동 |

| 央 가운데 앙 | 총획 5획 · 부수 大 · 준5급
中央(중앙) : 정중앙
震央(진앙) : 지진(地震)의 진원(震源) 바로 위쪽 |

| 他 다를 타 | 총획 5획 · 부수 人(=亻) · 4급
他人(타인) : 다른 사람
其他(기타) : 그 밖의 것 |

| 英 꽃부리 영 | 총획 9획 · 부수 艸(=++) · 5급
英雄(영웅) : 재주와 지혜가 뛰어나 대중을 영도하고 세상을 경륜할 만한 사람 |

| 若 같을 약 | 총획 9획 · 부수 艸(=++) · 준3급
萬若(만약) : 만일에, 혹시
若此(약차) : 이와 같다 |

| 仰 우러를 앙 | 총획 6획 · 부수 人(=亻) · 3급
仰不愧於天(앙불괴어천) : 하늘을 우러러 부끄러움이 없음
推仰(추앙) : 높이 받들어 우러름 |

| 讓 사양할 양 | 총획 24획 · 부수 言 · 3급
辭讓(사양) : 자기에게 온 것을 겸손하게 응하지 아니함
讓步(양보) : 사양하며 물러나는 것 |

| 迎 맞이할 영 | 총획 8획 · 부수 辵(=辶) · 3급
歡迎(환영) : 기뻐하며 맞이함
迎接(영접) : 손님을 맞이하여 대접함 |

| 洋 큰 바다 양 | 총획 9획 · 부수 水(=氵) · 준4급
大洋(대양) : 큰 바다
太平洋(태평양) : 아시아와 아메리카 사이에 위치한 큰 바다 |

| 也 어조사 야 | 총획 3획 · 부수 乙 · 3급
言則是也(언즉시야) : 말하는 것이 사리에 맞다
及其也(급기야) : 마침내 |

| 養 기를 양 | 총획 15획 · 부수 食 · 4급
奉養(봉양) : 어른을 받들어 모심
養殖(양식) : 이용 가치가 있는 생물을 인공적으로 길러 번식시킴 |

Day 13
殉자는 우리 조상들의
숭고한 순국선열(殉國先烈)

여러분은 歹자에 대해 알고 계신가요? 歹자는 '죽음'과 관련된 글자로 오늘 우리가 만나게 될 글자인 殉(따라 죽을 순)자의 의미 요소로 쓰입니다. 殉자는 殉葬(순장)이라는 단어에 쓰이는데, 순장이란 고대의 매우 잔인한 장례 제도였습니다. 주윤발(周潤發)이 주연으로 연기한 영화 '공자(孔子)'를 보면 귀족의 장례식 후에 그를 모시던 노예들과 귀족이 타던 말 등을 강제로 무덤으로 데려가 죽이는 순장 장면이 나옵니다. 순장 말고 순직(殉職)이나 순국(殉國)이라는 말도 있습니다. 순직은 어느 직업에 종사하다가, 순국은 나라를 지키다가 세상을 떠나는 경우를 말합니다. 대표적으로 이순신(李舜臣) 장군(將軍)을 예로 들 수 있는데, 이순신 장군은 임진왜란의 마지막 전쟁인 노량해전(露梁海戰)에서 순국하셨습니다. 도요토미 히데요시(豊臣秀吉)가 죽은 후 조선에 있던 왜군들은 철수를 준비했는데, 그 사실을 알고 있었던 이순신 장군은 결의를 불태우며 이렇게 말씀하셨습니다. "왜적이 마음대로 조선 땅에 들어왔으나 절대 그대로 돌려보내지 않으리라" 그리고 일본으로 도망가려는 고시니 유키나가(小西行長)를 저지하기 위해 조선 수군은 노량으로 진격했습니다. 노량에는 철수하려는 왜군의 전선(戰船) 500여 척이 모여 있었으나 이 전투로 인해 왜군의 배는 450척이 격파되었고, 나머지 50여 척만 일본으로 달아났습니다. 그러나 치열한 그 전투에서 이순신 장군, 이영남 장군 등 여러 명이 순국하게 됩니다. 나라를 지키려는 그분들의 숭고한 정신을 우리는 잊지 말아야 하겠습니다.

燥 마를 조

총획 17획 **부수** 火 불 화

'나무(木) 위에 있는 물건(品)이 젖어서 불(火)을 때어 말린다'라는 의미를 나타낸다.

* 乾燥(건조) : 젖은 것을 말림
* 焦燥(초조) : 마음이 조급하여 타는 듯하고 입술이 마르는 듯함

隨 따를 수

총획 16획 **부수** 阜(=阝) 언덕 부

隨자 안에 있는 月은 肉(고기 육)의 변형이다. '제사장이 손(左 : 왼손)에 고기(肉)를 들고 언덕(阜)에 올라가니(辶) 수행원들이 따라온다'라는 의미이다.

* 隨行員(수행원) : 경호나 보좌를 위해 높은 사람을 따라다니는 사람
* 隨筆(수필) : 붓 가는 대로 자유롭게 쓰는 문학 장르

墮 떨어질 타

총획 15획 **부수** 土 흙 토

'손(左)에 들고 있던 고기(肉, 月)를 땅(土)에 떨어뜨렸다'라는 의미를 나타낸다.

* 墮落(타락) : 품행이 좋지 않아 나쁜 길로 빠짐
* 墮淚(타루) : 눈물을 떨굼

誘 꾈 유

총획 14획 **부수** 言 말씀 언

秀(빼어날 수)자는 '벼(禾)가 잘 자라서 보기 좋다'라는 의미이다. 따라서 誘자는 '듣기 좋은(秀) 말(言)로 남을 유혹한다'는 의미이다.

➕ 꾀다 : '그럴듯한 말이나 행동으로 남을 속이거나 부추겨서 자신의 생각대로 이끌다'라는 뜻이다.

* 誘惑(유혹) : 남을 꾀어서 정신을 어지럽게 함
* 勸誘(권유) : 어떤 일을 하도록 권함

透 통할 투

총획 11획 **부수** 辵(=辶) 쉬엄쉬엄 갈 착

辶자는 '가다' 또는 '길'을 의미한다. 따라서 透자는 고속도로처럼 잘(秀) 닦여진 길(辶)을 의미하여 '통하다'의 뜻이 되었다.

* 透徹(투철) : 바람직한 정신이나 사상이 머릿속에 확실히 자리 잡음
* 透明(투명) : 막히지 않고 속까지 트여 밝음

수 需

需 구할 수

- 총획 14획
- 부수 雨 비 우

而자는 노인의 수염을 본뜬 글자이다. 때문에 需자는 '수염(而)이 있는 제사장이 비(雨)를 구하는 제사를 지낸다'라는 뜻이다.

* 需要(수요) : 구매력의 뒷받침이 있는 상품 구매의 욕구
* 祭需(제수) : 제사 때 필요한 음식이나 도구

수 搜

搜 찾을 수

- 총획 13획
- 부수 手(=扌) 손 수

'절구공이(丨)가 꽂힌 절구(臼) 아래에 쌀이 있나 없나 손(手, 又)으로 찾는다'라는 뜻이다.

* 搜索(수색) : 더듬어서 찾음
* 搜査(수사) : 찾아서 조사함

도 禱 / 주 鑄

禱 빌 도

- 총획 19획
- 부수 示 보일 시

示자는 제사용 탁자를 의미하는 글자로 신(神)이나 제사와 관련된 글자이다. 壽(목숨 수)자는 '士一工一口寸'으로 외우면 편한 글자로 소리 요소로 많이 쓰인다. 禱자는 '오래 살게(壽) 해 달라고 신(示)에게 빈다'라는 의미를 갖는다.

* 祝禱(축도) : 복을 비는 기도
* 默禱(묵도) : 말없이 마음 속으로 비는 기도

鑄 부어 만들 주

- 총획 22획
- 부수 金 쇠 금

'쇠(金)에게 새로운 목숨(壽)을 부여하려면 녹여서 물건을 만들면 가능하다'라는 의미이다.

* 鑄貨(주화) : 쇠를 녹여서 만든 화폐
* 鑄造(주조) : 쇠를 녹여서 물건을 만듦

수 垂

垂 드리울 수

- 총획 8획
- 부수 土 흙 토

垂자는 千, ++, 土 세 글자를 세로로 겹쳐 쓰면 된다. '수많은 풀들이 땅의 중력을 받아 늘어져 있음'을 표현한 글자가 垂자이다.

➕ 드리우다 : 한쪽이 위에 고정된 천이나 줄 따위가 아래로 늘어지는 것을 말한다.

* 垂直(수직) : 곧게 내려온 직선
* 率先垂範(솔선수범) : 남보다 앞서 행동하여 모범이 됨

睡
졸 수

총획 13획　**부수** 目 눈 목

睡자는 잠을 자는 것과 관계 있는 글자이다. 目과 垂가 합해진 글자로 '눈의 **눈꺼풀**(目)**이 아래로 드리워져**(垂) **졸고 있다**'라는 의미이다.

* 睡眠(수면) : 잠을 자다
* 昏睡(혼수) : 인사불성이 되어 의식이 없음

郵
우편 우

총획 11획　**부수** 邑(=阝) 고을 읍

郵자는 원래 여러 고을(阝)에 문서를 전달하는 관리가 묶는 여관을 의미했다. 지금은 **편지와 우편물을 전달하는 관청**의 의미로 사용하고 있다.

* 郵便(우편) : 서신이나 물품을 전국으로 보내는 업무
* 郵遞局(우체국) : 우편을 맡은 관청

드디어/이룰 수

총획 13획　**부수** 辵(=辶) 쉬엄쉬엄 갈 착

八, 豕(돼지 시), 辶의 결합으로 '**여덟**(八) **마리의 멧돼지를 쫓아가서**(辶) **다 잡으니 드디어 이루다**'의 뜻이 된 글자이다.

* 完遂(완수) : 완전히 이루어 끝내다
* 遂行(수행) : 계획한 대로 해냄

쫓을 축

총획 11획　**부수** 辵(=辶) 쉬엄쉬엄 갈 착

'**한 마리의 돼지**(豕)**가 달아나서**(辶) **다시 쫓아간다**'라는 뜻을 나타낸다.

* 逐出(축출) : 내쫓아 버리다
* 驅逐(구축) : 몰아서 내쫓음

督
감독할 독

총획 13획　**부수** 目 눈 목

叔(아재비 숙)자는 원래 손으로 콩을 따는 모습을 본뜬 글자(尗)로 菽(콩 숙)자의 원래 글자였다. 후에 아저씨의 뜻이 가차되었다. 督자는 '조카의 집에 온 **삼촌**(叔)**이 조카가 공부를 열심히 하고 있나 눈**(目)**으로 살피고 감독한다**'라는 의미이다.

* 監督(감독) : 일을 하는 사람을 살피고 다잡음
* 督勵(독려) : 감독하며 격려함

적 寂
척 戚

寂
고요할 적

- 총획 11획
- 부수 宀 집 면

'무서운 **삼촌**(叔)이 **집**(宀)에 오자 조카들이 밖에 나가 집이 **조용해졌다**'라는 의미를 나타내는 글자이다.

* 閑寂(한적) : 한가하고 고요함
* 靜寂(정적) : 고요하고 차분한 분위기

戚
겨레 척

- 총획 11획
- 부수 戈 창 과

叔의 줄임형과 戌(천간 무 : 창의 일종)의 결합으로 戌자는 왼쪽에 도끼날이 있는 창(🪓)을 의미한다. '**창을 들고 있는 나의 삼촌은 나의 친척**'이라는 뜻이다.

➕ 겨레 : 같은 핏줄을 이어받은 민족을 말한다.

* 親戚(친척) : 가까운 혈연 관계에 있는 사람들
* 姻戚(인척) : 혼인에 의해 형성된 친척

순 旬
순 殉
순 盾

旬
열흘 순

- 총획 6획
- 부수 日 날 일

勹(人)과 日의 결합으로 옛 중국인들은 '**날짜를 열흘 단위로 나누었다**'라는 의미를 나타낸다. '갑을병정무기경신임계(甲乙丙丁戊己庚辛壬癸)'의 10개 천간(天干)으로 날짜를 표시했다.

* 旬報(순보) : 열흘마다 발행되는 신문
* 七旬(칠순) : 70세와 같은 말

殉
따라 죽을 순

- 총획 10획
- 부수 歹 뼈 알

옛날에 왕이 죽으면(歹) 그를 모시던 종들은 10일(旬) 안에 함께 무덤에 묻혔다. 이러한 장례 제도를 '순장 제도(殉葬制度)'라고 부른다.

* 殉葬(순장) : 죽은 사람과 가까웠던 사람이나 동물을 함께 묻음
* 殉職(순직) : 직업에 종사하는 과정에서 사망함

盾
방패 순

- 총획 9획
- 부수 目 눈 목

目자는 얼굴 또는 몸을 대표하고 나머지 부분은 공격을 막는 **방패**를 의미한다.

* 矛盾(모순) : 창과 방패, 앞뒤가 맞지 않는 말
* 盾戈(순과) : 방패와 창

쉬어가요~

"이 쑥맥아~!"

이런 말 들어 보셨나요? 쑥맥은 세상 물정 모르는 사람을 가리킬 때 쓰는 말인데요, 원래는 '菽麥不辨(숙맥불변 : 콩과 보리도 구분 못함)'을 줄인 '숙맥'에서 나온 말이에요. 그래서 여기에 쓰인 菽자는 '콩 숙'이라고 합니다.

循
돌 순

- 총획 12획
- 부수 彳 길/걸을 **척**

순 循

'**방패**(盾)를 든 **병사들이 길**(彳)을 **돌아다닌다**'라는 의미이다. 彳이 의미 요소이고, 盾이 소리 요소이다.

* 循環(순환) : 몸 안의 피가 몸을 돌아다님
* 循守(순수) : 규칙이나 명령을 잘 따르고 지킴

肺
허파 폐

- 총획 8획
- 부수 肉(=月) 고기 **육**

폐 肺

市(시장 시)자는 모자(亠)와 수건(巾)을 파는 '시장'을 의미하는 글자이다. 시장에서는 교환이 이루어진다. 따라서 肺자는 **산소와 이산화탄소가 교환되는 곳**인 '**허파**'를 의미하는 글자이다.

* 肺炎(폐렴) : 폐에 생긴 염증
* 肺癌(폐암) : 폐에 생긴 암

提
끌 제

- 총획 12획
- 부수 手(=扌) 손 **수**

제 提
제 堤

是(옳을/이 시)자는 日과 正(바를 정)의 결합으로 해가 하늘 정중앙에 떴다는 데서 '옳다, 이것'이라는 뜻이 생겼다. 提자는 '**손**(手)으로 **옳은**(是) 방향을 가리키고 이끌어 준다'라는 의미이다.

* 提携(제휴) : 서로 붙들어 도와 줌
* 提出(제출) : 문건이나 의견을 내놓음

堤
둑 제

- 총획 12획
- 부수 土 흙 **토**

'**백성들의 올바른**(是) **삶을 위해 흙**(土)으로 **제방**(堤防)을 **쌓는다**'라는 의미이다. 둑은 흙으로 쌓는 것이므로 土가 의미 요소이다.

* 堤防(제방) : 물이 넘치지 않게 흙으로 쌓은 것, 둑
* 長堤(장제) : 긴 둑

伸
펼 신

- 총획 7획
- 부수 人(=亻) 사람 **인**

신 伸

申(납/펼 신)자는 번개를 본뜬 글자(🗲)로 후에 '펴다'의 뜻이 생겼다. 지지(地支) 중에서 잔나비띠를 의미하여 '납 신'자라고도 한다. 伸자는 人과 申의 결합으로 **사람**(人)이 **몸을 곧게 편다**(申)'라는 뜻을 갖고 있다.

* 伸縮(신축) : 펴지는 것과 줄어드는 것
* 屈伸(굴신) : 구부러지는 것과 펴지는 것

Day 13 확인학습

1. 다음 한자의 훈음을 쓰세요.

- 01 誘 _____
- 02 透 _____
- 03 需 _____
- 04 禱 _____
- 05 郵 _____
- 06 遂 _____
- 07 督 _____
- 08 戚 _____
- 09 旬 _____
- 10 盾 _____
- 11 肺 _____
- 12 提 _____
- 13 堤 _____
- 14 燥 _____
- 15 隨 _____
- 16 墮 _____
- 17 搜 _____
- 18 鑄 _____
- 19 垂 _____
- 20 睡 _____
- 21 逐 _____

2. 다음 한자의 독음을 쓰세요.

- 01 乾燥 _____
- 02 隨行 _____
- 03 搜索 _____
- 04 鑄貨 _____
- 05 垂直 _____
- 06 昏睡 _____
- 07 逐出 _____
- 08 靜寂 _____
- 09 殉職 _____
- 10 循環 _____
- 11 伸縮 _____
- 12 堤防 _____
- 13 提携 _____
- 14 肺炎 _____
- 15 矛盾 _____
- 16 親戚 _____
- 17 督勵 _____
- 18 郵便 _____
- 19 完遂 _____
- 20 需要 _____
- 21 誘惑 _____

맞은 개수 ▶   / 63   소요 시간 ▶

3. 알맞은 한자를 쓰세요.

01 마를 조

02 따를 수

03 떨어질 타

04 찾을 수

05 부어 만들 주

06 드리울 수

07 졸 수

08 쫓을 축

09 고요할 적

10 따라 죽을 순

11 돌 순

12 펼 신

13 꾈 유

14 통할 투

15 구할 수

16 빌 도

17 우편 우

18 드디어 수

19 감독할 독

20 겨레 척

21 열흘 순

Day 13 보충한자

陽 볕 양
- 총획 12획 | 부수 阜(=阝) | 준4급
- 陽地(양지): 볕이 드는 곳
- 陰陽(음양): 천지 만물을 만들어 내는 상반되는 두 기운

揚 날릴 양
- 총획 12획 | 부수 手(=扌) | 3급
- 揭揚(게양): 높이 걸다
- 立身揚名(입신양명): 몸을 세우고 명성을 떨침

場 마당 장
- 총획 12획 | 부수 土 | 5급
- 道場(도장): 불교에서 도(道)를 닦고 수양하는 곳
- 射場(사장): 궁술(弓術)을 연습하는 곳

腸 창자 장
- 총획 13획 | 부수 肉(=月) | 3급
- 大腸(대장): 큰 창자
- 斷腸(단장): 너무 슬퍼 창자가 끊어질 듯함

傷 다칠 상
- 총획 13획 | 부수 人(=亻) | 3급
- 傷處(상처): 다친 부위
- 不敢毀傷(불감훼상): 감히 다치게 하지 않는다

炎 불꽃 염
- 총획 8획 | 부수 火 | 3급
- 炎涼世態(염량세태): 권세가 있으면 붙고 없으면 헤어지는 세상의 인심

談 말씀 담
- 총획 15획 | 부수 言 | 4급
- 德談(덕담): 상대방이 잘되기를 기원하는 말
- 談話(담화): 이야기

永 길 영
- 총획 5획 | 부수 水 | 5급
- 永遠(영원): 길고 오랜 세월
- 永劫(영겁): 영원한 시간

顏 얼굴 안
- 총획 18획 | 부수 頁 | 3급
- 顏面(안면): 얼굴
- 顏回(안회): 공자의 수제자

産 낳을 산
- 총획 11획 | 부수 生 | 4급
- 生産(생산): 아이나 새끼를 낳음, 물건을 만들어 냄
- 産母(산모): 갓난아기의 어머니

余 나 여
- 총획 7획 | 부수 人 | 3급
- 余按(여안): 내가 살펴보기에

餘 남을 여
- 총획 16획 | 부수 食 | 4급
- 有餘(유여): 남음이 있음
- 餘暇(여가): 남는 시간

> 8~3급 한자도 함께 체크해 보세요!

除 / 덜 제
- **총획** 10획 **부수** 阜(=阝) **준3급**
- 除去(제거) : 없애버림
- 削除(삭제) : 깎아서 없앰

序 / 차례 서
- **총획** 7획 **부수** 广 **4급**
- 序文(서문) : 머리말
- 秩序(질서) : 사물의 조리나 그 순서

悅 / 기쁠 열
- **총획** 10획 **부수** 心(=忄) **3급**
- 喜悅(희열) : 기쁘고 즐거움
- 悅樂(열락) : 즐겁고 기쁨

野 / 들 야
- **총획** 11획 **부수** 里 **준4급**
- 野人(야인) : 시골에 사는 사람, 소박한 사람
- 廣野(광야) : 아득하게 너른 들판

脫 / 벗을 탈
- **총획** 11획 **부수** 肉(=月) **준3급**
- 脫衣(탈의) : 옷을 벗다
- 解脫(해탈) : 얽매임을 벗어남

與 / 더불 여
- **총획** 14획 **부수** 臼 **준3급**
- 與民同樂(여민동락) : 백성들과 함께 즐거워함
- 與黨(여당) : 현재 정권을 잡고 있는 당파

說 / 말씀 설/기쁠 열
- **총획** 14획 **부수** 言 **4급**
- 說明(설명) : 알기 쉽게 풀이해 줌
- 不亦說乎(불역열호) : 또한 기쁘지 아니한가?

擧 / 들 거
- **총획** 18획 **부수** 手 **4급**
- 擧手(거수) : 손을 들다
- 擧頭望明月(거두망명월) : 고개를 들어 달을 쳐다보다

稅 / 세금 세
- **총획** 12획 **부수** 禾 **준3급**
- 租稅(조세) : 국가가 국민으로부터 받아내는 수입
- 稅金(세금) : 조세로서의 돈

易 / 쉬울 이/바꿀 역
- **총획** 8획 **부수** 日 **3급**
- 容易(용이) : 매우 쉬움
- 交易(교역) : 서로 물건을 사고 팔아 바꿈

熱 / 더울 열
- **총획** 15획 **부수** 火(=灬) **4급**
- 熱工(열공) : 열심히 공부함
- 熱血男兒(열혈남아) : 열정의 피가 끓는 남자

船 / 배 선
- **총획** 11획 **부수** 舟 **4급**
- 船長(선장) : 배 안에서의 우두머리
- 帆船(범선) : 돛을 단 배

藝 / 재주 예
- **총획** 19획 **부수** 艸(=艹) **4급**
- 六藝(육예) : 고대 중국에서 공부했던 '예악사어서수(禮樂射御書數)'의 여섯 가지 과목

Day 14
雅에서 말하는
까마귀는 기분 나쁜 새?

오늘 우리는 芽(싹 아)자를 만나게 됩니다. 芽자는 艸(풀 초)가 의미 요소이고 牙(어금니 아)가 소리 요소인 형성자입니다. 그리고 소리 요소인 牙자에 隹(새 추)자를 더하면 雅(바를 아)자가 됩니다. 雅자의 의미 요소를 보면 알 수 있듯, 원래 새와 관련된 글자로 특히 '까마귀'를 의미하는 글자였습니다. 그런데 후에 '바르다'의 뜻으로 변한 것입니다. '까마귀'와 '바르다'는 어떤 관계가 있는 것일까요?

대부분의 사람들은 까마귀를 별로 좋아하지 않습니다. 그러면 고대인들도 마찬가지로 까마귀를 싫어했을까요? 고대 중국인들은 태양에 까마귀가 있다고 생각했으며, 고구려 고분 벽화에 나오는 '삼족오(三足烏)'도 태양에 살고 있는 새였습니다. 삼족오에 대한 관념은 동아시아에 널리 퍼져 있었던 것으로 여겨집니다. 그리고 까마귀와 관련된 사자성어 중에 '反哺之孝(반포지효)'라고 있습니다. 명나라 때 저술된 약학서(藥學書)인 『본초강목(本草綱目)』에 '까마귀는 부화한 후 부모로부터 먹이를 받아 먹지만 나중에 부모의 힘이 다하면 반대로 먹이를 물어와 부모를 먹인다'라고 나와있습니다. 그래서 까마귀는 다른 말로 '효조(孝鳥)'라고 부릅니다. 이 때문에 까마귀의 뜻을 갖고 있는 雅자가 '바르다'의 뜻이 된 것은 아닐까요?

'反哺之孝'를 생각하며 나는 부모님에게 어떻게 하고 있나 한번 돌아봅시다.

紳 큰띠 신

총획 11획　**부수** 糸 실 사

'하늘에서 땅에까지 이어지는 번개(申)처럼 크고 긴 띠를 실(糸)로 만든다'라는 의미이다. 糸가 의미 요소이고 申은 소리 요소이다.

* 紳士(신사) : 점잖고 교양 있는 남자
* 紳商(신상) : 점잖은 상인

신 紳

緊 굳게 얽을 긴

총획 14획　**부수** 糸 실 사

臣(신하 신 : 노예), 又(또 우 : 손), 糸가 결합된 글자로 '노예(臣)의 두 손(又)을 끈(糸)으로 꽉 맨다'라는 의미이다.

➕ 얽다 : '노끈이나 줄 따위로 이리저리 걸다' 혹은 '이리저리 관련이 되게 하다'라는 뜻이다.

* 緊張(긴장) : 마음을 다 잡아 정신을 차리게 되는 정신 상태
* 緊密(긴밀) : 서로의 관계가 매우 가까움

긴 緊
신 腎

腎 콩팥 신

총획 12획　**부수** 肉(=月) 고기 육

'노예(臣)들이 손(又)으로 자주 만지는 콩과 비슷한 모양의 장기는 바로 콩팥이다'라는 의미로 콩팥은 우리 몸의 장기이므로 肉이 의미 요소가 된다.

* 腎臟(신장) : 우리 몸의 장기로서의 콩팥
* 腎不全(신부전) : 신장의 기능이 부실한 증상

底 밑 저

총획 8획　**부수** 广 집 엄

氐(근본 저)자는 식물의 뿌리(氏)와 땅(一)을 의미하는 글자를 더해 '근본'이라는 의미를 나타낸다. 따라서 底자는 **집의 밑바닥**을 의미하며 广이 의미 요소이고 氐가 소리 요소로 쓰였다.

* 根底(근저) : 사물의 밑바탕
* 底本(저본) : 책의 원본

저 底
저 抵

抵 막을 저

총획 8획　**부수** 手(=扌) 손 수

손(手)의 **근본(氐)적인 용도는 공격을 막는 것**이다. 누가 때리려고 하면 본능적으로 손을 들어 막기 때문이다. 손으로 막으니까 手가 의미 요소이고 氐가 소리 요소이다.

* 抵抗(저항) : 막으면서 대항함
* 抵當(저당) : 채무의 담보로 맡김

사	邪
아	芽
아	雅

邪 간사할 사

- 총획 7획
- 부수 邑(=阝) 고을 읍

邪자는 원래 마을을 지칭하는 고유 명사였으나 '**간사하다**'의 뜻으로 가차되었다.

* 奸邪(간사) : 간교하고 사악함
* 邪惡(사악) : 도리에 어긋나고 악독함

芽 싹 아

- 총획 8획
- 부수 艸(=艹) 풀 초

牙(어금니 아)자는 부수 글자로 어금니를 본뜬 글자이다. 芽자는 '**아기의 잇몸**에 나는 **어금니**(牙)가 **풀**(艸)의 **싹을 닮기도 하였다**'라는 의미이다. 艸가 의미 요소, 牙가 소리 요소가 된다.

* 萌芽(맹아) : 풀의 새싹
* 麥芽(맥아) : 보리의 새싹

雅 바를 아

- 총획 12획
- 부수 隹 새 추

雅자는 원래 새와 관련 있는 한자로 '까마귀'가 원래의 뜻이다. 까마귀는 고대에 효조(孝鳥 : 효도하는 새)로 알려졌으며, 태양에 살고 있는 삼족오(三足烏)이기도 했다. '**효도하는 새인 까마귀가 바른 생활을 한다**'고 하여 '**바르다**'의 뜻이 파생되었다.

➕ 삼족오 : 동양 신화에 나오는 태양 속에서 산다는 세 발을 가진 까마귀를 말한다.

* 優雅(우아) : 아름다운 품위와 아취(雅趣)
* 雅樂(아악) : 고려, 조선 시대에 궁중 의식 때 사용하던 음악

| 연 | 宴 |
| 안 | 按 |

宴 잔치 연

- 총획 10획
- 부수 宀 집 면

'**여자**(女)들이 **집**(宀)에서 **바쁜 날**(日)은 **잔치가 있는 날**이다'라는 의미의 글자이다.

* 宴會(연회) : 모여서 잔치를 벌임
* 佳宴(가연) : 경사스러운 연회

按 살필 안

- 총획 9획
- 부수 手(=扌) 손 수

'**집**(宀)에 있는 **여인**(女)이 **손**(手)으로 **구석구석을 살핀다**'라는 의미이다. 手가 의미 요소, 安(편안 안)이 소리 요소가 된다.

* 按摩(안마) : 몸의 근육을 누르거나 두드리는 것
* 按排(안배) : 차례에 맞게 벌여놓음

鞍 안장 안

- 총획 15획　부수 革 가죽 혁
- '말 등위에 편안(安)히 앉기 위해 가죽(革)으로 만든 안장이다'라는 의미이다.
  * 鞍裝(안장) : 말 등 위에 앉기 편하게 만든 장치
  * 鞍馬(안마) : 기계 체조에 쓰이는 기구

안 鞍
안 晏

晏 늦을 안

- 총획 10획　부수 日 날 일
- '집의 지붕(宀) 위로 해(日)가 넘어가니 저녁, 늦은 시간'이라는 뜻을 나타낸다.
  * 晏子春秋(안자춘추) : 춘추시대 제(齊)나라의 재상 안영(晏嬰)이 저술한 책
  * 晏息(안식) : 편하게 쉼

映 비칠 영

- 총획 9획　부수 日 날 일
- 央(가운데 앙)자는 사람이 목에 형구(刑具)를 쓰고 있는 모습()을 나타낸 것으로 소리 요소로 자주 쓰인다. 映자는 '태양(日)이 하늘 가운데(央) 떠서 빛난다'라는 의미를 나타낸다.
  * 映畫(영화) : 극장에서 보는 활동 사진
  * 反映(반영) : 빛이 반사하여 비침

영 映
앙 殃

殃 재앙 앙

- 총획 9획　부수 歹 뼈 알
- '여기를 봐도 죽음(歹), 저기를 봐도 죽음, 죽음의 한가운데(央) 처해 신으로부터 재앙을 받았다'라는 의미를 나타낸다.
  * 災殃(재앙) : 천재지변에 의한 온갖 불행한 일
  * 殃禍(앙화) : 재앙

抑 누를 억

- 총획 7획　부수 手(=扌) 손 수
- 手와 匕(서 있는 사람), 卩(무릎을 꿇은 사람)의 결합으로 '서 있는 사람이 무릎 꿇은 사람을 손(手)으로 누르자 눌리는 사람의 입에서 '억' 소리가 난다'라는 의미이다.
  * 抑壓(억압) : 억제하며 눌러 움직이지 못하게 함
  * 抑鬱(억울) : 억제를 받아 답답함

억 抑

지 池	**池** 못 지	총획 6획 부수 水(=氵) 물 수 水와 地(땅 지 : 여기에서는 土가 생략됨)의 결합으로 '땅(地)에 고인 물(水)은 연못이다'라는 의미이다. * 天池(천지) : 백두산(白頭山) 꼭대기에 있는 연못 * 池塘(지당) : 연못
낙 諾 닉 匿 야 惹	**諾** 허락할 낙	총획 16획 부수 言 말씀 언 若(같을 약)자의 고문자는 👤으로 머리를 풀어헤친 사람이 두 손을 머리에 올리고 있는 모습이다. 주문을 걸고 있는 무당으로 여겨지는 글자이다. 諾자는 '무당이 주문을 거니까(若) 신께서 '그렇게 하여라'라며 **말하다(言), 허락하다**'라는 의미이다. * 承諾(승낙) : 요구 사항을 들어줌 * 許諾(허락) : 청하고 바라는 바를 들어줌
	匿 숨을 닉	총획 11획 부수 匚 감출 혜 '**무당**(若)이 **동굴**(匚)에 숨어서 주문을 건다'라는 의미를 갖는 글자이다. * 隱匿(은닉) : 숨기고 감춤 * 匿名(익명) : 이름을 감추고 밝히지 않음
	惹 이끌 야	총획 13획 부수 心 마음 심 若자가 무당이라면 惹자는 무당의 마음이라고 볼 수 있다. 무당은 **아주 먼 옛날 부족의 우두머리도 겸했으므로** '이끌다'의 뜻이 파생된 것으로 보인다. ➕ 이끌다 : '목적하는 곳으로 바로 가도록 같이 가면서 따라오게 하다'라는 뜻이다. * 惹起(야기) : 어떤 일이나 사건을 끌어들임 * 惹端(야단) : 매우 떠들썩하게 일을 벌임
양 壤	**壤** 흙 양	총획 20획 부수 土 흙 토 襄(도울 양)자는 '옷(衣)을 벗어 던지고 서로 돕는다'라는 뜻으로 소리 요소로 많이 쓰인다. 壤자에서 土가 의미 요소이고 襄이 소리 요소이다. **흙**(土) **양**(襄)으로 외우자. * 土壤(토양) : 흙 * 平壤(평양) : 북한의 수도

		양 嬢
		양 様

嬢 아가씨 양

총획 20획　**부수** 女 여자 녀

嬢자는 '**도와주고**(襄) **싶은 여자**(女)는 아줌마가 아니고 **아가씨**이다'라고 외우면 기억하기 쉽다.

* 令嬢(영양) : 다른 사람의 딸을 높여 부르는 말
* 野嬢(야양) : 시골 처녀

様 모양 양

총획 15획　**부수** 木 나무 목

永(길 영)자는 물줄기(水)가 길게 뻗어 흐르는 것을 의미하는 글자로 様자는 **긴**(永) **나무**(木) **울타리 안에 놀고 있는 양**(羊)들의 평화로운 '**모습**'이나 '**모양**'을 의미하는 글자이다.

* 模様(모양) : 겉으로 드러나는 생김이나 됨됨이
* 様式(양식) : 일정한 모양이나 방식

		상 詳
		상 祥

詳 자세할 상

총획 13획　**부수** 言 말씀 언

羊자는 순하고 사람들에게 고기, 젖 등을 주는 동물이므로 좋은 의미를 가진 글자이다. 詳자는 '**양**(羊)**처럼 착하고 자세하게 설명**(言)**한다**'라는 의미이다.

* 詳細(상세) : 자세하고 세밀함
* 昭詳(소상) : 자세하게 밝힘

祥 상서로울 상

총획 11획　**부수** 示 보일 시

'**제탁**(示)**에 양고기**(羊)**를 올리고 제사를 지내니 신께서 복을 내려주신다**'라는 의미를 나타내는 글자이다.

* 祥瑞(상서) : 경사스럽고 길한 징조
* 祥雲(상운) : 상서로운 구름

		양 楊

楊 버들 양

총획 13획　**부수** 木 나무 목

昜(볕 양 昜)자는 '햇빛(日)이 쨍쨍 내리쬔다'라는 뜻이다. 따라서 楊자는 '**햇빛이 쨍쨍 내리쬐는**(昜) **여름에는 버드나무**(木) **그늘에서 쉰다**'라는 의미이다.

* 楊柳(양류) : 버드나무
* 楊枝(양지) : 버드나무 가지

쉬어가요~

'**산수갑산**(山水甲山) 가더라도 먹고나 보자~'
틀렸어요. 삼수갑산(三水甲山)이 맞아요.
삼수(三水)와 갑산(甲山)은 함경도에 있는 귀양지를
말해요. 여기로 귀양가면 못 돌아왔다죠?

Day 14 확인학습

1. 다음 한자의 훈음을 쓰세요.

- 01 緊 _____
- 02 底 _____
- 03 抵 _____
- 04 雅 _____
- 05 宴 _____
- 06 映 _____
- 07 池 _____
- 08 諾 _____
- 09 壤 _____
- 10 樣 _____
- 11 祥 _____
- 12 楊 _____
- 13 紳 _____
- 14 腎 _____
- 15 芽 _____
- 16 邪 _____
- 17 按 _____
- 18 鞍 _____
- 19 晏 _____
- 20 殃 _____
- 21 抑 _____

2. 다음 한자의 독음을 쓰세요.

- 01 紳士 _____
- 02 腎臟 _____
- 03 麥芽 _____
- 04 奸邪 _____
- 05 按排 _____
- 06 鞍裝 _____
- 07 災殃 _____
- 08 抑鬱 _____
- 09 惹起 _____
- 10 隱匿 _____
- 11 令孃 _____
- 12 詳細 _____
- 13 祥瑞 _____
- 14 樣式 _____
- 15 土壤 _____
- 16 許諾 _____
- 17 天池 _____
- 18 反映 _____
- 19 宴會 _____
- 20 雅樂 _____
- 21 抵當 _____

맞은 개수 ▶ / 63 소요 시간 ▶

3. 알맞은 한자를 쓰세요.

01 큰띠 신
02 콩팥 신
03 싹 아
04 간사할 사
05 살필 안
06 안장 안
07 늦을 안
08 재앙 앙
09 누를 억
10 흙 양
11 숨을 닉
12 아가씨 양
13 자세할 상
14 굳게 얽을 긴
15 밑 저
16 막을 저
17 바를 아
18 잔치 연
19 비칠 영
20 못 지
21 허락할 낙

Day 14 보충한자

勢 권세 세
- 총획 13획 부수 力 4급
- 勢力(세력) : 기세의 힘
- 權勢(권세) : 권력과 세력

王 임금 왕
- 총획 4획 부수 王 준5급
- 王位(왕위) : 임금의 자리
- 王天下(왕천하) : 세상에서 임금 노릇을 함

誤 그르칠 오
- 총획 14획 부수 言 준3급
- 誤謬(오류) : 그릇되어 이치에 어긋남
- 過誤(과오) : 잘못, 그릇된 일

幼 어릴 유
- 총획 5획 부수 幺 3급
- 幼稚(유치) : 생각이나 행동이 어림
- 長幼有序(장유유서) : 어른과 아이는 순서가 있다

五 다섯 오
- 총획 4획 부수 二 8급
- 三綱五倫(삼강오륜) : 유교의 도덕에서 기본이 되는 세 가지 강령과 지켜야 할 다섯 가지 도리

謠 노래 요
- 총획 17획 부수 言 준3급
- 童謠(동요) : 어린아이들을 위한 노래
- 歌謠(가요) : 민요, 속요, 유행가 따위의 총칭

吾 나 오
- 총획 7획 부수 口 3급
- 吾鼻三尺(오비삼척) : 내 코가 석자
- 吾人(오인) : 나, 우리 인류

笑 웃음 소
- 총획 10획 부수 竹 준3급
- 可笑(가소) : 우습다
- 笑門萬福來(소문만복래) : 웃으면 복이 온다

悟 깨달을 오
- 총획 10획 부수 心(=忄) 3급
- 得悟(득오) : 깨달음을 얻다
- 覺悟(각오) : 앞으로 다가올 일을 미리 깨달아 다짐을 함

容 얼굴 용
- 총획 10획 부수 宀 준3급
- 容貌(용모) : 사람의 겉모습
- 容器(용기) : 음식이나 물건을 담는 그릇

語 말씀 어
- 총획 14획 부수 言 5급
- 言語(언어) : 사람이 생각이나 느낌을 소리나 문자로 표현하는 것
- 漢語(한어) : 중국어

勇 날랠 용
- 총획 9획 부수 力 준4급
- 勇氣(용기) : 겁내지 않는 기상
- 勇猛(용맹) : 용기 있고 맹렬함

通 통할 통	총획 11획 · 부수 辵(=辶) · 5급 通過(통과) : 지나감 疏通(소통) : 막힘이 없이 잘 통함		

8~3급 한자도 함께 체크해 보세요!

痛 아플 통	총획 12획 · 부수 疒 · 3급 痛症(통증) : 아파서 생기는 증세 齒痛(치통) : 이가 아픔	雲 구름 운	총획 12획 · 부수 雨 · 준4급 雲漢(운한) : 은하수 望雲(망운) : 부모를 그리워하는 정
于 어조사 우	총획 3획 · 부수 二 · 3급 三歲之習至于八十(삼세지습지우팔십) : 세 살 버릇 여든까지 간다	元 으뜸 원	총획 4획 · 부수 儿 · 5급 元帥(원수) : 군인의 가장 높은 계급 元旦(원단) : 새해 아침
宇 집 우	총획 6획 · 부수 宀 · 3급 宇宙(우주) : 세계 또는 천지간 氣宇(기우) : 사람과 기계의 도량	完 완전할 완	총획 7획 · 부수 宀 · 4급 完結(완결) : 완전하게 끝을 맺음 完璧(완벽) : 완전무결함
右 오른 우	총획 5획 · 부수 口 · 7급 右側(우측) : 오른쪽 右翼(우익) : 오른쪽 날개	院 집 원	총획 10획 · 부수 阜(=阝) · 준4급 學院(학원) : 학교와는 다른 사설 교육 기관 寺院(사원) : 절
遇 만날 우	총획 13획 · 부수 辵(=辶) · 준3급 遭遇(조우) : 만나다 千載一遇(천재일우) : 천 년에 한 번 만나는 소중한 기회	原 언덕/근본 원	총획 10획 · 부수 厂 · 5급 平原(평원) : 넓은 들판 草原(초원) : 풀이 깔려 있는 들판
云 이를/구름 운	총획 4획 · 부수 二 · 3급 云川(운천) : 구름과 강물 云云(운운) : 말을 인용할 때, 이러이러함의 뜻으로 하는 말	源 근원 원	총획 13획 · 부수 水(=氵) · 3급 根源(근원) : 사물이 시작된 곳 源泉(원천) : 물이 흘러나오는 근원

Day 14 雅에서 말하는 까마귀는 기분 나쁜 새?

Day 15
명예를 위해
목숨을 버리다!

오늘 우리는 譽(기릴 예)자를 배웁니다. 譽자는 의미 요소인 言과 소리 요소인 與(더불 여)로 이루어져 있습니다. 『설문해자(說文解字)』에서는 譽자를 '稱也(일컬음이다)'라고 하였습니다. 청나라 때 학자인 단옥재(段玉裁)는 이에 '譽, 偁美也(譽는 아름답다고 칭송하는 것이다)'라고 주석을 달았습니다. 즉 譽자는 '다른 사람들이 잘했다고 칭찬하는 말'을 의미하는 글자입니다.

譽자가 쓰인 단어 중에 名譽(명예)라는 단어가 있습니다. 옛 사람들은 명예를 잃는 것을 부끄럽게 생각했으며 '목숨을 잃어도 이름은 더럽힐 수 없다'라는 것이 삶을 살아가는 자세이기도 했습니다.

고구려, 백제, 신라가 치열하게 싸움을 벌이던 삼국시대 때, 황산벌 전투가 있었습니다. 백제의 장군인 계백(階伯)은 백제의 멸망을 어느 정도 예상을 하고, 살아서 적의 노비가 되느니 차라리 죽음을 택한다는 결심으로 가족을 죽인 후 5,000명의 결사대를 이끌고 전장으로 나갔습니다. 50,000명의 나당 연합군을 4번이나 격퇴를 하고, 황산벌에서 마지막 전투를 치르게 됩니다. 이때 신라군에서는 16세 된 화랑 관창(官昌)을 내보내 싸우게 합니다. 그러나 관창은 전투에서 지게 되고, 생포된 관창은 화랑의 명예를 더럽히지 않기 위해 항복하지 않고 목을 늘여 칼을 기다렸습니다. 계백은 소년 장수의 용맹을 높이 평가하여 돌려 보내지만 관창은 또 다시 잡히게 됩니다. 하지만 계백은 이런 용맹한 소년 장수가 있는 신라의 승리를 직감합니다. 서로 적대 관계였지만 계백과 관창은 모두 자신의 명예를 위해 목숨을 바친 사람들입니다. 현대를 사는 우리는 이렇게 극단적인 선택 앞에 있지는 않지만 우리 조상들의 숭엄한 정신을 배우고 삶에 임한다면 당당하고 힘찬 삶을 살 수 있지 않을까요.

暢 화창할 창

총획 14획　**부수** 日 날 일

申(번개)과 昜이 결합된 글자로 '**번개(申)가 치다가 해(昜)가 쨍쨍 내리쬔다**'는 데서 '**개다, 화창하다**'의 뜻이 되었다.

* 和暢(화창) : 날씨가 맑고 깨끗함
* 流暢(유창) : 거침없이 미끈함

湯 끓을 탕

총획 12획　**부수** 水(=氵) 물 수

昜자는 태양을 의미하므로 '따뜻하다'의 뜻을 내포한다. 따라서 湯자는 **따뜻한(昜) 물(水)**을 의미하며 '**뜨거운 물, 끓인 물**'이라는 뜻이 파생되었다.

* 蔘鷄湯(삼계탕) : 인삼과 닭을 함께 끓인 우리 음식
* 金城湯池(금성탕지) : 매우 견고한 성, 매우 깊은 해자, 공격하기 어려운 곳을 이르는 말

譯 번역할 역

총획 20획　**부수** 言 말씀 언

睪(엿볼 역)자는 目자와 幸(다행 행)자의 결합이며, 幸자는 죄수의 수갑을 의미하는 글자이다. 따라서 睪자는 죄수를 눈으로 엿본다는 의미가 된다. 譯자는 '**다른 나라의 언어(言)나 책을 엿보려면(睪) 전문가의 번역을 거쳐야 한다**'라는 뜻이다.

* 飜譯(번역) : 외국어를 우리말로 바꿈
* 譯書(역서) : 번역하여 나온 책

驛 역마 역

총획 23획　**부수** 馬 말 마

역마는 '**역참(驛站)에서 키우는 말(馬)로 잘 보며(睪) 관리한다**'라는 의미이다.

➕ 역참 : 관리들이 타는 말을 키우던 곳을 말한다.

* 江南驛(강남역) : 강남구 역삼동에 있는 전철역
* 驛馬(역마) : 역참에서 기르던 말

釋 풀 석

총획 20획　**부수** 釆 분별할 변

'**죄수를 잘 살피고(睪) 분별해 보니 죄가 없음이 밝혀지면 벼와 쌀(禾, 米)을 주어 풀어줘야 한다**'라는 의미를 나타낸다.

* 釋放(석방) : 억류하고 있던 사람들을 풀어줌
* 解釋(해석) : 알기 쉽게 풀어서 설명함

택 澤	澤	총획 16획　부수 水(=氵) 물 수
택 擇	못 택	'물고기를 기르면서 보고(睪) 감상하기 위한 물(水)은 바로 **연못**이다'라는 의미의 글자이다. * 毛澤東(모택동) : 신중국을 건설한 사람 * 潤澤(윤택) : 광택에 윤기가 있음

	擇	총획 16획　부수 手(=扌) 손 수
	가릴 택	'잘 엿보고 살펴서(睪) 좋은 물건을 손(手)으로 골라내고 **가려낸다**'라는 의미를 나타내는 글자이다. ➕ 가리다 : '좋은 것과 나쁜 것 따위를 따져서 분간하다'라는 뜻이다. * 選擇(선택) : 좋은 것을 골라냄 * 殺生有擇(살생유택) : 화랑도(花郞徒) 세속오계(世俗五戒)의 하나로 '죽이되 가림이 있어라'라는 의미를 나타낸다.

담 淡	淡	총획 11획　부수 水(=氵) 물 수
	맑을 담	'뜨거운 불(炎)로 물(水)을 끓이니 불순물이 날아가서 마실 수 있는 **맑은 물이 되었다**'라는 뜻이다. * 淡泊(담박) : 맛이나 빛이 산뜻함 * 淡水(담수) : 강물처럼 염분이 없는 물

영 泳	泳	총획 8획　부수 水(=氵) 물 수
영 詠	헤엄칠 영	'물(水)에서 몸을 길게 펴서 **헤엄을 친다**'라는 의미로 水가 의미 요소, 永(길 영)이 소리 요소가 된다. * 泳法(영법) : 수영하는 방법 * 水泳(수영) : 물에서 헤엄침

	詠	총획 12획　부수 言 말씀 언
	읊을 영	'동창이~ 밝았느냐~' 하며 '**목소리**(言)를 길게(永) 빼며 **시를 읊는다**'라는 의미를 나타낸다. ➕ 읊다 : '억양을 넣어서 소리를 내어 시를 읽거나 외다'라는 뜻이다. * 吟詠(음영) : 시를 읊음 * 詠歌(영가) : 시가를 읊음

서	徐	

徐 천천히 서

- **총획** 10획　**부수** 彳 길/걸을 척

余(나 여)자는 '나'의 뜻이 가차된 글자로 집의 형상을 본뜬 글자로 여겨진다. 徐자는 **집(余)에 가는 길(彳)**이라는 뜻으로 '**서두르지 말고 천천히 가라**'는 의미이다.

* 徐行(서행) : 천천히 가다
* 緩徐(완서) : 느리고 천천히 함

敍 차례/서술할 서

- **총획** 11획　**부수** 攴 칠 복

攴자는 손(又)에 도구를 들고 있는 모습이다. 따라서 敍자는 '**손에 도구(攴)를 들고 설계도에 맞추어 순서대로 집(余)을 짓는다**'라는 뜻이다. 후에 '**서술하다**'의 뜻이 파생되었다.

* 敍述(서술) : 마음 속에 있는 생각을 말이나 글로 풀어냄
* 自敍傳(자서전) : 자신의 일대기를 글로 써 내려감

途 길 도

- **총획** 11획　**부수** 辶(=辵) 쉬엄쉬엄 갈 착

'**집(余)에 가는(辶) 길**'로 생각하면 기억하기 쉽다. 途자와 道(길 도)자의 부수는 辶으로 같다.

* 途中(도중) : 길을 가는 중
* 日暮途遠(일모도원) : 해는 저물고 갈 길은 멀다

塗 진흙/바를 도

- **총획** 13획　**부수** 土 흙 토

'**물(水)에 젖은 흙(土)은 진흙이다**'라는 의미이다. 옛날에는 진흙을 집(余)벽에 바르기도 했으므로 '**바르다**'의 뜻도 되었다. 塗자는 途자와 발음도 같고 생김도 비슷해서 '**길**'의 뜻도 갖고 있다.

* 道聽塗說(도청도설) : 길에 떠도는 소문
* 塗炭(도탄) : 진흙과 불속이란 뜻으로 민중의 고달픈 삶을 이르는 말

斜 비낄 사

- **총획** 11획　**부수** 斗 말 두

집(余)에 있는 **바가지(斗)**를 의미하는 글자로 '**바가지로 쌀을 퍼서 기울여 붓는다**'라는 의미를 갖는다.

* 斜線(사선) : 비스듬히 그은 선
* 斜陽(사양) : 해질 무렵 비스듬히 비추는 햇빛

> **쉬어가요~**
>
> **슬픈 단어 '에비'**
> 아기들에게 하는 경고의 메시지, '에비'. 에비는 이비야(耳鼻爺)의 와전(訛傳)으로 '귀와 코를 베어가는 사람' 또는 임진왜란 때의 '일본군'을 의미하는 단어였답니다.

| 여 予 |
| 예 預 |

予
나/줄 여

총획 4획　　**부수** 亅 갈고리 궐

予자는 베틀의 부품 중 하나인 북(실패처럼 실을 감아 놓은 것)을 본뜬 글자로 (予) 베를 짜는 여인이 손에 들고 사용하는 것이다. 후에 '**나**'라는 뜻과 '**주다**'라는 뜻으로 사용되고 있다.

* 予奪(여탈) : 주는 것과 빼앗는 것
* 予曰(여왈) : 내가 말하기를

預
미리/맡길 예

총획 13획　　**부수** 頁 머리 혈

'**나**(予)의 총명한 머리(頁)는 앞을 미리(預) 내다본다'로 외우면 기억하기 쉽다.

* 預金(예금) : 은행에 돈을 맡기는 일
* 預置(예치) : 맡겨 둠

| 예 譽 |
| 여 輿 |

譽
기릴·칭찬할 예

총획 21획　　**부수** 言 말씀 언

輿(더불 여)자는 '함께'라는 뜻의 한자이다. 네 개의 손이 함께 무언가를 들고 있는 모습(輿)을 본뜬 글자로 소리 요소로 많이 쓰인다. 譽자는 '**많은 사람들이 함께**(輿) **말**(言)로 **칭찬한다**'라는 의미를 나타낸다.

➕ 기리다 : '어떤 사람이 다른 사람의 우수한 점이나 잘하는 일을 추어서 말하다'라는 뜻이다.

* 名譽(명예) : 세상에서 인정하는 자랑거리
* 榮譽(영예) : 영광스러운 명예

輿
수레 여

총획 17획　　**부수** 車 수레 거/차

輿자에는 네 개의 손이 있다. 따라서 '**손에 의해 이동하는 수레**'를 의미하는 글자이다. 車가 의미 요소이고 輿의 생략형이 소리 요소이다.

* 喪輿(상여) : 장례식 때 관을 옮기는 수레
* 輿論(여론) : 정치에 관한 국민들의 공통된 의견

| 사 賜 |

賜
줄 사

총획 15획　　**부수** 貝 조개 패

易(쉬울 이/바꿀 역)자는 도마뱀을 본뜬 글자라고 한다. 자기 몸의 색을 쉽게 바꾼다고 하여 '쉽다, 바꾸다'의 뜻이 되었다. 賜자는 貝와 易가 더해진 글자로 '**쉽게**(易) **번 돈**(貝)은 **쉽게 나간다**'라는 데서 '**주다**'의 뜻이 되었다.

* 下賜(하사) : 높은 사람이 아랫사람에게 내려줌
* 賜藥(사약) : 왕이 신하에게 내리는 독약

沿
물 따라갈 연

총획 8획　**부수** 水(=氵) 물 수

合(산골늪 연)자는 谷(골짜기 곡)자의 줄여진 모습으로 소리 요소로 많이 쓰이는 글자이다. 沿자는 '물(水)을 따라가니 골짜기(谷→合)가 나오더라'로 외우면 쉽다. 水가 의미 요소이고 合은 소리 요소로 쓰였다.

* 沿海地域(연해지역) : 바닷가에 있는 일대의 지역
* 沿岸(연안) : 강이나 호수를 따라서 이어 있는 땅

연 沿
연 鉛

鉛
납 연

총획 13획　**부수** 金 쇠 금

납은 쇠의 일종이므로 金이 의미 요소이고 合이 소리 요소이다. 合이 소리 요소로 쓰이는 또 다른 글자로는 船(배 선)자가 있다.

* 亞鉛(아연) : 금속의 한 가지. 양은을 만들 때 들어감
* 鉛筆(연필) : 어린이들이 사용하는 필기구의 하나

閱
볼/검열할 열

총획 15획　**부수** 門 문 문

'여덟(八)명의 형(兄)들이 문(門)틈으로 안을 들여다보다'라는 의미를 나타낸다.

* 閱覽室(열람실) : 책을 열심히 보는 곳
* 檢閱(검열) : 검사하여 살펴봄

열 閱
예 銳

銳
날카로울 예

총획 15획　**부수** 金 쇠 금

'쇠(金)로 만든 칼이나 낫'으로 여덟(八)명의 형(兄)을 한 번에 베니 그 칼이 매우 날카롭다'라고 이해하면 쉽게 외워진다.

* 銳利(예리) : 매우 날카로움
* 尖銳(첨예) : 뾰족하고 날카로움

娛
즐길 오

총획 10획　**부수** 女 여자 녀

吳(소리칠/나라이름 오)자는 사람의 입을 강조한 모습(吳)이다. '소리치다'의 뜻과 함께 중국 남방에 있었던 나라 이름으로 사용되었던 글자였으며, 소리 요소로 많이 쓰인다. '여인(女)이 소리치고(吳) 노래 부르며 인생을 즐긴다'라는 의미이다.

* 娛樂(오락) : 흥미 있는 일이나 물건을 가지고 즐겁게 놀다
* 娛遊(오유) : 유람하며 즐겁게 놀다

오 娛

확인학습 Day 15

1. 다음 한자의 훈음을 쓰세요.

- 01 湯 _____
- 02 驛 _____
- 03 釋 _____
- 04 澤 _____
- 05 擇 _____
- 06 淡 _____
- 07 泳 _____
- 08 徐 _____
- 09 途 _____
- 10 輿 _____
- 11 賜 _____
- 12 沿 _____
- 13 鉛 _____
- 14 銳 _____
- 15 暢 _____
- 16 譯 _____
- 17 詠 _____
- 18 敍 _____
- 19 塗 _____
- 20 斜 _____
- 21 予 _____

2. 다음 한자의 독음을 쓰세요.

- 01 流暢 _____
- 02 譯書 _____
- 03 吟詠 _____
- 04 敍述 _____
- 05 驛馬 _____
- 06 斜線 _____
- 07 預金 _____
- 08 名譽 _____
- 09 檢閱 _____
- 10 娛樂 _____
- 11 尖銳 _____
- 12 鉛筆 _____
- 13 沿岸 _____
- 14 輿論 _____
- 15 緩徐 _____
- 16 途中 _____
- 17 淡泊 _____
- 18 選擇 _____
- 19 潤澤 _____
- 20 解釋 _____
- 21 道聽塗說 _____

맞은 개수 ▶ 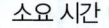 / 63   소요 시간 ▶

3. 알맞은 한자를 쓰세요.

01 화창할 창		02 번역할 역		03 읊을 영	
04 서술할 서		05 진흙 도		06 비낄 사	
07 나 여		08 맡길 예		09 기릴 예	
10 볼 열		11 끓을 탕		12 역마 역	
13 풀 석		14 못 택		15 가릴 택	
16 맑을 담		17 헤엄칠 영		18 천천히 서	
19 길 도		20 수레 여		21 줄 사	

Day 15 보충한자

願 원할 원
- 총획 19획 | 부수 頁 | 4급
- 請願(청원) : 바라는 바를 들어주길 청함
- 願望(원망) : 바라는 바

損 덜 손
- 총획 13획 | 부수 手(=扌) | 3급
- 損害(손해) : 물질이 좋지 않게 된 상태
- 毀損(훼손) : 헐거나 깨뜨리어 못쓰게 됨

暖 따뜻할 난
- 총획 13획 | 부수 日 | 준3급
- 暖房(난방) : 방을 따뜻하게 함
- 暖流(난류) : 따뜻한 물의 흐름

偉 클 위
- 총획 11획 | 부수 人(=亻) | 4급
- 偉人(위인) : 훌륭한 사람
- 偉大(위대) : 훌륭하고 뛰어남

園 동산 원
- 총획 13획 | 부수 囗 | 준4급
- 公園(공원) : 많은 사람들의 휴양을 위해 조성한 정원
- 園池(원지) : 정원과 연못

由 말미암을 유
- 총획 5획 | 부수 田 | 준4급
- 自由(자유) : 남의 구속을 받지 않고 원하는 대로 함
- 理由(이유) : 까닭과 사유

遠 멀 원
- 총획 14획 | 부수 辵(=辶) | 5급
- 遙遠(요원) : 공간적으로 까마득히 멂
- 遠近(원근) : 멀고 가까움

油 기름 유
- 총획 8획 | 부수 水(=氵) | 준4급
- 石油(석유) : 땅속에서 채취되는 기름
- 潤滑油(윤활유) : 매끄러운 작용을 하는 기름

員 인원 원
- 총획 10획 | 부수 口 | 준3급
- 人員(인원) : 사람들의 수효
- 定員(정원) : 규정에 의해 정해진 인원수

宙 집 주
- 총획 8획 | 부수 宀 | 3급
- 宇宙(우주) : 세계 또는 천지간
- 宙合樓(주합루) : 창덕궁 안에 있는 누각

圓 둥글 원
- 총획 13획 | 부수 囗 | 준3급
- 圓滿(원만) : 두루 미쳐 꽉 참
- 圓滑(원활) : 둥글고 매끈매끈 함

有 있을 유
- 총획 6획 | 부수 月 | 5급
- 所有(소유) : 갖고 있는 바
- 有限(유한) : 한정되어 있음

> 8~3급 한자도 함께 체크해 보세요!

友 벗 우
- 총획 4획 / 부수 又 / 5급
- 友邦(우방) : 서로 돕는 친구 같은 나라 사이
- 友誼(우의) : 우정

修 닦을 수
- 총획 10획 / 부수 人(=亻) / 준3급
- 修己治人(수기치인) : 자신을 닦은 다음 다른 사람을 다스림
- 修道(수도) : 도를 닦으며 탐구함

君 임금 군
- 총획 7획 / 부수 口 / 4급
- 君主(군주) : 나라를 다스리는 지위에 있는 사람
- 君子(군자) : 유가에서 말하는 인간상

群 무리 군
- 총획 13획 / 부수 羊 / 준3급
- 群衆(군중) : 사람들의 무리
- 群盜(군도) : 도적의 무리

郡 고을 군
- 총획 10획 / 부수 邑(=阝) / 준4급
- 郡守(군수) : 한 군을 맡아 다스리는 으뜸 벼슬

筆 붓 필
- 총획 12획 / 부수 竹 / 4급
- 筆順(필순) : 한자를 쓰는 순서
- 筆談(필담) : 글로 써서 주고받는 대화

律 법률 률
- 총획 9획 / 부수 彳 / 4급
- 法律(법률) : 국민이 지켜야 할 나라의 규율
- 律令(율령) : 법률의 총칭

意 뜻 의
- 총획 13획 / 부수 心 / 5급
- 意思(의사) : 마음속의 생각
- 會意字(회의자) : 둘 이상의 글자가 모여 새로운 한자가 된 것

憶 생각 억
- 총획 16획 / 부수 心(=忄) / 3급
- 記憶(기억) : 지난 일을 외워둠
- 追憶(추억) : 지난 일을 돌이켜 생각함

億 억 억
- 총획 15획 / 부수 人(=亻) / 준4급
- 億萬長者(억만장자) : 재산이 많은 사람
- 億臺(억대) : 억으로 헤아림

義 옳을 의
- 총획 13획 / 부수 羊 / 4급
- 義理(의리) : 사람으로서 행해야 할 옳은 일
- 仁義(인의) : 사랑과 의로움

議 의논할 의
- 총획 20획 / 부수 言 / 3급
- 議論(의논) : 의견을 주고받음
- 會議(회의) : 사람들이 모여 의논함

始 비로소 시
- 총획 8획 / 부수 女 / 준4급
- 創始(창시) : 어떤 것을 처음으로 만들어 냄
- 始作(시작) : 처음으로 함

Day 15 명예를 위해 목숨을 버리다!

Day 16
요(堯)임금은
진정한 정치인

오늘 배울 글자 중에 堯(요임금 요)자가 있습니다. 요는 고대 중국의 통치자 중 한 명이며, 그의 뒤를 잇는 사람이 舜(순임금 순)임금입니다. 이 두 임금이 나라를 너무 잘 다스려 그들이 다스리던 시절을 요순 시대라고 불렀으며, 요순 시대는 곧 태평성대(太平聖代)와 같은 말로 쓰였습니다. 지금은 요와 순을 전설 속의 인물로 보고 있지만 옛날에는 실존 인물로 굳게 믿고 있었던 것 같습니다. 공자는 논어 속에서 요임금을 자주 언급하며 그를 본받으려고 노력했습니다.

요가 임금이 된 지 50년이 되던 해, 그는 자신이 나라를 잘 다스리고 있는지 알아보고 싶어서 옷을 갈아입고 밖으로 나가 백성들을 살펴보았습니다.

요는 어느 시골에 도착했습니다. 길 옆에 어느 노인이 두 다리를 쭉 뻗고 앉아 한 손으로는 배를 두드리고, 또 한 손으로는 땅바닥을 치며 장단에 맞춰 노래를 부르고 있었습니다.

日出而作	해가 뜨면 일을 하고
日入而息	해가 지면 들어가 쉬고
鑿井而飮	우물 파서 물 마시고
耕田而食	밭을 갈아 내 먹으니
帝力于我何有哉	임금의 덕이 내게 무슨 소용이 있으랴

이 노래를 '격양가(擊壤歌)'라고 합니다. 이 노래를 들은 요임금은 크게 만족하여 '태평세월이로다'라고 했다고 합니다. 이는 정치의 고마움을 알게 하는 정치보다는 그것을 전혀 느끼지조차 못하게 하는 정치가 진실로 위대한 정치라는 것을 뜻하는 것입니다. 앞으로 우리도 이런 지도자를 만날 수 있을까요?

오 梧

총획 11획　**부수** 木 나무 목

吾(나 오)자는 '다섯(五) 손가락으로 가슴을 두드리며 입(口)으로 '나'라고 말한다'로 외우면 기억하기 쉽다. 梧자는 木이 의미 요소이고 吾가 소리 요소이다.

* 梧桐(오동) : 현삼과에 속하는 갈잎큰키나무
* 梧葉(오엽) : 오동나무 잎

오동나무 오

광 狂

총획 7획　**부수** 犬(=犭) 개 견

'왕(王)이 밤만 되면 개(犬) 흉내를 낸다'라는 뜻으로 '미친 사람'을 의미하는 글자이다.

* 狂亂(광란) : 미친 듯이 날뜀
* 狂暴(광포) : 미친 듯이 포악하게 날뜀

미칠 광

유 幽

총획 9획　**부수** 幺 작을 요

幽자는 幺(작을 요)와 山이 결합된 글자로 '높은 산(山)에 오르니 모든 것이 작게(幺) 보인다' 즉 '골짜기가 깊어서 그윽한 분위기가 있다'라는 의미를 나타낸다.

➕ 그윽하다 : '깊숙하여 아늑하고 고요하다'라는 의미를 나타낸다.

* 深山幽谷(심산유곡) : 깊은 산과 그윽한 골짜기
* 幽靈(유령) : 죽은 사람의 혼령

그윽할 유

요 搖
요 遙

총획 13획　**부수** 手(=扌) 손 수

手, 肉(=月), 缶(장군 부 : 그릇)의 결합으로 '그릇(缶) 속에 고기(肉)와 양념을 넣고 손(手)으로 흔든다'라는 의미이다.

* 搖動(요동) : 흔들리고 움직임
* 搖籃(요람) : 흔들 수 있는 아기 바구니

흔들 요

총획 14획　**부수** 辵(=辶) 쉬엄쉬엄 갈 착

'그릇(缶) 속의 고기(肉)를 먹고 먼 길(辶)을 떠난다'라는 의미를 나타낸다.

* 遙遠(요원) : 멀고 멀다
* 逍遙(소요) : 슬슬 거닐어 돌아다님

멀 요

쉬어가요~

물건 파는 '가게'는 '가가(假家)'에서 온 말!
옛날에는 장이 서면 장터에 임시로 집을 지어 놓고 물건을 팔았어요. 그렇게 임시로 지은 집을 '가가(假家)'라고 불렀는데 후에 '가게'로 바뀌게 되었답니다~

Day 16 요(堯)임금은 진정한 정치인

요 堯
소 燒
효 曉

堯 요임금/높을 요

총획 12획 부수 土 흙 토

土자 세 개와 儿(=人)이 결합한 글자이다. 요임금은 중국 전설에 나오는 제왕으로 태평성대를 이끌었다고 전해진다. 따라서 이 글자는 '**백성들과 함께 노동을 하며 고통과 슬픔을 함께 했다**'라는 의미이다.

* 堯舜時代(요순시대) : 요임금과 순임금이 다스리던 태평성대
* 唐堯(당요) : 요임금

燒 불사를 소

총획 16획 부수 火 불 화

'요임금(堯)의 옷에 불(火)이 붙어 탔다'라고 생각하면 기억하기 쉽다. 火가 의미 요소이고 堯가 소리 요소이다.

➕ 불사르다 : '불에 태워 없애다'라는 의미이다.

* 燒却(소각) : 태워버림
* 燃燒(연소) : 불에 태움

曉 새벽 효

총획 16획 부수 日 날 일

'요임금(堯)은 매우 부지런했기 때문에 새벽(日)에 일을 시작했다'로 기억하면 외우기 쉽다. 새벽에 해가 뜨므로 日이 의미 요소이고 堯는 소리 요소이다.

* 曉星(효성) : 새벽 별
* 曉達(효달) : 사물의 이치를 깨달아서 알다

요 妖

妖 요망할 요

총획 7획 부수 女 여자 녀

夭(예쁠 요)자는 양팔을 흔들며 춤을 추고 있는 사람의 모습(大)으로 소리 요소로 많이 쓰인다. 妖자는 '**예쁜 여자는 예전에 요망하다고 오해**를 받았음'을 나타내는 글자로 女가 의미 요소, 夭가 소리 요소이다. 고대 중국에서 왕조가 멸망할 때는 반드시 미인이 황제 옆에 있었다.

* 妖妄(요망) : 요사스럽고 망령됨
* 妖邪(요사) : 요망하고 사악함

도 稻

稻 벼 도

총획 15획 부수 禾 벼 화

禾(벼 화), 爫(손톱 조 : 손), 臼(절구 구)가 결합된 글자로 '**벼(禾)를 절구(臼)에서 찧고 손(爫)으로 꺼낸다**'라는 의미이다. 지금은 '벼'라는 의미로만 사용하고 있다.

* 早稻(조도) : 제철보다 일찍 익는 올벼
* 稻田(도전) : 논

鎔 녹일 용

총획 18획　**부수** 金 쇠 금

容(담을/얼굴 용)자는 원래 '담다, 그릇'의 뜻이었다. 宀(집 면)자와 谷(골짜기 곡)자의 결합으로 '모두 받아들이다'라는 의미를 나타낸다. 후에 담다, 그릇, 얼굴의 뜻이 파생되었다. 鎔자는 '**쇠**(金)로 **그릇**(容)**을 만들려면 쇠를 녹여야 가능하다**'라는 의미를 나타낸다.

* 鎔鑛爐(용광로) : 쇠붙이나 광석을 녹이는 가마
* 鎔巖(용암) : 화산의 분화구에서 분출된 마그마

庸 쓸/떳떳할 용

총획 11획　**부수** 广 집 엄

庚(천간 경)자는 두 손으로 절굿공이를 들고 일하는 모습(𦥑)을 본뜬 글자이다. 庚자와 用자가 더해져 '**쓰다**'의 뜻이 되었고 후에 '**떳떳하다**'의 뜻이 파생되었다.

* 中庸(중용) : 한쪽으로 치우치지 않는 떳떳한 마음
* 庸人(용인) : 평범한 사람

傭 품팔이 용

총획 13획　**부수** 人(=亻) 사람 인

庸자는 '쓰다'라는 뜻이다. 따라서 傭자는 **쓰임**(庸)**을 받는 사람**(人)을 나타내므로 '**품팔이**'라는 의미가 되었다.

➕ 품팔이 : '품삯을 받고 남의 일을 해주는 일, 또는 그런 사람'을 의미한다.

* 雇傭(고용) : 노동을 하고 대가를 받는 계약
* 傭兵(용병) : 돈을 받고 복무를 해주는 군사

誦 욀 송

총획 14획　**부수** 言 말씀 언

甬(길 용)자의 用자는 물통을 본뜬 글자로 물통에 손잡이를 달아 놓은 모습이다. 후에 '물통을 들고 길가기가 편안하다'의 의미로 '길'의 뜻이 파생되었다. '**길**(甬)**을 걸어가면서 혼잣말로 중얼**(言)**거리며 공부한 것을 외고 있다**'라는 의미를 나타낸다.

* 暗誦(암송) : 책을 보지 않고 글을 욈
* 誦讀(송독) : 글을 소리 내어 읽음

汚 더러울 오

총획 6획　**부수** 水(=氵) 물 수

원래 의미 요소인 水와 소리 요소인 于(어조사 우)가 결합(汙)된 글자였으나 于의 모습이 변형되어 현재의 모습이 되었다. 따라서 汚자는 '**더러운 물**'을 의미하는 글자이다.

* 汚物(오물) : 더러운 물질
* 汚染(오염) : 더러워지게 됨

과 誇

誇 자랑할 과

총획 13획　**부수** 言 말씀 언

誇자의 오른쪽 편방은 大와 于의 결합으로 污자와 마찬가지로 변형되었다. '작은 일을 크게(大) 부풀려 이야기(言)한다'라는 의미이다.

* 誇張(과장) : 사실보다 크게 떠벌려 나타냄
* 誇大(과대) : 작은 것을 크게 떠벌림

우 偶 / 우 愚

偶 짝 우

총획 11획　**부수** 人(=亻) 사람 인

禺(원숭이 우)자는 원숭이를 본뜬 글자(禺)로 소리 요소로 많이 쓰인다. '사람(人)도 원숭이(禺)도 짝을 지어 산다'라는 의미를 나타낸다.

* 配偶者(배우자) : 부부에서 본 상대방
* 偶然(우연) : 뜻밖에 마주치게 된 일

愚 어리석을 우

총획 13획　**부수** 心 마음 심

원숭이(禺)의 마음(心)이라는 뜻인데 '원숭이(禺)가 영리하기는 하지만 인간이 볼 때에는 원숭이의 마음(心)이 어리석다'라는 의미이다. 心이 의미 요소이고 禺가 소리 요소이다.

* 大賢若愚(대현약우) : 크게 현명한 사람은 어리숙해 보인다
* 愚鈍(우둔) : 어리석고 둔함

혼 魂

魂 넋 혼

총획 14획　**부수** 鬼 귀신 신

云(이를 운)자는 원래 구름을 본뜬 글자(云)로 후에 '이르다'의 뜻으로 가차되자 雨자를 더해 雲(구름 운)자를 다시 만들었다. 魂자는 '구름(云)처럼 모여 있는 귀신(鬼)들 모두 사람의 넋이 변한 것'이라는 뜻이다. 鬼가 의미 요소이고 云이 소리 요소가 된다.

* 魂魄(혼백) : 사람의 몸 속에 있으면서 몸과 정신을 다스리는 존재
* 鬪魂(투혼) : 끝까지 투쟁하려는 정신

관 冠

冠 갓 관

총획 9획　**부수** 冖 덮을 멱

元(으뜸 원)자는 사람의 머리를 의미하는 글자(儿)로 후에 '으뜸'이라는 뜻이 파생되었다. 冠자는 元, 寸(마디 촌 : 손), 冖이 결합된 글자로 손으로 머리에 덮어 쓰는 '갓, 모자'를 의미한다.

* ➕ 갓 : 예전에 어른이 된 남자가 머리에 쓰던 의관의 하나이다.
* 戴冠式(대관식) : 왕관을 머리에 쓰는 의식 행사
* 王冠(왕관) : 왕이 머리에 쓰는 관

援
구원할 원

- 총획 12획 부수 手(=扌) 손 수

爰(당길 원)자는 위아래에 두 개의 손(爫, 又)이 있는 글자로 **위에 있는 손이 아래에 있는 손을 당겨주고 있는 모습이다**(爰). 후에 '돕다'의 뜻이 생겼고 **뜻을 명확히 해주기 위해 手를 더해** 援자를 만들게 되었다.

* 救援(구원) : 구해주다
* 援助(원조) : 구해주고 도와주다

緩
느릴 완

- 총획 15획 부수 糸 실 사

'실(糸)을 당길(爰) 때는 느리게 당겨야 한다'라는 의미이다. 糸가 의미 요소, 爰가 소리 요소이다.

* 緩徐(완서) : 천천히
* 緩行(완행) : 천천히 가다

韻
운치 운

- 총획 19획 부수 音 소리 음

員(인원 원)자는 원래 '둥글다'라는 뜻을 나타내기 위해 만든 글자이다. 고문자는 [圖]으로 동그라미(○) 아래에 鼎(솥 정)자를 쓴 것인데, 이는 솥의 주둥이가 둥글기 때문이다. 후에 '인원, 수(數)'의 뜻이 파생되었으며 소리 요소로 많이 쓰인다. 員자가 갖고 있던 '둥글다'의 뜻은 圓(둥글 원)자로 대신하게 되었다. 韻자는 '솥(鼎)을 놓고 제사를 지내며 음악(音)을 연주하니 운치 있는 분위기가 되었다'라는 의미이다.

* 韻致(운치) : 고상하고 우아한 멋
* 音韻(음운) : 말의 뜻을 구분하여 주는 소리의 가장 작은 단위

委
맡길 위

- 총획 8획 부수 女 여자 녀

'벼(禾)를 나르는 일은 여자(女)에게 맡기라'는 의미를 나타낸다.

* 委員會(위원회) : 특정한 사항의 처리를 맡은 사람들의 모임
* 委託(위탁) : 맡기어 부탁함

胃
밥통 위

- 총획 9획 부수 肉(=月) 고기 육

胃자의 고문자는 [圖]이다. 현재 田자처럼 변한 부분이 **음식을 저장하는 위(胃)**이고 肉(=月)은 **신체의 일부분**임을 나타낸다.

* 胃腸(위장) : 위와 창자
* 脾胃(비위) : 지라와 위. 음식물에 대하여 먹고 싶은 기분

Day 16 요(堯)임금은 진정한 정치인

확인학습 Day 16

1. 다음 한자의 훈음을 쓰세요.

- 01 遙 _____
- 02 稻 _____
- 03 誦 _____
- 04 汚 _____
- 05 愚 _____
- 06 冠 _____
- 07 援 _____
- 08 委 _____
- 09 胃 _____
- 10 梧 _____
- 11 狂 _____
- 12 幽 _____
- 13 搖 _____
- 14 堯 _____
- 15 燒 _____
- 16 曉 _____
- 17 妖 _____
- 18 鎔 _____
- 19 庸 _____
- 20 傭 _____
- 21 誇 _____

2. 다음 한자의 독음을 쓰세요.

- 01 梧葉 _____
- 02 狂亂 _____
- 03 援助 _____
- 04 搖動 _____
- 05 唐堯 _____
- 06 燒却 _____
- 07 曉星 _____
- 08 妖邪 _____
- 09 鎔巖 _____
- 10 中庸 _____
- 11 傭兵 _____
- 12 誇大 _____
- 13 偶然 _____
- 14 鬪魂 _____
- 15 緩行 _____
- 16 韻致 _____
- 17 胃腸 _____
- 18 委託 _____
- 19 愚鈍 _____
- 20 汚染 _____
- 21 深山幽谷 _____

맞은 개수 ▶ / 63 소요 시간 ▶

3. 알맞은 한자를 쓰세요.

01 구원할 원	02 오동나무 오	03 미칠 광
04 그윽할 유	05 흔들 요	06 요임금 요
07 불사를 소	08 새벽 효	09 요망할 요
10 녹일 용	11 떳떳할 용	12 품팔이 용
13 자랑할 과	14 짝 우	15 넋 혼
16 느릴 완	17 운치 운	18 멀 요
19 벼 도	20 읊 송	21 더러울 오

Day 16 보충한자

治 다스릴 치
- 총획 8획 | 부수 水(=氵) | 준3급
- 政治(정치) : 국가의 주권자가 백성을 다스림
- 治水(치수) : 물을 다스림

壬 천간/북방 임
- 총획 4획 | 부수 士 | 준3급
- 壬辰倭亂(임진왜란) : 임진년(壬辰年, 1592)에 발생한 조일 전쟁(朝日戰爭)

異 다를 이
- 총획 11획 | 부수 田 | 준3급
- 相異(상이) : 서로 다름
- 異狀(이상) : 올바르지 않은 상태

任 맡길 임
- 총획 6획 | 부수 人(=亻) | 준4급
- 任務(임무) : 맡은 바 힘써 해야 할 일
- 擔任(담임) : 학생들의 책임을 맡음

忍 참을 인
- 총획 7획 | 부수 心 | 3급
- 忍耐(인내) : 참고 견딤
- 殘忍(잔인) : 인정이 없고 모짊

煙 연기 연
- 총획 13획 | 부수 火 | 준3급
- 禁煙(금연) : 담배를 피우지 않음
- 太平煙月(태평연월) : 세상이 평화롭고 안락한 때

認 알 인
- 총획 14획 | 부수 言 | 준3급
- 認定(인정) : 옳다고 믿고 정하는 일
- 承認(승인) : 일정한 사실을 인정하는 행위

者 놈 자
- 총획 9획 | 부수 耂 | 준4급
- 病者(병자) : 아픈 사람
- 學者(학자) : 배우고 연구하는 사람

因 인할 인
- 총획 6획 | 부수 囗 | 준4급
- 原因(원인) : 어떤 일의 근본이 되는 까닭
- 因果(인과) : 원인과 결과

都 도읍 도
- 총획 12획 | 부수 邑(=阝) | 4급
- 都市(도시) : 사람들이 많이 모여 사는 지역
- 首都(수도) : 도시 중에서 가장 큰 곳

恩 은혜 은
- 총획 10획 | 부수 心 | 4급
- 恩惠(은혜) : 남에게서 받은 고마운 혜택
- 恩師(은사) : 은혜를 주신 선생님

暑 더울 서
- 총획 13획 | 부수 日 | 3급
- 避暑(피서) : 더위를 피해 놀러 감
- 酷暑(혹서) : 혹독하게 추움

諸 모두 제/어조사 저
- 총획 16획 · 부수 言 · 3급
- 反求諸己(반구저기) : 잘못을 자기 자신에게서 찾음
- 諸君(제군) : 여러분(손아랫사람에게 씀)

> 8~3급 한자도 함께 체크해 보세요!

著 나타날 저
- 총획 13획 · 부수 艸(=++) · 3급
- 著書(저서) : 책을 지음
- 顯著(현저) : 밝게 드러남

將 장수 장
- 총획 11획 · 부수 寸 · 4급
- 將軍(장군) : 군대를 통솔하고 지휘하는 무관
- 守門將(수문장) : 문을 지키는 장수

慈 사랑 자
- 총획 13획 · 부수 心 · 3급
- 慈堂(자당) : 상대방의 어머니를 높이는 말
- 仁慈(인자) : 자애로움

壯 씩씩할 장
- 총획 7획 · 부수 士 · 준3급
- 壯士(장사) : 씩씩하고 힘센 남성
- 壯丁(장정) : 건장하고 젊은 남성

淺 얕을 천
- 총획 11획 · 부수 水(=氵) · 3급
- 淺學菲才(천학비재) : 학문이 보잘것없음(학자가 자신을 낮출 때 쓰는 말)

狀 모양 상/문서 장
- 총획 8획 · 부수 犬 · 준3급
- 狀況(상황) : 일이 되어가는 과정
- 狀態(상태) : 사물이 현재 처하여 있는 형편이나 모양

錢 돈 전
- 총획 16획 · 부수 金 · 3급
- 金錢(금전) : 돈
- 銅錢(동전) : 쇠붙이로 만든 돈

章 글 장
- 총획 11획 · 부수 立 · 준4급
- 文章(문장) : 감정을 글로 표현한 것
- 樂章(악장) : 큰 악곡 속에 있는 여러 개의 작은 악곡

的 과녁 적
- 총획 8획 · 부수 白 · 준4급
- 的中(적중) : 화살이 과녁에 맞음
- 目的地(목적지) : 가고자 하는 곳

哉 어조사 재
- 총획 9획 · 부수 口 · 3급
- 言哉乎也(언재호야) : 천자문(千字文) 맨 끝의 문장으로 모두 어조사임

約 맺을 약
- 총획 9획 · 부수 糸 · 4급
- 約束(약속) : 언약하여 정함
- 約定(약정) : 남과 일을 약속하여 정함

栽 심을 재
- 총획 10획 · 부수 木 · 3급
- 栽培(재배) : 식물을 심어서 키움
- 盆栽(분재) : 화분에 식물을 심음

Day 16 요(堯)임금은 진정한 정치인

寸과 又는
사람의 손을 나타낸다

이 과에서 배울 글자들은 비교적 쉬운 글자들입니다. 오늘 배울 한자 중에 尹(다스릴 윤)자가 있습니다. 尹자의 고문자 형태는 尹으로 이것은 손(彐)에 무언가 들고 있는 모습을 나타내며 '다스리다'의 뜻을 가지고 있습니다. 때문에 권위를 상징하는 막대나 봉을 들고 있는 모습으로 여겨집니다. 彐자는 경우에 따라 모습이 약간씩 변하는데, 尹자나 急(급할 급)자, 爭(다툴 쟁)자에 들어 있는 것처럼 彐의 모습도 있고, 友(벗 우)자, 叔(아재비 숙)자처럼 又(또 우)자의 모습도 있습니다. 모습이 약간씩 다르기는 하지만, 모두 사람의 손을 형상화했다는 점에서는 동일한 것들입니다. 손을 의미하는 글자에는 또 무엇이 있을까요? 彐의 또 다른 형태로는 寸(마디 촌)자가 있습니다. 寸의 고문자 형태는 彐으로 彐에 짧은 선 하나가 추가된 모습입니다. 彐, 又 등은 모두 오른손을 나타내는 글자입니다. 왼손을 나타내는 글자로는 左자가 있는데, 左의 고문자 형태는 厷로 工자를 제외한 ナ가 왼손을 나타냅니다. 그리고 위에서 내려오는 손도 있는데 爪(손톱 조)자가 이에 해당되며, 고문자 형태는 爫입니다. 예를 들면, 爭(다툴 쟁)이나 受(받을 수)자의 윗부분에 있는 글자들입니다. 두 손을 본뜬 것에는 𠬞이 있으며, 지금은 廾(두손 공)자로 쓰고 있습니다. 廾자는 奉(받들 봉), 共(함께 공), 兵(병사 병)자의 아랫부분에 들어가서 쓰이고 있습니다.

이처럼 손이 사람에게 있어 중요한 신체 부위인 만큼 많은 글자에서 표현된 듯합니다.

謂 이를 위

- **총획** 16획 **부수** 言 말씀 언

謂자는 '말하다'라는 뜻으로 '**배가 고프면 위**(胃)가 꼬르륵하며 **말한다**(言)'라는 의미를 나타낸다. 言이 의미 요소이고 胃가 소리 요소이다.

* 所謂(소위) : 이른바
* 可謂(가위) : 한마디의 말로 이르자면

膚 살갗 부

- **총획** 15획 **부수** 虍 범 호

'**호랑이**(虍)의 **밥통**(胃)을 보려면 **살갗을 째야 한다**'라는 뜻이다.

* 皮膚(피부) : 몸의 겉을 보호하는 살갗이나 가죽
* 身體髮膚(신체발부) : 우리 몸의 머리털이나 피부

圍 둘레/에워쌀 위

- **총획** 12획 **부수** 囗 에울 위

韋(가죽 위)자는 원래 '에워싸다'라는 뜻이었다. 그러나 韋자가 '가죽'의 뜻을 갖자 囗자를 더해 圍자를 만들어 '**에워싸다**'의 뜻을 나타냈다. 유의자로는 圈(둘레 권)자가 있다.

➕ 에워싸다 : '둘레를 빙 둘러싸다'라는 뜻이다.

* 包圍(포위) : 주위를 에워쌈
* 範圍(범위) : 테두리가 정해진 지역

違 어긋날 위

- **총획** 13획 **부수** 辵(=辶) 쉬엄쉬엄 갈 착

違자는 원래 '군사들이 **적국을 포위**(韋)**하러 간다**(辶)'라는 뜻이었다. 적국이 우리에게 '잘못하고, 어긋나는' 행위를 했기 때문에 전쟁을 일으키는 것이므로 후에 '**어기다, 어긋나다**'의 뜻이 파생되었다.

* 違反(위반) : 법률이나 명령 따위를 어김
* 違法(위법) : 법을 어김

緯 씨줄 위

- **총획** 15획 **부수** 糸 실 사

베틀에 묶여 있는 세로 방향의 실을 經(날줄 경)이라 부르고 **군사들이 성을 왔다 갔다**(韋) **하듯 가로로 오가는**(韋) **실**(糸)'을 緯라고 부른다.

➕ 씨줄 : 피륙을 짤 때 가로 방향으로 놓인 실을 말한다.

* 經緯(경위) : 일이 진행되는 과정
* 緯線(위선) : 지구의 표면을 가로로 지나는 가상의 선, 위도를 나타냄

위 衛

衛 지킬 위

- **총획** 15획　**부수** 行 다닐 행

行(다닐 행)자는 길, 특히 사거리를 의미하는 글자이다. 따라서 衛자는 **'군사들이 길목을 지킨다'**라는 의미가 된다.

* 護衛(호위) : 곁에서 보호하고 지킴
* 防衛(방위) : 적의 공격을 막고 지킴

유 愈
수 輸

愈 나을 유

- **총획** 13획　**부수** 心 마음 심

愈자는 '집(亼)에 있는 사람이 몸(月)을 구부리고(巛) 아파하지만 마음(心)을 편히 가지면 나을 수 있다'라는 의미이다.

* 韓愈(한유) : 중국 당나라 때의 문인
* 愈出愈奇(유출유기) : 점점 더 이상해짐

輸 보낼 수

- **총획** 16획　**부수** 車 수레 거/차

兪자에 있는 月자는 원래 舟자 였다. **수레(車)와 배(舟)는 모두 물건을 실어 보내는 운송 수단이므로 輸자의 뜻은 '보내다'**가 된다. 또한 **'집(亼)에 있는 사람이 몸(月)을 구부리고(巛) 아파하면 구급차(車)를 불러 응급실로 보내야 한다'**로 이해하면 쉽다.

* 輸送(수송) : 사람이나 물건을 실어 옮김
* 運輸(운수) : 큰 규모로 사람이나 물건을 실어 보냄

적 笛
추 抽

笛 피리 적

- **총획** 11획　**부수** 竹 대나무 죽

由(말미암을 유)자의 정확한 유래는 알 수 없으나 이 글자에는 '지나다, 통과하다'의 뜻이 내포되어 있다. 따라서 笛자는 **'대나무(竹)에 공기가 통과하여(由) 소리가 나는 피리'**를 의미한다.

* 萬波息笛(만파식적) : 신라 때 있었다고 하는 신비한 피리로 이것을 불면 나라의 근심이 사라졌다고 함
* 笛聲(적성) : 피리 소리

抽 뽑을 추

- **총획** 8획　**부수** 手(=扌) 손 수

'손(手)으로 통과시켜(由) 뽑아내다'라는 의미이므로 手가 의미 요소, 由(유→추)가 소리 요소이다.

* 抽出(추출) : 필요한 물질을 뽑아냄
* 抽象(추상) : 구체적이지 않고 현실에서 멀리 떨어진 것

軸 굴대 축

총획 12획 **부수** 車 수레 거/차

軸자는 '**수레(車)를 관통(由)하는 막대인 굴대**'를 의미하는 글자이다. 굴대는 두 바퀴의 가운데를 뚫어 잇는 막대를 말한다.

* 地軸(지축) : 지구의 자전축
* 主軸(주축) : 전체의 중심이 되는 사람

條 가지 조

총획 11획 **부수** 木 나무 목

'**사람(人)이 때리기(攵) 위해 나무(木)의 가지(丨)를 꺾었다**'라는 뜻이다.

* 條目(조목) : 법률에 낱낱이 있는 조와 항목
* 條約(조약) : 조목을 세워 맺은 언약

悠 멀 유

총획 11획 **부수** 心 마음 심

心이 의미 요소로 悠자는 원래 '근심하다, 생각하다'라는 의미를 나타냈다. 근심하면 깊이 생각을 하게 되므로 '**길다, 멀다**'의 뜻이 파생되었다.

* 悠久(유구) : 멀고 오래다
* 悠悠自適(유유자적) : 속박 없이 편안하게 지냄

尹 다스릴 윤

총획 4획 **부수** 尸 주검/시동 시

尹자의 고문자는 🄴으로 손에 권위를 상징하는 막대를 들고 있는 모습이다. 지도자의 손으로 추측할 수 있으므로 '**다스리다**'의 뜻을 나타낸다. 성씨로 쓰이는 글자이다.

* 令尹(영윤) : 지방의 장관
* 判尹(판윤) : 조선 시대 한성부의 최고 벼슬

伊 저 이

총획 6획 **부수** 人(=亻) 사람 인

伊자는 '**다스리는(尹) 사람(人)**'이라는 뜻으로 伊尹(이윤 : 은나라 때의 정치가)이라는 사람을 가리키는 글자였다. 후에 '**저것**'이라는 뜻으로 가차되어 쓰이고 있다.

* 伊尹(이윤) : 은(殷)나라 때의 정치가로 현인(賢人)으로 유명하다
* 伊太利(이태리) : 유럽의 이탈리아

희 噫

噫
탄식할 희

총획 16획　**부수** 口 입 구

意(뜻 의)자는 音과 心의 결합으로 마음의 소리, 즉 '마음 속에 있는 뜻'을 의미하는 글자를 말한다. 噫자는 '어떤 글을 읽다가 뜻(意)을 잘 알 수 없을 때 입(口)으로 탄식한다'라는 의미이다.

* 噫嗚(희오) : 탄식하고 괴로워하는 모양
* 噫氣(희기) : 트림

의 儀

儀
거동 의

총획 15획　**부수** 人(=亻) 사람 인

義(옳을 의)자는 羊과 我(나 아 : 창의 일종)가 더해진 글자로 '제사 때 양을 잡는 것은 옳은 것'이라는 뜻이다. 따라서 儀자는 '**사람(人)**의 **옳은(義) 행동과 거동**'을 의미하는 글자이다.

➕ 거동 : 몸을 움직임, 또는 그런 짓이나 행동을 말한다.

* 儀式(의식) : 행사를 치르는 일정한 법식
* 儀禮(의례) : 어떠한 행사를 치르는 방식

의 疑 / 응 凝

疑
의심할 의

총획 14획　**부수** 疋 발 소

疑자의 고문자는 🐾로 지팡이를 든 사람이 입을 벌리고 **어리둥절한 표정**을 짓고 있는 모습이다. 글자 형태가 많이 변해 疑자에서는 옛날의 모습을 찾을 수 없다.

* 疑心(의심) : 믿지 못하는 마음
* 疑惑(의혹) : 의심하여 수상하게 여김

凝
엉길 응

총획 16획　**부수** 冫 얼음 빙

冫자와 疑자의 결합으로 **얼음(冫)인지 물인지 의심(疑)스러운 상태**, 즉 '엉기고 있는 상태'를 의미한다.

➕ 엉기다 : '점성이 있는 액체나 가루 따위가 한 덩어리가 되면서 굳어지다'라는 뜻이다.

* 凝固(응고) : 엉겨서 딱딱하게 굳음
* 凝視(응시) : 눈길을 모아 한 곳만을 바라봄

애 碍

碍
막을 애

총획 13획　**부수** 石 돌 석

石, 旦(아침 단), 寸(마디 촌 : 손)자가 결합된 글자로 '사람들이 **손(寸)**으로 아침(旦)부터 **돌(石)**을 날라 적을 막기 위해 성을 쌓는다'라는 의미이다.

* 障碍物(장애물) : 가로 막은 사물
* 碍管(애관) : 전선의 누전을 막기 위하여 사기로 만든 관

		태 怠
怠 게으를 태	**총획** 9획 **부수** 心 마음 심 台(기쁠 태)자는 '쟁기(厶)질을 하며 입(口)으로 웃으며 기뻐하다'라는 뜻이다. 다른 글자 속에서 '태'라는 발음과 함께 '크다'의 뜻으로 쓰인다. 怠자는 '**마음(心)이 크다(台)는 것으로 여유를 부려 게을러진다**'는 의미가 된다. * 怠慢(태만) : 게으름 * 過怠料(과태료) : 공법상의 의무를 태만히 했을 때 부과하는 벌금	태 殆 태 胎 태 颱

殆 위태할/거의 태	**총획** 9획 **부수** 歹 뼈 알 '삶보다 **죽음(歹)에 대한 생각이 크니(台) 위태로워진다**'는 의미이다. * 危殆(위태) : 형세가 위험하다 * 殆半(태반) : 거의 절반

胎 아이 밸 태	**총획** 9획 **부수** 肉(=月) 고기 육 여인의 몸 속에 아기가 있는 것이므로 肉(月)이 의미 요소, 台가 소리 요소이다. * 孕胎(잉태) : 아기를 갖음 * 胎敎(태교) : 뱃속의 아기에게 하는 교육

颱 태풍 태	**총획** 14획 **부수** 風 바람 풍 '**큰(台) 바람(風)은 태풍이다**'라는 의미이다. * 颱風(태풍) : 북태평양 서남부에서 발생하여 아시아로 불어오는 큰 바람 * 颱風眼(태풍안) : 태풍의 눈

		익 翼
翼 날개 익	**총획** 17획 **부수** 羽 깃 우 異(다를 이)자의 고문자는 로 귀신의 탈을 쓰고 있는 사람의 앞모습이다. '깃'은 '날개'와 같은 뜻이므로 羽가 의미 요소이고 異가 소리 요소가 된다. 따라서 翼자는 '**새가 날개(羽)를 펼치면 서로 반대(異) 방향을 가리키게 된다**'라는 의미를 나타낸다. * 左翼(좌익) : 급진적이거나 사회주의 경향이 있는 사람들의 집단 * 翼龍(익룡) : 하늘을 나는 파충류	

> **쉬어가요~**
>
> **비조(鼻祖)는 맨 처음의 것!**
> 비(鼻)는 '코 비'자를 가리킵니다. 엄마 뱃속에서 아기의 얼굴이 만들어질 때 코가 가장 먼저 만들어 진다고 해요. 그래서 비(鼻)자는 '시작'이라는 뜻을 포함한답니다.

Day 17 확인학습

1. 다음 한자의 훈음을 쓰세요.

- 01 翼 _____
- 02 圍 _____
- 03 衛 _____
- 04 輸 _____
- 05 條 _____
- 06 悠 _____
- 07 儀 _____
- 08 疑 _____
- 09 怠 _____
- 10 謂 _____
- 11 膚 _____
- 12 違 _____
- 13 緯 _____
- 14 愈 _____
- 15 笛 _____
- 16 抽 _____
- 17 軸 _____
- 18 尹 _____
- 19 伊 _____
- 20 噫 _____
- 21 凝 _____

2. 다음 한자의 독음을 쓰세요.

- 01 範圍 _____
- 02 護衛 _____
- 03 輸送 _____
- 04 條目 _____
- 05 可謂 _____
- 06 儀禮 _____
- 07 疑惑 _____
- 08 怠慢 _____
- 09 翼龍 _____
- 10 颱風 _____
- 11 胎敎 _____
- 12 凝視 _____
- 13 主軸 _____
- 14 令尹 _____
- 15 伊太利 _____
- 16 緯線 _____
- 17 韓愈 _____
- 18 萬波息笛 _____
- 19 違反 _____
- 20 皮膚 _____
- 21 悠悠自適 _____

맞은 개수 ▶ / 63   소요 시간 ▶

3. 알맞은 한자를 쓰세요.

01 이를 위
02 살갗 부
03 어긋날 위
04 씨줄 위
05 나을 유
06 피리 적
07 뽑을 추
08 굴대 축
09 다스릴 윤
10 저 이
11 탄식할 희
12 엉길 응
13 막을 애
14 위태할 태
15 아이 밸 태
16 태풍 태
17 날개 익
18 둘레 위
19 지킬 위
20 보낼 수
21 가지 조

Day 17
보충한자

才 재주 재	총획 3획 / 부수 手(=扌) / 5급 才能(재능): 재주와 능력 秀才(수재): 빼어난 능력

靜 고요할 정	총획 16획 / 부수 靑 / 3급 靜肅(정숙): 조용하고 엄숙함 平靜(평정): 평안하고 고요함

在 있을 재	총획 6획 / 부수 土 / 준4급 所在(소재): 어떤 사물이 있는 곳 在學(재학): 학교에 다니고 있음

曜 빛날 요	총획 18획 / 부수 日 / 4급 曜日(요일): 일주일의 단위 黑曜石(흑요석): 화산암의 하나로 검고 빛나는 특징이 있는 돌

材 재목 재	총획 7획 / 부수 木 / 준4급 材木(재목): 어떤 물건을 만들기 위해 준비한 나무 敎材(교재): 가르치기 위해 준비한 자료

適 알맞을 적	총획 15획 / 부수 辶(=⻌) / 준3급 適材適所(적재적소): 일에 적당한 능력을 가진 사람에게 그 일을 맡김

財 재물 재	총획 10획 / 부수 貝 / 4급 財産(재산): 개인·단체가 소유한 재물 文化財(문화재): 문화적 가치가 있는 유형·무형의 소산물

敵 원수 적	총획 15획 / 부수 攴(=攵) / 4급 敵軍(적군): 우리와 싸우고 있는 군사들 對敵(대적): 적과 맞섬

爭 다툴 쟁	총획 8획 / 부수 爪(=爫) / 4급 爭奪(쟁탈): 다투어 빼앗음 戰爭(전쟁): 나라와 나라 간의 무력을 이용한 다툼

專 오로지 전	총획 11획 / 부수 寸 / 준3급 專攻(전공): 전문적으로 공부하고 연구하는 학문 專用(전용): 혼자서만 씀

淨 깨끗할 정	총획 11획 / 부수 水(=氵) / 3급 淨化(정화): 깨끗하게 되어 감 沙悟淨(사오정): 소설 『서유기』에 나오는 인물

傳 전할 전	총획 13획 / 부수 人(=亻) / 4급 傳達(전달): 사물을 다른 곳으로 전해 줌 傳記(전기): 사람의 일생을 기록한 것

8~3급 한자도 함께 체크해 보세요!

轉 구를 전	총획 18획 / 부수 車 / 3급
	轉機(전기) : 사물이 바뀌는 기회 轉禍爲福(전화위복) : 화가 바뀌어 복이 됨

團 둥글 단	총획 14획 / 부수 囗 / 4급
	團體(단체) : 여러 사람들의 모임 旅行團(여행단) : 여행자들의 모임

打 칠 타	총획 5획 / 부수 手(=扌) / 4급
	打擊(타격) : 치고 때림 打者(타자) : 야구에서 공을 치는 사람

店 가게 점	총획 8획 / 부수 广 / 4급
	商店(상점) : 물건을 파는 가게 店員(점원) : 가게에서 일하는 사람

庭 뜰 정	총획 10획 / 부수 广 / 준4급
	庭園(정원) : 집에 있는 뜰 庭球(정구) : 테니스(tennis)의 옛 이름

點 점 점	총획 17획 / 부수 黑 / 준3급
	點數(점수) : 성적을 숫자로 나타낸 것 黑點(흑점) : 태양에 있는 까만 점

聖 성스러울 성	총획 13획 / 부수 耳 / 4급
	聖人(성인) : 사리에 통달하고 덕과 지혜가 뛰어난 사람·공자·석가·예수 등의 사람들

丁 장정 정	총획 2획 / 부수 一 / 준3급
	壯丁(장정) : 나이가 젊고 씩씩한 남자 非丁非八(비정비팔) : 丁자도 아니고 八자도 아님(궁술의 발자세)

聽 들을 청	총획 22획 / 부수 耳 / 준3급
	傾聽(경청) : 귀를 기울여 유심히 들음 聽衆(청중) : 연설·공연을 듣는 사람들

停 머무를 정	총획 11획 / 부수 人(=亻) / 4급
	停止(정지) : 멈추어 섬 停車場(정거장) : 차가 잠시 머물고 사람을 태우는 곳

貞 곧을 정	총획 9획 / 부수 貝 / 3급
	女慕貞烈(여모정렬) : 여자는 정조를 지키며 행실을 굳게 해야 함

頂 정수리 정	총획 11획 / 부수 頁 / 3급
	山頂(산정) : 산의 꼭대기 頂門一鍼(정문일침) : 매우 따끔한 충고

正 바를 정	총획 5획 / 부수 止 / 준5급
	端正(단정) : 흐트러지지 않고 올바름 民族正氣(민족정기) : 민족의 얼이 담긴 바르고 큰 기운

Day 17 寸과 又는 사람의 손을 나타낸다

Day 18
선비는 씩씩해야 한다?

오늘 배울 글자 중에 莊(장엄할 장)자가 있습니다. 이 글자의 소리 요소는 壯(씩씩할 장)인데, 壯은 다시 소리 요소인 爿과 의미 요소인 士(선비 사)자로 나누어집니다. 여기서 우리는 士자에 대해 알아보고자 합니다.

士자를 우리는 '선비 사'라고 읽습니다. 그렇다면, 壯자에 왜 士자가 들어갔을까요? 士자의 고문자 형태는 士로, 다른 글자 속에서는 ⊥처럼 나타나기도 합니다. 이 士자에 대해서는 학자들의 의견이 몇 가지로 나뉩니다.

첫 번째는 도끼를 본뜬 글자라는 견해로, 맨 아래 가로획이 도끼의 날 부분이고 세로획이 도끼 자루라는 것입니다. 士자는 글을 읽는 '선비'라는 의미도 있지만 도끼를 휘두르는 '무사(武士 : 옛날의 무사들에게는 도끼도 무기였다. 兵자의 윗부분은 斤(도끼 근)자이다)'라는 뜻도 있기 때문입니다. 또 하나의 견해는 士자가 남성의 성기를 본뜬 것이라는 견해입니다. 따라서 士는 남성을 상징하는 壯(씩씩할 장)에도 들어가고 牡(수컷 모)자에도 들어간다는 것입니다. 또한 牡자의 고문자 형태가 ꙮ이기 때문입니다.

하지만 이에 관해 정확한 학설이 있는 것은 아닙니다. 어떤 것이 옳은 것인가는 독자들의 선택에 맡길 수밖에 없을 것 같습니다.

인 刃

刃
칼날 인

- 총획 3획   부수 刀 칼 도
- 刃자의 **점**(丶)은 **칼의 날 부분**을 표시하기 위해 찍은 것으로 전형적인 **지사 문자**(指事文字)이다.
  * 鋒刃(봉인) : 칼의 끝과 칼의 날
  * 兩刃之劍(양인지검) : 양쪽에 날이 있는 칼, 쓰기에 따라 이롭게도 해롭게도 되는 사물

인 姻

姻
혼인 인

- 총획 9획   부수 女 여자 녀
- 因(인할 인)자는 사람(大)이 자리(囗) 위에 누워 있는 모습으로 원래의 뜻은 '**의지하다**' 이다. **여자**(女)가 **의지**(因)**해야 할 곳**은 **시댁**이라는 데서 姻자는 '**시댁**' 이라는 뜻이었다. 후에 '**결혼하다**'의 뜻이 파생되었다.
  * 婚姻(혼인) : 결혼
  * 姻戚(인척) : 결혼에 의해 맺어진 친척

음 淫
임 賃
임 姙

淫
음란할 음

- 총획 11획   부수 水(=氵) 물 수
- 壬(북방 임)자는 베틀을 본뜬 글자로 고문자는 𡈼이며, 베틀을 간단히 표현했다. '**여인의 손**(爫)**이 베틀**(壬)**로 가지 않고 술**(水 : 술도 액체니까)**로 가서 음탕해진다**'라는 뜻이다.
  * 淫亂(음란) : 음탕하고 난잡함
  * 淫蕩(음탕) : 음란하고 방탕함

賃
품팔이 임

- 총획 13획   부수 貝 조개 패
- 任(맡길 임)자는 '베틀(壬)에 관한 일을 전문가(人)에게 맡기다'라는 의미이다. 따라서 賃자는 '**맡은**(任) **바 일을 열심히 했을 때 보수**(貝)**를 받는다**'라는 의미로 후에 '**품을 파는 사람, 빌리다**'의 뜻이 파생되었다. 任자가 소리 요소이고 貝자가 의미 요소로 쓰였다.
  * 賃貸(임대) : 돈을 주고 빌림
  * 賃金(임금) : 노동의 대가로 받는 돈

姙
아이 밸 임

- 총획 9획   부수 女 여자 녀
- 옛날에 '**여인**(女)**의 임무**(任)**는 곧 아기를 갖는 것**'으로 보았다. 姙자는 妊으로 쓰기도 한다.
  * 姙産婦(임산부) : 아기를 가진 여인
  * 姙娠(임신) : 아기를 갖음

서 緒 서 署	**緒** 실마리 서	**총획** 15획　**부수** 糸 실 사 者(놈 자)자는 耂(늙을 로)자와 白자가 결합된 글자로 '늙어서 머리가 희어지는 사람'을 의미한다. 糸이 의미 요소, 者가 소리 요소이다. ➕ 실마리 : 감겨 있거나 헝클어진 실의 끄트머리를 말한다. ＊ 端緒(단서) : 어떤 일의 시초 ＊ 情緒(정서) : 마음에 일어나는 여러 가지 감정
	署 관청 서	**총획** 14획　**부수** 网(=罒) 그물 망 나쁜 놈(者)을 그물(网)로 잡는 경찰서(警察署)와 같은 '관청'을 의미하는 글자로 网이 의미 요소, 者가 소리 요소이다. ＊ 部署(부서) : 조직에서 처리하는 사무의 각 부문 ＊ 消防署(소방서) : 화재를 진압하는 일을 맡은 부서
자 茲 자 磁	**茲** 검을/이 자	**총획** 10획　**부수** 玄 검을 현 玄자가 두 개 있으니 당연히 '검다'의 뜻을 갖는다. 후에 '이것'의 뜻으로도 쓰게 되었다. ＊ 茲山魚譜(자산어보) : 조선 순조 때 정약전이 흑산도에 유배 가 있는 동안 지은 어류 백과사전 ＊ 來茲(내자) : 올해의 바로 다음 해
	磁 자석 자	**총획** 14획　**부수** 石 돌 석 '자석의 색은 검은색(茲)이다'라는 의미로 石이 의미 요소이고 茲자가 소리 요소이다. ＊ 磁石(자석) : 쇠를 끌어당기는 검은 돌 ＊ 磁力(자력) : 쇠를 당기는 자석의 힘　
잔 殘	**殘** 남을/잔인할 잔	**총획** 12획　**부수** 歹 뼈 알 戔(해칠 잔)자는 戈자 두 개를 더해 '해치다'의 뜻이 되었으며, 후에 '작다'의 뜻이 파생되었다. 殘자는 '창(戈)으로 싸우니 죽음(歹)만이 남았다' 또는 '잔인하다'의 뜻이다. ＊ 殘忍(잔인) : 인정이 없고 모질다 ＊ 殘留(잔류) : 뒤에 처져 남음

| | 천 踐 |
| | 천 賤 |

踐
밟을 천

총획 15획　**부수** 足 발 족

戔자에는 '해치다'라는 뜻 이외에 '작다'의 뜻도 있다. 따라서 踐자는 **'깡통을 작게(戔) 하려면 발(足)로 밟으면 된다'**라는 의미를 나타낸다.

* 實踐(실천) : 생각한 바를 실제로 행함
* 踐倒(천도) : 밟아 넘어뜨림

賤
천할 천

총획 15획　**부수** 貝 조개 패

돈(貝)이 **작다**(戔)는 것은 '가난하다'라는 의미로 '옛날에는 가난한 사람들을 **천하게 보았다**'라는 의미를 나타낸다.

➕ 천하다 : '지체, 지위 따위가 낮다'라는 뜻이다.

* 卑賤(비천) : 신분이 낮고 천함
* 賤民(천민) : 신분이 천한 백성

	작 酌
	조 釣
	표 豹

酌
술잔/부을 작

총획 10획　**부수** 酉 닭 유

酉자는 술병을 본뜬 글자이고 勺(국자 작)자는 국자를 본뜬 글자이다. 따라서 **'술병**(酉)**에 있는 술을 국자**(勺)**로 떠서 술잔에 붓는다'**라는 의미이다.

* 酬酌(수작) : 술잔을 주고 받음, 남의 말과 행동을 낮게 이르는 말
* 滿酌(만작) : 술잔에 술을 가득 부음

釣
낚시 조

총획 11획　**부수** 金 쇠 금

金자는 **쇠로 만든 낚싯 바늘**을 의미하며, 勺자는 **국자**를 나타낸다. 물고기를 잡아 올리는 것은 국자로 국을 뜨는 것과 비슷하므로 勺자는 뜻을 돕기 위해 사용되었다.

* 釣魚場(조어장) : 낚시를 하는 곳
* 釣竿(조간) : 낚싯대

豹
표범 표

총획 10획　**부수** 豸 발 없는 벌레 치

표범은 호랑이와 달리 **국자**(勺)**의 국을 뜨는 부분처럼 둥근 무늬**를 갖고 있다. 그래서 옛 사전에도 보면 '豹 : 似虎, 圓文(호랑이와 닮았고 둥근 무늬가 있다)'이라고 설명되어 있다. 豸자는 '사나운 짐승'을 의미한다.

* 豹變(표변) : 마음이나 행동이 갑자기 달라짐
* 豹死留皮(표사유피) : 표범은 죽어서 가죽을 남긴다

獎 권면할 장

총획 14획　**부수** 大 큰 대

將(장수 장)자의 爿(조각 장)자는 소리 요소로 손(寸)에 고기(肉=月)를 들고 먹는 사람은 장군(將軍)이라는 의미이다. 따라서 將자는 '**위대한**(大) **장군**(將)**이 되라고 권면하고 격려하다**'라는 의미를 나타낸다.

➕ 권면하다 : '알아듣도록 권하고 격려하며 힘쓰게 하다'라는 뜻이다.

* 獎勵(장려) : 권하고 격려함
* 勸獎(권장) : 권하여 장려함

莊 장엄할 장

총획 11획　**부수** 艸(=艹) 풀 초

莊자는 '**풀**(艹)**이 씩씩하게**(壯) **잘자라 장엄**하고 **웅장한 밀림이 되었다**'라는 뜻을 나타낸다. 艹가 의미 요소, 壯(씩씩할 장)이 소리 요소이다. 壯자는 다시 소리 요소인 爿와 의미 요소인 士로 나뉘어진다. 士자는 도끼를 본뜬 글자로 원래 '무사(武士)'의 뜻을 지녔다.

* 莊嚴(장엄) : 씩씩하고 웅장함
* 別莊(별장) : 경치 좋은 곳에 따로 지어 놓은 집

裝 꾸밀 장

총획 13획　**부수** 衣 옷 의

'**옷에 장식을 하여 예쁘게 꾸민다**'라는 뜻이므로 衣가 의미 요소가 되고 壯이 소리 요소가 된다.

* 裝飾(장식) : 옷이나 액세서리 등으로 치장함
* 武裝(무장) : 전투를 위해 갖추어 차림

藏 감출 장

총획 18획　**부수** 艸(=艹) 풀 초

藏자에서 爿(조각 장)은 소리 요소이고 臣(신하 신)은 노예를 의미한다. '**창**(戈)**에 찔린 노예**(臣)**가 풀**(艹)**을 베어 창고에 저장한다**'라는 의미를 나타낸다.

* 貯藏(저장) : 물건이나 재화 따위를 모아서 간수함
* 無盡藏(무진장) : 다함이 없고 굉장히 많음

臟 오장 장

총획 22획　**부수** 肉(=月) 고기 육

사람의 신체와 관련 있는 글자이므로 肉이 의미 요소이고, 藏이 소리 요소이다. '**오장육부**(五臟六腑)**는 몸 속에 잘 감추어져 있다**'라는 의미를 나타낸다.

* 五臟(오장) : 간장, 심장, 비장, 폐장, 신장의 다섯 가지 내장을 통틀어 이르는 말
* 肝臟(간장) : 간

> **쉬어가요~**
>
> 짐작(斟酌) : 사정이나 형편 따위를 어림잡아 헤아림
> 짐(斟)은 '술잔에 술을 적게 따른다'는 뜻이고 작(酌)은 '가득 채운다'는 뜻이에요. 술이란 알맞게 따라야 가장 좋은 것이기 때문에 후에 '반복하여 고려하고 헤아린다'는 의미가 생겼답니다.

		장 障
障 막을 장	**총획** 14획　**부수** 阜(=阝) 언덕 부 이 글자는 원래 '적을 막기 위해 토성을 쌓는다' 또는 '홍수를 막기 위해 둑을 쌓는다'라는 의미이다. 따라서 阝가 의미 요소이고 章이 소리 요소이다. 章자는 '이른 아침(早)에 일어나(立) 글을 읽는다'라는 의미이다. * 綠內障(녹내장) : 눈알이 딴딴해지며 보이지 않게 되는 병 * 障碍(장애) : 어떤 사물의 진행을 가로막음	창 彰
彰 밝을 창	**총획** 14획　**부수** 彡 터럭 삼 彡자는 여기서 빛을 의미한다. '글(章) 공부를 열심히 하면 나중에 밝게 빛나는(彡) 사람이 될 수 있다'라는 의미이다. * 表彰(표창) : 잘한 일에 대하여 널리 알려 칭찬함 * 彰善(창선) : 남의 착한 일을 칭찬함	
帳 휘장 장	**총획** 11획　**부수** 巾 수건 건 휘장은 긴 헝겊이기 때문에 巾과 長을 더한 것이다. 巾이 의미 요소이고 長이 소리 요소이자 뜻을 돕는다. * 揮帳(휘장) : 긴 헝겊으로 빙 둘러치는 장막 * 帳幕(장막) : 한데에서 비바람을 막기 위해 치는 막	장 帳 장 張
張 베풀 장	**총획** 11획　**부수** 弓 활 궁 원래의 뜻은 '활시위를 얹다'인데 후에 '활을 당기다, 크다, **베풀다**'의 뜻이 파생되었다. 弓이 의미 요소, 長이 소리 요소이다. * 一張一弛(일장일이) : 긴장과 이완을 적절히 배합하다 * 誇張(과장) : 크게 부풀림	
裁 옷 마를 재	**총획** 12획　**부수** 衣 옷 의 裁자는 '옷을 만든다'라는 의미이므로 衣가 의미 요소가 된다. 나머지 부분은 㦰(다칠 재)자로 才(재주 재)자와 戈자의 결합으로 소리 요소인 才자가 十으로 간략하게 변형된 것이다. * 裁斷(재단) : 옷을 만들기 위해 치수에 따라 자름 * 裁判(재판) : 옳고 그름을 따져 판단함 	재 裁

Day 18 확인학습

1. 다음 한자의 훈음을 쓰세요.

- 01 刃 _____
- 02 姻 _____
- 03 賃 _____
- 04 署 _____
- 05 殘 _____
- 06 踐 _____
- 07 賤 _____
- 08 奬 _____
- 09 裝 _____
- 10 臟 _____
- 11 障 _____
- 12 帳 _____
- 13 張 _____
- 14 姙 _____
- 15 淫 _____
- 16 緒 _____
- 17 玆 _____
- 18 磁 _____
- 19 酌 _____
- 20 釣 _____
- 21 豹 _____

2. 다음 한자의 독음을 쓰세요.

- 01 鋒刃 _____
- 02 勸奬 _____
- 03 淫亂 _____
- 04 端緒 _____
- 05 賃金 _____
- 06 磁石 _____
- 07 滿酌 _____
- 08 釣魚 _____
- 09 豹變 _____
- 10 莊嚴 _____
- 11 貯藏 _____
- 12 表彰 _____
- 13 裁判 _____
- 14 誇張 _____
- 15 揮帳 _____
- 16 五臟 _____
- 17 武裝 _____
- 18 姙産婦 _____
- 19 賤民 _____
- 20 殘留 _____
- 21 玆山魚譜 _____

맞은 개수 ▶ / 63   소요 시간 ▶

3. 알맞은 한자를 쓰세요.

01 칼날 인
02 아이 밸 임
03 음란할 음

04 실마리 서
05 검을 자
06 자석 자

07 술잔 작
08 낚시 조
09 표범 표

10 장엄할 장
11 감출 장
12 밝을 창

13 혼인 인
14 품팔이 임
15 남을 잔

16 밟을 천
17 권면할 장
18 꾸밀 장

19 오장 장
20 막을 장
21 휘장 장

Day 18 보충한자

政 정치 정	총획 9획 · 부수 攴(=攵) · 4급 政事(정사) : 정치에 관한 일 祭政一致(제정일치) : 제사와 정치가 하나로 이루어져 있음

弟 아우 제	총획 7획 · 부수 弓 · 8급 弟子(제자) : 스승의 가르침을 받는 사람 師弟(사제) : 스승과 제자

定 정할 정	총획 8획 · 부수 宀 · 준4급 固定(고정) : 굳어 있어서 움직이지 않음 一定(일정) : 어떤 기준에 의해 방향이나 형식이 정해져 있음

第 차례 제	총획 11획 · 부수 竹 · 준4급 及第(급제) : 과거에 합격함 第一(제일) : 여럿 가운데 첫 번째

井 우물 정	총획 4획 · 부수 二 · 준3급 市井(시정) : 사람들이 많이 모이는 곳 井田法(정전법) : 고대의 토지제도로 밭을 井자로 나누어 일굼

祭 제사 제	총획 11획 · 부수 示 · 4급 祭祀(제사) : 신이나 돌아가신 조상을 기리는 예의 祭需(제수) : 제사에 쓰는 물건이나 음식

耕 밭갈 경	총획 10획 · 부수 耒 · 준3급 耕田(경전) : 밭을 갈다 牛耕(우경) : 소를 이용해 밭을 갈다

察 살필 찰	총획 14획 · 부수 宀 · 4급 警察(경찰) : 국가 사회의 공공질서와 안녕을 보장하고 국민의 안전과 재산을 보호하는 조직

形 모양 형	총획 7획 · 부수 彡 · 5급 形態(형태) : 사물의 생김새 成形(성형) : 일정한 형태를 만듦

帝 황제 제	총획 9획 · 부수 巾 · 3급 皇帝(황제) : 왕조 시대 중국의 최고 통치자 帝王(제왕) : 황제나 국왕의 총칭

刑 형벌 형	총획 6획 · 부수 刀(=刂) · 3급 處刑(처형) : 형벌에 처함 齊之以刑(제지이형) : 백성을 형벌로 다스리다

朝 아침 조	총획 12획 · 부수 月 · 5급 朝三暮四(조삼모사) : 잔꾀로 다른 사람을 속임

> 8~3급 한자도 함께 체크해 보세요!

兆 조짐 조
- 총획 6획　부수 儿　준3급
- 兆朕(조짐): 길흉이 일어날 기미가 미리 보이는 현상
- 億兆(억조): 매우 큰 숫자, 억과 조

宗 마루 종
- 총획 8획　부수 宀　준3급
- 宗廟(종묘): 조선 시대 때, 역대 왕을 모시던 왕실의 사당

週 주일 주
- 총획 12획　부수 辶(=辶)　4급
- 週期(주기): 어떤 현상이 한 번 일어나고 다시 일어날 때까지의 기간

崇 높을 숭
- 총획 11획　부수 山　3급
- 崇尙(숭상): 높이고 존중함
- 崇拜(숭배): 거룩하게 높이어 존경함

調 고를 조
- 총획 15획　부수 言　4급
- 調息(조식): 숨을 고르게 쉼
- 時調(시조): 우리나라의 전통적인 정형시(定型詩)

朱 붉을 주
- 총획 6획　부수 木　준3급
- 印朱(인주): 도장을 찍을 때 묻히는 붉은 물질
- 朱熹(주희): 중국 송나라 때의 대학자

重 무거울 중
- 총획 9획　부수 里　5급
- 重量(중량): 물건의 무거운 정도
- 重要(중요): 소홀히 할 수 없는 사항

主 주인 주
- 총획 5획　부수 丶　준5급
- 主人(주인): 어떤 사물을 소유한 사람
- 主動(주동): 어떤 일의 주장이 되어 움직임

動 움직일 동
- 총획 11획　부수 力　준4급
- 運動(운동): 사물의 움직임
- 動力(동력): 움직이는 힘

住 살 주
- 총획 7획　부수 人(=亻)　5급
- 居住(거주): 살아감
- 住所(주소): 사는 곳

種 씨 종
- 총획 14획　부수 禾　4급
- 種子(종자): 씨앗
- 人種(인종): 신체적 특성으로 분류한 인간의 종별

注 부을 주
- 총획 8획　부수 水(=氵)　준4급
- 注油所(주유소): 자동차의 기름을 보충하는 곳
- 注意(주의): 정신을 모음

忠 충성 충
- 총획 8획　부수 心　4급
- 忠誠(충성): 가슴에서 우러나오는 마음
- 盡忠報國(진충보국): 충성을 다하여 나라에 보답함

Day 19
才자가 들어간 글자의 의미는?

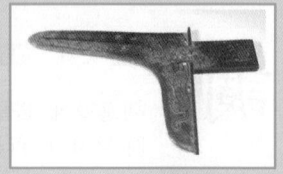

오늘 우리는 載(실을 재), 戴(일 대) 등의 글자들에 대해 배웁니다. 이 글자들의 의미 요소는 衣, 車 등이며, 소리 요소는 의미 요소를 제외한 나머지 부분인 十과 戈가 결합된 것으로 보입니다. 그러나 고문자로 올라가 보면 十과 戈의 결합은 才(재주 재)와 戈자로 𢦏(해칠 재)자가 됩니다. 그렇다면 才자는 무슨 뜻이었을까요?

才자는 『설문해자(說文解字)』에서, '艸木之初也. 从丨上貫一, 將生枝葉. 一, 地也(풀의 싹이 돋아나는 모습이다. 丨이 위로 올라 와서 一을 뚫는 모습이다. 장차 가지와 잎이 생겨난다. 一은 땅이다)'라고 해석한 이래 才는 '땅을 뚫고 올라오는 새싹'이라는 뜻에서 만들어졌다는 것이 정설로 여겨지고 있으며, 후에 '재주'라는 뜻이 생겨난 것입니다. 그러나 필자의 생각은 약간 다릅니다. 才자는 고문자 ✦→✧→✢의 변천 과정을 거쳐 지금의 모습이 되었다고 생각합니다. 才의 뜻이 원래 무엇인가를 알려면 다른 글자 속에서의 뜻을 파악하는 것이 도움이 될 때가 있죠. 𢦏자는 '해칠 재'자로 '창으로 해친다'라는 의미가 있으며, 才자에도 '해친다'라는 의미가 있기 때문에 𢦏자에 들어간 것입니다. 그리고 材(재목 재)자에도 있는데, 재목이란 것은 '원목에다가 손상을 가한 것'이라는 의미를 나타냅니다. 그리고 앞서 언급된 裁(옷마를 재 ➡ 199쪽 참고)자도 그렇습니다. 옷을 만들려면 형겊에 손상을 가해야 하기 때문입니다. 따라서 필자의 결론은 이렇습니다. 才자의 고문자 형태는 ✦로 뾰족한 느낌을 주는 글자이고, 材, 裁자에도 '손상을 준다'라는 의미가 내포되어 있기 때문에 才자는 구체적으로 어떤 것인지는 모르지만 뾰족하고 날카로운 칼과 같은 도구를 의미하는 것으로 생각됩니다.

		재 載
載 실을 재	**총획** 13획　**부수** 車 수레 거/차 물건을 차에 싣는다는 뜻이므로 車가 의미 요소가 된다. 載자에는 戈자가 있으므로 '창(戈)을 차(車)에 싣는다'로 외우면 쉽다. 참고로 載자에는 해(年)의 뜻도 있다. * 千載一遇(천재일우) : 천 년에 한 번 만날 수 있는 기회 * 連載(연재) : 신문이나 잡지에 글을 이어서 올림	대 戴
戴 일 대	**총획** 17획　**부수** 戈 창 과 異(다른 이)자의 고문자는 ⚇로 양팔을 머리 쪽으로 올리고 있다. 戴자에 戈자가 있으니, '창(戈)을 이러한 자세로 머리에 이다'로 외우면 된다. 따라서 戈자가 의미 요소이고 '弋'가 소리 요소이다. * 男負女戴(남부여대) : '남자는 등에 지고 여자는 머리에 이다'라는 뜻으로 가난해서 떠도는 사람들을 이르는 말 * 戴冠式(대관식) : 왕위에 오르면서 왕관을 머리에 쓰는 의식 행사	

		탁 濯
濯 씻을 탁	**총획** 17획　**부수** 水(=氵) 물 수 濯자는 水, 羽, 隹로 이루어져 있다. '새(隹)가 날개(羽)를 물(水)로 씻는다'로 외우면 된다. * 洗濯(세탁) : 옷을 물로 빨다 * 濯足(탁족) : 발을 씻음	약 躍
躍 뛸 약	**총획** 21획　**부수** 足 발 족 '새(隹)가 날갯짓(羽)을 하며 발(足)로 뛴다'로 기억하면 외우기도 쉽다. * 跳躍(도약) : 위로 뛰어오름 * 躍進(약진) : 힘차게 앞으로 뛰어나아감	

		사 赦
赦 용서할 사	**총획** 11획　**부수** 赤 붉을 적 赤자는 大와 火가 상하로 결합된 것이다. 거기에 攵(칠 복)자가 더해졌다. '죄수(大)를 불(火)로 고문을 하고 때려준(攵) 다음 용서해 준다'라는 의미이다. * 赦免(사면) : 죄를 용서해 줌 * 特赦(특사) : 특별히 용서해 줌	

적 滴
적 摘

滴
물방울 적

총획 14획　**부수** 水(=氵) 물 수

소리 요소로 쓰인 啇(뿌리 적)자는 식물의 뿌리를 본뜬 글자이다. 따라서 滴자는 '**식물(啇)의 이파리에 맺혀 있는 물방울(水)**'을 의미하는 글자이다.

* 硯滴(연적) : 먹을 갈 때 쓰는 물을 담아놓는 그릇, 벼루 옆에 놓기 때문에 연적(硯滴)이라고 함
* 滴水(적수) : 물방울

摘
딸 적

총획 14획　**부수** 手(=扌) 손 수

摘자는 '**손(手)으로 식물(啇)의 열매를 딴다**'라는 의미의 글자이다.

* 指摘(지적) : 꼭 집어서 가리킴
* 摘要(적요) : 필요한 사항을 뽑아 적음

절 折哲
철 誓
서

折
꺾을 절

총획 7획　**부수** 手(=扌) 손 수

折자는 원래 斯로 썼으며, '도끼로 풀을 둘로 잘랐다'는 의미로 쓰였다. 그런데 왼쪽 부분이 扌의 모습으로 변화되어 지금의 모습이 되었다. 현재의 모습에 의거하여, '**손에 도끼를 들고 나무를 쳤더니 꺾어졌다**'로 외우면 된다.

* 屈折(굴절) : 휘어서 꺾임
* 骨折(골절) : 뼈가 꺾어짐

哲
밝을 철

총획 10획　**부수** 口 입 구

折자에서 설명했듯이, 哲자의 윗부분은 斯이었다. 그리고 아랫부분은 口자 대신 心이었다. 즉 斯과 心이 결합된 글자로 '**마음(心) 속의 사악한 생각을 제거함(斯)**', 다시 말해 '**지혜**'가 원래의 뜻이었다.

* 哲人(철인) : 현명하고 지혜로운 사람
* 哲學(철학) : 인간 세계의 근본적인 원리를 탐구하는 학문

誓
맹세할 서/세

총획 14획　**부수** 言 말씀 언

折과 言이 결합된 글자로, 원래는 '약속'이라는 뜻이었다. '**군더더기를 말하지 않고 짧게 잘라(折) 말한다(言)**'라는 의미이다. 맹서와 약속은 뜻이 서로 비슷하며 '맹서, 맹세' 모두 맞다.

* 盟誓(맹세) : 약속을 지키겠다고 다짐함
* 宣誓(선서) : 맹서한 바를 널리 알림

占 점칠 점

- **총획** 5획　**부수** 卜 점 복

'점친(卜) 바를 입(口)으로 말한다'라는 의미이다.

* 占卦(점괘) : 점을 쳐서 나오는 괘
* 占領(점령) : 어느 장소를 차지함

점 占

亭 정자 정

- **총획** 9획　**부수** 亠 머리 부분 두

丁(장정 정)자의 고문자는 ■으로 원래 '못(釘)'을 의미했다. 못은 단단하게 고정시켜 주는 것이므로 **튼튼하고 건장한 남성**인 '**장정**'의 뜻이 파생되었다. 丁이 소리 요소이고 나머지 윗부분은 高(높을 고 : 높은 건물을 본뜬 글자)자의 생략형이다. 정자는 사람의 키보다는 훨씬 큰 건물(高)이므로 高자의 생략형이 의미 요소로 들어갔다.

* 八角亭(팔각정) : 지붕이 팔각으로 된 정자
* 黃鶴亭(황학정) : 인왕산(仁王山) 기슭에 있는 정자, 궁술(弓術) 수련장이기도 함

정 亭
정 訂
녕 寧

訂 바로잡을 정

- **총획** 9획　**부수** 言 말씀 언

말(言)을 **잘못하면 바로잡아야(丁)** 하므로 言이 의미 요소, 丁이 소리 요소가 된다.

* 校訂(교정) : 책의 잘못된 글자나 내용을 바로잡음
* 訂正(정정) : 글자나 글의 잘못된 것을 바로잡음

寧 편안할 녕

- **총획** 14획　**부수** 宀 집 면

'집(宀)에서 먹는 것(皿 : 그릇 명)이 **해결되야** 마음(心)이 **편안하다**'라는 의미로 丁이 소리 요소이다.

* 安寧(안녕) : 매우 편안함
* 康寧(강녕) : 몸이 건강하고 마음이 편안함

廷 조정 정

- **총획** 7획　**부수** 廴 멀리갈 인

壬(정)은 亻과 士가 겹쳐진 것으로 '착하다'의 뜻을 갖고 있다. 또 '식물의 줄기'라는 뜻도 있다. 廷에서 廴이 의미 요소, 壬이 소리 요소로 들어갔다. 조정은 왕과 신하가 있는 곳으로 '**정치를 널리(廴) 베푸는 곳**'이라는 의미이다.

* 朝廷(조정) : 정치를 베푸는 곳
* 宮廷(궁정) : 임금이 거처하는 곳

정 廷

| 정 艇

艇
거룻배 정

총획 13획　**부수** 舟 배 주

거룻배란 돛이 없이 노만 저어 가는 배로 '작은 배'라는 의미도 있다. 舟가 의미 요소이고 廷이 소리 요소이다.

* 艦艇(함정) : 크고 작은 전투용 배의 총칭
* 競艇(경정) : 정해진 거리를 노로 배를 저어서 결승점에 도달하는 경기

| 정 程

程
길/법 정

총획 12획　**부수** 禾 벼 화

禾가 의미 요소로 원래는 '벼가 고루 자라다'의 뜻이었으나 후에 '**길, 과정, 법도**' 등의 뜻이 파생되었다.

* 程度(정도) : 사물의 성질이나 가치의 수준
* 過程(과정) : 일이 되어가는 경로

| 청 廳

廳
관청/청사 청

총획 25획　**부수** 广 집 엄

聽(들을 청)자는 '귀로 듣는다'는 의미이므로 耳가 의미 요소가 된다. 오른쪽 부분은 直(곧을 직)자와 心자가 결합된 글자이다. 廳자는 '**백성의 말을 잘 들어야(聽)하는 관리들이 일하는 집(广)**'을 의미하는 글자이다.

* 官廳(관청) : 벼슬아치들이 일하는 곳
* 廳舍(청사) : 관청의 사무실로 쓰는 건물

| 정 偵

偵
정탐할 정

총획 11획　**부수** 人(=亻) 사람 인

貞(곧을 정)자는 卜자와 鼎(솥 정)자의 상하 결합이다. 鼎자는 고대 중국에서 제사용으로 쓰이던 신성한 물건이었다. 따라서 貞자에 '곧다'의 뜻이 파생되었다. **정탐은 사람이 하는 것**이므로 人이 의미 요소이고 貞이 소리 요소가 된다.

* 偵探(정탐) : 드러나지 않은 사정을 몰래 알아내는 일, 또는 그런 사람
* 偵察(정찰) : 더듬어 살펴 알아냄

| 정 征

征
칠·정벌할 정

총획 8획　**부수** 彳 길/걸을 척

正(바를 정)자는 원래 '정벌하다'의 뜻이었는데 '바르다'의 뜻으로 바뀌면서 '**정벌하러 길(彳)을 가야 한다**'라고 하여 彳을 더해 征자를 만들었다.

* 征伐(정벌) : 적이나 죄(罪)있는 무리를 무력으로 침
* 遠征(원정) : 정벌을 위해 멀리 떠남

整 가지런할 정

총획 16획　**부수** 攵(=攴) 칠 복

束(묶을 속), 攵(칠 복)이 더해진 글자로 正이 소리 요소가 된다. '**흩어진 것을 묶고**(束), **먼지 앉은 것을 털고**(攵), **쓰러진 것을 바르게**(正) **세운다**'라는 의미이다.

* 整理(정리) : 흐트러진 것을 질서 있는 상태가 되게 함
* 整頓(정돈) : 정리하여 가지런하게 함

症 증세 증

총획 10획　**부수** 疒 병들 녁

'**병들거나**(疒) **잘못된 부위를 바로잡기**(正) **위해 뇌에서 보내는 신호가 병의 증세**'라는 의미이다.

* 症勢(증세) : 병이 났을 때 나타나는 현상
* 重症(중증) : 위중한 병의 증상

穽 함정 정

총획 9획　**부수** 穴 구멍 혈

穴이 의미 요소이고 井(우물 정)이 소리 요소이다. 그러나 '**우물**(井)**도 땅에 파놓은 구멍**'이므로 井자가 뜻을 돕기도 한다.

* 陷穽(함정) : 사람이나 짐승이 빠지도록 땅에 파놓은 구덩이
* 坑穽(갱정) : 함정과 같은 말

型 틀·본보기 형

총획 9획　**부수** 土 흙 토

刑(형벌 형)자는 소리 요소인 井과 의미 요소인 刀자의 결합으로 '칼로 형벌을 내린다'라는 뜻이다. 型자는 '**흙으로 거푸집 등의 틀을 만든다**'라는 의미로 土가 의미 요소이다. 刑은 뜻을 돕지 못하는 단순한 소리 요소로 쓰였다.

* 典型(전형) : 기준이 되는 형태
* 模型(모형) : 모습이 같은 물건을 만들기 위한 틀

際 때/사이 제

총획 14획　**부수** 阜(=阝) 언덕 부

祭(제사 제)자는 示, 肉, 又의 결합으로 제탁에 고기를 올려 제사를 지낸다는 뜻이다. 際자는 '**언덕**(阝)**에 올라 제사**(祭)**를 지낼 때가 되었다**'는 의미를 나타낸다. 阝가 의미 요소이고, 祭가 소리 요소이다.

* 國際(국제) : 나라와 나라 사이
* 無際(무제) : 넓고 멀어서 끝이 없음

만작(滿酌)은 잔에 가득하도록 술을 붓는다는 뜻입니다. 또 우리나라 궁술(弓術)에서 '활시위를 한껏 당기다'라는 의미도 있죠. 찰랑찰랑 넘칠 듯 말 듯하는 술잔을 활을 힘껏 당겨서 일촉즉발(一觸卽發) 화살이 날아갈 것 같은 상태에 절묘하게 비교한 것 같아요.

Day 19 확인학습

1. 다음 한자의 훈음을 쓰세요.

- 01 濯 _____
- 02 躍 _____
- 03 折 _____
- 04 哲 _____
- 05 占 _____
- 06 亭 _____
- 07 訂 _____
- 08 寧 _____
- 09 廷 _____
- 10 程 _____
- 11 廳 _____
- 12 征 _____
- 13 整 _____
- 14 症 _____
- 15 裁 _____
- 16 載 _____
- 17 戴 _____
- 18 赦 _____
- 19 滴 _____
- 20 摘 _____
- 21 誓 _____

2. 다음 한자의 독음을 쓰세요.

- 01 濯足 _____
- 02 連載 _____
- 03 跳躍 _____
- 04 赦免 _____
- 05 硯滴 _____
- 06 摘要 _____
- 07 宣誓 _____
- 08 艦艇 _____
- 09 偵探 _____
- 10 陷穽 _____
- 11 典型 _____
- 12 國際 _____
- 13 症勢 _____
- 14 整理 _____
- 15 征伐 _____
- 16 廳舍 _____
- 17 朝廷 _____
- 18 康寧 _____
- 19 校訂 _____
- 20 哲人 _____
- 21 戴冠式 _____

맞은 개수 ▶ / 63   소요 시간 ▶

3. 알맞은 한자를 쓰세요.

- 01 사이 제
- 02 실을 재
- 03 일 대
- 04 용서할 사
- 05 물방울 적
- 06 딸 적
- 07 맹세할 서
- 08 거룻배 정
- 09 정탐할 정
- 10 함정 정
- 11 틀 형
- 12 씻을 탁
- 13 뛸 약
- 14 꺾을 절
- 15 밝을 철
- 16 점칠 점
- 17 정자 정
- 18 바로잡을 정
- 19 편안할 녕
- 20 조정 정
- 21 길 정

Day 19 보충한자

卽 곧 즉	총획 9획 　부수 卩　 3급 一觸卽發(일촉즉발) : 한번 닿기만 해도 곧 폭발한다	

卽 곧 즉
- 총획 9획　부수 卩　3급
- 一觸卽發(일촉즉발) : 한번 닿기만 해도 곧 폭발한다

技 재주 기
- 총획 7획　부수 手(=扌)　4급
- 國技(국기) : 나라를 대표할 만한 무술이나 기예
- 技術(기술) : 만들거나 짓거나 하는 솜씨

節 마디 절
- 총획 15획　부수 竹　4급
- 禮節(예절) : 예의에 관한 절차와 질서
- 節度(절도) : 행동이나 일을 똑똑 끊어 맺는 마디

枝 가지 지
- 총획 8획　부수 木　3급
- 連理枝(연리지) : 두 나무의 가지가 서로 결이 통하여 자라는 것. 사이 좋은 부부

曾 일찍 증
- 총획 12획　부수 日　3급
- 曾祖父(증조부) : 아버지의 할아버지
- 未曾有(미증유) : 예전엔 없었던 일

致 이를 치
- 총획 10획　부수 至　4급
- 一致(일치) : 하나로 딱 맞음
- 功致辭(공치사) : 남을 위해 수고한 것을 자기가 잘했다고 말함

增 더할 증
- 총획 15획　부수 土　4급
- 增加(증가) : 양이 점점 많아 짐
- 增大(증대) : 크기가 점점 커짐

室 집 실
- 총획 9획　부수 宀　5급
- 敎室(교실) : 가르치고 배우기 위한 방
- 蠶室(잠실) : 누에를 치는 방

層 층 층
- 총획 15획　부수 尸　3급
- 層階(층계) : 층층이 높이 올라가게 만들어 놓은 설비
- 層層臺(층층대) : 층층으로 쌓은 대

識 알 식
- 총획 19획　부수 言　4급
- 知識(지식) : 어떤 대상을 배우거나 경험하여 명확하게 알고 있다는 의식

指 손가락 지
- 총획 9획　부수 手(=扌)　준3급
- 指揮(지휘) : 어떤 목적을 효과적으로 이루기 위하여 단체를 통솔하는 일

職 직분 직
- 총획 18획　부수 耳　준3급
- 職業(직업) : 생계를 이어가기 위해 일하는 장소
- 職分(직분) : 마땅히 해야 할 본분

| 直 곧을 직 | 총획 8획 / 부수 目 / 5급
正直(정직) : 거짓이나 꾸밈이 없이 성품이 바르고 곧음
直線(직선) : 구부러지지 않고 똑바른 선

> 8~3급 한자도 함께 체크해 보세요!

| 植 심을 식 | 총획 12획 / 부수 木 / 5급
植民(식민) : 자국의 국민을 정치적으로 종속된 나라에 살게 하는 것

| 查 조사할 사 | 총획 9획 / 부수 木 / 4급
調査(조사) : 사물의 내용을 자세히 살펴봄
査察(사찰) : 남의 행동을 몰래 살핌

| 眞 참 진 | 총획 10획 / 부수 目 / 4급
眞實(진실) : 거짓이 아닌 사실
眞面目(진면목) : 사물이나 사람이 가지고 있는 좋은 모습

| 祖 할아버지 조 | 총획 10획 / 부수 示 / 5급
鼻祖(비조) : 어떤 일을 가장 먼저 시작한 사람
祖上(조상) : 자기 세대 이전의 어른

| 勝 이길 승 | 총획 12획 / 부수 力 / 준4급
勝利(승리) : 경쟁에서 이김
必勝(필승) : 반드시 이김

| 助 도울 조 | 총획 7획 / 부수 力 / 4급
助手(조수) : 일을 도와 주는 사람
內助(내조) : 아내가 남편을 도움

| 次 버금 차 | 총획 6획 / 부수 欠 / 4급
次席(차석) : 수석(首席)의 다음 자리
列次(열차) : 죽 벌여 서 있는 것의 순서나 차례

| 木 나무 목 | 총획 4획 / 부수 木 / 8급
材木(재목) : 건축·기구 등의 재료로 쓰이는 나무
木版(목판) : 나무에 새긴 책판이나 그림판

| 此 이 차 | 총획 6획 / 부수 止 / 3급
如此(여차) : 이와 같다
此世(차세) : 우리가 살고 있는 이승

| 採 캘 채 | 총획 11획 / 부수 手(=扌) / 3급
採集(채집) : 찾아서 얻어 모음
採石(채석) : 바위에서 석재를 떠냄

| 且 또 차 | 총획 5획 / 부수 一 / 3급
且置(차치) : 다음으로 미루어 문제 삼지 않음
且月(차월) : 음력 6월의 별칭

| 菜 나물 채 | 총획 12획 / 부수 艸(=艹) / 3급
菜蔬(채소) : 밭에서 기르는 농작물
盡忠報國(진충보국) : 충성을 다하여 나라에 보답함

Day 19 才자가 들어간 글자의 의미는?

Day 20
옛 사람의
名과 字

오늘 우리는 仲(버금 중)자를 만나게 됩니다. 옛날 중국인들은 일반적으로 이름을 두 개 혹은 두 개 이상씩 가지고 있었습니다. 우리나라로 말하자면, 양반들의 경우가 그러했습니다. 자신의 이름 중에서 첫 번째 이름을 名이라고 합니다. 두 번째 이름은 20세 때 관례를 치르면서 받는 것으로 字라고 합니다. 名과 字가 모두 '이름'이란 뜻이므로 현대 중국어에서 이름을 '名字(míngzi)'라고 부릅니다.

예로부터 名과 字는 뜻이 서로 통하는 글자를 사용해서 지었습니다. 그리고 字 앞에는 伯仲叔季(백중숙계) 중에서 한 글자를 넣어 만들었는데, 이는 형제 간의 서열을 나타내는 글자들로 伯이 맏이이고 季가 막내를 의미합니다. 예를 들면, 공자의 名은 丘(구)이고 字는 仲尼(중니)인데, 丘는 '언덕 구'자이고 尼는 중국 산동 지방에 있는 산의 이름을 나타냈으며, 둘째 아들이었으므로 仲자를 넣어 지었던 것입니다. 『삼국지』의 인물인 손권(孫權)의 경우, 名은 權이고 字는 仲謀인데, 權자와 謀자는 서로 통하는 글자였으며 둘째 아들이므로 仲이 들어갔습니다. 그의 형인 孫策(손책)은 名이 策이고 자는 伯符입니다. 策자와 符자의 의미 요소는 모두 竹으로 뜻이 상통합니다. 그는 맏아들이었기 때문에 당연히 伯자가 앞에 들어간 것입니다.

이것이 고대 중국인들의 이름 짓는 방법이었습니다.

締 맺을 체

총획 15획　**부수** 糸 실 사

帝(임금 제)자의 고문자는 ᛉ이다. 윗부분은 꽃의 씨앗이 담긴 씨방, 중간은 꽃받침을 나타낸다. 농경 사회였던 중국은 꽃을 숭상하였으므로 帝자를 왕 중의 왕을 일컫는 글자로 썼다. '맺다'는 '묶다'와 같은 말이므로 締자는 '**두 임금**(帝)**이 만나 끈**(糸)**을 묶어 조약을 체결하다**'로 외우면 쉽다. 糸가 의미 요소이고 帝가 소리 요소이다.

* 締結(체결) : 얽어서 맺음, 조약을 맺음
* 締約金(체약금) : 계약 보증금

濟 건널 제

총획 17획　**부수** 水(=氵) 물 수

'물(水)을 다스려야(齊) 건널 수 있다'라는 의미로 水가 의미 요소이고 齊가 소리 요소이면서 뜻도 돕고 있다.

* 經濟(경제) : 인간 생활에 필요한 재화나 용역 등을 생산하는 활동
* 經世濟民(경세제민) : 세상을 다스리고 백성을 구제함

劑 약 지을 제

총획 16획　**부수** 刀(=刂) 칼 도

'병을 다스리기(齊) 위해 칼(刀)로 약초를 썰어 약을 짓는다'라는 뜻이다. 이 글자는 刀가 의미 요소이고 齊가 소리 요소이다.

* 調劑(조제) : 여러 가지 약품을 조합하여 약을 지음
* 殺蟲劑(살충제) : 나쁜 벌레를 죽이는 약품

潮 조수 조

총획 15획　**부수** 水(=氵) 물 수

朝(아침 조)자는 '아직 달(月)도 사라지지 않은 이른 아침'을 의미하는 글자이다. 조수(潮水)란 아침(朝)에 밀려들었다가 나가는 바닷물(水)을 말하므로 水가 의미 요소이고, 朝가 소리 요소이다.

* 潮流(조류) : 조수의 흐름, 시대 흐름의 경향이나 동향
* 思潮(사조) : 한 시대의 일반적인 사상이나 흐름

騷 시끄러울 소

총획 20획　**부수** 馬 말 마

'말의 털 속에 벌레(虫)가 들어가 손(又)으로 꼬집듯이(ˇ) 깨무니 말이 시끄럽게 날뛴다'라는 의미를 나타낸다.

* 騷音(소음) : 시끄러운 소리
* 騷動(소동) : 수선거리며 움직이는 일

Day 20 옛 사람의 名과 字

| 도 逃 |
| 도 桃 |
| 도 挑 |
| 도 跳 |

逃
달아날 도

총획 10획　**부수** 辵(=辶) 쉬엄쉬엄 갈 **착**

兆(조짐 조)자는 점칠 때 쓰던 거북이의 배 껍질이 복잡하게 갈라진 모습을 나타낸다. 逃자는 '**이상한 조짐(兆)**이 있어 **도망간다(辶)**'라는 의미이다. 辶이 의미 요소이고 兆가 소리 요소이다.

* 逃亡(도망) : 피하여 달아남
* 逃避(도피) : 도망하여 몸을 피함

桃
복숭아 도

총획 10획　**부수** 木 나무 **목**

복숭아 씨의 쭈글쭈글한 모습이 **거북이의 갈라진 등껍질**과 비슷하므로 소리 요소인 兆자는 뜻을 돕는다고 할 수 있다. **복숭아는 나무 열매**이므로 木이 의미 요소이고 兆가 소리 요소이다.

* 武陵桃源(무릉도원) : 도연명의 『도화원기(桃花源記)』에서 나온 말로 이 상향이나 별천지를 이르는 말이다.
* 桃園結義(도원결의) : 유비, 관우, 장비가 도원에서 형제의 의를 맺음

挑
돋울 도

총획 9획　**부수** 手(=扌) 손 **수**

'**손(手)**으로 **무언가를 잡아올려 세운다**'라는 의미이므로 手가 의미 요소이고 兆가 소리 요소이다.

➕ 돋우다 : '위로 끌어올려 높아지게 하다'라는 뜻이다.

* 挑戰(도전) : 정면으로 맞서 싸움을 걸음
* 挑發(도발) : 남을 집적거려 일이 일어나게 함

跳
뛸 도

총획 13획　**부수** 足 발 **족**

'**좋은 조짐(兆)을 느껴 발(足)로 뛴다**'로 기억하면 외우기 쉽다. 발로 뛰는 것이므로 足이 의미 요소이고 兆가 소리 요소이다.

* 跳躍(도약) : 몸을 솟구쳐 뛰는 일
* 跳開橋(도개교) : 배가 지나갈 수 있게 한쪽이나 양쪽이 들리는 구조로 만든 다리

| 주 株 |

株
그루 주

총획 10획　**부수** 木 나무 **목**

朱(붉을 주)자의 고문자는 ※로 소나무나 측백나무 같이 **속이 붉은 나무**를 의미한다. 株자는 木이 의미 요소이고 朱가 소리 요소이다.

➕ 그루 : 베어낸 나무의 밑동을 말한다.

* 株式(주식) : 주식회사의 자본을 구성하는 단위
* 守株待兎(수주대토) : 그루터기에 앉아 토끼를 기다림. 융통성 없고 어리석은 사람

珠 구슬 주

총획 10획　**부수** 玉(=王) 구슬 옥

王(=玉)에 붉을 朱이므로 '**붉은(朱) 구슬(王)**'로 기억하면 쉽게 외울 수 있다. 王이 의미 요소이고 朱가 소리 요소이다.

* 珍珠(진주) : 조개가 만들어 내는 구슬
* 珠玉(주옥) : 구슬과 옥을 아울러 이르는 말

洙 물이름/물가 수

총획 9획　**부수** 水(=氵) 물 수

강의 이름을 나타내는 글자이므로 水가 의미 요소이고 朱가 소리 요소이다. 우리나라에서는 '**물가**'라는 뜻인 인명(人名)용으로 쓰인다.

* 金昌洙(김창수) : 김구(金九) 선생의 본명
* 翰洙里(한수리) : 제주시에 있는 지명

殊 다를 수

총획 10획　**부수** 歹 뼈 알

이 글자는 '죽다'가 원래의 뜻이다. **붉은(朱) 피를 흘리는 죽음(歹)은 일반인의 죽음과 다른 것**이므로 '**다르다, 특수하다**'의 뜻이 파생되었다. 歹이 의미 요소이고 朱(붉을 주)가 소리 요소이다.

* 特殊(특수) : 일반적인 것과 달리 특별함
* 殊勳(수훈) : 뛰어난 공로

柱 기둥 주

총획 9획　**부수** 木 나무 목

主(주인 주)자는 원래 '등불'을 의미하는 글자였으나 현재는 '주인'의 뜻으로 사용되고 있다. **나무로 만든 기둥**을 의미하므로 木이 의미 요소이다. 主는 뜻을 돕지 않는 단순한 소리 요소이다.

* 柱石之臣(주석지신) : 나라에 아주 중요한 신하
* 支柱(지주) : 무엇을 버티는 기둥

駐 머무를 주

총획 15획　**부수** 馬 말 마

'**말(馬)이 주인(主)을 태우기 위해 잠시 머물러 섰다**'라는 의미이므로 馬가 의미 요소이고 主가 소리 요소이다.

* 駐車場(주차장) : 자동차를 대어 놓는 곳
* 駐屯(주둔) : 군대가 한 지역에 머무르는 것

쉬어가요~

수작(酬酌) : 술잔을 서로 주고받는다는 뜻이지만 남의 말이나 행동, 계획을 낮잡아 이를 때 쓰이기도 합니다.

옛날 양반들은 활쏘기를 하며 놀았는데, 종종 기생과 술을 마시곤 했답니다. 이 말은 '이 친구 나한테는 술도 안 주고 기생한테만 가서 수작(酬酌)일세'라는 데서 나온 말이랍니다.

Day 20 옛 사람의 名과 字

주 周
조 彫

周 두루 주

총획 8획　**부수** 口 입 구

周자의 고문자 형태는 囲이다. 田자에 점을 찍어 **모든 밭에 농작물이 있음을 표현**하여 '**두루**'라는 뜻을 나타냈다.

➕ 두루 : '빠짐없이 골고루'라는 뜻이다.

* 周邊(주변) : 주위의 가장자리
* 周圍(주위) : 어떤 곳의 바깥 둘레

彫 새길 조

총획 11획　**부수** 彡 터럭 삼

彡은 '무늬'를 의미하는 글자이기 때문에 彫자는 '**아름다운 무늬를 새긴다**'라는 의미를 나타낸다. 彡이 의미 요소이고, 周가 소리 요소이다.

* 彫刻(조각) : 재료를 깎아 입체 형상을 만듦
* 木彫(목조) : 나무를 깎아 형상을 만듦

준 俊
산 酸
사 唆

俊 준걸 준

총획 9획　**부수** 人(=亻) 사람 인

夋(천천히 갈 준)자는 允(진실로 윤)과 夊(발)의 결합으로 소리 요소로 많이 쓰이는 글자이다. **천천히(夋) 가는 사람(人)**은 **여유 있고 대범한 사람**이므로 '**준걸**'이라는 뜻이 생겼다.

* 俊傑(준걸) : 재주와 슬기가 뛰어난 사람
* 英俊(영준) : 영민하고 준수함

酸 실 산

총획 14획　**부수** 酉 닭 유

'천천히 한다'는 것은 '오래 한다'는 것과 관련이 있다. 따라서 酸자는 '**오래된(夋) 술(酉)의 맛이 시어졌다**'라는 의미가 된다. 酉가 의미 요소이고, 夋(천천히 갈 준)이 소리 요소이다.

* 鹽酸(염산) : 염화수소의 수용액
* 酸化(산화) : 원자나 분자가 전자를 잃는 일

唆 부추길 사

총획 10획　**부수** 口 입 구

부추기는 것은 '**남에게 나쁜 일을 시킨다**'라는 의미이므로 口가 의미 요소이고 夋이 소리 요소이다.

* 敎唆(교사) : 남을 꼬드겨서 나쁜 짓을 하게 함
* 示唆(시사) : 어떤 것을 미리 간접적으로 알려줌

衝 부딪칠/찌를 충

총획 15획　**부수** 行 다닐 행

重(무거울 중)자는 亻자와 東(동녘 동 : 보따리 물건의 상형 문자)자가 결합된 글자이다. 따라서 衝자는 '**무거운(重) 짐을 지고 큰 길을 가면(行) 다른 사람과 쉽사리 부딪치게 된다**'라는 의미이다. 行(다닐 행)이 의미 요소이고 重(무거울 중)이 소리 요소가 된다.

* 衝擊(충격) : 물체에 급격히 가해지는 힘
* 衝突(충돌) : 서로 맞부딪치거나 맞섬

충 衝

仲 버금 중

총획 6획　**부수** 人(=亻) 사람 인

仲자는 '**세 사람이 있을 때 가운데(中) 있는 사람(人)은 두 번째 사람**이 된다'라는 의미이다. 人이 의미 요소이고 中이 소리 요소이다.

➕ 버금 : '둘째'라는 뜻이다.

* 仲介(중개) : 사이에 끼어들어 관계를 이어 줌
* 仲裁(중재) : 사이에 끼어들어 쌍방을 화해시켜 줌

중 仲

憎 미워할 증

총획 15획　**부수** 心(=忄) 마음 심

曾(높을/거듭 증)자의 고문자는 으로 떡을 익히는 '시루'를 본뜬 글자이다. 시루 위에 떡을 겹쳐 올리므로 '거듭, 높다'의 뜻이 되었다. 憎자는 시루에서 김이 나듯, '**머리에서 김이 모락모락 나서 화가 나고 미워하게 됐다**'라는 의미이다. 心이 의미 요소이고 曾이 소리 요소이다.

* 憎惡(증오) : 매우 미워함
* 愛憎(애증) : 사랑과 미움을 아울러 이르는 말

증 憎
증 贈

贈 줄 증

총획 19획　**부수** 貝 조개 패

'**돈(貝)을 거듭(曾)하여 많이 번 사람은 남에게 돈을 주며 도와야 한다**'라는 의미의 글자이다. 貝가 의미 요소이고, 曾이 소리 요소이다.

* 贈與(증여) : 물품 따위를 선물로 줌
* 寄贈(기증) : 선물이나 기념으로 남에게 물품을 줌

僧 중 승

총획 14획　**부수** 人(=亻) 사람 인

매일 거듭하여(曾) 수도하는 사람(人)인 스님을 의미하는 글자이다.

* 僧侶(승려) : 스님의 한자어
* 童子僧(동자승) : 나이가 어린 승려

승 僧

Day 20 옛 사람의 名과 字　▶　219

Day 20 확인학습

1. 다음 한자의 훈음을 쓰세요.

- 01 挑 _____
- 02 濟 _____
- 03 潮 _____
- 04 逃 _____
- 05 跳 _____
- 06 株 _____
- 07 殊 _____
- 08 柱 _____
- 09 周 _____
- 10 俊 _____
- 11 締 _____
- 12 劑 _____
- 13 騷 _____
- 14 桃 _____
- 15 珠 _____
- 16 洙 _____
- 17 彫 _____
- 18 酸 _____
- 19 唆 _____
- 20 衝 _____
- 21 仲 _____

2. 다음 한자의 독음을 쓰세요.

- 01 締結 _____
- 02 調劑 _____
- 03 騷音 _____
- 04 周邊 _____
- 05 挑戰 _____
- 06 珍珠 _____
- 07 駐車 _____
- 08 彫刻 _____
- 09 酸化 _____
- 10 敎唆 _____
- 11 示唆 _____
- 12 衝突 _____
- 13 仲介 _____
- 14 憎惡 _____
- 15 寄贈 _____
- 16 僧侶 _____
- 17 俊傑 _____
- 18 武陵桃源 _____
- 19 支柱 _____
- 20 殊勳 _____
- 21 守株待兔 _____

맞은 개수 ▶ / 63   소요 시간 ▶

3. 알맞은 한자를 쓰세요.

① 맺을 체　　　② 약지을 제　　　③ 시끄러울 소

④ 복숭아 도　　⑤ 돋울 도　　　　⑥ 구슬 주

⑦ 물이름 수　　⑧ 머무를 주　　　⑨ 새길 조

⑩ 실 산　　　　⑪ 부추길 사　　　⑫ 부딪칠 충

⑬ 버금 중　　　⑭ 미워할 증　　　⑮ 줄 증

⑯ 중 승　　　　⑰ 건널 제　　　　⑱ 조수 조

⑲ 달아날 도　　⑳ 뛸 도　　　　　㉑ 그루 주

Day 20 보충한자

責 꾸짖을 책	총획 11획 · 부수 貝 · 준4급 責任(책임): 도맡아야 할 임무 免責(면책): 책임에서 벗어남
泉 샘 천	총획 9획 · 부수 水 · 3급 溫泉(온천): 따뜻한 물이 솟는 샘 甘泉(감천): 물맛이 좋은 샘
積 쌓을 적	총획 16획 · 부수 禾 · 3급 積載(적재): 실어서 쌓아 올림 累積(누적): 포개어 쌓음
線 줄 선	총획 15획 · 부수 糸 · 5급 戰線(전선): 전쟁이 진행되는 지역 路線(노선): 버스나 기차가 정해 놓고 다니도록 한 길
昌 창성할 창	총획 8획 · 부수 日 · 3급 繁昌(번창): 일이 한창 잘되어 발전함 昌盛(창성): 성하여 잘되어 감
訓 가르칠 훈	총획 10획 · 부수 言 · 준4급 訓民正音(훈민정음): 한글의 옛 이름 訓話(훈화): 가르치기 위해 하는 이야기
唱 부를 창	총획 11획 · 부수 口 · 4급 歌唱(가창): 노래를 부름 合唱(합창): 여러 사람들이 함께 노래를 부름
順 순할 순	총획 12획 · 부수 頁 · 준4급 順從(순종): 거부하지 않고 따름 賢順(현순): 현명하고 순박함
創 비롯할 창	총획 12획 · 부수 刀(=刂) · 준3급 創造(창조): 처음으로 만듦 開創(개창): 처음으로 열어 시작함
檢 검사할 검	총획 17획 · 부수 木 · 준3급 檢査(검사): 실제의 상황을 잘 살피고 조사함 檢閱(검열): 검사하고 살펴봄
妻 아내 처	총획 8획 · 부수 女 · 3급 妻子(처자): 아내와 자식 本妻(본처): 첩에 상대하여 '아내'를 일컫는 말
儉 검소할 검	총획 15획 · 부수 人(=亻) · 준3급 儉素(검소): 치레하지 않고 수수함 檀君王儉(단군왕검): 고조선을 세운 임금(國祖 국조)

驗 시험 험	총획 23획 · 부수 馬 · 준3급 經驗(경험): 실제로 겪은 일 實驗(실험): 실제로 시험해 봄		

8~3급 한자도 함께 체크해 보세요!

淸 맑을 청	총획 11획 · 부수 水(=氵) · 준4급 淸廉(청렴): 성품이 고결하고 탐욕이 없음 淸潔(청결): 맑고 깨끗함	獨 홀로 독	총획 16획 · 부수 犬(=犭) · 4급 孤獨(고독): 홀로 있어 외로움 獨創(독창): 모방하지 않고 처음으로 생각하거나 만들어 냄
請 청할 청	총획 15획 · 부수 言 · 준3급 要請(요청): 요긴하게 청함 請援(청원): 구원을 요청함	秋 가을 추	총획 9획 · 부수 禾 · 5급 秋收(추수): 가을걷이 春秋(춘추): 어른의 나이, 공자가 편찬한 역사책
晴 갤 청	총획 12획 · 부수 日 · 3급 晴天(청천): 맑게 갠 날 快晴(쾌청): 하늘이 상쾌하도록 맑게 갬	愁 근심 수	총획 13획 · 부수 心 · 준3급 借酒澆愁(차주요수): 술을 마시며 시름을 달래다
情 뜻 정	총획 11획 · 부수 心(=忄) · 4급 情緖(정서): 어떤 경우에 부딪혀 발생하는 갖가지 감정이나 생각 友情(우정): 친구 간의 감정	推 밀 추/퇴	총획 11획 · 부수 手(=扌) · 3급 推進(추진): 밀고 나아감 推敲(퇴고): 생각을 거듭하여 시문(詩文)을 가다듬다
精 세밀할 정	총획 14획 · 부수 米 · 4급 精密(정밀): 가늘고 촘촘하고 자세함 精神(정신): 마음이나 생각, 영혼	唯 오직 유	총획 11획 · 부수 口 · 3급 唯物論(유물론): 우주 만물의 궁극적 실재는 물질로 이루어졌다는 사상
消 사라질 소	총획 10획 · 부수 水(=氵) · 준4급 消滅(소멸): 사라져 없어짐 消火(소화): 물을 부어 불길을 잡음	進 나아갈 진	총획 12획 · 부수 辵(=辶) · 4급 進退維谷(진퇴유곡): 앞으로도 뒤로도 갈 수 없음, 궁지에 빠진 상태

Day 21
辰자를 넣으면 어떤 글자가 될까요?

오늘은 辰(별 진/때 신)자에 대해 알아보려고 합니다. 辰자의 갑골 문자는 ㈜으로 대합조개를 본뜬 글자라고 합니다. 이 조개는 화폐로 쓰였던 조개(貝, 갑골 문자는 ㈜)와는 달리 주로 농기구에 쓰였습니다. 辰은 무척 크고 껍질이 두꺼웠기 때문에 날카롭게 갈아서 호미나 낫과 같은 용도로 사용했습니다. 그렇다면 이런 용도로 쓰인 辰자를 林자 밑에 넣으면 어떤 글자가 될까요? 바로 農(농사 농, 갑골 문자는 ㈜)자가 됩니다. 즉, '풀이 많은 밭(林)에서 호미(辰)를 가지고 김을 맨다'는 의미입니다. 농사를 지으려면 시기 적절하게 파종(播種)하고 관리하는 것이 중요합니다. 때문에 辰자에는 '시기, 때'라는 의미가 파생되었으며 할아버지의 '생신'의 '신'은 身자가 아닌 辰자를 쓰게 된 것입니다. 따라서 '시기, 때'라는 의미를 나타낼 때는 '신'으로 읽어야 합니다.

밤하늘을 올려다보면 무수히 많은 별들이 반짝이고 있습니다. 이 별들은 우주의 운행 법칙에 의해 시간에 맞추어 돌고 돌기 때문에 辰자에는 '별'이라는 뜻도 포함되어 있어 흔히 '별 진'이라고 합니다. 辰이 들어간 다른 글자를 보면, 晨(새벽 신)자는 농기구를 들고 일을 나가는 시간이 새벽이기 때문에 辰자 위에 日(시간과 관련된 글자)을 얹어 나타냈으며, 脣(입술 순)자는 조개 껍질이 상하로 열리듯 벌릴 수 있기 때문에 辰을 肉 위에 얹어 입술을 나타냈습니다. 위와 같이 辰자는 '조개'라는 의미에서 다른 글자의 뜻을 도우며 많은 글자를 파생시키기도 했습니다. 그렇다면 辰이 갖고 있던 원래의 뜻은 어떻게 보존됐을까요? 辰에 虫을 더해 蜃(조개 신)자가 되었답니다.

	지 旨
	지 脂

旨
맛/뜻 지

총획 6획　**부수** 日 날 일

旨자는 **숟가락을 의미**하는 匕자와 **그릇의 모양이 변한** 日자의 결합으로 **'맛'이라는 뜻**이다. 旨자의 고문자 형태는 🖋이다. 후에 지금의 형태로 변화하게 되었고, 현재 자형에 의거하여 부수를 정하다 보니 日(날 일)이 되었다.

* 宗旨(종지) : 근본이 되는 요지
* 敎旨(교지) : 조선 시대에 임금이 4품 이상의 벼슬아치에게 내리는 명령

脂
비계 지

총획 10획　**부수** 肉(=月) 고기 육

'고기(肉)가 맛(旨)있으려면 비계가 섞여야 한다'는 의미로 肉이 의미 요소, 旨(맛 지)가 소리 요소이다.

* 脂肪(지방) : 동물의 피부 밑에 있는 기름기
* 脫脂綿(탈지면) : 불순물, 지방 따위를 제거하여 소독한 솜

	질 姪

姪
조카 질

총획 9획　**부수** 女 여자 녀

姪자는 **시집간 여자**(女)가 자기 **친정에 이르렀을 때**(至) **만나게 되는 자기 형제의 자식**, 즉 **조카**를 나타내는 글자이다. 女가 의미 요소이고, 至는 소리 요소(지→질)이다.

* 姪女(질녀) : 여자 조카
* 叔姪間(숙질간) : 아저씨와 조카 사이

	직 織

織
짤 직

총획 18획　**부수** 糸 실 사

織자는 **'실로 비단과 천을 짠다'**라는 뜻이므로, 糸가 의미 요소이고 戠(직)이 소리 요소이다. 織자는 糸, 音, 戈로 이루어진 글자이므로 **'창**(戈) **부딪치는 소리**(音)를 내며 **베틀을 이용하여 실**(糸)**로 베를 짠다'**로 외우면 기억하기 쉽다.

* 組織(조직) : 짜서 이루거나 얽어서 만듦
* 織匠(직장) : 피륙을 짜는 장인

	식 殖

殖
번식할 식

총획 12획　**부수** 歹 뼈 알

소리 요소인 直(곧을 직)자의 고문자는 🖋으로, 눈(目)의 시선(丨)을 의미한다. 歹자는 '죽음'과 관련된 글자로 의미 요소이다. 동물이건 식물이건 죽으면 땅에 묻힌다. 따라서 殖자는 **'씨앗이 땅에 묻혀**(歹) **싹이 곧게**(直) **자라나서 번식한다'**는 의미가 된다.

* 繁殖(번식) : 붇고 늘어서 많이 퍼짐
* 殖民(식민) : 국민을 다른 나라로 이주시켜 경제적으로 개척 활동을 하는 것

Day 21 辰자를 넣으면 어떤 글자가 될까요? ▶ 225

치	置
치	值

置 둘 치

총획 13획　**부수** 网(=罒) 그물 망

'그물(罒)을 곧게(直) 쫙 펴서 두면 물고기나 새가 잡힌다'는 데서 网이 의미 요소이고 直이 소리 요소가 된다.

* 配置(배치) : 사람이나 물건을 일정한 자리에 둠
* 措置(조치) : 벌어지는 사태를 잘 살펴서 필요한 대책을 행함

值 값 치

총획 10획　**부수** 人(=亻) 사람 인

值자는 '**정직한**(直) **사람**(人)이 **값진 사람이다**'라고 기억하자. 사람이 장사를 하며 값을 매기므로 人이 의미 요소이고 直이 소리 요소가 된다.

* 價值(가치) : 사물이 지니고 있는 쓸모
* 數值(수치) : 계산하여 얻은 값

진	震
진	振
신	晨

震 벼락/진동할 진

총획 15획　**부수** 雨 비 우

辰(별 진)자는 대합조개를 본뜬 글자로 소리 요소로 많이 쓰인다. **비가 올 때 벼락이 치**므로 雨가 의미 요소이고 辰이 소리 요소이다.

* 震動(진동) : 물체가 울리어 흔들림
* 震國(진국) : 우리 역사상의 왕조인 발해(渤海)의 또 다른 이름

振 떨칠 진

총획 10획　**부수** 手(=扌) 손 수

옛날에는 대합조개의 껍질로 간단한 농기구를 만들어 썼다고 한다. '**손**(手)에 **농기구**(辰)**를 들고 잡초를 제거하다**(→떨쳐버리다)'로 기억하면 외우기 쉽다. '손으로 떨쳐낸다'는 의미이므로 手가 의미 요소이고 辰이 소리 요소이다.

➕ 떨치다 : 세게 흔들어서 떨어지게 하거나, 불길한 생각이나 명예 따위를 완강하게 버리는 것을 말한다.

* 振興(진흥) : 떨치어 일어남
* 振作(진작) : 떨치어 일으킴

晨 새벽 신

총획 11획　**부수** 日 날 일

晨자는 '**해**(日)**가 떠오르는 때**(辰)**인 새벽**'을 의미하는 글자이다. 새벽은 시간과 관계되므로 日이 의미 요소이고 辰(때 신/별 진)이 소리 요소이다.

* 昏定晨省(혼정신성) : 부모를 잘 섬기고 효성을 다함을 의미하는 사자성어
* 晨夕(신석) : 아침과 저녁

脣 입술 순

총획 11획　　**부수** 肉(=月) 고기 육

脣자에서 辰은 조개를 본뜬 글자이다. **조개 껍질이 열리듯 입술도 열리므로** 辰은 뜻을 돕기도 한다. 입술은 신체의 일부분이므로 肉이 의미 요소이고 辰이 소리 요소이다.

* 脣音(순음) : 입술이 붙었다 떨어질 때 나는 소리
* 脣亡齒寒(순망치한) : '입술이 없으면 이가 시리다'라는 뜻으로 서로 밀접한 관계일 때 어느 한쪽이 망하면 다른 한 쪽도 영향을 받는다는 말

愼 삼갈 신

총획 13획　　**부수** 心(=忄) 마음 심

眞자는 '신에게 바치는 음식을 솥(鼎)에 담아 숟가락(匕)으로 떠서 맛을 보다(→참 맛있다→참되다)'라는 의미이다. 따라서 愼자는 **'솥에 있는 음식을 맛보는 제사장의 마음(心)'**으로 **'경건하다, 삼가다'**의 뜻이 되었다.

➕ 삼가다 : '언행이나 몸가짐을 조심하다'라는 의미이다.

* 勤愼(근신) : 말이나 행동을 삼가며 조심하다
* 愼重(신중) : 매우 조심스러움

鎭 진압할 진

총획 18획　　**부수** 金 쇠 금

鎭자는 원래 '누르다'의 뜻이었으며 眞(참 진)자에는 솥(鼎)이라는 의미가 있기 때문에 **'쇠(金)로 만든 솥(鼎)이 땅을 누르다'**의 뜻을 나타냈다. 후에 **'시위대를 누르다, 진압하다'**의 뜻이 파생되었다.

* 鎭壓(진압) : 강압적으로 눌러 진정시킴
* 書鎭(서진) : 책장이나 종이가 바람에 날리지 않게 누르는 물건, 문진(文鎭)

騰 오를 등

총획 20획　　**부수** 馬 말 마

馬자를 제외한 부분은 朕(나 짐)자이다. 朕자의 고문자는 𦨶으로 원래는 '손에 무언가를 들고 배(舟)에 오른다'는 의미의 글자였다. 후에 1인칭 대사 '나'의 뜻으로 가차되었다. 騰자는 **'말(馬) 오른다(朕)'**의 뜻을 나타내며, 여기서 朕자는 소리 요소와 의미 요소를 겸하고 있다.

* 急騰(급등) : 물가나 시세가 갑자기 오름
* 騰落(등락) : 물가 따위가 오르고 내림

謄 베낄 등

총획 17획　　**부수** 言 말씀 언

'다른 사람의 이야기(言)를 듣고 종이에 올려(朕) 베껴 적는다'는 의미를 갖는 글자이다. 言자가 의미 요소이고 朕자가 소리 요소이다. 비슷한 뜻인 記(기록할 기)자의 의미 요소도 言자이다.

* 謄寫(등사) : 원본을 베껴 옮김
* 謄本(등본) : 원본의 내용을 그대로 베낌, 또는 그 서류

등 藤

藤 등나무 등

총획 19획 **부수** 艹(=++) 풀 초

소리 요소인 朕에 艹와 水가 더해진 글자로 '물(水)을 주면 넝쿨을 위로(朕) 뻗는 식물(艹)인 등나무'를 의미한다.

* 葛藤(갈등) : 칡과 등나무가 얽힌 것처럼 개인의 이해 관계가 얽혀 서로 적대시함
* 藤田(등전) : 등나무가 많은 곳

자 姿
자 恣
자 諮
자 資

姿 맵시 자

총획 9획 **부수** 女 여자 녀

次(버금 차)자의 고문자는 彡로 사람의 입(欠)에서 침(冫) 같은 것이 튀기고 있는 모습을 나타내며 소리 요소로 쓰인다. 맵시는 '아름다운 모양새'라는 뜻이므로 女가 의미 요소이고 次는 소리 요소가 된다.

* 姿態(자태) : 여성의 고운 맵시나 태도
* 姿勢(자세) : 몸을 가누는 모습

恣 방자할 자

총획 10획 **부수** 心 마음 심

恣자는 무례하고 함부로 하는 마음 상태를 말한다. '입에서 침을 튀기는(次) 것은 방자한 행동'이라고 기억하자. 心이 의미 요소이고 次가 소리 요소이다.

* 放恣(방자) : 무례하고 건방짐
* 恣行(자행) : 방자하게 멋대로 행함

諮 물을 자

총획 16획 **부수** 言 말씀 언

'입(口)으로 말하며 묻는 것'을 의미하므로 言이 의미 요소이고 次가 소리 요소이다.

* 諮問(자문) : 전문가에게 의견을 물음
* 諮議(자의) : 자문하고 의논함

資 재물 자

총획 13획 **부수** 貝 조개 패

재물을 의미하는 글자이므로 貝가 의미 요소이고 次가 소리 요소이다.

* 資本(자본) : 사업을 하기 위한 기본 돈
* 物資(물자) : 어떤 활동에 필요한 물건이나 돈

쉬어가요~

후배가 선배보다 낫다든지, 제자가 선생보다 나은 경우를 사자성어로 어떻게 이야기할까?

답 : 後生角高(후생각고 : 나중에 난 뿔이 우뚝하다), 後生可畏(후생가외 : 후배가 두렵다), 靑出於藍(청출어람 : 푸른색은 쪽풀보다 푸르다)

자 紫
자 雌

紫 자줏빛 자

총획 12획　**부수** 糸 실 사

소리 요소인 此(이 차)자는 지시대사로 '이것'이라는 뜻을 나타낸다. 止(발)와 匕(사람)가 결합된 글자이므로 사람이 발로 서 있는 '이곳'을 의미한다. 紫자는 '**붉은색**'을 의미하므로 糸가 의미 요소이고 此가 소리 요소이다. '**중국인이 이(此) 세상에서 가장 좋아하는 실(糸)의 색은 자줏빛**'으로 이해하면 기억하기 쉽다.

* 紫禁城(자금성) : 중국 베이징(北京)에 있는 황성(皇城)
* 紫外線(자외선) : 파장이 엑스선보다 길고 가시광선보다 짧은 전자기파

雌 암컷 자

총획 14획　**부수** 隹 새 추

'**둥지가 있는 이곳(此)에서 알을 지키는 새(隹)는 암컷**'으로 이해하면 외우기 쉽다. 隹가 의미 요소이고 此가 소리 요소이다.

* 雌雄(자웅) : 암컷과 수컷. 승부, 우열 등을 비유적으로 일컫는 말
* 雌性(자성) : 암컷

조 租
조 組

租 조세 조

총획 10획　**부수** 禾 벼 화

且(또 차)자의 갑골 문자는 로 조상에게 바치는 고기를 도마 위에 놓은 모습이라고 한다. 후에 '조상'이라는 뜻이 파생되었다가 다시 '또'라는 의미로 가차되자 示를 더해 祖자를 만들어 '조상'이라는 뜻을 나타내었다. 租자는 '**나라의 조상(且)인 건국 시조의 제사를 위해 벼(禾)로 세금을 걷는다**'는 의미이다.

* 租稅(조세) : 나라가 국가 경영을 위해 국민에게 강제로 거두는 돈
* 租界(조계) : 19세기 서구 열강이 중국을 침략하여 자리잡은 외국인의 거주지

組 짤 조

총획 11획　**부수** 糸 실 사

'**돌아가신 할아버지(且=祖)의 수의(壽衣)를 실(糸)로 짠다**'는 의미를 나타내는 글자이다. '실로 천을 짠다'는 뜻이므로 糸가 의미 요소이고 且가 소리 요소(차→조)가 된다.

➕ 짜다 : '실이나 끈 따위를 씨와 날로 결어서 천 따위를 만들다'라는 의미이다.

* 組合(조합) : 여럿을 한데 모음(=組織 : 조직)
* 小組(소조) : 작은 조직체

채 彩

彩 채색 채

총획 11획　**부수** 彡 터럭 삼

采(캘 채)자는 爪(손톱 조 : 손)와 木의 결합으로 '손으로 나무 열매를 딴다'는 의미이다. 따라서 彩자는 '**나무 열매(采)가 햇빛(彡)을 받아 빛깔이 매우 선명함**'을 의미하는 글자이다.

* 彩色(채색) : 여러 가지 고운 빛깔
* 金彩(금채) : 채색하는 데 쓰는 금가루나 금물

Day 21 확인학습

1. 다음 한자의 훈음을 쓰세요.

- 01 姪 _____
- 02 織 _____
- 03 値 _____
- 04 愼 _____
- 05 置 _____
- 06 鎭 _____
- 07 姿 _____
- 08 資 _____
- 09 雌 _____
- 10 租 _____
- 11 組 _____
- 12 旨 _____
- 13 脂 _____
- 14 殖 _____
- 15 震 _____
- 16 振 _____
- 17 晨 _____
- 18 脣 _____
- 19 騰 _____
- 20 謄 _____
- 21 藤 _____

2. 다음 한자의 독음을 쓰세요.

- 01 脂肪 _____
- 02 殖民 _____
- 03 震動 _____
- 04 振興 _____
- 05 姿勢 _____
- 06 脣音 _____
- 07 騰落 _____
- 08 謄寫 _____
- 09 藤田 _____
- 10 放恣 _____
- 11 諮問 _____
- 12 租稅 _____
- 13 彩色 _____
- 14 敎旨 _____
- 15 叔姪 _____
- 16 小組 _____
- 17 配置 _____
- 18 紫禁城 _____
- 19 謹愼 _____
- 20 鎭壓 _____
- 21 昏定晨省 _____

맞은 개수 ▶ / 63   소요 시간 ▶

3. 알맞은 한자를 쓰세요.

01 맛/뜻 지
02 비계 지
03 번식할 식

04 벼락 진
05 떨칠 진
06 새벽 신

07 입술 순
08 오를 등
09 베낄 등

10 등나무 등
11 방자할 자
12 물을 자

13 자줏빛 자
14 채색 채
15 짤 조

16 조세 조
17 암컷 자
18 재물 자

19 맵시 자
20 진압할 진
21 둘 치

Day 21 보충한자

誰 — 누구 수
- 총획 15획 | 부수 言 | 3급
- 誰怨孰尤(수원숙우) : 누구를 원망하고 누구를 탓하겠는가

則 — 법 칙/곧 즉
- 총획 9획 | 부수 刀(=刂) | 4급
- 法則(법칙) : 반드시 지켜야 하는 규범
- 準則(준칙) : 준거할 기준이 되는 규칙

出 — 나갈 출
- 총획 5획 | 부수 凵 | 7급
- 出家(출가) : 번뇌에 얽매인 세속의 인연을 버리고 성자(聖者)의 수행 생활에 들어감

宅 — 집 택/집 댁
- 총획 6획 | 부수 宀 | 4급
- 住宅(주택) : 사람이 들어가 살 수 있는 건물
- 宅內(댁내) : 남의 집안을 높이는 말

術 — 재주 술
- 총획 11획 | 부수 行 | 준4급
- 技術(기술) : 사물을 잘 다루는 능력
- 武術(무술) : 주먹질, 발길질 등의 자신을 지키는 기술

卓 — 높을 탁
- 총획 8획 | 부수 十 | 4급
- 卓見(탁견) : 탁월한 견해
- 卓子(탁자) : 테이블

充 — 채울 충
- 총획 6획 | 부수 儿 | 준4급
- 補充(보충) : 부족한 것을 보태어 채움
- 充滿(충만) : 가득 차 있음

篇 — 책 편
- 총획 15획 | 부수 竹 | 3급
- 詩篇(시편) : 시를 모아 묶은 책
- 玉篇(옥편) : 한자(漢字)를 모아 놓은 사전

統 — 거느릴 통
- 총획 12획 | 부수 糸 | 4급
- 統率(통솔) : 무리를 거느려 다스림
- 大統領(대통령) : 국가의 원수(元首)

平 — 평평할 평
- 총획 5획 | 부수 干 | 5급
- 平均(평균) : 사물의 질이나 양이 일정함
- 平地(평지) : 평평한 땅

取 — 가질 취
- 총획 8획 | 부수 又 | 준3급
- 取得(취득) : 자기의 것으로 만들어 가짐
- 奪取(탈취) : 빼앗아 가짐

包 — 쌀 포
- 총획 5획 | 부수 勹 | 준3급
- 包裝(포장) : 물건을 싸거나 꾸림
- 內包(내포) : 어떤 뜻이나 성질을 속에 품음

抱 안을 포
- 총획 8획
- 부수 手(=扌)
- 3급
- 抱擁(포옹): 품에 껴안음
- 抱負(포부): 마음속에 품고 있는 계획이나 희망

> 8~3급 한자도 함께 체크해 보세요!

暴 사나울 폭/포
- 총획 15획
- 부수 日
- 준3급
- 暴惡(포악): 매우 사납고 악함
- 暴君(폭군): 사납고 모진 군주

必 반드시 필
- 총획 5획
- 부수 心
- 준4급
- 必勝(필승): 반드시 이김
- 必讀書(필독서): 반드시 읽어야 하는 책

票 쪽지 표
- 총획 11획
- 부수 示
- 준3급
- 車票(차표): 차를 타기 위해 사는 표
- 投票(투표): 선거를 위해 표를 행사함

密 빽빽할 밀
- 총획 11획
- 부수 宀
- 준3급
- 密林(밀림): 나무가 빽빽한 숲
- 隱密(은밀): 숨어 있어서 겉으로 드러나지 않음

彼 저 피
- 총획 8획
- 부수 彳
- 3급
- 彼此(피차): 저곳과 이곳을 아우르는 말
- 知彼知己(지피지기): 적을 알고 나를 알다

秘 숨길 비
- 총획 10획
- 부수 禾
- 3급
- 秘密(비밀): 숨기고 감추어 둔 사실
- 秘訣(비결): 세상에 알려지지 않은 자기만의 좋은 방법

疲 피곤할 피
- 총획 10획
- 부수 疒
- 3급
- 疲困(피곤): 몸과 마음이 지쳐 고달픔
- 疲勞(피로): 과로로 몸과 마음이 피곤함

感 느낄 감
- 총획 13획
- 부수 心
- 준4급
- 感動(감동): 크게 느끼어 마음이 움직임
- 感覺(감각): 밖의 자극을 알아차림

波 물결 파
- 총획 8획
- 부수 水(=氵)
- 4급
- 波濤(파도): 바다에 이는 물결
- 波長(파장): 충격적인 일이 미치는 영향

減 덜 감
- 총획 12획
- 부수 水(=氵)
- 4급
- 減少(감소): 줄어 들어서 적음
- 遞減(체감): 순서대로 덜어 냄

破 깨뜨릴 파
- 총획 10획
- 부수 石
- 준3급
- 破壞(파괴): 때려 부수어 버림
- 擊破(격파): 쳐서 깨뜨림

合 합할 합
- 총획 6획
- 부수 口
- 5급
- 合計(합계): 모두 합한 수
- 綜合(종합): 여러 가지를 한데 모아서 합함

Day 22
劍과 刀는
서로 다른 종류의 칼이다?

오늘은 劍(칼 검)자에 대해서 알아봅시다. 劍자의 소리 요소는 僉(다 첨)자로 '모두, 다'의 뜻을 가지고 있습니다. 우리말에 '나이 많은 남자를 낮잡아 이르는 말'로 첨지(僉知)가 있습니다. 僉자의 자원(字源)은 확실하게 밝혀지지 않았지만, 소리 요소로 쓰이면서 뜻을 돕는 역할을 하고 있는 것은 분명해 보입니다.

과거에 무기로 쓰이던 도구 중에는 창, 활, 도끼 등 많이 있었지만, 그중 칼은 전 세계 병사들이 사용하던 주요 무기였습니다. 칼은 용도에 따라 다양한 종류가 있지만 크게 도(刀)와 검(劍)으로 나뉩니다. 刀는 갑골 문자의 자형에서 알 수 있듯(ᒣ) 칼 몸 한쪽에만 날이 서 있는 것을 말하고, 劍은 僉(다 첨)자가 설명해 주듯 양쪽 모두에 날이 서 있는 것을 말합니다. 그래서 무기로써의 칼을 통칭하여 도검(刀劍)이라 부릅니다. 칼날은 인(刃 : 칼의 날 부분에 점을 찍은 모습)이라 하고, 칼끝은 봉(鋒 : 金과 夆의 결합)이라 하는데, 흔히 '선봉(先鋒)에 선다'는 것은 '앞장서서 나아간다'는 의미로 칼끝으로 찌르기 때문에 생겨난 단어입니다.

중국의 경우에는 주로 劍을 많이 썼던 것 같고, 일본은 刀를 많이 썼던 것 같습니다. 그래서 일본인들이 벼리(벼리다 : 날을 세워 칼을 만든다)었던 칼을 일본도(日本刀)라 하는데, 강하고 날카로움으로 따지면 세계 최강이라고 할 수 있습니다. 아울러 일본도를 사용하는 무술을 검도(劍道)라고 합니다. 일본의 검도는 많은 사람들이 인정하는 매우 우수한 무술로 칼이 발달한 곳에서 검술이 발달하는 것은 당연한 일입니다. 활이 발달한 우리나라에서 궁술(弓術)이 발달하듯 말입니다.

| 채 債
| 적 績
| 적 蹟

債 빚 채

총획 13획　**부수** 人(=亻) 사람 인

소리 요소인 責(꾸짖을 책)자는 朿(가시 자)와 貝(돈)가 상하로 결합된 글자로 '돈(貝)에 대한 책임을 다하지 못하면 가시(朿)처럼 따끔한 꾸짖음을 받는다'는 의미를 나타낸다. 따라서 債자는 '돈에 대한 책임(責)을 짊어지고 있는 사람(人)' 즉 '빚진 사람'을 의미하는 글자이다.

* 債權(채권) : 특정인이 다른 특정인에게 어떤 행위를 청구할 수 있는 권리
* 債務(채무) : 특정인이 다른 특정인에게 어떤 행위를 해야 할 의무

績 길쌈/공(功) 적

총획 17획　**부수** 糸 실 사

길쌈이란 실을 내어 옷감을 짜는 일을 통칭하는 말이다. 糸가 의미 요소이고 責이 소리 요소이다.

* 紡績(방적) : 섬유를 가공하여 실을 뽑는 일
* 功績(공적) : 노력과 수고를 통해 이루어낸 좋은 결과

蹟 자취 적

총획 18획　**부수** 足 발 족

'자신의 일에 대해 책임(責任)을 지고 발(足)로 열심히 뛰는 사람의 뒤에는 그의 자취가 남는다'로 이해하면 외우기 쉽다. 발자국을 의미하는 글자이므로 足이 의미 요소이고 責이 소리 요소이다.

➕ 자취 : '어떤 것이 남긴 표시나 자리'를 말한다.

* 行蹟(행적) : 평생 동안 한 일이나 업적
* 遺蹟(유적) : 남아 있는 자취

| 참 斬
| 참 慙

斬 벨 참

총획 11획　**부수** 斤 도끼 근

수레(車)로 찢는 형벌과 도끼(斤)로 베는 형벌을 나타내는 글자였으나 지금은 '베다'의 뜻으로 사용하고 있는 글자이다. 참형(斬刑)은 가장 무거운 형벌이므로 후에 '매우'의 뜻이 파생되었다.

* 斬首(참수) : 범죄자의 목을 벰
* 斬新(참신) : 매우 새로움

慙 부끄러울 참

총획 15획　**부수** 心 마음 심

'참형(斬)을 앞둔 죄수가 마음(心)으로 부끄러워한다'로 이해하면 기억하기 쉽다. 부끄러운 것은 마음의 작용이므로 心이 의미 요소이고 斬이 소리 요소이다.

* 慙愧(참괴) : 매우 부끄러워함
* 慙悔(참회) : 부끄러워하며 뉘우침

| 점 漸
| 잠 暫

漸 점차 점

총획 14획　**부수** 水(=氵) 물 수

漸자의 의미 요소는 水로 '(물에) 젖다, (물이) 흐르다' 등의 뜻이었으나 후에 '**점차**'의 뜻이 파생되었다. '**참형**(斬)을 앞둔 죄수가 눈물(氵)을 점점 많이 흘린다'로 외우자.

* 漸次(점차) : 차례를 따라 진행됨
* 漸入佳境(점입가경) : 들어갈수록 점점 재미있음

暫 잠시 잠

총획 15획　**부수** 日 날 일

暫자는 '**짧은 시간**'을 의미하는 글자로 여기에 쓰인 日자는 시간과 관련 있는 글자 속에 종종 들어간다. 斬은 '죄수의 목을 베다'라는 뜻으로 斬을 당하면 짧은 시간 안에 **목숨이 끊어지므로** 소리 요소인 斬이 뜻을 돕고 있다.

* 暫時(잠시) : 짧은 시간
* 暫定(잠정) : 잠시 정해 둠

| 창 倉
| 창 蒼
| 창 滄

倉 곳집 창

총획 10획　**부수** 人 사람 인

倉자는 人 부수 안에 들어가 있지만 그것은 형태상의 분류일 뿐이고 뜻과는 무관하다. 왜냐하면 倉자는 '**창고**'의 모습을 본뜬 글자이기 때문이다.

➕ 곳집 : 예전에 곳간으로 쓰려고 지은 집을 말한다.

* 倉庫(창고) : 물건이나 자재를 보관하거나 저장하는 건물
* 穀倉(곡창) : 곡식을 저장하는 창고

蒼 푸를 창

총획 14획　**부수** 艸(=艹) 풀 초

'**창고**(倉) 지붕에 돋아난 풀(艹)의 **색깔이 푸르다**'로 이해하면 기억하기 쉽다. 파란색을 의미하므로 艹가 의미 요소이고 倉은 소리 요소이다.

* 蒼空(창공) : 푸른 하늘
* 鬱蒼(울창) : 나무들이 빽빽하게 모인 모양

滄 큰 바다 창

총획 13획　**부수** 水(=氵) 물 수

창고는 물건을 모아 놓는 곳이다. 즉 滄자는 '**물**(水)이 **모여**(倉)있는 **큰 바다**'로 이해하면 쉽다. 바다를 의미하므로 水가 의미 요소이고 倉은 소리 요소이다.

* 滄海一粟(창해일속) : 바닷속의 좁쌀 하나, 매우 큰 것 중에서 작은 것 하나라는 의미
* 滄波(창파) : 바다의 푸른 물결

悽 슬퍼할 처

총획 11획 **부수** 心(=忄) 마음 **심**

妻(아내 처)자는 女와 크(손), 一(비녀)가 결합된 글자이다. 비녀를 꽂은 여인은 유부녀를 의미하므로 '아내'의 뜻이 생겼다. **슬퍼하는 것**은 **마음의 작용**이므로 心이 의미 요소이고 妻가 소리 요소가 된다.

* 悽慘(처참) : 끔찍스럽게 참혹함
* 哀哀悽悽(애애처처) : 몹시 구슬픈 꼴

처 悽

巡 순행할 순

총획 7획 **부수** 川(=巛) 내 **천**

巡자의 원래 뜻은 '돌다(廻)'였다. 시냇물(川)이 돌아 흐르는(辶) 것을 의미하기 때문이다. 후에 '**두루, 돌며 관찰하다**' 등의 뜻이 생겼다. 巛자는 川(내 천)자의 변형된 모습으로 소리 요소이고, '순행'이란 '가다'의 뜻과 관련되므로 辶이 의미 요소이다.

* 巡幸(순행) : 임금이 나라를 돌며 백성을 살피는 일
* 巡察(순찰) : 돌아다니며 관찰함

순 巡

劍 칼 검

총획 15획 **부수** 刀(=刂) 칼 **도**

僉(모두 첨)자는 집(스)에 사람(人, 人)들이 모두 모인 것을 의미하는 글자로 소리 요소로 쓰인다. 칼의 위아래에 모두(僉) 날이 서 있는 칼(刀)을 검(劍)이라 부르고 칼 몸의 한쪽에만 날이 서 있는 것을 도(刀)라고 한다.

* 劍術(검술) : 검을 가지고 적을 공격하고 막는 무술, 격검(擊劍)
* 本國劍(본국검) : 조선에서 개발된 우리나라 고유의 검술

검 劍
험 險

險 험할 험

총획 16획 **부수** 阜(=阝) 언덕 **부**

길이 험한 것을 의미하므로 阜가 의미 요소이고 僉(첨→험)이 소리 요소이다.

* 危險(위험) : 안전하지 않고 위태로움
* 險難(험난) : 험하여 고생스러움

擔 멜 담

총획 16획 **부수** 手(=扌) 손 **수**

詹(말 많을 첨)자는 '사람(ク)이 언덕(厂) 위에서 말(言)을 많이 한다'는 뜻으로 소리 요소로 쓰인다. 擔자는 '**가방 등을 어깨에 메다**'라는 의미이므로 手가 의미 요소이고 詹이 소리 요소이다.

* 負擔(부담) : 등에 지고 어깨에 멘다는 말, 어떤 의무나 책임을 짐
* 擔任(담임) : 학급이나 학년을 맡아 책임을 짐, 또는 그러한 선생님

담 擔

담 膽

膽
쓸개 담

- **총획** 17획　**부수** 肉(=月) 고기 **육**

쓸개는 우리 몸에 있는 것이므로 肉이 의미 요소이고 詹은 소리 요소이다. 한의학에서 '**용기는 쓸개에서 나온다**'고 하여 '**배짱, 용기**'의 뜻도 파생되었다.

* 膽力(담력) : 사물을 두려워하지 않는 기백
* 臥薪嘗膽(와신상담) : 고통을 이겨내며 복수를 다짐함

초 肖
초 哨
삭 削

肖
닮을 초

- **총획** 7획　**부수** 肉(=月) 고기 **육**

'**부자**(父子)나 **형제**(兄弟)가 서로 닮았다'라는 의미이다. 그래서 肉이 의미 요소이고 小는 소리 요소가 된다.

* 不肖(불초) : 부모를 닮지 않아 어리석다는 뜻
* 肖像畫(초상화) : 사람의 얼굴을 닮게 그린 그림

哨
망볼 초

- **총획** 10획　**부수** 口 입 **구**

적군이 오는지 망을 보다가 적이 오면 소리를 질러야 하므로 口가 의미 요소이고 肖는 소리 요소가 된다.

➕ 망보다 : '상대편의 동태를 알기 위하여 멀리서 동정을 살핀다'는 뜻이다.

* 步哨(보초) : 부대의 경계선이나 각종 출입문에서 경계와 감시의 임무를 맡은 병사
* 哨所(초소) : 보초병들이 보초를 서는 곳

削
깎을 삭

- **총획** 9획　**부수** 刀(=刂) 칼 **도**

칼로 깎으니까 刀가 의미 요소이고 肖(초→삭)이 소리 요소가 된다.

* 削減(삭감) : 깎아서 줄임
* 削髮(삭발) : 머리카락을 빡빡 깎음

촉 燭

燭
촛불 촉

- **총획** 17획　**부수** 火 불 **화**

蜀(벌레 촉)자는 虫(벌레 충)이 의미 요소이므로 '벌레'라는 뜻을 갖는데 소리 요소로도 자주 쓰인다. 燭자는 **불과 관련된 글자**이므로 火가 의미 요소, 蜀이 소리 요소이다.

* 華燭(화촉) : 빛깔을 들인 밀초, 흔히 혼례 의식에 쓰임
* 燈燭(등촉) : 등불과 촛불을 아울러 이르는 말

觸 닿을 촉

총획 20획　**부수** 角 뿔 각

뿔은 사물을 들이받을 때 쓰이는 것이므로 角자가 觸자의 의미 요소이고 蜀이 소리 요소이다.

* 接觸(접촉) : 서로 맞닿음
* 一觸卽發(일촉즉발) : 한 번 건드리면 폭발할 것 같이 매우 위태한 상태

屬 무리 속

총획 21획　**부수** 尸 주검/시동 시

소리 요소인 蜀을 제외한 나머지 글자는 尾(꼬리 미)자가 간략하게 변형된 것이다. '소의 꼬리(尾)에 많은 벌레(蜀)가 무리 지어 있다'로 외우면 편하다.

* 所屬(소속) : 일정한 단체나 기관에 딸림
* 附屬(부속) : 주된 사물이나 기관에 딸려 붙음

濁 흐릴 탁

총획 16획　**부수** 水(=氵) 물 수

'연못(水)에 벌레(蜀)가 빠져서 물이 흐려졌다'로 이해하면 외우기 쉽다. '물이 흐리다'라는 의미이므로 水가 의미 요소이고 蜀(촉→탁)이 소리 요소이다.

* 濁酒(탁주) : 맑은 청주(淸酒)가 아닌 흐린 술
* 淸濁(청탁) : 맑은 것과 흐린 것

趨 달릴 추

총획 17획　**부수** 走 달릴 주

走를 제외한 나머지 글자는 芻(꼴 추)자이다. 여기서 '꼴'이란 '말과 소를 먹이기 위해 베어놓은 풀'을 의미한다. 따라서 趨자는 '말이나 소가 꼴(芻)을 보고 달린다(走)'는 의미를 나타내는 글자이다.

* 趨勢(추세) : 되어가는 형편
* 趨下(추하) : 빠른 속도로 달려 내려감

焦 탈 초

총획 12획　**부수** 火(=灬) 불 화

'불(火) 위에 새(隹)를 올려놓고 태운다'라는 의미이다. 隹는 꽁지가 짧은 새를 본뜬 것이고 鳥는 꽁지가 긴 새라는 의견이 있다.

* 焦眉之急(초미지급) : 눈썹이 탈 정도로 매우 다급한 상태
* 焦燥(초조) : 애가 타서 마음이 조마조마함

쉬어가요~

우리 속담인 '언발에 오줌 누기'를 한문으로 바꾸면?
답 : 臨時變通(임시변통), 姑息之計(고식지계), 下石上臺(하석상대) 등이 있으니 잘 외워두세요!

확인학습 Day 22

1. 다음 한자의 훈음을 쓰세요.

- 01 債 _____
- 02 績 _____
- 03 蹟 _____
- 04 倉 _____
- 05 巡 _____
- 06 劍 _____
- 07 險 _____
- 08 擔 _____
- 09 削 _____
- 10 濁 _____
- 11 焦 _____
- 12 斬 _____
- 13 憨 _____
- 14 漸 _____
- 15 暫 _____
- 16 蒼 _____
- 17 滄 _____
- 18 悽 _____
- 19 膽 _____
- 20 肖 _____
- 21 哨 _____

2. 다음 한자의 독음을 쓰세요.

- 01 斬新 _____
- 02 憨悔 _____
- 03 漸次 _____
- 04 暫時 _____
- 05 哨所 _____
- 06 蒼空 _____
- 07 悽慘 _____
- 08 膽力 _____
- 09 濁酒 _____
- 10 步哨 _____
- 11 華燭 _____
- 12 接觸 _____
- 13 趨勢 _____
- 14 倉庫 _____
- 15 肖像畫 _____
- 16 所屬 _____
- 17 削減 _____
- 18 滄海一粟 _____
- 19 擔任 _____
- 20 巡幸 _____
- 21 焦眉之急 _____

맞은 개수 ▶ / 63 소요 시간 ▶

3. 알맞은 한자를 쓰세요.

01 벨 참
02 부끄러울 참
03 점차 점

04 잠시 잠
05 푸를 창
06 큰 바다 창

07 슬퍼할 처
08 쓸개 담
09 닮을 초

10 망볼 초
11 촛불 촉
12 닿을 촉

13 달릴 추
14 탈 초
15 흐릴 탁

16 무리 속
17 깎을 삭
18 멜 담

19 험할 험
20 칼 검
21 순행할 순

Day 22
보충한자

答 대답할 답	총획 12획 · 부수 竹 · 5급 對答(대답): 물음에 답함 答信(답신): 답장으로 보내는 편지	
鄉 시골 향	총획 13획 · 부수 邑(=阝) · 준3급 故鄉(고향): 태어나서 자라고 놀던 곳 鄉里(향리): 시골의 마을	
給 줄 급	총획 12획 · 부수 糸 · 4급 給與(급여): 돈이나 물품 따위를 줌 俸給(봉급): 회사에서 대가로 받는 돈	
協 도울 협	총획 8획 · 부수 十 · 4급 協力(협력): 함께 힘을 합함 協同(협동): 함께 힘과 의지를 합함	
拾 열 십/주을 습	총획 9획 · 부수 手(=扌) · 준3급 拾得(습득): 주워서 얻음 收拾(수습): 흩어진 물건을 주워서 정리함	
榮 영화로울 영	총획 14획 · 부수 木 · 준3급 榮華(영화): 몸이 귀하게 되어 세상에 이름이 남 繁榮(번영): 번성하고 영화롭게 됨	
亥 돼지 해	총획 6획 · 부수 亠 · 준3급 亥年(해년): 돼지띠의 해	
營 경영할 영	총획 17획 · 부수 火 · 준3급 經營(경영): 나라나 회사를 이끌고 나감 營利(영리): 재산상의 이익을 꾀함	
溪 시내 계	총획 13획 · 부수 水(=氵) · 준3급 溪谷(계곡): 물이 흐르는 골짜기 退溪(퇴계): 이황(李滉) 선생의 호	
號 이름 호	총획 13획 · 부수 虍 · 준4급 雅號(아호): 문인이나 예술가의 호(號)를 높여 부르는 말 別號(별호): 본명 외의 또 다른 이름	
鷄 닭 계	총획 21획 · 부수 鳥 · 3급 鷄肋(계륵): 버리기에는 아까운 것 鷄卵有骨(계란유골): 복이 없는 사람은 기회가 와도 덕을 못 본다	
虛 빌 허	총획 12획 · 부수 虍 · 준3급 虛空(허공): 비어 있는 공간 胸虛腹實(흉허복실): 가슴은 비우고 배는 튼실하게 함	

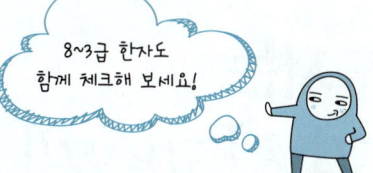

或 혹시 혹	총획 8획 · 부수 戈 · 3급 或是(혹시) : 그럴 리 없지만 만약에

域 지경 역	총획 11획 · 부수 土 · 3급 地域(지역) : 일정하게 구획된 땅, 토지 槿域(근역) : 무궁화가 많은 '우리나라'

廣 넓을 광	총획 15획 · 부수 广 · 4급 廣場(광장) : 넓은 마당 廣大(광대) : 크고 넓음

華 빛날 화	총획 12획 · 부수 艸(=艹) · 3급 華麗(화려) : 환하게 빛나며 곱고 아름다움 繁華(번화) : 번성하고 화려함

會 모일 회	총획 13획 · 부수 曰 · 5급 會合(회합) : 모두 모여 합함 研究會(연구회) : 어떤 대상을 연구하고자 사람들이 모임

化 될 화	총획 4획 · 부수 匕 · 준4급 化粧(화장) : 얼굴을 곱게 꾸밈 進化(진화) : 사물이 점점 발달되어 감

凶 흉할 흉	총획 4획 · 부수 凵 · 준4급 凶年(흉년) : 농작물의 수확이 나쁜 해 吉凶(길흉) : 좋은 것과 나쁜 것

花 꽃 화	총획 8획 · 부수 艸(=艹) · 5급 花盆(화분) : 꽃을 심어 가꾸는 그릇 國花(국화) : 나라를 대표하는 꽃

胸 가슴 흉	총획 10획 · 부수 肉(=月) · 3급 胸部(흉부) : 가슴 부분 胸中(흉중) : 마음속에 품고 있는 생각

貨 재물 화	총획 11획 · 부수 貝 · 준3급 貨物(화물) : 운반할 수 있는 유형(有形)의 재화나 물품을 통틀어 이르는 말

墨 먹 묵	총획 15획 · 부수 土 · 3급 紙筆硯墨(지필연묵) : 옛날 서재에 있던 종이, 붓, 벼루, 먹 墨香(묵향) : 먹의 향기

皇 임금 황	총획 9획 · 부수 白 · 3급 皇帝(황제) : 왕보다 위에 있는 지도자 三皇五帝(삼황오제) : 중국의 문화를 이끈 전설상의 임금들

喜 기쁠 희	총획 12획 · 부수 口 · 3급 喜怒哀樂(희노애락) : 기쁘고 성내고 슬프고 즐거운 인간의 감정

Day 23
帚자는
귀신과 제사와 관련 있다?

오늘은 빗자루와 관련된 글자들을 알아보고자 합니다. 빗자루를 의미하는 한자는 箒(비 추)자로 원래 帚(비/혜성 추)자로 쓰였는데 빗자루의 재료인 대나무 竹자를 위에 올려 현재는 箒자로 쓰고 있습니다. 다른 글자 속에 나타나는 빗자루는 모두 帚의 모습을 가지고 있습니다. 일단 婦(아내 부)자를 살펴보면 婦자의 갑골 문자는 ▨(갑골 문자에서는 帚+女로 되어 있다)으로 빗자루를 들고 있는 여인을 나타내고 있습니다. 그렇다면 고대 중국인은 '아내'를 '청소하는 여자'라는 의미로 사용했다는 뜻일까요? 한자를 연구하는 학자들에 따르면 婦자는 신전(神殿)을 관리하는 여자를 의미한다고 합니다. 청소는 청소이되 허드렛일을 의미하는 것이 아니라 국가적 행사인 제사를 준비하는 청소라는 의미죠.

빗자루가 들어간 또 다른 글자로는 寢(잠잘 침)이 있습니다. 신전(宀)에 있는 제단(爿)을 빗자루(帚)로 쓸고 있는 것을 의미하는 글자입니다. 浸(적실 침)자는 빗자루를 물(氵)에 적신다는 의미로 주술(呪術)이나 제사(祭祀)와 관련된 것으로 보입니다. 侵(침략할 침)자의 갑골 문자는 ▨으로 손에 빗자루를 들고 있는 모습을 나타내고 있습니다. 侵자의 갑골 문자는 ▨(牛+帚+又의 결합)로도 나타나는데, 소가 제사에 많이 쓰였음을 감안하면, 侵자 역시 제사와 관련된 글자로 보입니다. 서양의 마녀(witch)가 빗자루를 타고 날아다니고, 우리나라의 전우치가 빗자루로 화(化)하는 것을 보면 동서양을 막론하고 빗자루와 귀신, 제사는 어떤 연관성이 있는 것 같네요.

	유 惟
	유 維
	라 羅
	치 稚

惟
생각할 유

총획 11획　**부수** 心(=忄) 마음 심

'새(隹)가 마음(心)으로 생각한다'라는 의미이다. 생각은 마음과 관련 있으므로 心이 의미 요소이고 隹(추→유)가 소리 요소이다.

* 思惟(사유) : 대상을 두루 생각하는 일
* 惟獨(유독) : 오직 홀로

維
벼리 유

총획 14획　**부수** 糸 실 사

벼리는 그물에 있는 끈으로 매우 중요한 역할을 한다. **실을 엮어서 만든 끈의 일종**이므로 糸가 의미 요소이고 隹는 소리 요소이다. '끈(糸)으로 새(隹)를 묶는다'라는 의미를 나타내기도 한다.

* 維新(유신) : 낡은 제도를 고쳐 새롭게 함
* 維持(유지) : 지탱하여 감

羅
그물/비단 라

총획 19획　**부수** 网(=罒) 그물 망

'새(隹)를 잡기 위해 실(糸)로 그물(网)을 짠다'라는 의미로 후에 '비단, 나열하다' 등의 본래 의미와 비슷한 뜻이 파생되었다.

* 網羅(망라) : 널리 받아들여져 모두 포함함
* 羅列(나열) : 죽 벌여 놓음

稚
어릴 치

총획 13획　**부수** 禾 벼 화

隹자는 꽁지가 짧은 새를 의미한다. 稚자는 새(隹)의 짧은 꼬리처럼 작고 어린 벼(禾)를 의미하는 글자이다. 따라서 禾가 의미 요소이고, 隹가 소리 요소이다.

* 幼稚(유치) : 나이가 어리고 미숙함
* 稚拙(치졸) : 유치하고 졸렬함

| | 최 催 |

催
재촉할 최

총획 13획　**부수** 人(=亻) 사람 인

崔(높을 최)자는 '산도 높고 새도 높이 난다'는 의미로 소리 요소로 쓰였다. **사람이 재촉하는 것**이므로 人이 의미 요소이고 崔가 소리 요소이다.

* 催促(최촉) : 재촉함
* 催淚彈(최루탄) : 눈물샘을 자극하여 눈물을 흘리게 하는 약을 담은 탄환

> **쉬어가요~**
>
> '콩심은 데 콩나고 팥심은 데 팥난다'를 한문으로 옮기면?
> 　답 : 種豆得豆(종두득두), 種瓜得瓜(종과득과),
> 　　　因果應報(인과응보 : 뿌린 대로 거두리라) 등이 있습니다.
>
> 아무리 좋은 것도 밥 먹고 하자를 우리 속담으로 뭐라고 할까?
> 　답 : 금강산(金剛山)도 식후경(食後景)이로다~

준 準

準 법도 준

총획 13획　부수 水(=氵) 물 수

隼(새매 준)자는 훈련을 받아 팔뚝(十)에 앉아 있는 매(隹)를 의미하며 소리 요소로 쓰였다. 물은 항상 수평(水平)을 유지하므로 準자에 '**법도**'의 뜻이 생겼다.

➕ 법도 : 생활상의 예법과 제도를 아울러 이르는 말을 의미한다.

* 準備(준비) : 미리 마련하여 갖춤
* 準的(준적) : 궁술(弓術)에서 표적을 조준함

굴 屈
굴 窟
졸 拙

屈 굽힐 굴

총획 8획　부수 尸 주검/시동 시

尸는 사람의 옆모습을 본뜬 글자로 '**사람(尸)이 나가서(出) 허리를 구부려 인사하다**'라는 의미를 나타낸다.

* 屈服(굴복) : 힘이 모자라서 복종함
* 屈伸(굴신) : 팔다리를 굽혔다 폈다 함

窟 굴 굴

총획 13획　부수 穴 구멍 혈

동굴을 의미하는 글자이다. '**산에 있는 구멍(穴)인 동굴에 허리를 구부리고(屈) 들어간다**'라는 의미이다.

* 洞窟(동굴) : 산에 있는 깊고 넓은 굴
* 巢窟(소굴) : 나쁜 짓을 하는 사람들의 근거지

拙 졸할 졸

총획 8획　부수 手(=扌) 손 수

'손(手)으로 대충 만들어 낸(出) 조잡한 물건'을 의미하는 글자로 '**못나다**'라는 의미를 나타낸다.

* 拙速(졸속) : 어설프지만 빠름『손자병법』에 나오는 병문졸속(兵聞拙速)이라는 말에도 쓰이는데, 즉 전쟁은 어설퍼도 빨리 끝내야 한다는 뜻임)
* 拙作(졸작) : 솜씨가 서투르고 보잘것없는 작품

술 述

述 지을 술

총획 9획　부수 辵(=辶) 쉬엄쉬엄 갈 착

朮(차조 출)자도 농작물이므로 木자와 비슷한 형상을 하고 있으며 소리 요소로 쓰였다. '**차조(朮) 농사를 지으러 간다(辶)**'는 의미이다.

➕ 차조 : 찰기가 있는 조를 말한다.

* 敍述(서술) : 사건이나 생각 따위를 차례로 말하거나 적음
* 陳述(진술) : 일이나 상황에 대해 자세히 이야기함

銃
총 총

총획 14획　**부수** 金 쇠 금

充(채울 충)자는 거꾸로 된 子자와 儿(=人)자의 상하 결합으로 '아이가 성인으로 자란다'는 의미를 나타낸다. 총은 쇠로 만든 무기이므로 金이 의미 요소이고 充이 소리 요소이다. '**쇠**(金)로 **만든 총에 화약을 채운다**(充)'로 생각하면 쉽다.

* 銃筒(총통) : 조선 시대의 무기인 화포(火砲)
* 小銃(소총) : 군인의 개인 휴대용 전투 화기의 하나

총 銃

趣
뜻/취미 취

총획 15획　**부수** 走 달릴 주

取(취할 취)자는 '적군의 귀(耳)를 손(又)으로 잘라온다'라는 의미로 소리 요소로 쓰인다. 趣자는 '**무언가를 갖기**(取) **위해 달리다**(走)' 또는 '그것에 **뜻이 있다**'라는 의미를 나타낸다.

* 趣味(취미) : 전문적으로 하는 것이 아니라 즐기기 위해 하는 일
* 趣旨(취지) : 어떤 일의 근본이 되는 목적이나 긴요한 뜻

취 趣

側
곁 측

총획 11획　**부수** 人(=亻) 사람 인

則(법 칙)자는 鼎(솥 정)과 刀가 결합된 글자로 고대에 이 두 물건은 매우 중요한 것이었다. 때문에 법(法)이란 뜻이 생겼는데 鼎은 제사용 솥을 의미한다. '**사람**(人)이 **세상을 잘 살아가려면 법**(則)**을 곁에 두고 숙지해야 한다**'는 의미를 나타낸다.

* 側面(측면) : 옆면
* 側近(측근) : 가깝고 친한 사람

측 側
측 測

測
헤아릴 측

총획 12획　**부수** 水(=氵) 물 수

'**물의 양을 헤아린다**'는 의미이므로 水가 의미 요소이고 則이 소리 요소이다.

➕ 헤아리다 : '수량을 세다'라는 의미이다.

* 測量(측량) : 기기를 사용하여 물건의 높이, 무게 등을 헤아림
* 測雨器(측우기) : 조선 세종 때 장영실(蔣英實) 선생이 만든 강우량 측정 기구

侵
침노할 침

총획 9획　**부수** 人(=亻) 사람 인

人을 뺀 나머지 부분은 손(又)으로 빗자루(帚)를 들고 있는 모습으로 원래의 뜻은 '사람이 땅을 쓸다, 나아가다'의 뜻이었다. 후에 '**침략하다**'의 뜻이 파생되었다.

* 侵掠(침략) : 남의 나라를 불법으로 쳐들어가 약탈함(=侵略)
* 侵擄(침노) : 남의 나라를 침략함

침 侵

Day 23 류자는 귀신과 제사와 관련 있다?　▶ 247

침 浸 침 寢	浸 적실 침	**총획** 10획　**부수** 水(=氵) 물 **수** '물에 젖는다'는 의미이므로 水가 의미 요소이다. '빗자루(帚)가 물(水)에 젖었다'로 이해하면 기억하기 쉽다. * 浸透(침투) : 액체 따위가 스며들어 뱀 * 浸水(침수) : 홍수로 집이나 논밭이 물에 잠김
	寢 잠잘 침	**총획** 14획　**부수** 宀 집 **면** 뉘자는 침대를 본뜬 글자이다. '집(宀)에 있는 침대(뉘)에서 잠을 잔다'는 의미이다. * 寢室(침실) : 잠자는 방 * 寢臺(침대) : 잠자기 위해 만든 가구 
침 沈 ·심 침 枕	沈 잠길 침/성씨 심	**총획** 7획　**부수** 水(=氵) 물 **수** 冘자는 人과 冖(덮을 멱)의 결합이다. 沈자는 '물(水)이 사람(人)의 목 부분까지 덮다(冖), 잠기다'의 뜻으로, 성씨로 쓰일 때는 '심'으로 읽는다. 우리가 흔히 알고 있는 효녀 심청(沈淸)을 예로 들 수 있다. * 沈沒(침몰) : 물속에 가라앉음 * 沈水(침수) : 물에 잠김
	枕 베개 침	**총획** 8획　**부수** 木 나무 **목** 베개는 나무로도 만들므로 木이 의미 요소이다. 冘자를 보면 사람의 목 부분에 베개를 벤 것처럼 보인다. * 木枕(목침) : 나무로 만든 베개 * 衾枕(금침) : 이부자리와 베개
탁 托	托 맡길 탁	**총획** 6획　**부수** 手(=扌) 손 **수** 乇(풀잎 탁)자는 땅에서 풀이 돋아나는 모습을 본뜬 글자이며, 풀이 땅에 의지한다고 하여 '의지하다'의 뜻이 파생되었다. 托자는 '손으로 물건을 맡긴다'라는 뜻이므로 手가 의미 요소이고, 乇은 소리 요소이면서 뜻을 돕는다. 믿고 의지하는 사람에게 맡기기 때문이다. * 依托(의탁) : 어떤 것에 몸이나 마음을 의지하여 맡김(=依託) * 托生(탁생) : 세상에 태어나 삶을 유지함

託
부탁 탁

총획 10획 **부수** 言 말씀 언

부탁하는 대상은 의지할 수 있는 사람이어야 하므로 乇은 소리 요소이며 뜻을 돕고 있다. 말로 부탁하니까 言이 의미 요소이다.

* 付託(부탁) : 어떤 일을 해달라고 청하거나 맡김
* 請託(청탁) : 청하여 남에게 부탁함

탁 託

悼
슬퍼할 도

총획 11획 **부수** 心(=忄) 마음 심

卓(높을 탁)자는 卜(점 복)자와 早(일찍 조)의 결합으로 '이른 아침에 점을 치면 좋은 점괘가 나온다'는 데서 卓자에 '높다'의 뜻이 생겼다. **슬퍼하는 것은 마음의 작용**이므로 心이 의미 요소이고 卓이 소리 요소이다.

* 哀悼(애도) : 사람의 죽음을 슬퍼함
* 悼詞(도사) : 사람의 죽음을 애도하는 글

도 悼

編
엮을 편

총획 15획 **부수** 糸 실 사

소리 요소인 扁(납작할 편)자는 戶(집 호)자와 冊(책 책)자의 결합으로 '집에 있는 책인 죽간(竹簡)은 대나무를 작고 납작하게 가공하여 만든 것'이라는 의미이다. 따라서 編자는 '끈(糸)으로 책(冊)을 엮는다'는 뜻이며 끈으로 엮어낸다고 하여 糸가 의미 요소이고 扁이 뜻을 돕는다.

* 再編(재편) : 다시 편성함
* 改編(개편) : 단체의 조직을 고쳐 새롭게 함

편 編
편 偏
편 遍

偏
치우칠 편

총획 11획 **부수** 人(=亻) 사람 인

人이 의미 요소인 이 글자는 사람의 머리가 기울어진 것을 의미한다. **사람(人)이 집(戶)에서 책(冊)을 읽을 때 고개가 앞으로 숙여진다**'라는 의미를 나타낸다.

➕ 치우치다 : '균형을 잃고 한쪽으로 쏠린다'라는 의미이다.

* 偏愛(편애) : 어느 한 사람만 치우치게 사랑함
* 偏見(편견) : 공정하지 못하고 한쪽으로 치우친 생각

遍
두루 편

총획 13획 **부수** 辵(=辶) 쉬엄쉬엄 갈 착

'두루두루 돌아다닌다'는 의미이므로 辶이 의미 요소이고 扁은 소리 요소이다.

➕ 두루 : '빠짐없이 골고루'라는 의미이다.

* 滿山遍野(만산편야) : 산과 들에 가득함, 사람이 매우 많음을 의미함
* 遍歷(편력) : 이곳저곳을 많이 돌아다님

확인학습 Day 23

1. 다음 한자의 훈음을 쓰세요.

- 01 維 _____
- 02 羅 _____
- 03 稚 _____
- 04 準 _____
- 05 屈 _____
- 06 拙 _____
- 07 述 _____
- 08 銃 _____
- 09 趣 _____
- 10 側 _____
- 11 測 _____
- 12 侵 _____
- 13 浸 _____
- 14 寢 _____
- 15 沈 _____
- 16 托 _____
- 17 編 _____
- 18 託 _____
- 19 悼 _____
- 20 偏 _____
- 21 遍 _____

2. 다음 한자의 독음을 쓰세요.

- 01 思惟 _____
- 02 催促 _____
- 03 洞窟 _____
- 04 木枕 _____
- 05 付託 _____
- 06 哀悼 _____
- 07 偏愛 _____
- 08 稚拙 _____
- 09 再編 _____
- 10 請託 _____
- 11 沈沒 _____
- 12 寢臺 _____
- 13 浸透 _____
- 14 侵掠 _____
- 15 測量 _____
- 16 側面 _____
- 17 趣旨 _____
- 18 銃筒 _____
- 19 陳述 _____
- 20 屈伸 _____
- 21 滿山遍野 _____

맞은 개수 ▶ / 63   소요 시간 ▶

3. 알맞은 한자를 쓰세요.

01 생각할 유
02 재촉할 최
03 굴 굴

04 베개 침
05 부탁 탁
06 슬퍼할 도

07 치우칠 편
08 두루 편
09 잠잘 침

10 적실 침
11 침노할 침
12 헤아릴 측

13 곁 측
14 취미 취
15 총 총

16 지을 술
17 굽힐 굴
18 법도 준

19 어릴 치
20 엮을 편
21 벼리 유

Day 23 보충한자

仁 어질 인	총획 4획 · 부수 人(=亻) · 3급
	仁者(인자) : 마음이 어진 사람
	仁愛(인애) : 어진 마음으로 사랑함

價 값 가	총획 15획 · 부수 人(=亻) · 4급
	價格(가격) : 물건이 지니고 있는 가치를 값으로 나타낸 것
	廉價(염가) : 싼 가격

信 믿을 신	총획 9획 · 부수 人(=亻) · 5급
	信任(신임) : 믿고 일을 맡김
	信賴(신뢰) : 굳게 믿고 의지함

保 지킬 보	총획 9획 · 부수 人(=亻) · 준3급
	保人(보인) : 조선 시대에 군(軍)에 직접 복무하지 아니하던 병역 의무자

以 써 이	총획 5획 · 부수 人 · 준4급
	以夷制夷(이이제이) : 오랑캐를 이용하여 다른 오랑캐를 제압함

休 쉴 휴	총획 6획 · 부수 人(=亻) · 준5급
	休息(휴식) : 편안하게 쉼
	休日(휴일) : 쉬는 날

備 갖출 비	총획 12획 · 부수 人(=亻) · 4급
	備置(비치) : 마련하여 갖추어 둠
	有備無患(유비무환) : 준비가 철저하면 근심이 없음

仙 신선 선	총획 5획 · 부수 人(=亻) · 4급
	神仙(신선) : 도(道)를 닦아서 현실의 인간 세계를 떠나 자연과 벗하며 산다는 상상의 사람

伏 엎드릴 복	총획 6획 · 부수 人(=亻) · 준3급
	起伏(기복) : 기세의 높고 낮음
	三伏(삼복) : 초복, 중복, 말복을 아울러 이르는 말

件 사건 건	총획 6획 · 부수 人(=亻) · 4급
	物件(물건) : 일정한 형체를 갖춘 물질적 대상
	事件(사건) : 사회적 문제를 일으키는 일

使 하여금 사	총획 8획 · 부수 人(=亻) · 준4급
	使臣(사신) : 국가의 명령을 받고 외국에 사절로 가는 신하
	使役(사역) : 사람을 부리어 일을 시킴

依 의지할 의	총획 8획 · 부수 人(=亻) · 준3급
	依支(의지) : 다른 것에 몸을 기댐
	依賴(의뢰) : 믿음 또는 남에게 부탁함

候 기후 후	총획 10획 / 부수 人(=亻) / 준3급 氣候(기후): 날씨 全天候(전천후): 모든 날씨에도 제 기능을 다할 수 있음		8~3급 한자도 함께 체크해 보세요!

來 올 래	총획 8획 / 부수 人 / 5급 來日(내일): 오늘의 다음날 未來(미래): 아직 다가오지 않은 나중의 날	背 등질/등 배	총획 9획 / 부수 肉(=月) / 준3급 背信(배신): 믿음을 저버림 背後(배후): 등의 뒤
兄 형 형	총획 5획 / 부수 儿 / 8급 長兄(장형): 큰형 兄弟(형제): 형과 아우	印 도장 인	총획 6획 / 부수 卩 / 준3급 印章(인장): 도장(圖章)과 같은 말 刻印(각인): 머릿속에 새기듯 깊이 기억됨
兒 아이 아	총획 8획 / 부수 儿 / 준4급 兒童(아동): 어린아이 乳兒(유아): 젖먹이 아이	卵 알 란	총획 7획 / 부수 卩 / 3급 卵生(난생): 알에서 태어남 鷄卵(계란): 닭의 알
尤 더욱 우	총획 4획 / 부수 尢 / 3급 怨尤(원우): 원망하고 꾸짖음 尤甚(우심): 더욱 심함	天 하늘 천	총획 4획 / 부수 大 / 6급 天下(천하): 전 세계 天地(천지): 온 우주
就 나아갈 취	총획 12획 / 부수 尢 / 3급 進就(진취): 적극적으로 나아가서 일을 이룩함 就職(취직): 직업을 얻어 직장에 나감	太 클 태	총획 4획 / 부수 大 / 5급 太學(태학): 고구려 때 국립 교육 기관 太極(태극): 중국 철학에서 우주의 근원이 되는 실체
北 북녘 북/달아날 배	총획 5획 / 부수 匕 / 8급 北韓(북한): 우리나라 38선 이북에 있는 정권 敗北(패배): 싸움에 져서 달아남	夫 지아비 부	총획 4획 / 부수 大 / 준5급 夫婦(부부): 남편과 아내 萬夫不當(만부부당): 만명의 사내로도 막아내지 못함

Day 24
책을 태운 사람이
정말 진시황제?

오늘은 坑(구덩이 갱)자에 대해 알아보려고 합니다. 坑자를 보면 필자는 '분서갱유(焚書坑儒)'라는 성어(成語)가 생각납니다. 한자교육협회에서 坑자를 교육용으로 넣은 것은 아마도 저와 같은 생각을 했기 때문이지 않을까요?

분서갱유는 진시황제(秦始皇帝)가 7개 나라(秦楚燕齊韓魏趙)를 통합한 후, 사상을 통일하기 위해 했던 일이었습니다. 분서(焚書)란 국가가 인정한 박사들이 직무상 취급하고 있는 것 이외에 시서(詩書 : 시경과 서경)나 백가어(百家語 : 제자백가들이 내세운 주장)를 '모두 태워 없앤다(焚)'는 의미이고, 갱유(坑儒)는 정치적인 비판을 하는 선비(儒)들을 '땅에 파묻는다(坑)'는 뜻입니다.

글자의 의미로만 보면, 분서갱유는 상당히 가혹한 정책으로 보이지만 학자들의 연구에 따르면 반드시 그런 것도 아니었다고 합니다. 분서를 실시하기는 했지만 국가에서 인정한 학자들은 '합법적'으로 시서(詩書)나 백가어를 가지고 연구할 수 있었고, 죽임을 당한 선비들도 400여 명 정도였다고 합니다. 그리고 분서갱유를 실시한 것은 진시황제의 신하인 이사(李斯)의 생각이었지 진시황제의 생각은 아니었습니다. 진시황제에 대한 역사 서술은 그가 죽은 지 100여 년이 지난 후에야 쓰여졌으며, 후세 사가(史家)들이 그를 폭군의 대명사로 기술하다 보니 안 좋은 면만을 많이 부각하여 이야기한 것입니다. 어쨌든 그는 중국사에 있어 매우 영향력 있는 한 사람으로 지금까지 많은 사람의 입에 회자(膾炙)되고 있습니다.

평	評
평	坪

評 평론할 평

총획 12획 　**부수** 言 말씀 언

平(평평할 평)자는 여기서 소리 요소 역할을 한다. 評자는 '**평론하고 평가한다**'는 의미이므로 言이 의미 요소이고 平자는 소리 요소이면서 뜻을 돕는다. 공정하고 공평한 입장에서 평가해야 하기 때문이다.

* 評論(평론) : 사물의 우열, 가치, 선악 등을 평가하여 의논함
* 評價(평가) : 사물의 가치를 평론함

坪 들/평수 평

총획 8획 　**부수** 土 흙 토

넓고 평평(平)한 땅(土)인 '들판'을 나타내는 글자이다. 들은 땅이니까 土가 의미 요소이고 平이 소리 요소이다.

* 長漢坪(장한평) : 동대문구에 있는 행정 구역
* 坪數(평수) : 평(坪)으로 계산한 넓이(평으로 넓이를 환산하는 것은 일제의 잔재라고 하여 정부에서는 제곱미터를 사용하는 것을 권장하고 있음)

폐	弊
폐	幣
폐	蔽

弊 해질 폐

총획 15획 　**부수** 廾 두손 공

敝(해질 폐)자는 낡은 헝겊을 의미하는 글자로 헝겊(巾)을 손에 들고 몽둥이(攵)로 치면 구멍(八)이 나고 낡게 된다는 뜻이다. 弊자는 敝자에 廾(두 손)을 더해 '**해지다**'의 뜻을 강조한 글자이다.

➕ 해지다 : '해어지다'의 준말로 '닳아서 떨어지다'라는 뜻이다.

* 弊社(폐사) : 자기의 회사를 겸손하게 낮추어 부르는 말, 상대방의 회사는 귀사(貴社)
* 弊端(폐단) : 어떤 일이나 행동에서 나타나는 좋지 못한 경향

幣 폐백 폐

총획 15획 　**부수** 巾 수건 건

의미 요소로 쓰인 巾은 새로운 헝겊을 의미한다. 따라서 幣자는 '**좋은 헝겊, 비단**'의 뜻을 표현하고 있다.

* 幣帛(폐백) : 임금에게 바치거나 신에게 바치는 선물로 주로 비단을 말함
* 貨幣(화폐) : 돈

蔽 덮을 폐

총획 16획 　**부수** 艸(=艹) 풀 초

'옷이 해지면(敝) 풀(艸)을 가져와 가리고 덮는다'는 의미의 글자이다.

* 隱蔽(은폐) : 덮어 감추거나 가리어 숨김
* 遮蔽(차폐) : 가려 막고 덮음

> **쉬어가요~**
> 道吾善者는 是吾賊이요, 道吾惡者는 是吾師니라
> (내가 옳다고 말하는 자는 나의 도적이요, 내가 나쁘다고 하는 자가 나의 스승이다)에서 밑줄 친 道의 뜻은?
> 답 : 말하다

포 胞
포 砲
포 飽

胞
태보 포

총획 9획　**부수** 肉(=月) 고기 육

包(감쌀 포)자의 巳는 태아(胎兒)를 본뜬 것으로 勹는 人의 변형이다. 여인의 뱃속에 아기가 있는 것을 의미하며 후에 '**감싸다**'의 뜻이 파생되었다. 胞자는 '**여인의 몸(月)속에 있는 아기를 싸고(包) 있는 태보**'를 의미하는 글자이다.

➕ 태보 : 여인의 몸속에서 아기를 싸고 있는 막과 태반을 말한다.
* 同胞(동포) : 같은 민족의 사람을 다정하게 이르는 말
* 僑胞(교포) : 동포와 같은 말

砲
대포 포

총획 10획　**부수** 石 돌 석

옛날의 대포는 돌을 쏘아 보냈으므로 石이 의미 요소이고 包가 소리 요소가 된다.
* 大砲(대포) : 화약의 힘으로 포탄을 멀리 쏘는 무기. 허풍이나 거짓말, 또는 그것을 잘하는 사람을 빗대어 이르는 말
* 火砲(화포) : 대포처럼 화약을 이용해 탄환을 쏘는 무기

飽
배부를 포

총획 14획　**부수** 食 밥/먹을 식

'**밥을 먹고 배가 부르다**'는 의미이므로 食이 의미 요소이고 包는 소리 요소이다. 包는 배가 불러 있는 임산부의 모습이기도 하다.
* 飽食(포식) : 배부르게 먹음
* 食無求飽(식무구포) : 먹긴 하되 배부름을 추구하지 않는다. 『논어』에 나오는 말

폭 爆

爆
터질 폭

총획 19획　**부수** 火 불 화

暴(사나울 폭/포)자의 고문자는 ▨으로 '손에 쌀을 들고 햇볕에 말리는 모습'을 나타낸다. 원래의 뜻은 '햇빛을 쪼이다'였으나 후에 '밖으로 드러나다, 사납다' 등의 뜻이 파생되었다. 爆자는 '**터지다**'의 뜻이므로 火가 의미 요소이고 暴자가 소리 요소이다.
* 爆發(폭발) : 불이 일어나며 갑자기 터짐
* 爆竹(폭죽) : 가는 대통이나 종이에 불을 지르거나 화약을 재어 터뜨려서 소리가 나게 하는 물건

표 標

標
표시할 표

총획 15획　**부수** 木 나무 목

票(표 표)자의 고문자는 ▨로 원래 아래쪽이 示가 아닌 火였으며 '불꽃이 날리다(火飛)'라는 뜻이었다. 지금은 '티켓, 쪽지' 등의 뜻으로 쓰인다. 標자는 木이 의미 요소로 '**나무로 만든 푯말**'이라는 의미를 갖고 있다.
* 標示(표시) : 표를 하여 외부에 드러내 보임
* 目標(목표) : 목적을 위해 실제적 대상으로 삼는 것

漂	
뜰 표	**총획** 14획 **부수** 水(=氵) 물 수

'물에 뜨다'라는 의미이므로 水가 의미 요소이다. 票자에는 '쪽지'라는 뜻도 있어 '**쪽지를 물에 던지면** 자연히 **뜨게 된다**'라는 의미를 나타낸다.

* 漂流(표류) : 물 위에 떠서 돌아다님
* 漂浪(표랑) : 뚜렷한 목적 없이 여기저기 떠돌아다님

표 漂

被	
입을 피	**총획** 10획 **부수** 衣(=衤) 옷 의

'옷을 입는다'는 뜻이므로 衣가 의미 요소이고 皮(가죽 피)가 소리 요소이다. '**가죽(皮) 옷(衣)을 입는다**'로 기억하면 외우기 쉽다.

* 被害(피해) : 해로움을 당함
* 被動(피동) : 남의 힘에 의해 움직이는 일

피 被
파 頗

頗	
자못 파	**총획** 14획 **부수** 頁 머리 혈

원래의 뜻은 '머리(頁)가 기울어지다'의 뜻으로 偏과 뜻이 같았으나 후에 '**자못, 매우**'의 뜻이 파생되었다. '**머리(頁)의 가죽(皮)이 찢어지면 자못 아프다**'로 이해하면 기억하기 쉽다.

➕ 자못 : '생각보다 매우'라는 뜻이다.

* 偏頗(편파) : 공정하지 못하고 한쪽으로 치우쳐 있음
* 頗多(파다) : 소문 따위가 널리 퍼져 있음

蜜	
꿀 밀	**총획** 14획 **부수** 虫 벌레 충

虫자는 여기서 벌(蜂)을 의미한다. 蜜자는 '**벌의 집(宀)에 가보니 꿀이 있다**'라는 의미이다. 必(반드시 필)자는 국자나 숟가락을 본뜬 글자로 여기서는 소리 요소로 쓰였다.

* 蜂蜜(봉밀) : 꿀
* 蜜蠟(밀랍) : 벌집을 짓기 위하여 벌이 분비하는 물질

밀 蜜

陷	
빠질 함	**총획** 11획 **부수** 阜(=阝) 언덕 부

阝(언덕 부)자와 함께 人, 臼(절구 구)자가 결합되었다. '**언덕(阝)에 절구(臼)처럼 파인 구덩이에 사람(人)이 빠진다**'는 의미이다.

* 陷穽(함정) : 짐승을 잡기 위해 땅바닥에 판 구덩이
* 謀陷(모함) : 나쁜 꾀로 남을 어려운 처지에 빠지게 함

함 陷

| 함 咸
| 감 憾

咸 다 함

총획 9획 **부수** 口 입 구

고문자는 으로 도끼날이 왼쪽에 달린 창과 口자가 결합한 글자이다. 원래의 뜻은 '함성(喊聲)'이었으나 후에 '**창(戌)을 든 모든 병사들이 함성(口)을 지른다**'는 것으로 '**모두, 다**'의 뜻이 되었다.

* 咸鏡道(함경도) : 조선 시대 행정 구역의 하나
* 不咸山(불함산) : 백두산(白頭山)의 또 다른 이름

憾 한할·원망할 감

총획 16획 **부수** 心(=忄) 마음 심

마음속 깊은 곳에 있는 원망을 나타내므로 心자가 두 개나 들어가 있다. 咸자가 소리 요소로 쓰였다.

➕ 한하다 : '몹시 억울하거나 원통하여 원망스럽다'라는 뜻이다.

* 遺憾(유감) : 마음에 차지 아니하여 섭섭한 느낌
* 憾怨(감원) : 원망하고 섭섭해함

| 탑 塔

塔 탑 탑

총획 13획 **부수** 土 흙 토

合(합할 합)자는 그릇에 뚜껑이 덮여 있는 것을 본뜬 글자이다. 塔자는 '**흙(土)과 풀(艹)을 합(合)하여 탑을 쌓는다**'는 의미의 글자이다.

* 多寶塔(다보탑) : 경주 불국사에 있는 탑
* 石塔(석탑) : 돌로 쌓은 탑

| 항 抗
| 항 航

抗 겨룰/막을 항

총획 7획 **부수** 手(=扌) 손 수

亢(목 항)자는 사람의 머리(亠)와 목(几)을 의미하는 글자로 '높다'의 뜻이 파생되었다. 抗자는 **손으로 막으니까** 手가 의미 요소이고 亢이 소리 요소가 된다.

➕ 겨루다 : '서로 버티어 승부를 다투다'라는 뜻이다.

* 對抗(대항) : 굽히거나 지지 않으려고 맞서고 겨룸
* 抗拒(항거) : 순종하지 아니하고 맞서서 반항함

航 배 항

총획 10획 **부수** 舟 배 주

亢은 '높다'의 뜻이 있다. 따라서 航자는 '**높고 큰 배**'를 의미하는 글자이다. 舟가 의미 요소이고 亢이 소리 요소이다.

* 航空機(항공기) : 비행기의 또 다른 말
* 出航(출항) : 선박이나 항공기가 출발함

坑 구덩이 갱

총획 7획　**부수** 土 흙 토

'땅(土)에 **구덩이를 파고 사람을 묻어 머리와 목(亢)만 내놓았다**'로 이해하면 기억하기 쉽다.

* 焚書坑儒(분서갱유) : 진시황이 실시했던 언론 탄압 정책
* 坑道(갱도) : 광산에서 갱 안에 뚫은 길

該 갖출/마땅/그 해

총획 13획　**부수** 言 말씀 언

亥(돼지 해)자의 고문자는 ㄓ로 식물의 뿌리를 표현한 것으로 추정된다. 후에 '돼지띠'의 뜻이 가차되어 '돼지 해'로 부르고 있다. 該자는 言이 의미 요소이고 亥가 소리 요소로, 원래의 뜻은 '군대에서의 약속'이었다. 후에 '**갖추다, 마땅하다**' 등의 뜻이 파생되었다.

* 該當(해당) : 무엇에 관계되는 바로 그것
* 該博(해박) : 여러 방면으로 학식이 넓음

核 씨 핵

총획 10획　**부수** 木 나무 목

씨앗은 **나무 열매에 있는 것**이므로 木이 의미 요소이고 亥는 소리 요소이다.

* 核心(핵심) : 사물의 가장 중심이 되는 부분
* 核武器(핵무기) : 원자 폭탄이나 수소 폭탄 등의 무기

刻 새길 각

총획 8획　**부수** 刀(=刂) 칼 도

亥는 소리 요소이다. 亥자는 '돼지 해'자이므로 刻자는 '**돼지(亥)의 뼈에 칼(刀)로 글자를 새긴다**'라고 이해하면 쉽다. 칼로 글자나 무늬를 새기므로 刀가 의미 요소이다.

* 刻骨難忘(각골난망) : 입은 은혜가 매우 커서 잊을 수 없음
* 刻舟求劍(각주구검) : 융통성 없이 현실에 맞지 않는 낡은 생각을 고집하는 어리석음

奚 어찌 해

총획 10획　**부수** 大 큰 대

爪는 '손'이고 幺는 糸(실 사)의 줄임형으로 '끈'을 뜻하며 大는 '사람'을 의미하므로 끈에 묶인 사람이 끌려가고 있는 것을 표현한 글자이다. 따라서 원래는 '노예, 여자 노예'라는 뜻이었다고 한다. 후에 '**어찌**'의 뜻으로 가차되어 사용되고 있다.

* 奚琴(해금) : 중국의 악기 이름
* 奚特(해특) : 어찌하여 특히

Day 24 확인학습

1. 다음 한자의 훈음을 쓰세요.

- 01 評 _____
- 02 胞 _____
- 03 砲 _____
- 04 爆 _____
- 05 漂 _____
- 06 被 _____
- 07 咸 _____
- 08 塔 _____
- 09 抗 _____
- 10 航 _____
- 11 核 _____
- 12 刻 _____
- 13 坪 _____
- 14 弊 _____
- 15 幣 _____
- 16 蔽 _____
- 17 飽 _____
- 18 頗 _____
- 19 蜜 _____
- 20 憾 _____
- 21 該 _____

2. 다음 한자의 독음을 쓰세요.

- 01 坪數 _____
- 02 弊端 _____
- 03 貨幣 _____
- 04 偏頗 _____
- 05 飽食 _____
- 06 漂流 _____
- 07 頗多 _____
- 08 蜂蜜 _____
- 09 謀陷 _____
- 10 遺憾 _____
- 11 坑儒 _____
- 12 該當 _____
- 13 同胞 _____
- 14 核心 _____
- 15 出航 _____
- 16 抗拒 _____
- 17 奚琴 _____
- 18 遮蔽 _____
- 19 被害 _____
- 20 爆發 _____
- 21 刻舟求劍 _____

맞은 개수 ▶ / 63   소요 시간 ▶

3. 알맞은 한자를 쓰세요.

01 들 **평**	02 해질 **폐**	03 폐백 **폐**
04 덮을 **폐**	05 배부를 **포**	06 뜰 **표**
07 자못 **파**	08 꿀 **밀**	09 빠질 **함**
10 한할 **감**	11 구덩이 **갱**	12 그 **해**
13 어찌 **해**	14 새길 **각**	15 씨 **핵**
16 배 **항**	17 겨룰 **항**	18 탑 **탑**
19 다 **함**	20 입을 **피**	21 표시할 **표**

Day 24 보충한자

扶 도울 부	총획 7획 / 부수 手(=扌) / 3급	相扶相助(상부상조) : 서로 도움 扶養(부양) : 생활 능력이 없는 사람의 생활을 도움

局 판 국	총획 7획 / 부수 尸 / 4급	局面(국면) : 어떤 일이 벌어진 장면이나 형편 大局(대국) : 일이 벌어져 있는 형편

潔 깨끗할 결	총획 15획 / 부수 水(=氵) / 준3급	淸潔(청결) : 맑고 깨끗함 潔白(결백) : 매우 희고 깨끗함

居 살 거	총획 8획 / 부수 尸 / 3급	居住(거주) : 살고 있음 居留(거류) : 어떤 지역에 머물러 살고 있음

失 잃을 실	총획 5획 / 부수 大 / 준4급	紛失(분실) : 자기도 모르는 사이에 물건을 잃음 失望(실망) : 희망을 잃음

屋 집 옥	총획 9획 / 부수 尸 / 4급	家屋(가옥) : 사람이 사는 집 屋上(옥상) : 집의 맨 꼭대기

展 펼 전	총획 10획 / 부수 尸 / 준4급	發展(발전) : 더 낫고 좋은 상태로 나아감 展開(전개) : 열리어 나타남

育 기를 육	총획 8획 / 부수 肉(=月) / 5급	敎育(교육) : 가르치고 기름 養育(양육) : 먹여주면서 키움

尾 꼬리 미	총획 7획 / 부수 尸 / 준3급	魚頭肉尾(어두육미) : 물고기는 머리가 고기는 꼬리가 맛있음

能 능할 능	총획 10획 / 부수 肉(=月) / 준4급	能力(능력) : 할 수 있는 재주 可能(가능) : 할 수 있음

尺 자 척	총획 4획 / 부수 尸 / 3급	弓尺(궁척) : 신라 때 활을 쏘던 군사를 이르는 말

巳 뱀 사	총획 6획 / 부수 己 / 준3급	巳年(사년) : 뱀띠의 해

已 이미 이
- 총획 3획 부수 已 3급
- 已往(이왕) : 이미 지나간 것
- 而已矣(이이의) : ~일 뿐만 아니라

> 8~3급 한자도 함께 체크해 보세요!

考 상고할 고
- 총획 6획 부수 老 준4급
- 相考(상고) : 서로 견주어 고찰함
- 考察(고찰) : 잘 생각하고 관찰함

努 힘쓸 노
- 총획 7획 부수 力 준3급
- 努力(노력) : 목적을 이루기 위하여 몸과 마음에 힘씀
- 努目(노목) : 성을 내며 눈을 부라림

競 다툴 경
- 총획 20획 부수 立 4급
- 競技(경기) : 재주를 겨룸
- 競爭(경쟁) : 겨루고 서로 다툼

怒 성낼 노
- 총획 9획 부수 心 준3급
- 怒發大發(노발대발) : 매우 크게 성냄
- 憤怒(분노) : 분개하여 몹시 성을 냄

好 좋을 호
- 총획 6획 부수 女 4급
- 好感(호감) : 좋은 감정
- 好不好(호불호) : 좋은 것과 좋지 않은 것

母 어머니 모
- 총획 5획 부수 母 8급
- 父母(부모) : 아버지와 어머니
- 母國(모국) : 내가 태어난 어머니의 나라

威 위엄 위
- 총획 9획 부수 女 3급
- 威嚴(위엄) : 존경할 만한 위세가 있어 점잖고 엄숙함

孝 효도 효
- 총획 7획 부수 子 5급
- 孝子(효자) : 부모에게 정성을 다하는 자식
- 不孝(불효) : 효도하지 않음

婦 지어미 부
- 총획 11획 부수 女 4급
- 婦女(부녀) : 결혼한 여자와 성숙한 여자
- 姑婦(고부) : 시어머니와 며느리

存 있을 존
- 총획 6획 부수 子 4급
- 存在(존재) : 현재 있는 것
- 父母俱存(부모구존) : 부모님이 모두 살아 계심

接 이을 접
- 총획 11획 부수 手(=扌) 준3급
- 接觸(접촉) : 서로 맞닿음
- 隣接(인접) : 서로 이웃하여 접함

學 배울 학
- 총획 16획 부수 子 5급
- 學校(학교) : 배우는 곳
- 學生(학생) : 배우는 사람

Day 25
나라를 지키기 위해
만든 글자 國

오늘은 惑(미혹할 혹)자의 소리 요소로 쓰인 或(혹시 혹)자에 대해 알아보고자 합니다. 或자는 '나라, 국가'의 뜻을 가지고 있는 글자로 國의 원래 글자였습니다. 나라를 처음에는 어떻게 표현했을까요?

중국인들은 □(나라 국)으로 표현했는데(□'입 구'자와는 다른 것이다), □은 성벽(城壁)을 나타내는 글자입니다. 왕이 나라를 다스리면서 외적(外敵)의 침입을 방어하기 위해 쌓은 성(城)과 백성들이 살고 있는 영역을 둘러싼 성벽을 나타내는 글자였습니다. 하지만 외적이 무기를 들고 쳐들어 오기 때문에 성을 쌓는 것만으로는 부족했습니다. 그래서 □자에 무기를 의미하는 글자인 戈(창 과)자를 더하게 된 것입니다. 즉 或자가 만들어진 것이죠. 或이 나라라는 의미로 쓰이고 있다가, '혹시나, 행여나'라는 뜻으로 쓰이게 되면서 或자에 성벽을 나타내는 □을 붙여 國자를 만들게 된 것입니다. 或자와 國자는 발음도 '혹→국'으로 비슷한데 ㅎ과 ㄱ은 입 속에서 소리 나는 부분이 가까워서 비슷한 발음으로 분류됩니다. 共(함께 공)자에 氵가 붙으면 洪(넓을 홍)이 되고 見(볼 견)자에 玉이 붙으면 現(나타날 현)자가 되는 것도 비슷한 예입니다.

響
소리/울릴 향

총획 22획　**부수** 音 소리 음

鄕(시골 향)자의 고문자인 ㈻은 두 사람이 밥을 사이에 두고 마주보고 앉은 모습을 나타낸 것이다. 시골은 인심이 좋아 음식을 나누어 먹으므로 '시골'이라는 뜻이 생겼다. 響자에서 音(소리 음)이 의미 요소이고 鄕은 소리 요소이다. **시골(鄕)은 도시보다 조용해서 작은 소리(音)도 잘 들리므로** 響자에 鄕(시골 향)자가 뜻을 돕기 위한 소리 요소로 들어간 것이다.

* 音響(음향) : 물체에서 나는 소리와 그 울림
* 影響(영향) : 어떤 사물의 작용이 다른 사물에 미치는 반응

향 響

享
누릴 향

총획 8획　**부수** 亠 머리 부분 두

조상신을 모신 사당(㈻)을 본뜬 글자로 여겨지는 상형 문자이다.

* 享年(향년) : 한 평생 살아 누린 나이. 죽을 때의 나이
* 享有(향유) : 누리어 가짐

향 享
돈 敦
곽 郭

敦
도타울 돈

총획 12획　**부수** 攴(=攵) 칠 복

부수가 攵(칠 복)인 것을 보면 손에 어떤 도구를 들고 내리치는 것과 관련된 뜻이었을 것이다. 원래의 뜻은 밝혀지지 않았고 현재 **'도탑다'**의 뜻으로 사용하고 있는 글자이다.

➕ 도탑다 : '서로의 관계에 사랑이나 인정이 많고 깊다'라는 뜻이다.

* 敦篤(돈독) : 도탑고 성실하다
* 敦厚(돈후) : 인정이 두텁고 후하다

郭
성곽 곽

총획 11획　**부수** 邑(=阝) 고을 읍

성곽과 망루(望樓)를 본뜬 글자(㈻)이다. 성(城)에는 사람들이 살고 있으므로 阝자가 추가 되었다.

* 城郭(성곽) : 적을 막기 위해 흙이나 돌로 높게 쌓은 담
* 外郭(외곽) : 바깥 테두리

弦
활시위 현

총획 8획　**부수** 弓 활 궁

玄(검을 현)자는 糸의 줄임형인 幺가 있는 글자로 원래의 뜻은 '끈'이었다. 따라서 弦자는 **'활(弓)에 있는 끈(玄)은 활시위이다'**라는 의미를 나타낸다.

➕ 활시위 : 활대에 걸어서 켕기는 줄을 의미한다.

* 雙弦(쌍현) : 활에 화살을 먹여 가득 당겼을 때 활시위가 가슴에 걸리는 현상
* 弓弦(궁현) : 활시위

현 弦

Day 25 나라를 지키기 위해 만든 글자 國

| 현 絃
| 견 牽

絃 줄 현

총획 11획　**부수** 糸 실 사

糸와 玄은 모두 끈을 의미하는 글자이므로 '줄'의 뜻을 나타내게 되었다.

* 絃樂器(현악기) : 줄을 튕겨 소리를 내는 악기의 총칭
* 絃誦之聲(현송지성) : 거문고를 타며 시를 읊는 소리

牽 끌 견

총획 11획　**부수** 牛 소 우

'소(牛)에게 멍에를 얹고(冖) 끈(玄)을 코에 연결하여 끌고 간다'는 의미이다.

* 牽引(견인) : 끌어 당김
* 牽牛(견우) : 견우직녀 설화에 나오는 남자 주인공

협 峽

峽 골짜기 협

총획 10획　**부수** 山 메 산

夾(낄 협)자는 한 사람(大)이 두 사람(人人)을 양팔에 끼고 있는 모습이다. 산(山)과 산(山) 사이에 끼어(夾) 있는 공간은 바로 골짜기이다.

* 峽谷(협곡) : 골짜기
* 海峽(해협) : 육지 사이에 끼어 양쪽의 넓은 바다와 통하는 긴 바다

협 脅

脅 위협할 협

총획 10획　**부수** 肉(=月) 고기 육

이 글자의 의미 요소는 肉, 소리 요소는 劦(힘모을 협)으로 원래의 뜻은 '갈비뼈'이다. '몸(月)에 잔뜩 힘(劦)을 주고 상대를 위협하다'로 이해하면 기억하기 쉽다.

* 威脅(위협) : 힘으로 으르고 협박함
* 脅迫(협박) : 겁을 주고 압력을 가하여 남에게 억지로 어떤 일을 하게 함

형 螢

螢 반딧불이 형

총획 16획　**부수** 虫 벌레 충

'개똥벌레, 반딧불이'를 의미하므로 虫이 의미 요소이다. 火자도 뜻을 돕고 있다. 虫을 제외한 나머지 부분은 熒(등불 형)자의 줄임형으로 이것이 소리 요소이다.

* 螢光燈(형광등) : 진공 유리관 안에 수은을 넣고 안쪽에 형광 물질을 바른 등(燈)
* 螢雪之功(형설지공) : 반딧불과 눈(雪)의 빛으로 공부한다는 뜻으로 가난하지만 부지런히 공부하는 자세

戲 희롱할 희

총획 17획 **부수** 戈 창 과

戈가 의미 요소이므로 이 글자는 무기와 관련된 글자이다. 일설에 의하면 '군대에서 사용하는 깃발'이라고 한다. 虛(그릇 희)는 소리 요소이다. 후에 '**희롱하다, 놀다**'의 뜻이 가차되었다.

* 戲弄(희롱) : 말이나 행동으로 실없이 놀림
* 戲謔(희학) : 실없는 말로 농지거리를 함

獻 드릴 헌

총획 20획 **부수** 犬(=犭) 개 견

犬이 의미 요소이고 鬲(솥 력)자가 있는 鬳(솥 권)자가 소리 요소이다. **고대에는 개를 제물**로 종종 바쳤다.

* 獻納(헌납) : 돈이나 물건을 바침
* 貢獻(공헌) : 힘써 이바지 함

虜 사로잡을 로

총획 13획 **부수** 虍 범 호

虍, 毌(뚫을 관), 力이 결합한 글자이다. '힘으로 호랑이를 사로잡아 긴 나무에 꿰어 간다'는 뜻이다. 虍자가 소리 요소이다.

➕ 사로잡다 : '사람이나 짐승 따위를 산 채로 잡다'라는 의미이다.

* 捕虜(포로) : 사로잡은 적
* 胡虜(호로) : 북방의 이민족을 낮잡아 부르는 말

惑 미혹할 혹

총획 12획 **부수** 心 마음 심

或(혹시 혹)자는 영역을 나타내는 口과 그곳을 지키는 창(戈)의 결합으로 國(나라 국)의 옛 글자였다. 나중에 '혹시'의 뜻으로 가차되자 囗을 또 붙여 國자를 만들게 된다. 惑자는 **혹시(或)나 하는 마음(心)**을 의미하는 글자로 '**의심**'의 뜻을 갖는다. 따라서 心이 의미 요소이고 或이 소리 요소이다.

* 迷惑(미혹) : 무엇에 홀려 정신을 차리지 못함
* 驚懼疑惑(경구의혹) : 무술에서 금하는 네 가지 사항. 놀람, 두려움, 의심, 미혹

靴 가죽신 화

총획 13획 **부수** 革 가죽 혁

化(변화 화)자의 고문자인 ᗧᖯ것은 왼쪽은 거꾸로 있는 사람, 오른쪽은 바로 서 있는 사람을 나타내며, '변화'를 의미한다. '**가죽(革)을 변화(化)시켜 신발, 구두를 만든다**'는 의미이다. 따라서 革이 의미 요소이고 化가 소리 요소이다.

* 製靴(제화) : 구두를 만들다
* 軍靴(군화) : 군인이 신는 가죽신

환 換

換 바꿀 환

- 총획 12획
- 부수 手(=扌) 손 수

奐(빛날 환)자는 사람(人)이 크고(大) 높은 곳에 서 있는 모습으로 소리 요소로 주로 쓰인다. '**손에 있는 물건을 바꾼다**'는 의미이므로 手가 의미 요소, 奐이 소리 요소이다.

* 交換(교환) : 물건을 바꾸다
* 換錢(환전) : 화폐를 교환하다

황 凰

凰 봉황새 황

- 총획 11획
- 부수 几 안석 궤

鳳(봉황새 봉)을 먼저 만든 후, 鳳의 겉 테두리(几) 안에 소리 요소인 皇(임금 황)을 넣어 만든 글자이다. 봉황새를 나타내는 글자는 원래 鳳자밖에 없었으나 **암수의 짝을 맞추기 위해** 凰자를 만든 것이다. 凰이 암컷이고 鳳이 수컷이다.

* 鳳凰(봉황) : 중국의 전설에 나오는 상서로운 새
* 水金凰(수금황) : 노랑물봉선화(봉선화의 한해살이풀)

광 鑛 / 확 擴 / 횡 橫

鑛 쇳돌 광

- 총획 23획
- 부수 金 쇠 금

廣(넓을 광)자는 '집이 넓음'을 의미하는 글자로 广(집 엄)이 의미 요소이고 黃(누를 황)이 소리 요소가 된다. 鑛자의 뜻인 **쇳돌**이란 돌에 섞여 있는 쇠(金)라는 뜻이므로 金이 의미 요소이고 廣이 소리 요소이다.

* 鑛山(광산) : 석탄 등의 광물을 캐내는 산
* 金鑛(금광) : 금을 캐내는 광산

擴 넓힐 확

- 총획 18획
- 부수 手(=扌) 손 수

'넓힐 때는 확 넓힌다'로 이해하면 기억하기 쉽다. 손으로 넓힌다고 하여 手가 들어갔으며, '넓게 한다'의 의미를 나타내므로 廣이 쓰였다.

* 擴張(확장) : 당겨서 넓게 함
* 擴大(확대) : 작은 것을 크게 함

橫 가로 횡

- 총획 16획
- 부수 木 나무 목

'나무(木)가 말라서 누렇게(黃) 변한 후 쓰러져서 가로로 누웠다'라는 의미를 나타낸다. 木이 의미 요소이고 廣이 소리 요소이다.

* 縱橫(종횡) : 세로와 가로
* 橫斷(횡단) : 가로 질러 지나감

懷 품을 회

총획 19획　**부수** 心(=忄) 마음 심

襄(품을 회)자는 衣자 속에 目과 水가 들어가 있는 모습으로 **슬픈 마음(心)을 품고(襄) 있음**을 나타냈는데 心(=忄)을 더해 懷자를 만들어 의미를 강화했다. 따라서 心이 의미 요소이고 襄가 소리 요소이다.

* 懷抱(회포) : 마음 속에 품은 생각이나 정
* 感懷(감회) : 지난 일을 돌이킬 때 느끼는 생각

壞 무너질 괴

총획 19획　**부수** 土 흙 토

'흙이 무너져 내린다'는 의미이므로 土가 의미 요소이고 襄가 소리 요소가 된다.

* 崩壞(붕괴) : 무너져 내림
* 破壞(파괴) : 때려 부수어버림

勳 공 훈

총획 16획　**부수** 力 힘 력

千(일천 천), 黑(검을 흑), 力이 더해진 한자로 **'천(千) 번 만 번 얼굴이 검어질(黑) 때까지 힘쓰면(力) 공을 이룰 수 있다'**는 의미이다. 力자가 의미 요소이고 黑자가 소리 요소이다.

* 勳章(훈장) : 나라에 공을 세운 사람에게 주는 휘장
* 報勳(보훈) : 공훈(功勳)에 보답함

默 잠잠할 묵

총획 16획　**부수** 黑 검을 흑

'칠흑(黑)같이 어두운 밤에는 개(犬)도 조용하다'라는 의미를 나타낸다. 犬이 의미 요소이고 黑이 소리 요소이다.

* 沈默(침묵) : 말없이 잠잠함
* 默認(묵인) : 모른 체 하고 내버려 둠

似 같을 사

총획 7획　**부수** 人(=亻) 사람 인

以(써 이)자는 사람(人)이 쟁기(厶)를 사용함을 나타내는 글자로 원래 '사용하다'라는 뜻이었다. 따라서 似자는 **'두 사람(亻, 人)이 같은 쟁기(厶)를 쓴다'**라는 뜻이다.

* 類似(유사) : 비슷함
* 似而非(사이비) : 비슷하지만 실제로는 아님

확인학습 Day 25

1. 다음 한자의 훈음을 쓰세요.

- 01 響 _____
- 02 享 _____
- 03 敦 _____
- 04 弦 _____
- 05 絃 _____
- 06 獻 _____
- 07 換 _____
- 08 鑛 _____
- 09 擴 _____
- 10 壞 _____
- 11 默 _____
- 12 郭 _____
- 13 牽 _____
- 14 峽 _____
- 15 脅 _____
- 16 螢 _____
- 17 虜 _____
- 18 惑 _____
- 19 靴 _____
- 20 凰 _____
- 21 橫 _____

2. 다음 한자의 독음을 쓰세요.

- 01 城郭 _____
- 02 牽引 _____
- 03 峽谷 _____
- 04 威脅 _____
- 05 音響 _____
- 06 戲弄 _____
- 07 捕虜 _____
- 08 製靴 _____
- 09 迷惑 _____
- 10 鳳凰 _____
- 11 縱橫 _____
- 12 懷抱 _____
- 13 勳章 _____
- 14 類似 _____
- 15 沈默 _____
- 16 崩壞 _____
- 17 擴張 _____
- 18 交換 _____
- 19 貢獻 _____
- 20 敦篤 _____
- 21 螢光燈 _____

맞은 개수 ▶ / 63   소요 시간 ▶

3. 알맞은 한자를 쓰세요.

01 성곽 곽
02 끌 견
03 골짜기 협

04 위협할 협
05 반딧불이 형
06 희롱할 희

07 사로잡을 로
08 미혹할 혹
09 가죽신 화

10 봉황새 황
11 가로 횡
12 품을 회

13 공 훈
14 같을 사
15 소리 향

16 누릴 향
17 도타울 돈
18 활시위 현

19 드릴 헌
20 바꿀 환
21 쇳돌 광

Day 25 보충한자

孫 손자 손
- 총획 10획 · 부수 子 · 준4급
- 祖孫(조손): 할아버지와 손자
- 子孫(자손): 자신의 세대에서 여러 세대 후의 자녀

德 큰 덕
- 총획 15획 · 부수 彳 · 준4급
- 道德(도덕): 사회에서 서로 마땅히 지켜야 할 행동
- 德望(덕망): 덕행으로 쌓은 명망

季 계절 계
- 총획 8획 · 부수 子 · 4급
- 季節(계절): 봄, 여름, 가을, 겨울
- 伯仲叔季(백중숙계): 사형제의 차례

息 쉴 식
- 총획 10획 · 부수 心 · 준3급
- 調息(조식): 숨을 고르게 쉼
- 子息(자식): 부모가 낳은 아이들

思 생각 사
- 총획 9획 · 부수 心 · 준4급
- 相思(상사): 서로 사랑하고 그리워함
- 思念(사념): 여러 가지 생각

恒 항상 항
- 총획 9획 · 부수 心(=忄) · 3급
- 恒常(항상): 언제나
- 恒心(항심): 늘 지니고 있는 떳떳한 마음

愛 사랑 애
- 총획 13획 · 부수 心 · 준4급
- 愛國(애국): 나라를 사랑함
- 愛慕(애모): 사랑하고 그리워함

患 근심 환
- 총획 11획 · 부수 心 · 4급
- 患難(환난): 근심과 어려움
- 虎患(호환): 옛날에 호랑이의 민가에 대한 습격

惠 은혜 혜
- 총획 12획 · 부수 心 · 4급
- 恩惠(은혜): 고맙게 베풀어 주는 혜택
- 惠民(혜민): 백성에게 은혜를 베풀어 줌

憂 근심 우
- 총획 15획 · 부수 心 · 3급
- 憂鬱(우울): 근심하며 답답해함
- 憂國(우국): 나랏일을 근심하고 걱정함

志 뜻 지
- 총획 7획 · 부수 心 · 4급
- 意志(의지): 일을 이루고자 하는 마음
- 志士(지사): 나라를 위해 몸을 바치고자 하는 사람

怨 원망할 원
- 총획 9획 · 부수 心 · 3급
- 怨恨(원한): 억울한 일을 당하여 응어리진 마음

慶 경사 경	총획 15획 · 부수 心 · 준3급 慶事(경사) : 축하할 만한 기쁜 일 弄瓦之慶(농와지경) : 질그릇을 갖고 노는 경사, 딸을 낳은 기쁨

8~3급 한자도 함께 체크해 보세요!

死 죽을 사	총획 6획 · 부수 歹 · 5급 死亡(사망) : 죽음

器 그릇 기	총획 16획 · 부수 口 · 4급 兵器(병기) : 창, 칼과 같은 무기 器物(기물) : 살림에 쓰는 그릇

亦 또 역	총획 6획 · 부수 亠 · 3급 亦是(역시) : 또한, 생각했던 대로 此亦(차역) : 이것도 또한

喪 잃을 상	총획 12획 · 부수 口 · 3급 喪禮(상례) : 상중(喪中)에 지키는 예절 初喪(초상) : 사람이 죽어서 장사를 지낼 때까지의 일

須 모름지기 수	총획 12획 · 부수 頁 · 3급 必須(필수) : 반드시 해야 함 須要(수요) : 꼭 소용되는 바가 있음

哀 슬플 애	총획 9획 · 부수 口 · 3급 哀歡(애환) : 슬픔과 즐거움 哀惜(애석) : 슬프고 안타까움

類 무리 류	총획 19획 · 부수 頁 · 4급 種類(종류) : 사물의 부문을 나누는 갈래 分類(분류) : 종류별로 나눔

向 향할 향	총획 6획 · 부수 口 · 준5급 志向(지향) : 품은 뜻이 향하는 곳 方向(방향) : 어떤 방위를 향한 쪽

品 물건 품	총획 9획 · 부수 口 · 준4급 品質(품질) : 물건의 상태 品(품) 밟기 : 택견의 굼실거리는 기본 동작

和 화할 화	총획 8획 · 부수 口 · 5급 和合(화합) : 화목하게 어울림 人和(인화) : 여러 사람들이 화합함

只 다만 지	총획 5획 · 부수 口 · 3급 但只(단지) : 다만 只今(지금) : 현재

命 목숨 명	총획 8획 · 부수 口 · 5급 生命(생명) : 사람의 목숨 命令(명령) : 윗사람이 아랫사람에게 내리는 지시

Day 26
'동이족=한국인' 과연 맞는 등식일까?

오늘은 夷(오랑캐 이)자에 대해 알아 보고자 합니다. 앞에서 언급했듯 우리나라는 조상 대대로 활(弓)에 능했습니다. 올림픽에서 양궁(洋弓) 선수들이 개인전과 단체전의 메달을 휩쓰는 것 또한 우리는 어렵지 않게 볼 수 있죠. 그것을 두고 많은 사람들이 '한민족은 동이족(東夷族)이므로 활을 잘 쏘는 것이다'라고 말합니다. 동이족의 夷자는 大자와 弓자로 이루어진 글자이므로, 우리 민족은 '큰활을 쓰는 민족이다'라고 이야기하기도 합니다. 하지만 이 말에는 여러 가지 허점이 있습니다. 일단 夷(夷)자는 大와 弓이 만난 글자가 아닙니다. 弓자는 다른 글자와 어울릴 때, 대부분 왼쪽에 쓰고 간혹 아래에 씁니다. 왼쪽에 쓰는 경우는 張(활시위 없을 장), 弛(활시위 부릴 이), 弦(활시위 현), 彈(탄알 탄) 등이 있고 아래에 쓰는 경우는 弩(쇠뇌 노), 穹(하늘 궁) 등이 있습니다. 이처럼 弓자는 다른 글자에 의해 관통되어 쓰이지 않기 때문에 夷자는 大와 弓의 결합이라 할 수 없습니다. 우리 민족이 큰 활을 쓴다는 것 역시 틀린 말입니다. 우리나라의 활은 전 세계에서 가장 발달된 활이기 때문에 가장 멀리 나가며 크기 또한 가장 작은 활입니다. 그리고 '동이족(東夷族)=한민족(韓民族)'의 등식이 성립하는 것으로 보고 있는데, 필자가 연구한 바로는 고대의 동이족은 중국의 산동 지역으로부터 발해만 연안을 거쳐 만주 일부 지역에서 거주했던 민족을 가리켰고, 나중에는 만주와 한반도, 일본까지 포함하는 광범위한 지역의 사람들을 가리켰습니다. 따라서 동이족이라고 하는 넓은 범위에 우리 한민족이 포함될 수는 있어도 '동이족=한민족'의 등식은 성립할 수 없다고 생각합니다. 또한 '동이족(東夷族)'의 東자는 동녘 東자이므로 명칭의 중심은 중국에 있다고 볼 수 있습니다. 따라서 동이족과 한민족의 관계에 대한 이야기는 좀 더 생각해 봐야 할 문제인 것 같습니다.

佐
도울 좌

- 총획 7획
- 부수 人(=亻) 사람 인

左(왼 좌)자가 왼쪽을 나타내는 글자이기 때문에 佐자는 '**높은 사람(亻)의 왼쪽(左)에 서 돕는다**'는 의미이다.

* 補佐(보좌) : 상관을 도와 일을 처리함(=輔佐)
* 王佐之材(왕좌지재) : 왕을 도와 나라에 큰 도움이 될 인재

傲
오만할 오

- 총획 13획
- 부수 人(=亻) 사람 인

'자기 땅(土)에 살고 있는 사람(人)을 내쫓는(放 : 놓을 방) 사람(人)은 **오만한 사람**이다'라는 의미를 나타낸다.

* 傲慢(오만) : 태도나 행동이 건방지거나 거만함
* 傲霜孤節(오상고절) : 서릿발이 심한 추위 속에서도 굴하지 않고 홀로 꼿꼿함

侯
제후 후

- 총획 9획
- 부수 人(=亻) 사람 인

人자를 뺀 나머지 글자는 화살(矢)이 꽂히는 과녁을 의미한다. 옛날에는 **활을 잘 쏘는 사람을 제후로 임명**했다고 한다.

* 諸侯(제후) : 봉건 시대에 일정한 영토를 가지고 지배하는 사람
* 王侯將相(왕후장상) : 왕, 제후, 장군, 재상 등의 귀족

喉
목구멍 후

- 총획 12획
- 부수 口 입 구

'제후(侯)가 되면 입(口)으로 말할 때 목에 힘주어 말하게 된다'는 의미로 口가 의미 요소이고 侯가 소리 요소이다.

* 咽喉(인후) : 목구멍을 전문적으로 이르는 말
* 喉音(후음) : 목구멍이 울려 나오는 소리

傘
우산 산

- 총획 12획
- 부수 人(=亻) 사람 인

커다란 우산 안에 사람(人) 네 명이 들어가 있는 모습을 나타내고 있다.

* 雨傘(우산) : 비를 막아주는 도구
* 陽傘(양산) : 태양빛을 막아주는 도구

황 況

총획 8획　**부수** 水(=氵) 물 수

兄(형 형)자는 머리가 큰 사람(儿)인 형을 의미하는 글자이다. 水가 의미 요소인 이 글자는 원래 '차가운 물'이라는 뜻이었으나, 후에 '**하물며**'라는 뜻으로 가차되었다. 兄이 소리 요소로 쓰였다.

* 況且(황차) : 하물며, 더군다나
* 狀況(상황) : 일이 되어가는 과정이나 형편

하물며 황

극 克

총획 7획　**부수** 儿 어진 사람 인

머리에 투구를 쓴 사람(儿)을 의미하는 글자이다. 투구를 쓴 사람은 병사이므로 '**이기다**'의 뜻이 되었다.

* 克服(극복) : 악조건이나 고생 따위를 이겨냄
* 克己復禮(극기복례) : 자기를 이기고 예(禮)로 돌아감

이길 극

토 兎

총획 8획　**부수** 儿 어진 사람 인

토끼를 본뜬 상형 문자이다.

* 兎舍(토사) : 토끼장
* 家兎(가토) : 집토끼

토끼 토

축 蹴

총획 19획　**부수** 足 발 족

就(나아갈 취)자는 京(서울 경)과 尤(더욱 우)자의 결합으로 지방에서 서울로 더욱 나아간다는 뜻이다. 따라서 蹴는 '**발**(足)**이 나아가면서**(就) **공을 찬다**'는 뜻이 되었다. 足이 의미 요소이고 就가 소리 요소이다.

* 蹴鞠(축국) : 고대 중국에서 했던 놀이로 지금의 축구와 유사
* 一蹴(일축) : 제안이나 부탁 따위를 단번에 물리침

찰 축

경 卿

총획 12획　**부수** 卩 병부 절

卿자의 옛 모습은 𠨍으로 두 사람이 마주 앉아 밥을 먹는 모습을 하고 있어 사신(使臣)을 접대하는 것으로 추정된다. 사신과 그를 맞이하는 사람 모두 벼슬아치이므로 '**벼슬**'이라는 뜻이 생겼다.

* 公卿大夫(공경대부) : 고대 중국의 귀족 계층
* 卿相(경상) : 재상과 같은 말

벼슬 경

夷 오랑캐 이

총획 6획　**부수** 大 큰 대

검정회에서는 '클 이'라고도 한다. 아직 근원이 확실히 밝혀지지 않은 글자이다.

* 東夷(동이) : 중국의 동쪽에 살고 있는 민족에 대한 멸칭(蔑稱). 만주, 한국, 일본 등이 이에 속함
* 華夷(화이) : 중국(華)과 주변의 오랑캐(夷)

奔 달릴 분

총획 8획　**부수** 大 큰 대

풀밭(卉) 위를 달리는 사람(大)을 의미하는 글자로 상형 문자이다.

* 奔走(분주) : 몹시 바쁘게 뛰어다님
* 東奔西走(동분서주) : 이리 저리 바쁘게 돌아다님

契 맺을 계

총획 9획　**부수** 大 큰 대

'사람(大)이 칼(刀)로 숫자를 새겨(丰) 계약을 맺는다'는 의미이다.

* 契約(계약) : 법률적 효과를 위해 두 사람이 의사를 표시함
* 書契(서계) : 문자가 발명되기 이전 사람들이 의사 표시를 위해 칼로 새긴 것

奮 떨칠 분

총획 16획　**부수** 大 큰 대

'커다란(大) 새(隹)가 밭(田) 위에서 위세를 떨친다'는 의미이다.

➕ 떨치다 : '위세나 명성 따위가 널리 알려지다'라는 뜻이다.

* 奮發(분발) : 마음과 힘을 다하여 떨쳐 일어남
* 孤軍奮鬪(고군분투) : 남의 도움을 받지 않고 혼자서 어려움을 잘 이겨냄

奪 빼앗을 탈

총획 14획　**부수** 大 큰 대

'커다란(大) 새(隹)를 손(寸)으로 잡아 빼앗는다'는 의미이다.

* 强奪(강탈) : 강제로 빼앗음
* 奪取(탈취) : 빼앗아 가져감

쉬어가요~

寧(편안할 녕)자에는 '편안하다'의 뜻 이외에 '차라리, 어찌' 등의 뜻도 있습니다.
王侯將相, 寧有種乎! (왕과 귀족에게 어찌 종자가 따로 있겠는가?)
진시황제에게 반란을 일으킨 진승(陳勝)의 말에서도 확인해 볼 수 있네요~

Day 26 '동이족=한국인' 과연 맞는 등식일까? ▶ 277

질 秩

秩 차례 질

- **총획** 10획　**부수** 禾 벼 화

秩자는 원래 벼슬아치들에게 주는 녹봉(祿俸)을 의미했다. 후에 벼슬의 '**등급, 차례**'의 뜻이 파생되었다. 禾가 의미 요소이고 失(잃을 실)이 소리 요소이다.

➕ 녹봉 : 벼슬아치에게 일 년 또는 계절 단위로 나누어 주던 금품을 통틀어 이르는 말이다.

* 秩序(질서) : 사물의 순서나 차례
* 秩高(질고) : 관직이나 녹봉이 높음

주 奏

奏 아뢸 주

- **총획** 9획　**부수** 大 큰 대

'세(三)명의 사람(大)들이 하늘(天)에 아뢰다'라는 의미이다.

➕ 아뢰다 : '~에게 ~을 말씀드려 알리다'라는 뜻이다.

* 演奏(연주) : 악기를 연주하여 곡을 들려주는 일
* 奏請(주청) : 임금에게 아뢰어 청하는 일

내·나 奈

奈 어찌 내/어찌 나

- **총획** 8획　**부수** 大 큰 대

'사람(大)이 제탁(示)에 올려져서 희생이 되니 어찌하나!'로 외우면 기억하기 쉽다.

* 奈何(내하) : 어찌하여
* 奈落(나락) : 불교에서 말하는 지옥

뇨 尿

尿 오줌 뇨

- **총획** 7획　**부수** 尸 주검/시동 시

'사람(尸)의 몸에서 배출되는 물(水)인 **오줌**'을 말한다.

* 糞尿(분뇨) : 똥과 오줌
* 糖尿(당뇨) : 당분이 많이 섞여 나오는 오줌

리 履

履 밟을/신발 리

- **총획** 15획　**부수** 尸 주검/시동 시

尸(사람)와 復(돌아올 복)이 결합된 글자로 '**사람(尸)이 집으로 돌아올(復) 때 아까 그 길을 또 밟다**'라는 의미이다.

* 履歷書(이력서) : 자신의 경력과 이력을 쓴 서류
* 如履薄冰(여리박빙) : 얼음을 밟듯이 조심하다

		니 尼
尼 여승 니	총획 5획 尸 주검/시동 **시** 尸는 사람, ヒ도 사람의 옆모습을 의미하는 글자로 원래는 '가까이하다'라는 뜻이었다. 불교가 중국에 들어온 후 비구니(bhiksuni 比丘尼)라는 단어에 쓰이면서 '**여승**'이라는 뜻이 되었다. * 比丘尼(비구니) : 출가하여 구족계를 받은 여자 승려 * 尼僧(이승) : 비구니(比丘尼)	니 泥

泥 진흙 니	총획 8획 부수 水(=氵) 물 **수** '흙이 물(水)과 가까이(尼) 하면 진흙이 된다'라는 의미를 나타낸다. 水가 의미 요소이고 尼가 소리 요소이다. * 泥田鬪狗(이전투구) : 자기의 이익을 위해 비열하게 싸우는 것 * 泥土(이토) : 진흙

		시 屍
屍 주검 시	총획 9획 부수 尸 주검/시동 **시** 죽은(死) 사람(尸)인 시신, 주검을 의미한다. 死가 의미 요소이고 尸가 소리 요소이다. * 屍體(시체) : 죽은 사람 * 屍身(시신) : 죽은 사람의 몸	

		악 握
握 잡을 악	총획 12획 부수 手(=扌) 손 **수** 屋(집 옥)자는 사람(尸)이 이르는(至) 곳인 '집'을 의미하는 글자이다. 握자는 '**집(屋)은 구하기 어려우니 손(手)으로 꼭 잡으라는 의미**'를 나타낸다. 手가 의미 요소이고 屋가 소리 요소이다. * 把握(파악) : 손으로 잡아 쥠 * 握手(악수) : 손을 잡으며 하는 인사	

		견 肩
肩 어깨 견	총획 8획 부수 肉(=月) 고기 **육** 신체의 일부를 의미하는 글자이므로 肉이 들어갔다. 戶는 한쪽 팔과 어깨의 모습을 나타낸다. * 肩章(견장) : 군인, 경찰 등이 어깨에 붙이는 표장 * 托肩(탁견) : 우리나라 전통 무술인 '택견'의 한자 표기	

Day 26 확인학습

1. 다음 한자의 훈음을 쓰세요.

- 01 況 _____
- 02 克 _____
- 03 兎 _____
- 04 卿 _____
- 05 奔 _____
- 06 契 _____
- 07 奮 _____
- 08 奪 _____
- 09 秩 _____
- 10 履 _____
- 11 傲 _____
- 12 佐 _____
- 13 喉 _____
- 14 傘 _____
- 15 蹴 _____
- 16 尿 _____
- 17 尼 _____
- 18 泥 _____
- 19 屍 _____
- 20 握 _____
- 21 肩 _____

2. 다음 한자의 독음을 쓰세요.

- 01 傲慢 _____
- 02 諸侯 _____
- 03 喉音 _____
- 04 陽傘 _____
- 05 蹴鞠 _____
- 06 東夷 _____
- 07 演奏 _____
- 08 奈何 _____
- 09 糖尿 _____
- 10 奪取 _____
- 11 克服 _____
- 12 屍身 _____
- 13 把握 _____
- 14 肩章 _____
- 15 履歷書 _____
- 16 補佐 _____
- 17 秩序 _____
- 18 比丘尼 _____
- 19 契約 _____
- 20 奔走 _____
- 21 泥田鬪狗 _____

맞은 개수 ▶ / 63   소요 시간 ▶

3. 알맞은 한자를 쓰세요.

01 오만할 오	02 제후 후	03 목구멍 후
04 우산 산	05 찰 축	06 오랑캐 이
07 아뢸 주	08 어찌 나	09 오줌 뇨
10 여승 니	11 진흙 니	12 주검 시
13 잡을 악	14 어깨 견	15 도울 좌
16 하물며 황	17 이길 극	18 토끼 토
19 벼슬 경	20 달릴 분	21 맺을 계

Day 26 보충한자

史 역사 사	총획 5획 · 부수 口 · 준4급 歷史(역사) : 사람 또는 나라가 지내온 과거 史官(사관) : 역사를 기록하는 사람	
吹 불 취	총획 7획 · 부수 口 · 3급 鼓吹(고취) : 용기와 기운을 북돋움 吹入(취입) : 레코드, 녹음기 등에 소리를 넣음	
商 장사 상	총획 11획 · 부수 口 · 4급 商人(상인) : 장사를 하는 사람 商業(상업) : 장사하는 일	
書 글 서	총획 10획 · 부수 日 · 5급 書店(서점) : 책을 파는 가게 讀書(독서) : 책을 읽음	
名 이름 명	총획 6획 · 부수 口 · 6급 名札(명찰) : 이름을 적은 작은 나무패 姓名(성명) : 성씨와 이름	
曲 굽을 곡	총획 6획 · 부수 日 · 준4급 樂曲(악곡) : 음악의 곡조 曲線(곡선) : 구부러진 선	
善 착할 선	총획 12획 · 부수 口 · 4급 善行(선행) : 착하고 좋은 일 善惡(선악) : 선한 것과 악한 것	
甚 심할 심	총획 9획 · 부수 甘 · 3급 極甚(극심) : 매우 심함	
問 물을 문	총획 11획 · 부수 口 · 5급 問題(문제) : 해답을 요구하는 물음 質問(질문) : 모르거나 의심나는 것을 물음	
話 말씀 화	총획 13획 · 부수 言 · 5급 對話(대화) : 마주 보고 이야기함 話術(화술) : 말을 잘하는 기술	
聞 들을 문	총획 14획 · 부수 耳 · 5급 見聞(견문) : 보고 들은 것 新聞(신문) : 새로운 소식을 정리한 종이	
舍 집 사	총획 8획 · 부수 舌 · 준3급 舍屋(사옥) : 사람이나 동물의 집 校舍(교사) : 학교의 건물	

設 베풀 설	총획 11획　부수 言　3급 陳設(진설) : 제사나 잔치 때 음식을 법식에 따라 상 위에 차려 놓음		

8~3급 한자도 함께 체크해 보세요!

計 셈 계	총획 9획　부수 言　5급 計算(계산) : 숫자를 셈함 總計(총계) : 숫자를 모두 합한 것	視 볼 시	총획 12획　부수 見　4급 視覺(시각) : 눈으로 보는 감각 視聽(시청) : 보고 들음
討 칠 토	총획 10획　부수 言　준3급 討伐(토벌) : 무력으로 쳐 없앰 征討(정토) : 악의 무리를 무력으로 침	規 법 규	총획 11획　부수 見　4급 規範(규범) : 인간이 행동하거나 판단할 때에 마땅히 따르고 지켜야 할 가치 판단의 기준
着 붙을 착	총획 12획　부수 目　4급 附着(부착) : 떨어지지 않게 붙임 着陸(착륙) : 비행기가 땅에 안전하게 내려옴	親 친할 친	총획 16획　부수 見　5급 兩親(양친) : 아버지와 어머니 親舊(친구) : 가깝게 오랜 사귄 동무
省 살필 성/덜 생	총획 9획　부수 目　준4급 反省(반성) : 돌이켜서 생각하고 살핌 省略(생략) : 전체에서 일부를 줄이거나 뺌	新 새 신	총획 13획　부수 斤　5급 新舊(신구) : 새로운 것과 오래된 것 新婦(신부) : 결혼을 앞둔 여자
看 볼 간	총획 9획　부수 目　준3급 走馬看山(주마간산) : 수박 겉 핥기 看做(간주) : 상태나 모양이 그렇다고 여김	投 던질 투	총획 7획　부수 手(=扌)　3급 投手(투수) : 공을 던지는 사람 投槍(투창) : 창을 던지다
臥 누울 와	총획 8획　부수 臣　3급 臥病(와병) : 병들어 누움 臥龍(와룡) : 누운 용, 숨어 있는 인재	拜 절 배	총획 9획　부수 手　준3급 拜禮(배례) : 절하는 예법 歲拜(세배) : 설날에 어른들께 드리는 절

Day 27
女가 들어간 글자 중에
좋은 뜻도 많아요

지금은 아들보다 딸을 선호하는 시대가 되었지만 불과 20년 전만 해도 우리 사회는 남아선호사상이 팽배해 있었습니다. 그렇다면 고대에는 어땠을까요? 고대인들도 여아보다는 남아를 선호했을 것입니다. 그래서 그런지 女자가 포함된 한자 중에 안 좋은 뜻을 가진 글자들이 있습니다. 예를 들어 妾(첩 첩)자를 살펴 보면, 이 글자는 辛(매울 신)자와 女자가 합해진 것으로 妾자 위에 立자는 辛자가 변형된 것입니다. 원래 辛자는 고대 중국에 있었던 묵형(墨刑)과 관련된 글자였습니다. 묵형이란 죄수의 얼굴에 먹으로 문신을 새기는 형벌로 妾자는 원래 '묵형을 받은 여자 죄수'라는 의미를 나타냈습니다. 하지만 후에 '첩'이라는 뜻으로 쓰이게 되었죠. 또한 노예를 의미하는 奴자에 쓰인 又자가 사람의 손(手)을 본뜬 글자이기 때문에 '손으로 끌고 온 여자 포로'라는 의미를 나타냅니다. 고대 중국에서 포로는 모두 제사를 지낼 때 희생(제물)이 되거나 노예로 삼았으므로 奴자에 자연스레 '종, 노예'라는 뜻이 생겼던 것입니다.

그러나 女자가 포함되어 있다고 하여 모두가 부정적인 의미만을 지니고 있는 것은 아닙니다. 여자들의 이름에 자주 들어가는 姸(연)자는 '예쁘다'의 뜻이고 好는 엄마가 아기를 안고 있는 모습이므로 '좋다'의 뜻이며, 媛(원)자도 '아름다운 여인'이라는 뜻이 있습니다. 참고로 '그 사람은 정말로 보기 드문 재원(才媛)이다'라고 할 때 '그 사람'은 남자일까요, 여자일까요? 媛자는 '아름다운 여인'이라는 의미이므로 재원은 '재주와 미모를 겸비한 여인'이라는 뜻이 됩니다. 그런데 가끔 신문이나 방송에서 남자에게 '재원'이라는 단어를 써서 어색함을 느끼게 하는 경우가 있습니다. 어쨌든 女자가 들어간다고 해서 모두 나쁜 글자라는 생각은 버리자구요!

肥 비

총획 8획　**부수** 肉(=月) 고기 **육**

巴(뱀 파)자는 뱀을 본뜬 글자로 소리 요소로 많이 쓰인다. **몸에 살이 찌는 것**이므로 肉이 의미 요소이고 巴가 소리 요소가 된다.

* 肥滿(비만) : 살이 많이 찌는 것
* 天高馬肥(천고마비) : 하늘은 높고 말은 살찌는 계절, 가을

腦 뇌

총획 13획　**부수** 肉(=月) 고기 **육**

뇌는 몸의 일부이므로 肉이 의미 요소이다. 오른쪽 부분의 囟은 **사람의 머리**, 巛은 **머리카락**을 나타낸다.

* 頭腦(두뇌) : 두개골 안에 있는 뇌
* 電腦(전뇌) : 컴퓨터의 중국어 표현

豚 돈

총획 11획　**부수** 豕 돼지 **시**

식용 고기(肉)로 사용되는 **돼지(豕)**를 의미한다.

* 豚兒(돈아) : '어리석은 아이'라는 뜻으로 다른 사람 앞에서 자신의 아들을 낮추어 부르는 말
* 豚肉(돈육) : 돼지고기

膠 교

총획 15획　**부수** 肉(=月) 고기 **육**

'사람(人)이 짐승의 털(彡)과 깃(羽)을 붙이기 위해 짐승의 가죽(肉)으로 아교를 만들다'라는 의미이다.

* 阿膠(아교) : 짐승의 가죽을 고아서 만든 접착제
* 膠着(교착) : 단단히 달라 붙음

肯 긍

총획 8획　**부수** 肉(=月) 고기 **육**

肯자는 뼈에 붙은 고기를 의미했는데, 그 부분이 맛있다고 하여 '**즐기다, 긍정하다**'의 뜻이 되었다.

* 肯定(긍정) : 그렇다고 판단하여 옳다고 함
* 首肯(수긍) : 옳다고 인정함

'먼 친척보다 가까운 이웃이 낫다(이웃사촌)'를 한문으로 옮기면?
답 : 遠族不如近隣(원족불여근린)이라고 합니다.
그나저나 전 사실 이웃과 별로 안 친한데…… 여러분의 경우는요?

사 祀

祀
제사 **사**

총획 8획 **부수** 示 보일 **시**

示자는 제탁을 본뜬 것으로 **제사와 관련된 글자**이다. 따라서 示자가 의미 요소이고 巳(뱀 사)가 소리 요소이다.

* 祭祀(제사) : 죽은 사람이나 신령에게 정성을 올리는 의식
* 四代奉祀(사대봉사) : 4대(代)의 조상에게 제사를 올린다는 뜻

병 竝

竝
나란히 **병**

총획 10획 **부수** 立 설 **립**

立자는 땅에 서 있는 사람이므로 竝자는 '**두 사람이 나란히 서 있는 모습**'을 나타내는 글자이다.

* 竝列(병렬) : 나란히 늘어놓음
* 竝立(병립) : 나란히 서 있음

월 越

越
넘을 **월**

총획 12획 **부수** 走 달릴 **주**

戉(도끼 월)자는 창(戈) 옆에 도끼날을 붙인 무기를 의미하며, 소리 요소로 많이 쓰인다. 越자는 '**도끼(戉)를 든 병사가 달리다가(走) 장애물을 넘다**'로 외우면 쉽다. 走가 의미 요소이고 戉이 소리 요소가 된다.

* 超越(초월) : 뛰어 넘음
* 越牆(월장) : 담장을 뛰어 넘음

타 妥

평온할 **타**

총획 7획 **부수** 女 여자 **녀**

爫(손톱 조)자는 사람의 손이 변한 것으로 妥자는 '손(爫)으로 여자(女)를 데리고 왔다'라는 의미를 나타냈으나 후에 '**편안하다, 평온하다**'의 뜻이 파생되었다.

* 妥協(타협) : 어떤 일을 서로 양보하여 협의함
* 妥當(타당) : 마땅함

첩 妾

첩 **첩**

총획 8획 **부수** 女 여자 **녀**

辛(매울 신 : 형벌 도구)과 女의 결합으로 '여자 죄수, 여자 노예'가 원래의 뜻이었다. 후에 '**첩**'의 뜻이 파생되었다.

* 愛妾(애첩) : 사랑을 받는 첩
* 小妾(소첩) : 옛날에 여인이 남편에게 자신을 낮추어 이르던 말

간 姦

姦
간사할 간

총획 9획　**부수** 女 여자 **녀**

옛날에는 여인을 낮추어 보던 때가 있었다. 때문에 '**여자 셋이 모이면 간사한 이야기를 한다**'고 했던 것이다.

➕ 간사하다 : '나쁜 꾀가 있어 거짓으로 남의 비위를 맞추는 태도가 있다'는 뜻이다.

* 姦慝(간특) : 간사하고 사특(邪惡)함
* 姦淫(간음) : 부부가 아닌 남녀가 성관계를 맺음

노 奴

奴
종 노

총획 5획　**부수** 女 여자 **녀**

奴자에서 又자는 손을 의미하므로 강제로 끌려온 '**여자 노예**'를 뜻한다.

* 奴隸(노예) : 남의 소유물이 되어 부림을 당하는 사람
* 奴婢(노비) : 남자 종과 여자 종을 아울러 이르는 말

독 毒

毒
독 독

총획 9획　**부수** 母 말 **무**

고대에 女자와 母자는 같은 의미였다. 毒자는 머리를 화려하게 꾸며 비녀를 많이(三) 꽂은 여인(母)을 의미하였으나 후에 안 좋은 의미인 '**독**'을 의미하는 글자가 되었다.

* 毒藥(독약) : 독을 탄 약물
* 毒草(독초) : 독을 함유한 식물

공 孔

孔
구멍 공

총획 4획　**부수** 子 아들 **자**

子(아기)와 乚(어머니의 젖가슴)이 결합된 글자이다. 어머니 가슴의 구멍에서 젖이 흘러나오므로 후에 '**구멍**'이라는 뜻이 되었다.

* 孔子(공자) : 중국의 학자(B.C.551~B.C.479). 이름은 구(丘) 자는 중니(仲尼)
* 孔明(공명) : 『삼국지연의』에서 제갈량의 자(字)

맹 孟

孟
맏 맹

총획 8획　**부수** 子 아들 **자**

옛날에는 적자(嫡子) 중의 맏이를 伯이라 했고 서자(庶子) 중의 **맏이**를 孟이라고 했다. 子가 의미 요소이고 皿(그릇 명)이 소리 요소이다.

* 孟子(맹자) : 중국의 사상가(B.C.372~B.C.289). 이름은 가(軻), 자는 자여(子輿)
* 孟秋(맹추) : 음력 7월을 이르는 말

맹 猛

猛 사나울 맹

- 총획 11획
- 부수 犬(=犭) 개 견

'강아지(犬) 중에 맏이(孟)로 태어난 놈이 사납다'로 외우면 쉽다. 개는 사나우므로 犬이 의미 요소이고 孟이 소리 요소이다.

* 勇猛(용맹) : 용감하고 사나움
* 猛將(맹장) : 용맹한 장수

각 覺

覺 깨달을 각

- 총획 20획
- 부수 見 볼 견

學(배울 학)과 見의 결합으로 '배우고(學) 실제로 눈으로 확인(見)하면 확실히 깨달을 수 있다'라는 뜻이다.

* 聽覺(청각) : 듣는 감각
* 覺醒(각성) : 깨어 정신을 차림

손 遜

遜 겸손할 손

- 총획 14획
- 부수 辵(=辶) 쉬엄쉬엄 갈 착

孫(손자 손)자는 子와 系(이을 계 : 실이 이어진 모습)가 결합된 글자이다. 遜자는 '손자(孫)가 가다가(辶) 할아버지를 만나면 공손하고 겸손한 자세로 인사한다'라는 뜻을 나타낸다.

* 謙遜(겸손) : 남을 존중하고 나를 내세우지 않는 태도
* 恭遜(공손) : 행동이 겸손하고 예의가 바르다

숙 孰
숙 熟

孰 누구 숙

- 총획 11획
- 부수 子 아들 자

享(누릴 향)자는 사당의 모습이고 丸은 𠬝(잡을 극 : 사람이 두 손으로 무언가를 잡은 모습)의 변형으로 원래의 뜻은 '잘 익은 음식을 사당에 바치다'라는 의미였다. 후에 '익다'로 쓰였는데, 다시 '누구'의 뜻으로 가차되어 사용되고 있다.

* 孰哉(숙재) : 누구이겠는가?
* 孰能(숙능) : 누가 감히 할 수 있겠는가?

熟 익을 숙

- 총획 15획
- 부수 火(=灬) 불 화

孰이 원래 '익다'라는 의미였으나 '누구'의 뜻으로 가차되자 火를 더해 '익다'의 뜻을 되살렸다.

* 熟練(숙련) : 연습을 많이 하여 능숙하게 익힘
* 熟知(숙지) : 충분히 알고 있음

慧 — 지혜 혜

총획 15획　**부수** 心 마음 심

彗(빗자루 혜)자는 손(크)에 빗자루(丰丰)를 들고 있는 모습이다. 빗자루로 쓸면 깨끗해지므로 慧자는 **깨끗한**(彗) **마음**(心), **지혜로운 마음**이라는 의미를 나타낸다.

* 智慧(지혜) : 슬기로움
* 慧眼(혜안) : 슬기로운 안목

誌 — 기록할 지

총획 14획　**부수** 言 말씀 언

志(뜻 지)자의 士는 원래 止(그칠 지)의 변형으로 소리 요소이며 마음(心)속에 있는 뜻이라는 의미이다. 誌자는 '**선생님의 말씀**(言)**을 기록한다**'라는 뜻이므로 言이 의미 요소이고 志가 소리 요소이다.

* 雜誌(잡지) : 이것 저것 잡다한 정보를 모은 책
* 武俠誌(무협지) : 무술에 관한 이야기를 서술한 책

慮 — 생각할 려

총획 15획　**부수** 心 마음 심

虍(범 호)자와 思(생각 사)자가 결합된 글자로 '**호랑이**(虍)**에 대해 생각**(思)**하다**'라는 뜻이다.

* 考慮(고려) : 생각하고 헤아려 봄
* 念慮(염려) : 앞일에 대해 여러 가지로 마음을 써서 생각함

憲 — 법 헌

총획 16획　**부수** 心 마음 심

害(해로울 해), 罒(그물 망), 心의 결합으로 '**남에게 해로운**(害) **일을 하면 그물**(罒)**로 잡아가니 마음**(心)**으로 법을 지켜야 한다**'라는 뜻이다.

* 憲章(헌장) : 어떤 사실에 대한 약속을 이행하기 위하여 정한 규범
* 憲法(헌법) : 한 국가의 최고 법규

惱 — 괴로워할 뇌

총획 12획　**부수** 心(=忄) 마음 심

心을 뺀 나머지는 巛(머리카락)과 囟(머리)이다. '**머릿속, 마음속에 괴로움이 가득하다**'라는 뜻을 나타낸다.

* 煩惱(번뇌) : 마음이 시달려서 괴로워함
* 苦惱(고뇌) : 괴로워하고 번뇌함

확인학습 Day 27

1. 다음 한자의 훈음을 쓰세요.

- 01 肥 _____
- 02 腦 _____
- 03 豚 _____
- 04 祀 _____
- 05 竝 _____
- 06 越 _____
- 07 妥 _____
- 08 妾 _____
- 09 姦 _____
- 10 奴 _____
- 11 毒 _____
- 12 孔 _____
- 13 孟 _____
- 14 覺 _____
- 15 熟 _____
- 16 誌 _____
- 17 慮 _____
- 18 憲 _____
- 19 慧 _____
- 20 膠 _____
- 21 肯 _____

2. 다음 한자의 독음을 쓰세요.

- 01 阿膠 _____
- 02 首肯 _____
- 03 猛將 _____
- 04 謙遜 _____
- 05 智慧 _____
- 06 煩惱 _____
- 07 憲法 _____
- 08 考慮 _____
- 09 熟練 _____
- 10 奴婢 _____
- 11 毒藥 _____
- 12 孟秋 _____
- 13 妥當 _____
- 14 超越 _____
- 15 竝列 _____
- 16 祭祀 _____
- 17 豚肉 _____
- 18 頭腦 _____
- 19 肥滿 _____
- 20 姦慝 _____
- 21 聽覺 _____

맞은 개수 ▶　　　/ 63　　소요 시간 ▶

3. 알맞은 한자를 쓰세요.

- 01 아교 교
- 02 즐길 궁
- 03 사나울 맹
- 04 겸손할 손
- 05 누구 숙
- 06 지혜 혜
- 07 괴로워할 뇌
- 08 살찔 비
- 09 뇌 뇌
- 10 돼지 돈
- 11 제사 사
- 12 나란히 병
- 13 넘을 월
- 14 평온할 타
- 15 첩 첩
- 16 간사할 간
- 17 종 노
- 18 독 독
- 19 구멍 공
- 20 맏 맹
- 21 익을 숙

Day 27 보충한자

掃 쓸 소
- 총획 11획 | 부수 手(=扌) | 준3급
- 淸掃(청소) : 청결을 위해 쓸고 닦음
- 掃蕩(소탕) : 쓸어 없앰

爲 할 위
- 총획 12획 | 부수 爪 | 4급
- 行爲(행위) : 사람이 의지를 가지고 하는 일
- 爲政(위정) : 정치를 행함

承 이을 승
- 총획 8획 | 부수 手 | 준3급
- 繼承(계승) : 선임자의 뒤를 이어 받음
- 承認(승인) : 어떤 사실을 마땅하다고 받아들임

去 갈 거
- 총획 5획 | 부수 厶 | 5급
- 去來(거래) : 주고 받음, 사고 팖
- 除去(제거) : 잘라 없앰

受 받을 수
- 총획 8획 | 부수 又 | 준3급
- 接受(접수) : 신청이나 신고 따위를 구두(口頭)나 문서로 받음
- 受容(수용) : 어떠한 것을 받아들임

脚 다리 각
- 총획 11획 | 부수 肉(=月) | 3급
- 橋脚(교각) : 강물 위 다리를 지탱하는 기둥
- 脚光(각광) : 사회적 관심이나 흥미

授 줄 수
- 총획 11획 | 부수 手(=扌) | 4급
- 敎授(교수) : 대학에서 근무하는 선생님
- 授業(수업) : 선생이 학생에게 지식을 전해줌

步 걸음 보
- 총획 7획 | 부수 止 | 5급
- 散步(산보) : 휴식을 취하거나 건강을 위해서 천천히 걷는 일
- 驅步(구보) : 달리기

尊 높을 존
- 총획 12획 | 부수 寸 | 준3급
- 尊敬(존경) : 남의 인격, 사상, 행위 따위를 받들어 공경함
- 尊重(존중) : 높이어 귀중하게 대함

歸 돌아갈 귀
- 총획 18획 | 부수 止 | 준3급
- 歸家(귀가) : 집으로 돌아감
- 歸國(귀국) : 자기 나라로 돌아감

對 대답할 대
- 총획 14획 | 부수 寸 | 5급
- 應對(응대) : 부름이나 요구에 응하여 대답함
- 相對(상대) : 서로 마주 대함

武 씩씩할 무
- 총획 8획 | 부수 止 | 4급
- 武藝(무예) : 무력(武力)에 관한 재주, 기술
- 尙武(상무) : 무예를 숭상함

夏 여름 하
- 총획 10획
- 부수 夂
- 5급
- 夏(하) : 禹(우) 임금이 세웠다고 하는 중국 전설상의 왕조
- 夏季(하계) : 여름철

> 8~3급 한자도 함께 체크해 보세요!

發 필 발
- 총획 12획
- 부수 癶
- 준4급
- 發射(발사) : 활이나 총을 쏨
- 出發(출발) : 목적지를 향해 나아감

段 층계 단
- 총획 9획
- 부수 殳
- 3급
- 階段(계단) : 높은 곳을 오르기 위해 만든 디딤돌
- 段玉裁(단옥재) : 청나라 시대의 학자

癸 북방 계
- 총획 9획
- 부수 癶
- 준3급
- 癸丑年(계축년) : 소띠의 해

殺 죽일 살
- 총획 11획
- 부수 殳
- 준3급
- 殺傷(살상) : 죽이고 다치게 함
- 殺戮(살육) : 사람을 마구 죽임

敎 가르칠 교
- 총획 11획
- 부수 攴(=攵)
- 5급
- 敎養(교양) : 학식을 바탕으로 닦은 수양
- 敎程(교정) : 가르치는 순서와 방식

猶 오히려 유
- 총획 12획
- 부수 犬(=犭)
- 3급
- 過猶不及(과유불급) : 지나친 것은 모자란 것과 마찬가지이다
- 猶豫(유예) : 망설이며 결합하지 않음

散 흩어질 산
- 총획 12획
- 부수 攴(=攵)
- 준3급
- 解散(해산) : 모였던 사람들이 흩어짐
- 散策(산책) : 휴식이나 건강을 위해 천천히 걷는 일

特 특별할 특
- 총획 10획
- 부수 牛
- 준4급
- 特別(특별) : 보통과 구별되게 다름
- 特殊(특수) : 특별히 다름

敗 패할 패
- 총획 11획
- 부수 攴(=攵)
- 4급
- 敗北(패배) : 경기나 싸움에서 짐
- 慘敗(참패) : 매우 처참하게 패배함

牧 칠 목
- 총획 8획
- 부수 牛
- 4급
- 牧畜(목축) : 소, 양 등의 가축을 기름
- 牧童(목동) : 소, 양 등의 가축을 기르는 아이

收 거둘 수
- 총획 6획
- 부수 攴(=攵)
- 준3급
- 收穫(수확) : 농사나 직업에 있어 노력한 결과를 얻음
- 秋收(추수) : 가을걷이

解 풀 해
- 총획 13획
- 부수 角
- 준3급
- 解說(해설) : 어려운 것을 풀어서 설명함
- 註解(주해) : 어려운 문장에 주석을 달아 설명함

Day 28
史, 吏, 使, 事는
비슷한 글자

오늘 배울 한자 중에 吏(아전 리)자가 있습니다. 관리(官吏)라고 할 때의 吏자로 벼슬아치를 의미하기도 합니다. 吏자와 닮은 글자에는 史(역사 사), 事(일 사), 使(하여금 사) 등이 있으며 사실 이 네 글자들의 갑골 문자 또한 모두 비슷합니다. 뿐만 아니라 발음과 뜻도 거의 비슷합니다. 史의 갑골 문자는 ✻, 吏의 갑골 문자는 ✻, 事의 갑골 문자는 ✻, 使의 갑골 문자는 ✻로 사실 외관상으로도 별 차이가 없어 보입니다. 다른 점은 맨 꼭대기 부분이 갈라졌는가 갈라지지 않았는가의 차이입니다. 이 글자들의 공통점은 모두 손(又)이 있고 긴 장대 같은 것을 잡고 있다는 것입니다. 장대 위에는 ㅂ(비읍)자 닮은 무언가가 걸려 있는데, 이에 대해 일본 학자 백천정(白川靜)은 '긴 장대 위에 제사용 축문(祝文)을 담는 그릇(ㅂ)을 걸고 하늘로 들어 올리는 모습'이라고 설명했습니다. 즉, '축문의 내용을 신에게 알린다'는 의미를 나타냅니다. 그렇다면 손(又)의 주인은 제사를 담당하는 제사장이나 왕이어야 하는데 이 글자들(✻, ✻, ✻, ✻)에 있는 손을 보고 그것이 제사장의 것인지 왕의 것인지는 알 수 없습니다. 다만 추측할 수 있는 것은 '손에 어떤 도구를 들고 있는 것' 정도입니다. 한 걸음 더 나아간다면 '사냥'과 관계 있는 글자로 여겨지기도 합니다. 어쨌든 ✻, ✻, ✻, ✻ 등의 글자들은 손에 어떤 도구를 들고 '일하다'라는 뜻에서 '벼슬, 역사를 쓰는 사관' 등의 뜻이 파생된 것으로 보입니다.

怪 괴이할 괴

- **총획** 8획
- **부수** 心(=忄) 마음 심

'손(又)으로 흙(土)을 파먹는 사람을 보고 마음(心)속으로 괴이하다고 생각한다'는 뜻이다.

* 怪異(괴이) : 이상야릇하다
* 怪物(괴물) : 이상한 생물체

괴 怪

憩 쉴 게

- **총획** 16획
- **부수** 心 마음 심

息(쉴 식)자의 自는 코, 心은 심장 즉 가슴을 의미하기 때문에 '코로 숨을 쉰다'는 뜻을 나타낸다. 따라서 憩자는 '**혀**(舌)를 내밀고 **숨**(息)을 **쉰다**'는 의미이다.

* 休憩室(휴게실) : 쉬는 방
* 憩泊(게박) : 쉬려고 머무름

게 憩

優 넉넉할 우

- **총획** 17획
- **부수** 人(=亻) 사람 인

憂(근심 우)자는 頁(머리 혈), 心, 攵(발)의 결합으로 '머릿속, 마음속에 근심이 가득하다'는 뜻이다. 따라서 優자는 '**모든 근심**(憂)**을 이겨낸 사람**(人)**은 넉넉한 사람**'이라는 의미를 나타낸다. 人이 의미 요소이고 憂가 소리 요소이다.

* 優秀(우수) : 뛰어남
* 俳優(배우) : 연극이나 영화에서 연기를 하는 사람

우 優

懼 두려워할 구

- **총획** 21획
- **부수** 心(=忄) 마음 심

'**새**(隹)**가 눈**(目目)**을 휘둥그레 뜨고 두려워하는 모습**'을 나타내는 글자이다. 두려운 것은 마음의 작용이므로 心이 의미 요소이고 瞿(볼 구)가 소리 요소이다.

* 疑懼心(의구심) : 의심하고 두려워하는 마음
* 恐懼(공구) : 무섭고 두려워하는 마음

구 懼

恥 부끄러울 치

- **총획** 10획
- **부수** 心 마음 심

'**마음**(心)**으로 부끄러워하면 귀**(耳)**까지 빨개진다**'라는 의미이다.

* 恥辱(치욕) : 수치와 모욕
* 不恥下問(불치하문) : 아랫사람에게 묻는 것을 부끄러워하지 않음

치 恥

Day 28 史, 吏, 使, 事는 비슷한 글자 ▶ 295

원 苑	**총획** 9획 **부수** 艹(=++) 풀 초
苑 나라동산 원	夗(누워 뒹굴 원)자는 '사람(㔾)이 저녁(夕) 때 누워서 뒹굴다'라는 의미이다. 苑자는 고대에 나무를 심고 짐승을 풀어 놓아 **왕이 사냥을 하던 곳**을 의미했다. 따라서 艹가 의미 요소이고 夗이 소리 요소이다. * 秘苑(비원) : 창덕궁(昌德宮) 북쪽에 있던 궁원(宮苑) * 禁苑(금원) : 대궐 안에 있는 동산이나 정원

태 態	**총획** 14획 **부수** 心 마음 심
態 모양 태	能(능할 능)자는 원래 곰을 본뜬 글자였으나 '능하다'의 뜻으로 가차되어 쓰이고 있다. '**할 수 있다(能)라는 마음(心)이 있으면 태도(態度)로 표출된다**'는 의미를 나타낸다. * 姿態(자태) : 여성의 고운 맵시 * 世態(세태) : 세상의 상태나 형편

내 耐	**총획** 9획 **부수** 而 말이을 이
耐 견딜 내	而(말이을 이)는 수염, 寸은 손을 나타낸다. 耐자는 수염을 자르는 형벌을 의미했으나 지금은 '**참다, 견디다**'의 의미로 사용하고 있다. '**수염(而)을 자르는 형벌쯤은 참을 수 있다**'로 기억하면 외우기 쉽다. * 忍耐(인내) : 참고 견딤 * 耐久性(내구성) : 오랫동안 성질을 보존할 수 있는 성질

질 疾	**총획** 10획 **부수** 疒 병들 녁
疾 병/빠를 질	疒자는 질병과 관련된 글자이다. 疾자는 화살(矢)에 맞은 상처를 의미했는데 나중에 '**병**'의 뜻이 생겼다. 화살은 빠르므로 疾에는 '**빠르다**'의 뜻도 있다. * 疾病(질병) : 온갖 병 * 疾走(질주) : 빨리 달리다

암 癌	**총획** 17획 **부수** 疒 병들 녁
癌 암 암	'산(山)처럼 많이 먹었을(口) 때 생기는 병(疒)이 암이다'라는 의미를 나타낸다. * 肝癌(간암) : 간에 생긴 암 * 胃癌(위암) : 위에 생긴 암

> **쉬어가요~**
> '외손뼉이 울랴'를 한문으로 옮기면?
> 답 : 孤掌難鳴(고장난명)
> 여러분! 쉬어가요의 한문 표현을 잘 알아두면 한자 시험 점수를 1~2점 더 올릴 수 있어요^^

亨
형통할 형

형 亨

- 총획 7획
- 부수 ㅗ 머리 부분 두

亨자는 享자와 마찬가지로 '사당'을 본뜬 글자이다. 조상에게 제사를 잘 지내면 만사형통할 것이므로 亨에 '**형통하다**'의 뜻이 생겼다.

* 萬事亨通(만사형통) : 모든 일이 뜻과 같이 잘 되어 감
* 亨運(형운) : 순조로운 운수

跡
발자취 적

적 跡

- 총획 13획
- 부수 足 발 족

亦(또 역)자의 갑골 문자는 ⼤으로 이것은 원래 '겨드랑이'를 의미하는 글자였다. 후에 '또'라는 뜻으로 가차되었다. 跡자는 '**발자국**'을 의미하므로 足이 의미 요소이다. 亦자는 소리 요소이지만 뜻도 도와주고 있다. 이는 겨드랑이가 위로 움푹 들어간 부위이듯, 흙에 찍힌 발자국도 움푹 들어간 것이기 때문이다.

* 足跡(족적) : 발자취
* 痕跡(흔적) : 뒤에 남은 자취나 자국

顯
나타날 현

현 顯

- 총획 23획
- 부수 頁 머리 혈

'태양(日) 아래 실(絲)이 있으니 사람(頁)의 눈에 잘 띈다'라는 의미를 나타낸다.

* 顯忠祠(현충사) : 충무공 이순신 장군을 모신 사당(祠堂)
* 顯著(현저) : 두드러지게 눈에 띔

頻
자주 빈

빈 頻

- 총획 16획
- 부수 頁 머리 혈

步(걸음 보)자는 止(발)자가 위아래로 있는 것으로 '걸음'을 의미한다. 때문에 頻자는 '**사람(頁)은 자주 걸어(步)다녀야 한다**'는 뜻을 나타낸다.

* 頻數(빈삭) : 자주
* 頻度(빈도) : 자주 나타나는 정도

頃
잠깐/이랑 경

경 頃

- 총획 11획
- 부수 頁 머리 혈

匕는 숟가락, 頁은 머리이므로 '**숟가락(匕)이 머리(頁)에 있는 입까지 가는 짧은 시간**'을 의미한다.

➕ 이랑 : 갈아 놓은 밭의 한 두둑과 한 고랑을 아울러 이르는 말이다.

* 頃刻(경각) : 매우 짧은 시간
* 頃年(경년) : 근년(近年)

경 傾

傾
기울 경

총획 13획 **부수** 人(=亻) 사람 인

'사람(人)이 숟가락(匕)을 머리(頁)에 있는 입에 넣으려면 고개를 약간 **기울여야 한다**'는 의미이다. 人이 의미 요소이고 頃이 소리 요소이다.

* 傾斜(경사) : 비스듬히 기울어짐
* 傾國之色(경국지색) : 나라가 기울어질 만큼 아름다운 여인

곡 哭

哭
울 곡

총획 10획 **부수** 口 입 구

'개(犬)가 소리(口)내어 운다'는 의미를 나타낸다.

* 痛哭(통곡) : 매우 슬프게 울다
* 哭聲(곡성) : 울음 소리

계 啓

啓
열 계

총획 11획 **부수** 口 입 구

戶(지게문 호), 攵(칠 복), 口자가 결합된 글자로 '문(戶)을 두드리며(攵) **열어라**(口)'라고 소리친다는 의미이다.

* 啓蒙(계몽) : 어리석은 사람을 일깨워 줌
* 啓發(계발) : 슬기, 재능, 사상 따위를 일깨워 줌

리 吏

吏
아전 리

총획 6획 **부수** 口 입 구

吏자의 갑골 문자는 으로 손(又)으로 무언가를 잡고 있는 모습을 하고 있다. 학자들은 이를 제사와 관련된 것이라 하여 吏자의 뜻을 '**제사를 담당하는 관리**'로 보고 있다.

➕ 아전 : 조선 시대에 중앙과 지방의 관아에 속하여 일을 보던 사람을 말한다.

* 官吏(관리) : 관직에 있는 사람
* 稅吏(세리) : 세금 징수를 맡은 관리

명 銘

銘
새길 명

총획 14획 **부수** 金 쇠 금

소리 요소인 名(이름 명)자는 '깜깜한 저녁(夕)에 사람을 만나면 입(口)으로 스스로의 이름을 밝힌다'는 뜻이다. 銘자는 '**쇠**(金)**에 자기의 이름**(名)**을 새긴다**'는 의미이다.

* 銘心(명심) : 마음에 새김
* 銘刻(명각) : 금석(金石)에 글자를 새김

炊 불땔 취

총획 8획　**부수** 火 불 화

欠(하품 흠)은 입을 벌린 사람의 모습을 나타냈기 때문에 炊자는 '입(欠)으로 불어 모닥불(火)을 피운다'는 의미를 나타낸다.

* 炊事(취사) : 음식을 만드는 일
* 自炊(자취) : 스스로 음식을 해 먹음

替 바꿀 체

총획 12획　**부수** 曰 가로 왈

'두 사람(夫, 夫)이 순서를 바꿔가며 말한다(曰)'는 의미이다.

* 交替(교체) : 사람이나 사물을 다른 사람이나 사물로 바꿈
* 代替(대체) : 다른 것으로 바꿈

捨 버릴 사

총획 11획　**부수** 手(=扌) 손 수

舍(집 사)자는 집을 본뜬 상형 문자이다. 捨자는 '손(手)으로 버린다'는 의미를 나타내므로 手가 의미 요소이고 舍는 소리 요소이다.

* 取捨選擇(취사선택) : 여럿 가운데서 취할 것은 취하고 버릴 것은 버림
* 四捨五入(사사오입) : 넷은 버리고 다섯 이상은 취함, 반올림

護 보호할 호

총획 21획　**부수** 言 말씀 언

'풀숲(艹)에 쓰러진 새(隹)를 손(又)으로 잡고 '널 보호해 줄게'라고 말한다(言)'는 의미이다.

* 保護(보호) : 안전하게 지켜줌
* 看護(간호) : 환자를 살피고 돌봄

訴 하소연할 소

총획 12획　**부수** 言 말씀 언

斥(물리칠 척)자는 '도끼(斤)로 찍어(ヽ) 적을 물리친다'는 뜻이다. 따라서 訴자는 '나쁜 사람을 물리쳐(斥) 달라고 법원에 가서 말하며(言) 하소연하다'라는 의미를 나타낸다.

➕ 하소연하다 : '억울한 일이나 잘못된 일, 딱한 사정 따위를 호소하다'라는 뜻이다.

* 呼訴(호소) : 억울하고 딱한 사정을 남에게 하소연함
* 訴訟(소송) : 권리나 의무 관계를 법률로 따져 달라고 법원에 요구함

확인학습 Day 28

1. 다음 한자의 훈음을 쓰세요.

- 01 怪 _____
- 02 憩 _____
- 03 優 _____
- 04 恥 _____
- 05 態 _____
- 06 耐 _____
- 07 亨 _____
- 08 跡 _____
- 09 顯 _____
- 10 頃 _____
- 11 傾 _____
- 12 啓 _____
- 13 吏 _____
- 14 銘 _____
- 15 替 _____
- 16 捨 _____
- 17 護 _____
- 18 訴 _____
- 19 懼 _____
- 20 苑 _____
- 21 疾 _____

2. 다음 한자의 독음을 쓰세요.

- 01 姿態 _____
- 02 秘苑 _____
- 03 疾走 _____
- 04 肝癌 _____
- 05 頻數 _____
- 06 痛哭 _____
- 07 炊事 _____
- 08 訴訟 _____
- 09 保護 _____
- 10 交替 _____
- 11 銘心 _____
- 12 官吏 _____
- 13 啓蒙 _____
- 14 恥辱 _____
- 15 頃刻 _____
- 16 顯著 _____
- 17 足跡 _____
- 18 疑懼心 _____
- 19 忍耐 _____
- 20 亨通 _____
- 21 傾國之色 _____

맞은 개수 ▶ / 63 소요 시간 ▶

3. 알맞은 한자를 쓰세요.

01 두려워할 구
02 나라동산 원
03 병 질
04 암 암
05 자주 빈
06 울 곡
07 불땔 취
08 하소연할 소
09 보호할 호
10 버릴 사
11 바꿀 체
12 새길 명
13 열 계
14 기울 경
15 잠깐 경
16 나타날 현
17 발자취 적
18 형통할 형
19 견딜 내
20 모양 태
21 부끄러울 치

Day 28 보충한자

處 곳 처	총획 11획 · 부수 虍 · 4급 處所(처소) : 살고 있는 곳 處地(처지) : 처하여 있는 사정이나 형편	
貳 두 이	총획 12획 · 부수 貝 · 준3급 貳萬(이만) : 二萬(이만)과 같음 貳心(이심) : 배반하는 마음	
象 코끼리 상	총획 12획 · 부수 豕 · 3급 象形(상형) : 한자를 만드는 방법의 하나로 사물의 모양을 보고 그리듯 만드는 법	
貴 귀할 귀	총획 12획 · 부수 貝 · 준4급 貴族(귀족) : 가문이나 신분 따위가 좋아 사회적 특권을 가진 계층 尊貴(존귀) : 지위나 신분이 높고 귀함	
美 아름다울 미	총획 9획 · 부수 羊 · 준4급 美麗(미려) : 매우 아름다움 讚美(찬미) : 아름다운 대상을 찬양함	
農 농사 농	총획 13획 · 부수 辰 · 5급 農業(농업) : 농사를 짓는 일 歸農(귀농) : 농사를 짓기 위해 시골로 감	
鮮 고울 선	총획 17획 · 부수 魚 · 4급 朝鮮(조선) : 대한민국이 서기 전의 왕조 新鮮(신선) : 매우 새롭고 깨끗함	
蟲 벌레 충	총획 18획 · 부수 虫 · 4급 蟲齒(충치) : 벌레 먹은 치아 大蟲(대충) : 호랑이의 또 다른 이름	
質 바탕 질	총획 15획 · 부수 貝 · 4급 質疑(질의) : 의심 나는 것이나 모르는 것을 물음 性質(성질) : 사람이 마음에 지닌 본바탕	
習 익힐 습	총획 11획 · 부수 羽 · 준4급 學習(학습) : 배우고 익힘 習射無言(습사무언) : 활을 쏠 때는 아무 말도 하지 않는다	
貯 쌓을 저	총획 12획 · 부수 貝 · 4급 貯蓄(저축) : 절약하여 모아 둠 貯藏(저장) : 물건이나 재화 따위를 모아서 간수함	
九 아홉 구	총획 2획 · 부수 乙 · 8급 九夷(구이) : 중국 동쪽의 아홉 오랑캐 九族(구족) : 자기의 친족이나 가족을 통틀어 이르는 말	

乳 젖 유
- 총획 8획 | 부수 乙 | 준3급
- 哺乳類(포유류) : 어미가 제 젖으로 새끼를 먹여 기르는 동물들
- 牛乳(우유) : 소의 젖

浮 뜰 부
- 총획 10획 | 부수 水(=氵) | 3급
- 浮沈(부침) : 물 위에 떴다 잠겼다 함, 세력이 성했다가 쇠함
- 浮揚(부양) : 위로 떠오름

集 모을 집
- 총획 12획 | 부수 隹 | 준4급
- 集合(집합) : 모두 한곳에 모임
- 募集(모집) : 사람이나 작품을 일정한 조건 아래 널리 알려 모음

雄 수컷 웅
- 총획 12획 | 부수 隹 | 4급
- 雌雄(자웅) : 암컷과 수컷, 승부와 우열을 비유적으로 이르는 말

應 응할 응
- 총획 17획 | 부수 心 | 준3급
- 應答(응답) : 부름이나 물음에 응하여 답함
- 應接(응접) : 손님을 맞아들여 접대함

鳴 울 명
- 총획 14획 | 부수 鳥 | 3급
- 百家爭鳴(백가쟁명) : 많은 학자나 문인들이 자기의 학설을 주장함

早 이를 조
- 총획 6획 | 부수 日 | 4급
- 早朝(조조) : 이른 아침
- 早期(조기) : 이른 시기

晝 낮 주
- 총획 11획 | 부수 日 | 5급
- 晝夜長川(주야장천) : 밤낮으로 쉬지 않고 연달아, '주구장창'은 잘못된 표현

暗 어두울 암
- 총획 13획 | 부수 日 | 4급
- 暗記(암기) : 외워서 잊지 아니함
- 明暗(명암) : 밝은 것과 어두운 것

婚 혼인할 혼
- 총획 11획 | 부수 女 | 3급
- 婚姻(혼인) : 남녀가 부부가 되는 일
- 新婚(신혼) : 결혼한 지 얼마 되지 아니한 시기

混 섞일 혼
- 총획 11획 | 부수 水(=氵) | 3급
- 混濁(혼탁) : 불순물이 섞이어 맑지 않고 흐림
- 混亂(혼란) : 혼잡하고 어지러움

春 봄 춘
- 총획 9획 | 부수 日 | 5급
- 靑春(청춘) : 인생의 젊은 나이
- 春分(춘분) : 24절기의 하나, 밤낮의 길이가 같음

外 바깥 외
- 총획 5획 | 부수 夕 | 7급
- 內外(내외) : 안과 밖, 아내와 남편

8~3급 한자도 함께 체크해 보세요!

Day 29
다시 한 번
가차(假借)에 대해서!

가차라는 말은 이미 앞서 언급한 바 있습니다. (→ Day07 84쪽 참고) 가차란 글자가 원래 갖고 있던 뜻으로 쓰이지 않고 완전히 다른 뜻으로 쓰이는 경우를 말합니다. 예를 들면, 東자는 원래 '보따리'라는 뜻으로 쓰이던 글자였습니다. 그러나 '보따리'라는 뜻과는 전혀 상관없는 '동쪽'이라는 의미로 현재 쓰이고 있습니다. 따라서 東자는 '보따리'를 본뜬 상형자(象形字)이지만 현재 가차되어 '동쪽'이라는 의미로 사용되고 있는 것입니다. 현재 많은 글자들이 원래의 뜻(본의 : 本義)을 잃고 가차되어 사용되고 있습니다. 예를 들면 丁자는 현재 '장정(壯丁) 정'으로 배우고 있는 글자로 갑골 문자는 ▽입니다. 그렇다면 ▽은 무엇을 본뜬 글자일까요? 학자들에 의하면 ▽은 '못'을 본뜬 것이라 합니다. 못을 세워놓고 위에서 내려다본 것이므로 '못 대가리'만 묘사하여 ▽ 이렇게 썼다고 합니다. ▽은 후에 ◆으로 쓰다가 ↑으로 변형되어 현재 丁으로 확립되었습니다. 뜻은 '못'이었는데 '못'과는 전혀 관계없는 '장정(나이가 젊고 기운이 좋은 남자)'의 뜻으로 가차되어 쓰이게 된 것입니다. 그러나 일상에서는 '못'이라는 뜻의 글자가 계속 필요했겠죠? 그래서 사람들은 원래 '못'의 뜻이었던 丁자 옆에 金자를 붙여 釘(못 정)자를 다시 만들게 된 것입니다. 학문적으로 丁자는 釘자의 본자(本字)라 하고, 釘자는 丁자의 후기자(後起字)라고 부릅니다.

謬 그릇될 류

총획 18획　**부수** 言 말씀 언

'어떤 사람(人)의 말(言)이 깃(羽)이나 털(彡)처럼 가볍다는 것'으로 틀린 말을 의미하는 글자이다.

➕ 그릇되다 : 어떤 일이 사리에 맞지 않음을 뜻한다.

* 誤謬(오류) : 그릇되어 이치에 맞지 않는 일
* 謬見(유견) : 그릇된 의견

眉 눈썹 미

총획 9획　**부수** 目 눈 목

'눈(目) 위에 있는 눈썹'을 의미하는 글자이다.

* 焦眉之急(초미지급) : 눈썹에 불이 붙은 것처럼 다급한 상태
* 蛾眉(아미) : 나방의 더듬이처럼 생긴 아름다운 여인의 눈썹

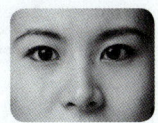

臨 임할 림

총획 17획　**부수** 臣 신하 신

臣은 사람의 눈을 본뜬 글자로 目과 관련이 있다. 臨자는 **사람(人)이 눈(臣)으로 물건(品)을 바라보고 있는 모습**에서 '**임하다, 보다**'의 뜻이 되었다.

➕ 임하다 : '어떤 사태나 일에 직면하다'라는 뜻이다.

* 臨戰無退(임전무퇴) : 싸움에 임하여 물러나지 않음
* 臨迫(임박) : 어떤 때가 가까이 닥쳐 옴

臭 냄새 취

총획 10획　**부수** 自 스스로 자

自는 사람의 코를 본뜬 글자이므로 臭자는 **개(犬)의 코(自)**를 의미한다. 개코가 잘하는 것은 **냄새를 맡는 일**이다.

* 香臭(향취) : 향기로운 냄새
* 遺臭萬年(유취만년) : 더러운 이름을 후세에 오래도록 남김

聰 귀밝을 총

총획 17획　**부수** 耳 귀 이

悤(바쁠 총)자는 心과 소리 요소인 囪(창문 창)의 결합으로 조급한 마음을 의미한다. 聰자는 '**귀가 밝은 것**'이므로 耳가 의미 요소이고 悤이 소리 요소이다.

* 聰明(총명) : 영리하고 재주가 있음
* 聰氣(총기) : 총명한 기운

련 聯

聯 잇닿을 련

총획 17획 　 부수 耳 귀 이

耳와 絲(실 사 : 끈)가 결합된 글자로 絲의 모습이 약간 변형되었다. 고대 중국에서는 전쟁에서 적을 죽이면 귀를 자른다고 했다. 聯자는 '끈(絲)에 여러 개의 귀(耳)를 이어 놓은 것'을 표현한 것이다.

➕ 잇닿다 : '서로 이어져 맞닿다'라는 뜻이다.

* 聯合(연합) : 둘 이상의 사물이 결합하여 하나의 조직체를 만듦
* 關聯(관련) : 둘 이상의 사물, 사람이 관계를 맺고 매여 있음

빙 聘

聘 부를 빙

총획 13획 　 부수 耳 귀 이

'귀(耳)에 대고 말하여 부른다'는 의미로 耳가 의미 요소이고 甹(말빠를 병)이 소리 요소이다.

* 招聘(초빙) : 예를 갖추어 불러 맞아들임
* 聘父(빙부) : 아내의 아버지

야 耶

耶 어조사 야

총획 9획 　 부수 耳 귀 이

이 글자에 阝(고을 읍)자가 붙은 것으로 보아 고을의 이름이었을 것으로 추정되나 현재는 종결 어미로 쓰이고 있다.

* 有耶無耶(유야무야) : 있는지 없는지 흐리멍덩한 모습
* 耶蘇(야소) : 예수(Jesus Christ)의 한자 표기

포 抛

抛 던질 포

총획 7획 　 부수 手(=扌) 손 수

手, 大, 力이 더해진 글자이다. 大는 九의 모습으로 약간 변하였다. '사람(大)이 손(手)으로 힘(力)써 던진다'는 의미이다.

* 抛物線(포물선) : 물체가 반원 모양을 그리며 날아가는 선
* 抛棄(포기) : 하려던 일을 도중에 그만둠

착 捉

捉 잡을 착

총획 10획 　 부수 手(=扌) 손 수

'손(手)으로 발(足)을 잡는다'는 의미이다. 手가 의미 요소이고 足이 소리 요소이다.

* 捕捉(포착) : 꼭 붙잡음
* 捉送(착송) : 잡아서 보냄

促 재촉할 촉

- 총획 9획 부수 人(=亻) 사람 인

'사람(人)이 앞사람의 발(足)을 걷어차며 빨리 가라고 재촉한다'라는 의미이다. 人이 의미 요소이고 足이 소리 요소이다.

* 催促(최촉) : 어떤 일을 빨리 하라고 조름(= 재촉)
* 促求(촉구) : 재촉하여 요구함

把 잡을 파

- 총획 7획 부수 手(=扌) 손 수

巴(뱀 파)자는 뱀을 본뜬 글자로 把자에 쓰여 '손(手)으로 뱀(巴)을 잡았다'는 의미를 나타낸다. 手가 의미 요소이고 巴가 소리 요소이다.

* 把持(파지) : 꽉 움켜쥐고 있음
* 把握(파악) : 어떤 대상의 내용이나 본질을 확실하게 앎

插 꽂을 삽

- 총획 12획 부수 手(=扌) 손 수

'손(手)으로 절구공이질을 천(千)번 했더니 절구(臼)에 꽂혔다'라는 뜻이다.

* 插入(삽입) : 틈이나 구멍 사이에 다른 물건을 끼워 넣음
* 插畫(삽화) : 책의 내용에 대한 이해를 돕기 위해 넣는 그림

携 끌 휴

- 총획 13획 부수 手(=扌) 손 수

'손(手)으로 뚱뚱한(乃) 새(隹)를 끌고 간다'라는 의미로 携자에 쓰인 乃(이에 내)자는 불룩한 가슴과 배를 나타내는 상형 문자이다.

* 提携(제휴) : 행동을 함께 하기 위하여 서로 붙들고 도와줌
* 携帶(휴대) : 손에 쥐거나 몸에 지니고 다님

攝 끌어 잡을 섭

- 총획 21획 부수 手(=扌) 손 수

'손(手)으로 적군의 귀(耳) 세 개를 끌어 잡는다'라는 의미를 나타낸다.

* 攝取(섭취) : 좋은 요소를 받아들임
* 攝生(섭생) : 오래 살기 위하여 건강 관리를 잘 함(=養生 : 양생)

'입술이 없으면 이가 시리다'를 한문으로?
답 : 脣亡齒寒(순망치한)

거 據

據
의거할 거

총획 16획　**부수** 手(=扌) 손 수

원래의 뜻은 '잡다'라는 뜻이었다. 후에 '**의거하다, 근거하다**'의 뜻이 파생되었다. '**손**(手)**으로 호랑이**(虍)**와 돼지**(豖)**를 잡았다**'로 이해하면 외우기 쉽다. 手가 의미 요소이고 豦(원숭이 거)가 소리 요소이다.

* 根據(근거) : 근본이 되는 거점
* 依據(의거) : 어떤 사실이나 원리에 근거함

격 擊

擊
칠 격

총획 17획　**부수** 手 손 수

글자를 가만히 보면 軍(군사 군)자가 거꾸로 있고, 殳(창 수)와 手가 있다. '**거꾸로 넘어진 군사**(軍)**를 손에 창**(殳)**을 들고 치고 때린다**'는 의미로 이해하면 외우기 쉽다.

* 擊劍(격검) : 칼로 싸우는 기술(= 劍術 : 검술)
* 擊破(격파) : 쳐서 깨뜨림

준 遵

遵
좇을 준

총획 16획　**부수** 辵(=辶) 쉬엄쉬엄 갈 착

'**높은**(尊) **사람을 보고 따라간다**(辶)'는 의미로 遵자에 쓰인 尊(높을 존)자는 '술병(酋)을 손(寸)에 들고 높이 올린다'라는 의미를 나타낸다.

* 遵法(준법) : 법을 따라 행동함
* 遵守(준수) : 따르고 지킴

위 尉
위 慰

尉
벼슬 이름 위

총획 11획　**부수** 寸 마디 촌

寸은 손이고 示는 제탁이며 尸는 사람을 의미한다. 따라서 尉자는 **손**(寸)**으로 사람**(尸) **제물을 제탁**(示)**에 올려 놓는 것**을 표현한 것으로 '**제사를 담당한 벼슬아치**'라는 뜻을 지닌다.

* 大尉(대위) : 우리나라 군대의 계급 少領(소령) 아래, 中尉(중위)의 위
* 尉官級(위관급) : 군대 계급이 대위, 중위, 소위에 해당하는 등급

慰
위로할 위

총획 15획　**부수** 心 마음 심

'**벼슬아치**(尉)**들은 백성의 마음**(心)**을 위로해야 한다**'라는 의미이다. 마음을 위로하는 것이므로 心이 의미 요소이고 尉는 소리 요소이다.

* 慰勞(위로) : 따뜻한 말과 행동으로 괴로움을 덜어줌
* 安慰(안위) : 몸을 편안하게 하고 마음을 위로함

심 尋

찾을 심

- 총획 12획 부수 寸 마디 촌
- 가운데 있는 工口의 위아래 글자(ヨ, 寸)들은 모두 손을 의미한다. '두 손(ヨ, 寸)으로 공구(工口)를 찾는다'로 외우면 기억하기 쉽다.
  - * 尋訪(심방) : 방문하여 찾아봄
  - * 尋問(심문) : 찾아 물어봄

봉 封

봉할 봉

- 총획 9획 부수 寸 마디 촌
- '손(寸)으로 흙(土土)을 쌓아 막는다'는 의미이다. 여기서 '봉하다'는 '막는다'와 같은 말이다.
- ➕ 봉하다 : '어떠한 사물을 열지 못하도록 단단히 붙이거나 싸서 막는다'라는 뜻이다.
  - * 封建(봉건) : 천자가 제후에게 나라를 나누어 주고 다스리게 하는 제도
  - * 密封(밀봉) : 새지 않게 꼭 막음

작 爵

벼슬 작

- 총획 18획 부수 爪(=爫) 손톱 조
- 중국의 귀족들이 술잔을 손(寸)에 들고 있는 모습을 본뜬 글자로 원래는 '술잔'을 의미했다. 그 술잔들은 귀족이 사용하던 것이므로 '**벼슬**'이라는 뜻이 생겼다.

  - * 爵位(작위) : 벼슬과 지위
  - * 伯爵(백작) : 중국 귀족인 공후백자남(公侯伯子男)의 다섯 단계 중 하나

위 僞

거짓 위

- 총획 14획 부수 人(=亻) 사람 인
- 爲(할 위)자는 손(爪)으로 코끼리를 부리고 있는 모습을 나타내며, '하다, 행위' 등의 뜻이 파생되었다. 僞자는 '**사람(人)의 행위(爲)에는 거짓된 것이 많다**'라는 의미이다. 人이 의미 요소이고 爲가 소리 요소이다.
  - * 僞善(위선) : 거짓으로 행하는 선
  - * 僞幣(위폐) : 가짜로 만든 화폐

각 却

물리칠 각

- 총획 7획 부수 卩 병부 절
- 去(갈 거)자의 土자는 大가 변형된 것으로 '가다'의 뜻을 갖는다. 따라서 却자는 **앉아 있는 사람(卩)에게 가라(去)**는 의미 즉, '**물리친다**'라는 의미를 나타낸다.
  - * 棄却(기각) : 법률적인 신청이나 청구를 배척하는 것
  - * 却下(각하) : 국가 기관에 대한 행정상 신청을 배척하는 처분

Day 29 확인학습

1. 다음 한자의 훈음을 쓰세요.

- 01 臨 _____
- 02 聰 _____
- 03 聯 _____
- 04 促 _____
- 05 據 _____
- 06 擊 _____
- 07 遵 _____
- 08 慰 _____
- 09 却 _____
- 10 謬 _____
- 11 眉 _____
- 12 臭 _____
- 13 聘 _____
- 14 抛 _____
- 15 捉 _____
- 16 把 _____
- 17 挿 _____
- 18 携 _____
- 19 攝 _____
- 20 尉 _____
- 21 尋 _____

2. 다음 한자의 독음을 쓰세요.

- 01 誤謬 _____
- 02 蛾眉 _____
- 03 香臭 _____
- 04 招聘 _____
- 05 促求 _____
- 06 抛棄 _____
- 07 捕捉 _____
- 08 把持 _____
- 09 挿入 _____
- 10 携帶 _____
- 11 攝取 _____
- 12 大尉 _____
- 13 尋訪 _____
- 14 密封 _____
- 15 爵位 _____
- 16 僞善 _____
- 17 棄却 _____
- 18 慰勞 _____
- 19 遵法 _____
- 20 依據 _____
- 21 有耶無耶 _____

맞은 개수 ▶ / 63   소요 시간 ▶

3. 알맞은 한자를 쓰세요.

01 그릇될 류
02 눈썹 미
03 냄새 취
04 부를 빙
05 어조사 야
06 던질 포
07 잡을 착
08 잡을 파
09 꽂을 삽
10 끌 휴
11 끌어 잡을 섭
12 벼슬 이름 위
13 찾을 심
14 봉할 봉
15 벼슬 작
16 거짓 위
17 물리칠 각
18 위로할 위
19 좇을 준
20 칠 격
21 의거할 거

Day 29 보충한자

夜 밤 야	총획 8획 · 부수 夕 · 5급	夜間(야간) : 한밤중

樹 나무 수	총획 16획 · 부수 木 · 준4급	樹木(수목) : 살아있는 나무 街路樹(가로수) : 길 옆에 심어 놓은 나무

多 많을 다	총획 6획 · 부수 夕 · 5급	多少(다소) : 많고 적음 多量(다량) : 많은 양

村 마을 촌	총획 7획 · 부수 木 · 5급	漁村(어촌) : 물고기 잡는 것을 업으로 하는 마을 村夫(촌부) : 촌에서 사는 남자

移 옮길 이	총획 11획 · 부수 禾 · 4급	移動(이동) : 물건이나 사람이 다른 곳으로 옮김

業 일 업	총획 13획 · 부수 木 · 준4급	業務(업무) : 직장에서 맡아서 하는 일 業報(업보) : 선악의 행업으로 말미암은 과보(果報)

林 수풀 림	총획 8획 · 부수 木 · 6급	森林(삼림) : 나무가 많이 우거진 숲 密林(밀림) : 나무가 빽빽한 숲

極 다할 극	총획 13획 · 부수 木 · 4급	北極(북극) : 지구 지축(地軸)의 북쪽 끝 極端(극단) : 맨 끝

李 오얏 리	총획 7획 · 부수 木 · 준4급	李下不整冠(이하부정관) : 의심받을 행동을 하지 않는다

本 근본 본	총획 5획 · 부수 木 · 준5급	根本(근본) : 사물의 본질이나 본바탕, 초목의 뿌리 本末(본말) : 사물이나 일의 처음과 끝

楓 단풍 풍	총획 13획 · 부수 木 · 3급	丹楓(단풍) : 기후 변화로 식물의 잎이 붉은빛이나 누런빛으로 변하는 현상

束 묶을 속	총획 7획 · 부수 木 · 4급	束縛(속박) : 어떤 행위나 권리의 행사를 자유롭게 하지 못하게 강압적으로 묶는 일

8~3급 한자도 함께 체크해 보세요!

| 速 빠를 속 | 총획 11획　부수 辵(=辶)　준4급
速度(속도) : 빠른 정도
快速(쾌속) : 매우 빠름 |

| 末 끝 말 | 총획 5획　부수 木　준5급
末期(말기) : 끝나는 시기
末端(말단) : 맨 끄트머리 |

| 執 잡을 집 | 총획 11획　부수 土　3급
固執(고집) : 자기의 의견을 버리지 않고 굳게 버팀 |

| 然 그럴 연 | 총획 12획　부수 火(=灬)　준4급
無爲自然(무위자연) : 사람의 힘을 더하지 않고 스스로 그러한 상태 |

| 報 알릴 보 | 총획 12획　부수 土　4급
日報(일보) : 매일 나오는 신문
報告(보고) : 일에 관한 내용이나 결과를 말이나 글로 알림 |

| 災 재앙 재 | 총획 7획　부수 火　4급
災殃(재앙) : 뜻하지 않게 생긴 불행한 변고
人災(인재) : 사람의 부주의로 생긴 변고 |

| 服 옷 복 | 총획 8획　부수 月　준4급
軍服(군복) : 군인들이 입는 제복
服裝(복장) : 옷차림 |

| 炭 숯 탄 | 총획 9획　부수 火　4급
石炭(석탄) : 태고적의 식물질이 땅에 묻히어 타기 쉬운 퇴적암으로 변한 것 |

| 均 고를 균 | 총획 7획　부수 土　준3급
平均(평균) : 사물의 양이나 질을 통일적으로 고르게 한 것 |

| 烏 까마귀 오 | 총획 10획　부수 火(=灬)　3급
烏合之卒(오합지졸) : 제각기 보잘것없는 사람들 |

| 坤 땅 곤 | 총획 8획　부수 土　3급
乾坤一擲(건곤일척) : 운명을 걸고 단판걸이로 승부를 겨룸 |

| 坐 앉을 좌 | 총획 7획　부수 土　4급
正坐(정좌) : 바르게 앉음
平坐(평좌) : 편하게 앉음 |

| 鐵 쇠 철 | 총획 21획　부수 金　4급
鐵製(철제) : 쇠로 만듦
鐵劍(철검) : 쇠로 만든 검 |

Day 29 다시 한 번 가차(假借)에 대해서!

Day 30
자전(字典)의 할아버지, 『설문해자(說文解字)』

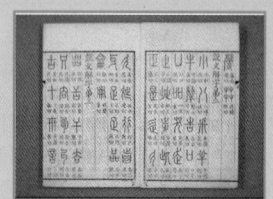

이 책으로 한자 공부를 하는 독자들은 앞에서 이미 『설문해자(說文解字)』라는 이름을 여러 번 접했을 겁니다. 『설문해자』란 무엇인가? 이 책은 한자의 구조와 소리, 뜻을 설명한 책으로 한자를 연구하는 데 있어 필수 불가결한 책입니다. 중국 한(漢)나라 시대 때 허신(許愼)이라는 학자가 서기 100년 쯤에 편찬한 책으로 제목을 보면 이 책의 성격을 파악할 수 있습니다. 『설문해자』의 설(說)과 해(解)는 해설(解說)이 되고 문(文)과 자(字)는 문자(文字)가 되어, '문자를 해설하다'라는 의미를 나타냅니다. 즉 9,353개의 한자를 하나하나 설명해 놓은 한자 자전인 셈이지요. 이 책의 서문에는 한자가 만들어진 원리인 육서(六書)에 대해 상세히 설명되어 있으며, 최초로 부수(部首)라는 개념을 확립하여 이에 대해 서술하였는데, 후대의 한자 연구에 기여한 바가 매우 큽니다. 현재 우리가 일반적으로 보고 있는 한자 자전에는 214개의 부수를 사용하고 있지만 『설문해자』에는 540개나 제시되어 있습니다. 세월이 지나면서 서서히 그 수가 감소하더니 명나라 때의 자전인 『자휘(字彙)』에서 214개를 사용하였고, 청나라 때 그 이름도 유명한 『강희자전(康熙字典)』에서도 214개 부수를 사용하였습니다. 우리가 보고 있는 한자 자전이 『설문해자』를 참고하여 만들어진다고 볼 때, 이 책의 가치는 매우 높다고 할 수 있습니다. 그러나 『설문해자』에 있는 한자의 해설이 모두 옳은 것은 아닙니다. 저자 허신은 갑골 문자를 참고하지 않고 소전(小篆)이라고 하는 글자 형태를 기준으로 설명했기 때문입니다. 갑골 문자와 소전은 같은 글자인데도 모습이 다른 것이 많습니다. 丁자의 경우 갑골 문자에는 ⃞, 소전에는 ㆆ으로 나타나 있는 것만 봐도 알 수 있습니다. 글자 설명에 있어서 약간의 오류는 있지만 중국 최초로 과학적으로 한자를 분석하였고, 한자학 연구를 시작했다는 면에서 이 책의 가치는 실로 높다 할 수 있겠죠?

弄 희롱할 롱

총획 7획   **부수** 廾 두손 공

王은 玉(구슬 옥)의 변형이다. '두 손(廾)으로 구슬(玉)을 갖고 노는 것'을 의미하는 글자이다.

* 戱弄(희롱) : 말이나 행동으로 실없이 놀림
* 弄談(농담) : 놀리거나 장난으로 하는 말

賦 구실 부

총획 15획   **부수** 貝 조개 패

武(씩씩할 무)자는 止(그칠 지 : 사람의 발)와 戈(창 과)의 결합으로 행진하는 군인을 의미하여 '씩씩하다, 무력, 무술' 등의 뜻이 파생되었다. 여기서 의미하는 구실은 세금과 같은 의미를 나타내므로 賦자는 '국방(武)에 대한 세금(貝)'을 말한다.

* 賦稅(부세) : 세금을 매겨서 부과하는 일
* 賦課(부과) : 세금을 매겨서 부담하게 함

歪 비뚤 왜

총획 9획   **부수** 止 그칠 지

不과 正(바를 정)의 결합으로 '올바(正)르지 아니한(不) 것은 비뚤어진 것이다'라는 의미를 나타낸다.

* 歪曲(왜곡) : 사실과 다르게 해석함
* 歪力(왜력) : 응력(應力), 변형력(變形力)

踏 밟을 답

총획 15획   **부수** 足 발 족

'발(足)로 매일(日) 물(水)을 밟는다'라는 의미이다. 고대 중국이 농경 사회라는 것을 생각하면 이해하기 쉽다.

* 踏査(답사) : 현장에 직접 가보고 조사함
* 踏襲(답습) : 예로부터 해 온 방식을 그대로 따라함

疏 성길/트일 소

총획 12획   **부수** 疋 발 소

疏자의 오른쪽 부분은 아기(子 : 여기서는 거꾸로 된 子)와 어머니의 양수(川)를 의미하고 왼쪽은 발(疋)을 의미한다. 따라서 疏자는 '아기가 태어났다'는 의미가 된다. 아기가 밖으로 나왔으므로 '트이다'의 뜻이 되었고, 아기의 머리카락이 별로 없으므로 '성기다'의 뜻도 나타낸다.

➕ 성기다 : '물건의 사이가 뜨다'라는 의미이다.

* 疏遠(소원) : 지내는 사이가 두텁지 않고 서먹서먹하다
* 疏通(소통) : 막히지 않고 잘 통하다

소 蔬

蔬 나물 소

총획 16획　**부수** 艹(=++) 풀 초

나물도 식물이므로 艹가 의미 요소이고 疏는 뜻을 돕지 못하는 단순한 소리 요소이다.

* 菜蔬(채소) : 푸성귀, 밭에서 기르는 농작물
* 蔬飯(소반) : 변변치 못한 음식

순 舜
순 瞬

舜 순임금 순

총획 12획　**부수** 舛 두발 천

원래 무궁화를 본뜬 상형 문자라고 한다. 후에 고대 중국의 제왕인 '**순임금**'을 의미하게 되자 蕣(무궁화 순)자를 다시 만들었다고 한다. 순임금은 눈동자가 4개였다는 전설이 있다.

* 堯舜(요순) : 요임금과 순임금
* 舜華(순화) : 무궁화(無窮花)

瞬 눈 깜짝할 순

총획 17획　**부수** 目 눈 목

'눈동자가 4개라고 하는 순임금(舜)은 눈(目)을 자주 깜빡였을 것이다'라고 기억하자. 여기서 目이 의미 요소이고 舜은 소리 요소이다.

* 瞬息間(순식간) : 매우 짧은 시간
* 瞬發力(순발력) : 힘살이 순간적으로 수축하는 힘

규 叫
규 糾

叫 부르짖을 규

총획 5획　**부수** 口 입 구

입으로 부르짖으므로 口가 의미 요소이고 丩가 소리 요소가 된다. 叫자에 쓰인 丩(넝쿨 구)자는 위로 뻗는 넝쿨을 본뜬 글자이다.

* 絶叫(절규) : 온 힘을 다해 부르짖음
* 叫彈(규탄) : 잘못을 꼬집어 말함

糾 얽힐/살필 규

총획 8획　**부수** 糸 실 사

'실(糸)과 넝쿨(丩)은 **얽힌다**'라는 공통점이 있다.

➕ 얽다 : '이리저리 관련이 되게 하다'라는 의미이다.

* 糾明(규명) : 어떤 사실을 자세히 따져서 밝힘
* 糾彈(규탄) : 잘못이나 옳지 못한 일을 밝혀서 따짐

쉬어가요~

'티끌 모아 태산'을 한문으로?

답 : 塵合泰山(진합태산)

'열 길 물속은 알아도 한 길 사람 속은 모른다'를 한문으로?

답 : 水深可知, 人心難知(수심가지, 인심난지)

殿 대궐 전

총획 13획　**부수** 殳 창/몽둥이 수

尸는 사람을 의미하고 殳는 몽둥이를 의미하여 원래의 뜻은 '때리는 소리'였다. 후에 '**대궐**'의 뜻으로 사용되고 있다.

* 宮殿(궁전) : 임금이 거처하는 집
* 殿堂(전당) : 학문, 예술 따위의 분야에서 가장 권위 있는 연구 기관을 이르는 말

鍛 단련할 단

총획 17획　**부수** 金 쇠 금

段(층계 단)자는 '손에 도구(殳)를 들고 언덕에 계단을 만든다'라는 의미이다. 鍛자는 의미 요소인 金과 소리 요소인 段이 합해진 글자로 '**쇠(金)를 두드려 단련하다**'라는 의미를 나타낸다.

* 鍛鍊(단련) : 쇠붙이를 불에 달구어 두들겨 단단하게 함
* 鍛鐵場(단철장) : 대장간

毀 헐 훼

총획 13획　**부수** 殳 창/몽둥이 수

毀자는 '**장인(工)이 손(又)에 도구(殳)를 들고 절구(臼)를 만드니 도구가 닳고 헌다**'는 의미이다.

➕ 헐다 : '집 따위의 축조물이나 쌓아 놓은 물건을 무너뜨리다'라는 의미이다.

* 毀損(훼손) : 헐거나 깨뜨려 못 쓰게 만듦
* 毀傷(훼상) : 헐어 상하게 함

肅 엄숙할 숙

총획 13획　**부수** 聿 붓 율

'여인이 손에 바늘을 들고(聿) 아름다운 **수를 놓는다**'라는 뜻으로 그 분위기가 매우 **엄숙함**을 나타낸다.

* 嚴肅(엄숙) : 분위기나 의식 따위가 장엄하고 정숙함
* 靜肅(정숙) : 고요하고 엄숙함

獸 짐승 수

총획 19획　**부수** 犬 개 견

單(홑 단 : 사냥 도구)과 犬이 결합된 글자이다. 여기서 單자는 짐승을 잡는 사냥 도구를 의미하기 때문에 獸자는 '**사냥개(犬)를 데리고 짐승을 잡는다**'라는 뜻을 나타낸다. 참고로 單자의 갑골 문자는 ᛉ으로 마치 지금의 새총과 비슷하다.

* 野獸(야수) : 야생의 사나운 짐승
* 人面獸心(인면수심) : 마음이나 행동이 매우 흉악함

렵 獵

獵
사냥 렵

> **총획** 18획　**부수** 犬(=犭) 개 견
>
> 犭의 오른쪽(巤)은 긴 털(巛)의 짐승이다. 역시 '**사냥개**(犬)를 데리고 짐승(巤)을 사냥한다'라는 의미이다.
>
> * 狩獵(수렵) : 사냥
> * 獵奇(엽기) : 비정상적이고 괴이한 일이나 사물에 흥미를 느끼고 찾아다님

획 獲

獲
사로잡을 획

> **총획** 17획　**부수** 犬(=犭) 개 견
>
> '**사냥개**(犬)를 데리고 다니다가 풀(艹)숲에 숨어 있는 새(隹)를 손(又)으로 잡았다'라는 의미를 나타낸다.
>
> * 獲得(획득) : 얻어 내거나 얻어 가짐
> * 虜獲(노획) : 적을 산채로 잡거나 목을 베어 죽임

옥 獄

獄
옥 옥

> **총획** 14획　**부수** 犬(=犭) 개 견
>
> 사나운 개가 지키는 '**감옥**'을 의미하는 글자로 '**이곳에 가면 개**(犬) 취급 받는 말(言)을 듣는다'라는 뜻이다.
>
> * 監獄(감옥) : 죄인을 가두어 두는 곳
> * 脫獄(탈옥) : 감옥에서 도망침

첨 尖

尖
뾰족할 첨

> **총획** 6획　**부수** 小 작을 소
>
> 尖자는 '**아래가 크고**(大) **위로 갈수록 작아**(小)**지면서 △처럼 뾰족해진다**'라는 의미를 나타낸다.
>
> * 尖端(첨단) : 물체의 뾰족한 끝
> * 尖銳(첨예) : 뾰족하고 날카로움

학 虐

虐
사나울 학

> **총획** 9획　**부수** 虍 범 호
>
> 虍자의 아래에 있는 글자는 손(크)을 의미하는 글자를 뒤집어 쓴 것으로 호랑이의 앞발을 의미한다. **발톱이 날카로운 호랑이**(虍)**의 앞발**(크)**로 사람을 공격하므로** '**사납다**'의 뜻이 되었다.
>
> * 虐待(학대) : 몹시 괴롭히거나 가혹하게 대우함
> * 虐政(학정) : 백성들을 못살게 구는 가혹한 정치

| 상 像
| 예 豫

像 모양 상

총획 14획　**부수** 人(=亻) 사람 인

象(코끼리 상)자는 코끼리를 본뜬 상형 문자로 고대 중국에도 코끼리가 있었다. 따라서 像자는 '**사람들**(人)이 **코끼리**(象)의 **모습과 모양**을 **상상하다**'라는 의미이다.

* 想像(상상) : 실제로 경험하지 않은 상황이나 사물을 머릿속에서 그려 봄
* 假像(가상) : 주관적으로는 보이나 객관적으로는 없는 가짜 형상

豫 미리 예

총획 16획　**부수** 豕 돼지 시

予(나 여)자는 베틀의 부속 중 하나인 실패를 본뜬 글자로 '나'의 뜻이 가차되었다. 豫자는 따라서 '**코끼리**(象)**는 자신**(予)**이 죽을 날을 미리 안다**'는 의미이다.

* 豫定(예정) : 미리 정하거나 예상함
* 豫習(예습) : 미리 학습함

모 貌

貌 모양 모

총획 14획　**부수** 豸 발 없는 벌레 치

豸자는 사나운 짐승을 본뜬 글자(豕 : 돼지 시와 닮음)이고 皃(모양 모)자는 사람의 앞모습을 나타내는 글자이다. '**포유류 동물은 겉모양이 기본적으로 비슷하다**'라는 의미이다.

* 外貌(외모) : 겉모습
* 貌相(모상) : 모양

려 麗

麗 고울 려

총획 19획　**부수** 鹿 사슴 록

鹿자 위에 있는 글자는 **사슴의 아름다운 뿔을 의미**하는데 사슴의 큰 눈으로 봐도 좋다.

* 高句麗(고구려) : 추모왕(朱蒙 : 주몽)이 만주 지역에 세운 나라, 한국인의 조상
* 美麗(미려) : 매우 아름다움

금 禽

禽 새 금

총획 13획　**부수** 内 짐승 발자국 유

禽자는 **새를 잡는 그물**을 본뜬 글자로 고문자는 ᒷ이다.

* 禽獸(금수) : 날짐승과 들짐승을 아울러 이르는 말
* 家禽(가금) : 식용을 위해 집에서 기르는 새, 닭, 거위, 오리 따위

Day 30 확인학습

1. 다음 한자의 훈음을 쓰세요.

- 01 弄 _____
- 02 疏 _____
- 03 肅 _____
- 04 尖 _____
- 05 像 _____
- 06 豫 _____
- 07 貌 _____
- 08 麗 _____
- 09 禽 _____
- 10 賦 _____
- 11 歪 _____
- 12 踏 _____
- 13 疏 _____
- 14 舜 _____
- 15 瞬 _____
- 16 叫 _____
- 17 糾 _____
- 18 殿 _____
- 19 鍛 _____
- 20 毁 _____
- 21 獸 _____

2. 다음 한자의 독음을 쓰세요.

- 01 賦稅 _____
- 02 歪曲 _____
- 03 踏査 _____
- 04 疏通 _____
- 05 堯舜 _____
- 06 嚴肅 _____
- 07 絶叫 _____
- 08 糾明 _____
- 09 殿堂 _____
- 10 鍛鍊 _____
- 11 毁損 _____
- 12 野獸 _____
- 13 獵奇 _____
- 14 虜獲 _____
- 15 監獄 _____
- 16 虐待 _____
- 17 禽獸 _____
- 18 豫定 _____
- 19 假像 _____
- 20 尖端 _____
- 21 瞬息間 _____

맞은 개수 ▶ / 63   소요 시간 ▶

3. 알맞은 한자를 쓰세요.

01 구실 부	02 비뚤 왜	03 밟을 답
04 트일 소	05 순임금 순	06 눈 깜짝할 순
07 부르짖을 규	08 살필 규	09 대궐 전
10 단련할 단	11 헐 훼	12 짐승 수
13 사냥 렵	14 사로잡을 획	15 옥 옥
16 사나울 학	17 새 금	18 고울 려
19 모양 모	20 미리 예	21 뾰족할 첨

Day 30 보충한자

針 바늘 침	총획 10획　부수 金　준3급 金針(금침): 금으로 만든 바늘 刺針(자침): 침을 놓다	
法 법 법	총획 8획　부수 水(=氵)　준4급 法曹(법조): 법률적 사무에 종사하는 사람들 刑法(형법): 형벌에 관한 법	
溫 따뜻할 온	총획 13획　부수 水(=氵)　준4급 溫故知新(온고지신): 옛것을 익혀 새로운 것을 안다 氣溫(기온): 대기의 온도	
流 흐를 류	총획 10획　부수 水(=氵)　준4급 流水(유수): 흐르는 물 行雲流水(행운유수): 떠도는 구름과 흐르는 물	
深 깊을 심	총획 11획　부수 水(=氵)　3급 深海(심해): 깊은 바다 深思熟考(심사숙고): 깊게 생각하고 오랫동안 고찰함	
泰 클 태	총획 10획　부수 水(=水)　3급 天下泰平(천하태평): 세상이 평화로움 泰斗(태두): 어느 방면에서 권위 있는 사람	
探 찾을 탐	총획 11획　부수 手(=扌)　준3급 探偵(탐정): 드러나지 않은 사정을 몰래 살펴 알아냄	
汝 너 여	총획 6획　부수 水(=氵)　3급 汝等(여등): 너희들	
漁 고기 잡을 어	총획 14획　부수 水(=氵)　준4급 漁夫(어부): 고기를 잡는 사람 漁業(어업): 물고기를 잡는 일	
如 같을 여	총획 6획　부수 女　준4급 如反掌(여반장): 일이 매우 쉬움 萬事如意(만사여의): 모든 일이 뜻대로 이루어지다	
滿 가득 찰 만	총획 14획　부수 水(=氵)　준3급 滿洲(만주): 북한의 북쪽, 중국의 동북부 지방 飽滿(포만): 넉넉히 먹어 배가 부름	
島 섬 도	총획 10획　부수 山　4급 獨島(독도): 동해 바다에 있는 돌섬 濟州道(제주도): 한국 남부에 있는 가장 큰 섬	

州 고을 주
- 총획 6획
- 부수 川
- 준4급
- 慶州(경주) : 경상도에 있는 도시
- 全州(전주) : 전라도에 있는 도시

8~3급 한자도 함께 체크해 보세요!

草 풀 초
- 총획 10획
- 부수 艹(=⺾)
- 5급
- 藥草(약초) : 약으로 삼을 수 있는 풀
- 草芥(초개) : 풀과 티끌, 쓸모없고 하찮은 것

危 위태할 위
- 총획 6획
- 부수 卩
- 준3급
- 危險(위험) : 위태하고 험난한 것
- 危殆(위태) : 안전하지 아니함

萬 일만 만
- 총획 13획
- 부수 艹(=⺾)
- 5급
- 萬一(만일) : 만약에
- 萬人(만인) : 모든 사람

陸 뭍 륙
- 총획 11획
- 부수 阜(=阝)
- 4급
- 大陸(대륙) : 매우 넓어서 해양의 영향이 내륙부에 미치지 않는 땅
- 陸地(육지) : 지구의 표면, 땅

雪 눈 설
- 총획 11획
- 부수 雨
- 준4급
- 飛雪(비설) : 흩날리는 눈
- 雪恨(설한) : 원한을 씻다

降 내릴 강/항복할 항
- 총획 9획
- 부수 阜(=阝)
- 준3급
- 昇降(승강) : 오르고 내림
- 降伏(항복) : 적의 힘에 눌리어 굴복함

冬 겨울 동
- 총획 5획
- 부수 冫
- 5급
- 冬季(동계) : 겨울철
- 冬至(동지) : 일 년 중 낮이 가장 짧고 밤이 가장 길다는 날

穀 곡식 곡
- 총획 15획
- 부수 禾
- 3급
- 穀食(곡식) : 쌀, 보리 등의 곡물
- 穀茶(곡차) : 절에서 '술'을 차에 비유하여 이르는 말

冰 얼음 빙
- 총획 6획
- 부수 冫
- 준4급
- 冰球(빙구) : 아이스하키(Ice Hockey)
- 冰壁(빙벽) : 얼음이나 눈에 덮인 낭떠러지

科 과목 과
- 총획 9획
- 부수 禾
- 5급
- 科擧(과거) : 옛날 우리나라와 중국에서 관리를 뽑을 때 실시하던 시험

厚 두터울 후
- 총획 9획
- 부수 厂
- 3급
- 敦厚(돈후) : 인정이 두텁고 후하다
- 厚德(후덕) : 덕이 후하다

私 사사 사
- 총획 7획
- 부수 禾
- 3급
- 私物(사물) : 개인적인 물건
- 滅私奉公(멸사봉공) : 개인을 뒤로하고 공적인 일을 먼저 함

Day 31
虫은 원래
뱀을 본뜬 글자

오늘은 虫(벌레 충)자에 대해 알아보고자 합니다. 虫자의 갑골 문자는 ⌇으로, 이는 원래 뱀을 표현한 것이었습니다. 그러나 나중에 虫이 뱀은 물론 파충류, 곤충 등 여러 가지 의미를 나타내게 되면서 它(뱀 사/다를 타)자를 사용하여 뱀이라는 뜻을 나타내게 되었습니다. 它자는 또 虫자를 왼쪽에 더해 蛇(뱀 사)자를 만들기도 합니다. 虫자가 들어가는 글자 중에 蟻(개미 의)자가 있습니다. 이 글자에서 虫이 의미 요소로 쓰이고 義(옳을 의)가 소리 요소인 동시에 뜻을 돕고 있습니다. 이 글자는 '벌레(虫) 중에서 매우 의(義)로운 행동을 하는 벌레'라는 뜻을 나타내고 있는데 개미가 일을 열심히 한다는 것은 우리뿐 아니라 중국인들도 그렇게 생각했던 모양입니다. 또한 蚓(지렁이 인)은 引(끌어당길 인)자가 붙어 몸을 잡아 당기듯 구부렸다 펴면서 기어가는 지렁이를 표현했습니다. 蚯(지렁이 구)자도 재미있는 글자입니다. 이 글자에는 丘(언덕 구)자가 쓰였는데, 평지와 언덕은 곡선을 그리므로 蚯자는 곡선을 그리며 지나가는 지렁이를 의미합니다. 蜀(벌레 촉)자는 원래 애벌레를 나타냈으나 지금은 땅 이름이나 나라 이름으로 사용되고 있습니다. 萬(일만 만)자는 원래 '전갈'을 본뜬 글자였는데, '일만'이라는 뜻으로 가차되자 虫자를 더해 蠆(전갈 채)자를 다시 만들었습니다. 辰(별 진)자도 마찬가지입니다. 辰자는 원래 '조개'를 본뜬 글자였는데, 별, 지지자(地支字), 때(時) 등의 뜻으로 가차되어 쓰이자 아래에 虫을 더해 蜃(조개 신)자를 다시 만들게 되었습니다. 그러고 보면 우리가 쓰는 한자 중에 虫자가 들어간 글자가 참 많네요.

우 禹

禹 하우씨 우

총획 9획　**부수** 内 짐승 발자국 유

禹자를 자세히 보면 虫(벌레 충)이 있음을 알 수 있다. '일벌레처럼 백성들과 함께 노동을 했던 전설 속의 임금인 우(禹)임금'을 지칭하는 글자이다. 하(夏)나라를 세웠다고 한다.

* 夏禹氏(하우씨) : 우임금을 높이는 말
* 大禹治水(대우치수) : 우임금이 홍수를 다스리다

빈 賓

賓 손님 빈

총획 14획　**부수** 貝 조개 패

宀과 貝의 사이에 있는 글자는 步(걸음 보)자의 아랫부분으로 止(발)의 변형이다. '선물(貝)을 들고 집(宀)에 찾아오는(止) 손님'을 의미하는 글자이다.

* 貴賓(귀빈) : 귀한 손님
* 賓客(빈객) : 귀한 손님

뢰 賴

賴 힘입을 뢰

총획 16획　**부수** 貝 조개 패

剌(어그러질 랄)자는 묶은 것(束 : 묶을 속)을 칼(刀)로 자른다는 의미이고, 貝는 돈을 의미하므로 '이롭다, 믿다, 의지하다, 힘을 입다' 등의 뜻이 파생되었다. 貝가 의미 요소이고 剌이 소리 요소이다.

* 依賴(의뢰) : 믿고 의지함(= 信賴 : 신뢰)
* 無賴輩(무뢰배) : 거처가 일정하지 않고 떠돌아 다니는 무리

적 賊

賊 도둑 적

총획 13획　**부수** 貝 조개 패

'열(十)명의 도둑이 창(戈)을 들고 돈(貝)을 빼앗는다'라고 하여 '도둑'이라는 의미를 나타낸다.

* 盜賊(도적) : 남의 물건을 훔치는 사람
* 海賊(해적) : 바다에서 활동하는 도둑

부 負

負 질 부

총획 9획　**부수** 貝 조개 패

人자와 貝자의 결합으로 '사람이 돈을 등에 짊어지고 있다'라는 의미를 나타내기도 하고 '싸움에서 패하다'라는 의미를 나타내기도 한다.

* 勝負(승부) : 이김과 짐
* 負擔(부담) : 어떠한 의무와 책임을 짐

Day 31 虫은 원래 뱀을 본뜬 글자 ▶ 325

| 관 貫
| 관 慣

貫
꿸 관

- 총획 11획 부수 貝 조개 패
- 田(꿸 관)자는 엽전 같은 것을 꿰뚫어 놓은 모습을 본뜬 글자이며 고대에 조개는 화폐로 사용되었다. 따라서 貫자는 '**여러 개의 조개(貝)를 꿰어(田) 놓았다**'라는 뜻이다.
- ➕ 꿰다: '실이나 끈 따위를 구멍이나 틈의 한쪽에 넣어 다른 쪽으로 내다'라는 뜻이다.
- * 一以貫之(일이관지): 모든 것을 하나의 원리로 꿰뚫어 이야기하다
- * 貫通(관통): 꿰뚫어서 통함

慣
버릇 관

- 총획 14획 부수 心(=忄) 마음 심
- '**마음(心)을 굳게 먹고 일관(一貫)되게 연습**하면, 마치 **버릇처럼 능숙하게 할 수 있다**'라는 의미이다. 心이 의미 요소이고 貫이 소리 요소이다.
- * 習慣(습관): 어떤 행위를 오랫동안 되풀이하는 과정에서 저절로 익혀진 행동 방식
- * 慣性(관성): 물체가 정지 또는 운동의 상태를 지속하려는 성질

| 욕 辱

辱
욕될 욕

- 총획 10획 부수 辰 별 진
- 辰자는 큰 조개를 본뜬 것으로 농기구나 농사와 관계가 있다. '**손(寸)에 농기구(辰)를 들고 힘들게 일하니 욕되다**'라는 의미이다.
- ➕ 욕되다: 부끄럽고 치욕적이며 불명예스러움을 말한다.
- * 雪辱(설욕): 치욕을 씻음
- * 汚辱(오욕): 명예를 더럽히고 욕되게 함

| 농 濃

濃
짙을 농

- 총획 16획 부수 水(=氵) 물 수
- 農(농사 농)자는 辰자와 林의 결합으로 '농사'라는 의미였는데, 林의 모양이 曲처럼 바뀌었다. '**농도가 짙은 것**'을 의미하므로 水가 의미 요소이고 農이 소리 요소가 된다.
- * 濃度(농도): 짙은 정도
- * 濃厚(농후): 경향이나 기색 따위가 뚜렷함

| 사 蛇

蛇
뱀 사

- 총획 11획 부수 虫 벌레 충
- 원래 它(﹖)자도 뱀을 본뜬 글자였다. 나중에 它자가 '다르다, 그것' 등의 뜻으로 쓰이자 虫(벌레 충)을 더해 蛇자를 다시 만들었다.
- * 毒蛇(독사): 독을 머금고 있는 뱀
- * 蛇足(사족): 하지 않아도 될 일을 해서 도리어 일을 망치는 경우

융 融

融	총획 16획　부수 虫 벌레 충
녹을 융	鬲(솥 력)자와 虫자가 결합된 글자로 '솥(鬲)에 뱀(虫)을 넣어 끓이니 녹아버렸다'라는 의미를 나타낸다. * 金融(금융) : 돈을 융통하는 일 * 融合(융합) : 서로 다른 것이 녹아서 구별이 없게 합해지는 것

잠 蠶
잠 潛

蠶	총획 24획　부수 虫 벌레 충
누에 잠	누에는 여름에 치므로 日자와 旡(더워서 입을 벌린 사람)자가 더해진 글자이다. 고대인에게 있어 누에는 매우 고마움을 느끼게 해주는 벌레였다. 그래서 약자로 쓸 때는 蚕으로 쓴다. * 蠶室(잠실) : 누에를 치는 방 또는 그 지역 * 養蠶(양잠) : 누에를 기르다

潛	총획 15획　부수 水(=氵) 물 수
잠길 잠	'여름(日)에 물(水)에 뛰어들어 잠수(潛水)를 한다'는 의미이다. * 潛水(잠수) : 물에 잠기다 * 沈潛(침잠) : 드러나지 않게 물에 깊숙이 가라앉음

란 亂

亂	총획 13획　부수 乙 새 을
어지러울 란	오른쪽 乙을 제외한 나머지 부분은 손(爪, 又)으로 헝클어진 실을 감는 모습이다. 헝클어진 실이라는 뜻에서 '어지럽다'의 의미가 나왔다. * 反亂(반란) : 정부에 반대하여 변란을 일으킴 * 混亂(혼란) : 뒤죽박죽이 되어 어지럽고 질서가 없음

걸 乞

乞	총획 3획　부수 乙 새 을
빌 걸	人자와 乙자가 더해진 글자로 '새(乙)가 사람(人)에게 모이를 구걸하다'라는 의미를 나타낸다. * 乞人(걸인) : 거지 * 求乞(구걸) : 돈이나 물건을 거저 달라고 빌다

쉬어가요~

'먹을 가까이 하면 검어진다'를 한문으로?

답 : '近墨者黑, 近朱者赤(근묵자흑, 근주자적)'
나쁜 사람을 가까이 하면 그의 영향을 받기 쉬우니 조심하라는 뜻입니다.

Day 31 虫은 원래 뱀을 본뜬 글자

쌍 雙

雙 쌍 쌍

- 총획 18획　부수 隹 새 추
- 隹(새 추)자와 又자가 결합된 글자로 **한 손(又)에 새 두 마리(隹, 隹)가 있는 모습**을 나타낸다.
  * 雙眼(쌍안) : 두 눈
  * 雙手(쌍수) : 두 손

잡 雜

雜 섞일 잡

- 총획 18획　부수 隹 새 추
- 雜자에 쓰인 集(모을 집)자는 나무(木) 위에 새(隹)가 모였음을 나타낸다. 雜자는 集자에 衣가 더해진 글자로 '**옷(衣)에 여러 무늬가 모여(集) 섞였음**'을 의미한다.
  * 雜貨(잡화) : 일상 생활에 쓰이는 잡다한 물품
  * 混雜(혼잡) : 사람이나 자동차가 마구 섞여 있어 매우 혼란스러움

안 雁

雁 기러기 안

- 총획 12획　부수 隹 새 추
- '언덕(厂) 위에 날아가는 기러기(隹)가 **사람(人)처럼 줄을 서서 간다**'라는 뜻이다.
  * 雁行(안항) : 기러기의 행렬 또는 남의 형제를 높이는 말(行은 여기서 항으로 읽는다)
  * 鴻雁(홍안) : 큰 기러기(鴻)와 작은 기러기(雁)

리 離

離 떠날 리

- 총획 19획　부수 隹 새 추
- 隹자의 왼쪽에 있는 离자는 새를 잡는 그물로 禽(새 금 : 이것도 새를 잡는 그물)자와 닮았다. '**새(隹)가 그물 밖으로 달아났다**'라는 의미를 나타낸다.
  * 離別(이별) : 서로 갈리어 떨어짐
  * 遊離(유리) : 따로 떨어짐

고 雇

雇 품팔이 고

- 총획 12획　부수 隹 새 추
- 戶(집 호)자와 隹자의 결합으로 '새(隹)가 집(戶)에서 노래하고 모이를 얻어 먹으니 품을 판다'는 의미가 되었다.
  - 품팔이 : 품삯을 받고 남의 일을 해 주는 일을 말한다.
  * 雇傭(고용) : 삯을 받고 남의 일을 해줌
  * 解雇(해고) : 고용주가 사용인을 그만두게 함

顧 고

돌아볼 고

- 총획 21획
- 부수 頁 머리 혈

'집(戶)에 있는 새(隹)를 고개(頁) 돌려 돌아보다'로 이해하면 쉽다. 고개를 돌려 돌아보는 것이므로 頁이 의미 요소이고 雇가 소리 요소이다.

* 回顧(회고) : 지나간 일을 돌이켜 생각함
* 顧問(고문) : 전문적인 지식과 풍부한 경험을 가지고 조언을 하는 직책이나 사람

鳳 봉

봉황새 봉

- 총획 14획
- 부수 鳥 새 조

'봉황'은 상상 속의 새이다. 따라서 鳥자가 의미 요소, 凡(무릇 범→봉)자는 단순한 소리 요소이다. 凡자는 배의 돛을 본뜬 글자(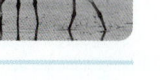)이나 현재 '평범하다'의 뜻으로 쓰이고 있다.

* 鳳凰(봉황) : 중국의 전설에 나오는 새
* 丹鳳(단봉) : 목과 날개가 붉은 봉황

鶴 학

학 학

- 총획 21획
- 부수 鳥 새 조

萑(학 학)자는 원래 학을 의미하는 글자였다. '빨간 색이 정수리를 덮고(冖) 있는 새(隹)'를 의미했으나 鳥를 더해 의미를 확실히 하였다.

* 群鷄一鶴(군계일학) : 닭의 무리 가운데에서 한 마리의 학이란 뜻으로 많은 사람 가운데서 뛰어난 인물을 이르는 말
* 丹頂鶴(단정학) : 정수리가 빨간 두루미

昏 혼

저물 혼

- 총획 8획
- 부수 日 날 일

氏자는 사람의 옆모습을 나타낸다. '사람(氏)의 발에 해(日)가 있으니 저무는 시간'을 의미한다.

➕ 저물다 : '해가 져서 어두워지다'라는 뜻이다.

* 昏定晨省(혼정신성) : 밤에는 부모의 잠자리를 보아 드리고 이른 아침에는 부모의 밤새 안부를 묻는다는 뜻으로, 부모를 잘 섬기고 효성을 다함을 이르는 말
* 昏迷(혼미) : 정신이 흐리고 멍하게 됨

夢 몽

꿈 몽

- 총획 14획
- 부수 夕 저녁 석

夢자의 고문자는 🀫으로 침대(爿)에서 자고 있는 사람(人)을 의미했다. '달(夕)뜬 밤에 꿈'을 꾸므로 나중에 夕자가 더해졌다.

* 一場春夢(일장춘몽) : 한바탕의 봄꿈이라는 뜻으로, 헛된 영화나 덧없는 일을 비유적으로 이르는 말
* 夢兆(몽조) : 꿈에 나타나는 길흉의 징조

Day 31 虫은 원래 뱀을 본뜬 글자 ▶ **329**

확인학습
Day 31

1. 다음 한자의 훈음을 쓰세요.

- 01 賓 _____
- 02 賊 _____
- 03 負 _____
- 04 貫 _____
- 05 慣 _____
- 06 辱 _____
- 07 濃 _____
- 08 潛 _____
- 09 亂 _____
- 10 雙 _____
- 11 雜 _____
- 12 離 _____
- 13 昏 _____
- 14 夢 _____
- 15 禹 _____
- 16 賴 _____
- 17 融 _____
- 18 蠶 _____
- 19 乞 _____
- 20 雁 _____
- 21 雇 _____

2. 다음 한자의 독음을 쓰세요.

- 01 昏定 _____
- 02 依賴 _____
- 03 毒蛇 _____
- 04 金融 _____
- 05 蠶室 _____
- 06 乞人 _____
- 07 雁行 _____
- 08 雇傭 _____
- 09 顧問 _____
- 10 丹鳳 _____
- 11 沈潛 _____
- 12 賓客 _____
- 13 盜賊 _____
- 14 負擔 _____
- 15 雪辱 _____
- 16 濃度 _____
- 17 養蠶 _____
- 18 丹頂鶴 _____
- 19 混亂 _____
- 20 離別 _____
- 21 夏禹氏 _____

맞은 개수 ▶ / 63   소요 시간 ▶

3. 알맞은 한자를 쓰세요.

01 하우씨 우
02 힘입을 뢰
03 뱀 사
04 녹을 융
05 누에 잠
06 빌 걸
07 기러기 안
08 품팔이 고
09 돌아볼 고
10 봉황새 봉
11 학 학
12 손님 빈
13 도둑 적
14 질 부
15 펠 관
16 버릇 관
17 욕될 욕
18 짙을 농
19 잠길 잠
20 어지러울 란
21 쌍 쌍

Day 31 보충한자

等 무리 등
- 총획 12획 | 부수 竹 | 5급
- 等級(등급) : 여러 층으로 구분한 단계
- 吾等(오등) : 우리들

度 법도 도
- 총획 9획 | 부수 广 | 준4급
- 法度(법도) : 생활상의 예법과 제도
- 程度(정도) : 사물의 성질이나 가치를 나누는 수준

算 셈 산
- 총획 14획 | 부수 竹 | 준4급
- 算數(산수) : 수의 성질을 가르치는 과목
- 廟算(묘산) : 나라를 다스리는 방법

家 집 가
- 총획 10획 | 부수 宀 | 5급
- 家庭(가정) : 한 가족이 생활하는 집
- 專門家(전문가) : 어느 분야에 상당한 지식과 경험을 가진 사람

究 궁구할 구
- 총획 7획 | 부수 穴 | 준3급
- 窮究(궁구) : 깊게 연구함
- 究明(구명) : 사리를 궁리하여 밝힘

守 지킬 수
- 총획 6획 | 부수 宀 | 4급
- 守備(수비) : 굳게 지킴
- 攻守(공수) : 공격과 수비

窓 창문 창
- 총획 11획 | 부수 穴 | 준4급
- 同窓(동창) : 같은 학교를 나온 사람
- 學窓(학창) : 배움의 창가, 교실이나 학교를 이르는 말

字 글자 자
- 총획 6획 | 부수 宀 | 5급
- 文字(문자) : 의사소통을 위한 시각적인 기호 체계

床 평상 상
- 총획 7획 | 부수 广 | 준3급
- 寢床(침상) : 잠잘 때 눕는 가구
- 平床(평상) : 나무로 평평하게 만들어 앉을 수 있는 상

實 열매 실
- 총획 14획 | 부수 宀 | 4급
- 結實(결실) : 식물이 열매를 맺음, 일의 결과가 잘 맺어짐
- 眞實(진실) : 거짓이 없는 사실

庫 곳집 고
- 총획 10획 | 부수 广 | 준3급
- 車庫(차고) : 수레를 보관하는 창고
- 國庫(국고) : 재산권의 주체로서의 국가

害 해할 해
- 총획 10획 | 부수 宀 | 4급
- 害惡(해악) : 해롭고 악한 것
- 被害(피해) : 해로움을 당하다

| 宿 잠잘 숙 | 총획 11획 · 부수 宀 · 준4급
宿泊(숙박) : 여관이나 호텔에서 머무름
寄宿舍(기숙사) : 학교나 회사에서 싼값으로 숙식을 제공하는 시설 |

8~3급 한자도 함께 체크해 보세요!

| 寒 찰 한 | 총획 12획 · 부수 宀 · 4급
寒冷(한랭) : 차가움
寒暑(한서) : 춥고 더운 것 |

| 閉 닫을 폐 | 총획 11획 · 부수 門 · 3급
閉門(폐문) : 닫힌 문
閉鎖(폐쇄) : 굳게 걸어 잠금 |

| 寅 범 인 | 총획 11획 · 부수 宀 · 준3급
寅年(인년) : 호랑이 띠의 해
寅亮(인량) : 삼가 밝힘 |

| 間 사이 간 | 총획 12획 · 부수 門 · 5급
瞬間(순간) : 매우 짧은 시간
人間(인간) : 사람과 사람이 사는 세상 |

| 寶 보배 보 | 총획 20획 · 부수 宀 · 준3급
寶物(보물) : 진귀하고 보배로운 물건
國寶(국보) : 나라에서 지정한 보물 |

| 閑 한가할 한 | 총획 12획 · 부수 門 · 3급
閑暇(한가) : 겨를이 생겨 여유가 있다
忙中閑(망중한) : 바쁜 가운데 잠깐 얻어 낸 틈 |

| 所 바 소 | 총획 8획 · 부수 戶 · 5급
場所(장소) : 어떤 일이 이루어지거나 일어나는 곳
所聞(소문) : 떠도는 말 |

| 量 헤아릴 량 | 총획 12획 · 부수 里 · 4급
數量(수량) : 수효와 분량
分量(분량) : 무게 또는 수효의 많고 적음 |

| 開 열 개 | 총획 12획 · 부수 門 · 5급
開放(개방) : 문이나 공간을 열어 자유롭게 드나들게 함
開閉(개폐) : 여는 것과 닫는 것 |

| 冊 책 책 | 총획 5획 · 부수 冂 · 준3급
書冊(서책) : 책
冊封(책봉) : 왕자 또는 왕손으로 임명함 |

| 關 관계할 관 | 총획 19획 · 부수 門 · 4급
聯關(연관) : 사물이나 현상이 일정한 관계를 맺는 일 |

| 再 두 재 | 총획 6획 · 부수 冂 · 준4급
再建(재건) : 다시 세우고 건설함
再考(재고) : 다시 생각함 |

Day 31 虫은 원래 뱀을 본뜬 글자

Day 32
오늘은 전주(轉注)에 대해서!

앞서 우리는 가차자(假借字)에 대해 알아보았는데, 오늘은 전주(轉注)라는 개념에 대해서 알아보려고 합니다. 전주라는 말은 『설문해자(說文解字)』의 서문(敍文)에, '轉注者, 建類一首, 同意相受, 考老是也(전주라는 것은 종류에 따라 하나의 부수를 세우고, 같은 뜻을 서로 받는 것으로, 考(상고할 고)와 老(늙을 로)가 그것이다)'라고 설명되어 있습니다. 사실 이 짧은 문장으로 전주가 무엇을 의미하는지는 확실히 알 수 없습니다. 그러나 우리나라 교육 과정에서는 전주를 하나의 글자가 여러 가지 뜻과 소리를 가지고 있는 경우라고 가르쳐왔습니다. 이러한 전주의 예로는 樂자와 惡자를 들 수 있는데, 樂은 '즐거울 락, 음악 악, 좋아할 요'의 세 가지 뜻과 음이 있기 때문이고 惡은 '악할 악, 미워할 오'의 두 가지 뜻과 음이 있기 때문입니다. 그러나 전주라는 것은 지금까지도 아직 정설(定說)이 확립되지 않은 상태입니다. 현대 학자들이 전주에 대해 몇 가지 학설을 내놓았는데, 그중 두 가지만 소개하겠습니다. 첫 번째는 『설문해자』 서문에 있는 '전주'에 관한 설명 중 '同意相受(같은 뜻을 서로 받는 것)'입니다. 이는 '같은 뜻을 서로 주고 받는 것'으로 '호훈(互訓)된다'라는 뜻입니다. 호훈이란 두 글자를 서로 바꾸어 상대편 글자의 뜻풀이 말로 쓰는 방법을 말합니다. 두 번째는 '考老是也'로 설명되어 있는데, 『설문해자』에서 老를 찾으면 '考也(考이다)', 考를 찾으면 '老也(老이다)'라고 설명되어 있습니다. 그러므로 전주라는 것은 첫째, 두 글자의 부수가 같아야 하고(建類一首), 둘째, 두 글자가 뜻이 같아 호훈(互訓)할 수 있어야 합니다(同意相受). 이 두 조건을 만족시키면 두 글자는 전주자(轉注字)가 됩니다.

森 빽빽할 삼

총획 12획   **부수** 木 나무 목

한자에서 3은 많음을 의미하는데, '**나무가 많은 숲**'을 의미하는 글자이다.

* 森林(삼림) : 나무가 많은 숲
* 森嚴(삼엄) : 무서우리만큼 질서가 바로 서고 엄숙하다

梨 배 리

총획 11획   **부수** 木 나무 목

利(이로울/날카로울 리)자는 칼(刀)로 벼(禾)를 베는 것이므로 '날카롭다, 이롭다'의 뜻을 나타낸다. 때문에 梨자는 '**몸에 이로운**(利) **나무**(木) **열매인 배**'를 의미하는 글자이다.

* 梨花(이화) : 배나무 꽃
* 山梨(산리) : 산돌배

桑 뽕나무 상

총획 10획   **부수** 木 나무 목

잎이 무성한 뽕나무()를 본뜬 글자이다.

* 桑田碧海(상전벽해) : 뽕나무 밭이 변하여 푸른 바다가 된다는 뜻으로, 세상 일의 변천이 심함을 비유적으로 이르는 말
* 扶桑(부상) : 중국 전설에서, 해가 솟는 동쪽 바다에 있다고 하는 뽕나무

栗 밤 률

총획 10획   **부수** 木 나무 목

襾(덮을 아)자와 木자의 결합으로 나무에 매달린 **밤송이 안에 열매가 여러 개 나누어져 있는 모양**을 본뜬 글자이다.

* 栗田(율전) : 밤나무 밭
* 栗谷(율곡) : 이이(李珥) 선생의 호(號)

枚 낱 매

총획 8획   **부수** 木 나무 목

손에 도구(攵)를 들고 나무의 줄기를 베는 모습에서 '나무의 줄기'라는 뜻이 생겼다. 후에 **개수를 세는 단위**로 쓰이게 되었다.

* 枚數(매수) : 종이나 유리 따위의 장으로 셀 수 있는 물건의 수효
* 枚陳(매진) : 낱낱이 들어 사실대로 진술함

쉬어가요~

'꿈인지 생시인지'를 한문으로?
답 : 非夢似夢(비몽사몽)

석 析

析 가를 석

총획 8획　**부수** 木 나무 **목**

木자와 斤(도끼 근)자의 결합으로 '**도끼**(斤)로 **나무**(木)를 **친다**'는 의미이다. 따라서 '**쪼개다, 가르다**'의 뜻이 된다.

* 分析(분석) : 얽혀 있거나 복잡한 것을 풀어서 개별적인 요소나 성질로 나눔
* 解析(해석) : 사물을 상세히 풀어서 이론적으로 연구함

기 棄

棄 버릴 기

총획 12획　**부수** 木 나무 **목**

고문자는 ☒로 子, 其(키를 본뜬 글자), 廾(두손 공)이 더해져서, '**아기를 키에 담아 버린다**'는 의미를 나타낸다. 나중에 廾이 木으로 변화되었다.

* 抛棄(포기) : 하려던 일을 도중에 그만두어 버림
* 棄權(기권) : 권리를 포기함

찰 札

札 패/편지 찰

총획 5획　**부수** 木 나무 **목**

나뭇조각을 의미하는 글자이므로 木이 의미 요소이고 乙(을→찰)은 소리 요소이다.

* 名札(명찰) : 이름을 적은 작은 나뭇조각
* 書札(서찰) : 편지(옛날에는 나무에 글을 적어 보냈다)

량 梁

梁 들보 량

총획 11획　**부수** 木 나무 **목**

원래는 강(水)을 건너기 위한 나무(木)다리를 의미했으나 나중에 집이나 건물에 있는 '**대들보**'를 의미하게 되었다. 刅(상처 창)은 소리 요소이다.

➕ 대들보 : 집의 하중을 바치기 위하여 기둥과 기둥 사이에 건너지른 큰 들보를 말한다.

* 橋梁(교량) : 강을 건너는 다리
* 梁上君子(양상군자) : 들보 위의 군자라는 뜻으로, 도둑을 완곡하게 이르는 말

염 染

染 물들일 염

총획 9획　**부수** 木 나무 **목**

'**나무**(木)로부터 물감(水)을 채취해 아홉(九)번 담그면 물들일 수 있다'라는 뜻이다.

* 染色(염색) : 색을 물들이다
* 感染(감염) : 병원체가 동식물의 몸에 들어가 증식하는 것

礎 주춧돌 초

총획 18획　**부수** 石 돌 석

'기둥을 받치는 주춧돌'을 의미하는 글자로 여기에 쓰인 楚(가시나무 초)자는 발(疋)을 찌르는 가시나무(林)를 의미한다. 石이 의미 요소이고 楚가 소리 요소이다.

➕ 주춧돌 : 기둥 밑에 기초로 받쳐 놓은 돌을 말한다.

* 礎石(초석) : 주춧돌
* 基礎(기초) : 사물이나 일의 기초가 되는 토대

傑 뛰어날/호걸 걸

총획 12획　**부수** 人(=亻) 사람 인

桀(해/높을 걸)자는 나무(木) 위에 두 발(舛)이 있는 모습이므로 '높다'의 뜻이 되었다. 傑자는 人이 의미 요소, 桀이 소리 요소로 '**높고 뛰어난 사람**'인 **호걸**을 의미한다.

* 豪傑(호걸) : 지혜와 용기가 뛰어나고 기개와 풍모가 있는 사람
* 女傑(여걸) : 호걸스러운 여자

燃 불탈 연

총획 16획　**부수** 火 불 화

然(그러할 연)자는 犬, 肉, 火의 결합으로 원래의 뜻은 '**고기(肉)를 먹기 위해 개(犬)를 불(火)로 태우다**'였다. 후에 '그러하다'의 뜻이 되자 然에 火를 더해 燃을 다시 만들게 되었다.

* 燃燒(연소) : 불에 타다
* 燃料(연료) : 불을 때는 데에 쓰는 감

煩 번거로울 번

총획 13획　**부수** 火 불 화

'머리(頁)에 불(火)이 붙어 번거롭다'라는 의미이다.

* 煩惱(번뇌) : 마음이 시달려서 괴로워 함(百八煩惱 : 백팔번뇌)
* 煩雜(번잡) : 번거롭고 복잡함

焉 어조사 언

총획 11획　**부수** 火(=灬) 불 화

焉자는 새(鳥)를 본뜬 글자로 글자의 모양이 매우 비슷하다. 후에 **조사(助詞)로 쓰이게** 되었다.

* 焉哉乎也(언재호야) : 천자문(千字文) 맨 끝에 있는 구절, 한문에서 사용되는 조사들
* 焉敢生心(언감생심) : 어찌 그런 마음을 먹을 수 있으랴

회 灰

灰 재 회

- 총획 6획
- 부수 火 불 화

火자를 뺀 나머지 글자는 又자의 변형으로 손을 의미한다. '불(火)에 탄 찌꺼기인 재를 손(又)으로 만지다'라는 의미이다.

* 灰色(회색) : 잿빛
* 灰壁(회벽) : 석회를 반죽하여 만든 벽(壁)

경 炅

炅 빛날 경

- 총획 8획
- 부수 火 불 화

'태양(日)과 불(火)의 공통점은 빛난다'라는 것이다.

* 炅暉(경휘) : 밝게 빛남
* 炅然(경연) : 밝게 빛나는 모습

연 燕

燕 제비 연

- 총획 16획
- 부수 火(=灬) 불 화

제비( )가 나는 모양을 본뜬 상형 문자이다.

* 燕尾服(연미복) : 상의의 끝이 제비 꼬리를 닮은 옷
* 燕息(연식) : 하는 일 없이 집에 한가하게 있음

희 熙

熙 빛날 희

- 총획 14획
- 부수 火(=灬) 불 화

인명(人名)에 주로 쓰이는 글자로 火가 의미 요소이고, 㐫(넓은턱 이)가 소리 요소가 된다.

* 徐熙(서희, 942~998) : 고려 전기의 문신, 외교가
* 熙朝(희조) : 잘 다스려진 왕조

오 嗚

嗚 탄식할 오

- 총획 13획
- 부수 口 입 구

烏(까마귀 오)자는 까마귀를 본뜬 상형 문자로 鳥보다 한 획이 적다. '입(口)으로 탄식(烏)하고 한숨을 쉰다'라는 뜻으로 口가 의미 요소이고 烏가 소리 요소이다.

➕ 탄식하다 : '한탄하여 한숨을 쉬다'라는 뜻이다.

* 嗚呼(오호) : 탄식하는 소리
* 嗚咽(오열) : 목메어 울다

吐 토할 토

총획 6획　**부수** 口 입 구　　　　　　　　　　　　　　토 吐

'입(口)에 흙(土)이 들어가면 토해내야 한다'라는 의미를 나타내는 글자이다.

* 嘔吐(구토) : 입에 있는 것을 토해내다
* 吐露(토로) : 속마음을 죄다 드러내어 말함

座 자리 좌

총획 10획　**부수** 广 집 엄　　　　　　　　　　　　　　좌 座

坐(앉을 좌)자는 두 사람(人, 人)이 땅(土)에 앉아 있는 모습을 나타낸 글자이다. 따라서 座자는 '옛날 중국의 집(广)에는 사람들이 앉을(坐) 자리가 정해져 있었다'라는 의미를 나타낸다.

* 座席(좌석) : 앉을 수 있게 마련된 자리
* 座右銘(좌우명) : 늘 자리 옆에 적어 놓고 자신을 경계하는 문구

墻 담 장

총획 16획　**부수** 土 흙 토　　　　　　　　　　　　　　장 墻

嗇(아낄 색)자는 '보리(來)를 창고(回)에 보관하여 아낀다'는 뜻이다. 따라서 墻자는 '보리 창고(嗇) 밖에 흙(土)으로 담을 쌓는다'라는 의미를 나타내며, 牆으로 쓰기도 한다.

* 越墻(월장) : 담을 넘음
* 墻壁(장벽) : 담과 벽을 아울러 이르는 말

壓 누를 압

총획 17획　**부수** 土 흙 토　　　　　　　　　　　　　　압 壓

厭(싫어할 염)자는 '언덕(厂) 아래의 개(犬)가 고기(月=肉)를 많이 먹어(日) 싫증났다'라는 뜻이다. 따라서 壓자는 '흙(土)으로 누르다(厭)'라는 뜻으로 土가 의미 요소이고 厭은 소리 요소이다.

* 壓力(압력) : 누르는 힘
* 壓迫(압박) : 내리 눌러 핍박함

埋 묻을 매

총획 10획　**부수** 土 흙 토　　　　　　　　　　　　　　매 埋

'흙(土)이 무너져 내려서 마을(里)을 묻어버렸다'라는 의미를 나타낸다.

* 埋葬(매장) : 시신을 땅에 묻는 장례법
* 埋沒(매몰) : 보이지 않게 파묻음

쉬어가요~

'미운 놈 떡 하나 더 준다'를 한문으로?

답 : 予所憎兒, 先抱之懷(여소증아, 선포지회 : 미운 놈한테 주고, 먼저 안아 준다)

Day 32 오늘은 전주(轉注)에 대해서!

Day 32 확인학습

1. 다음 한자의 훈음을 쓰세요.

- ① 森 _____
- ② 梨 _____
- ③ 栗 _____
- ④ 析 _____
- ⑤ 染 _____
- ⑥ 礎 _____
- ⑦ 傑 _____
- ⑧ 燃 _____
- ⑨ 灰 _____
- ⑩ 吐 _____
- ⑪ 座 _____
- ⑫ 壓 _____
- ⑬ 桑 _____
- ⑭ 枚 _____
- ⑮ 棄 _____
- ⑯ 札 _____
- ⑰ 梁 _____
- ⑱ 煩 _____
- ⑲ 焉 _____
- ⑳ 炅 _____
- ㉑ 燕 _____

2. 다음 한자의 독음을 쓰세요.

- ① 扶桑 _____
- ② 枚數 _____
- ③ 棄權 _____
- ④ 書札 _____
- ⑤ 森嚴 _____
- ⑥ 煩雜 _____
- ⑦ 燕息 _____
- ⑧ 熙朝 _____
- ⑨ 嗚咽 _____
- ⑩ 越墻 _____
- ⑪ 埋葬 _____
- ⑫ 壓力 _____
- ⑬ 感染 _____
- ⑭ 吐露 _____
- ⑮ 燃料 _____
- ⑯ 女傑 _____
- ⑰ 基礎 _____
- ⑱ 座右銘 _____
- ⑲ 分析 _____
- ⑳ 梨花 _____
- ㉑ 梁上君子 _____

맞은 개수 ▶ / 63   소요 시간 ▶

3. 알맞은 한자를 쓰세요.

01 뽕나무 상	02 낱 매	03 버릴 기
04 편지 찰	05 들보 량	06 번거로울 번
07 어조사 언	08 빛날 경	09 제비 연
10 빛날 희	11 탄식할 오	12 담 장
13 묻을 매	14 빽빽할 삼	15 배 리
16 밤 률	17 가를 석	18 물들일 염
19 주춧돌 초	20 호걸 걸	21 불탈 연

Day 32 보충한자

四 넉 사
- 총획 5획 | 부수 口 | 8급
- 四海(사해) : 온 세상

國 나라 국
- 총획 11획 | 부수 口 | 5급
- 國家(국가) : 주권(主權)에 의한 하나의 통치 조직을 가지고 있는 사회 집단

困 곤할 곤
- 총획 7획 | 부수 口 | 3급
- 困難(곤란) : 사정이 딱하고 어려움
- 疲困(피곤) : 몸이나 마음이 지치어 고달픔

圖 그림 도
- 총획 14획 | 부수 口 | 준4급
- 圖書館(도서관) : 문서, 기록, 출판물 따위의 자료를 모아 두고 일반인이 볼 수 있도록 한 시설

回 돌 회
- 총획 6획 | 부수 口 | 4급
- 回轉(회전) : 어떤 것을 축으로 물체가 빙빙 돎
- 旋回(선회) : 둘레를 빙글빙글 돎

男 사내 남
- 총획 7획 | 부수 田 | 8급
- 男性(남성) : 성(性)의 측면에서 남자를 이르는 말
- 長男(장남) : 첫째 아들

界 지경 계
- 총획 9획 | 부수 田 | 준4급
- 世界(세계) : 지구상의 모든 나라
- 境界(경계) : 사물이 어떠한 기준에 의하여 분간되는 한계

畫 그림 화
- 총획 12획 | 부수 田 | 준4급
- 名畫(명화) : 유명한 그림
- 畫家(화가) : 그림 그리는 것을 업으로 하는 사람

勞 힘쓸 로
- 총획 12획 | 부수 力 | 준4급
- 勞動(노동) : 생활에 필요한 물자를 얻기 위해 육체적, 정신적으로 노력하는 것

料 헤아릴 료
- 총획 10획 | 부수 斗 | 4급
- 料理(요리) : 여러 조리 과정을 거쳐 음식을 만듦
- 思料(사료) : 깊이 생각하여 헤아림

左 왼 좌
- 총획 5획 | 부수 工 | 7급
- 左派(좌파) : 급진적인 사상을 가진 사람들
- 左右(좌우) : 왼쪽과 오른쪽

西 서녘 서
- 총획 6획 | 부수 襾 | 8급
- 西洋(서양) : 유럽과 아메리카의 여러 나라
- 西歐(서구) : 서방 유럽

> 8~3급 한자도 함께 체크해 보세요!

한자	정보	단어
要 (구할 요)	총획 9획 · 부수 襾 · 준4급	重要(중요): 귀중하고 요긴함 要求(요구): 받아야 할 것을 달라고 청함
表 (겉 표)	총획 8획 · 부수 衣 · 준4급	表裏(표리): 겉과 속 表面(표면): 겉의 면
布 (베 포)	총획 5획 · 부수 巾 · 준3급	宣布(선포): 세상에 널리 알림 布告(포고): 일반에게 널리 알림
希 (바랄 희)	총획 7획 · 부수 巾 · 준3급	希望(희망): 앞일에 대해 기대를 가지고 바람 希求(희구): 바라고 구함
席 (자리 석)	총획 10획 · 부수 巾 · 준4급	首席(수석): 맨 윗자리 參席(참석): 자리에 참여함
罪 (허물 죄)	총획 13획 · 부수 网(=罒) · 4급	無罪(무죄): 죄가 없음 謝罪(사죄): 잘못에 대해 용서를 빎
罰 (벌할 벌)	총획 14획 · 부수 网(=罒) · 준3급	刑罰(형벌): 범죄에 대한 법률의 효과로 국가 따위가 범죄자에게 제재를 가하는 것
絲 (실 사)	총획 12획 · 부수 糸 · 준3급	綿絲(면사): 솜에서 자아낸 실 絲桐(사동): 거문고의 별칭
素 (바탕 소)	총획 10획 · 부수 糸 · 준3급	素質(소질): 본디부터 갖고 있던 성질 素朴(소박): 꾸밈이나 거짓이 없고 수수함
細 (가늘 세)	총획 11획 · 부수 糸 · 준3급	纖細(섬세): 곱고 가늘다 細密(세밀): 자세하고 꼼꼼하다
繼 (이을 계)	총획 20획 · 부수 糸 · 준3급	中繼(중계): 중간에서 이어 줌 承繼(승계): 뒤를 이어서 받음
終 (마칠 종)	총획 11획 · 부수 糸 · 4급	終末(종말): 계속된 일이나 현상의 맨 끝 終了(종료): 행동이나 일 따위가 끝남
絶 (끊을 절)	총획 12획 · 부수 糸 · 준3급	絶對(절대): 비교될 만한 것이 없음 根絶(근절): 다시 살아날 수 없도록 뿌리째 없애 버림

Day 33
우리말 속에 숨은 한자어 찾기

우리말 속에는 한자어가 상당히 많으며 순수 우리말로 알고 있는 것들 중에 간혹 한자어가 변해서 된 단어들도 있습니다.

먼저 우리말 썰매라는 단어를 살펴보면, 雪馬(설마)라는 한자어가 변해서 만들어진 말입니다. "저 친구 얌체 같은 짓을 하는군"에서 얌체는 廉恥(염치)라는 한자어가 변한 것이죠. 지금의 염치라는 말은 부끄러움을 의미하며, 얌체는 염치를 모르는 사람을 가리킬 때 씁니다. 다음에 제시된 단어 역시 한자어가 변한 단어들입니다.

책상 서랍: 서랍은 원래 舌盒(설합)이었는데, 혀처럼 쑥 내미는 합(盒)이라는 의미를 나타냅니다.

김치: 소금물에 담가(沈) 놓았다가 버무려 먹는 채(菜)소라는 뜻에서 沈菜(침채)라고 쓰였습니다.

숭늉: 밥 끓인 물을 식힌 것이라고 해서 熟冷(숙랭)이라고 합니다.

아둔하다: 어리석고(愚) 둔(鈍)한 사람을 의미한다고 하여 원래는 愚鈍(우둔)하다라고 쓰였습니다.

장난치다: '난(亂)을 일으키다(作)'라는 뜻으로 作亂(작란)이라는 단어로 쓰였습니다. 이것은 『논어(論語)』에도 나오는 상당히 오래된 단어입니다. 그 예로 유자(有子)가 한 말 중에 '不好犯上, 而好作亂者未之有也(윗사람 해치기를 좋아하지 않으면서 질서를 어지럽히기를 좋아하는 사람은 없었다)'라는 구절을 통해서도 알 수 있습니다.

이처럼 우리말 속에 있는 한자어까지 알고 있다면 금상첨화겠네요!

塵 티끌 진

- 총획 14획
- 부수 土 흙 토

'사슴(鹿)이 땅(土)에서 힘차게 달리니 먼지(塵)가 일어난다'는 의미를 나타낸다.

* 塵埃(진애) : 먼지, 세상의 속된 것을 비유적으로 이르는 말
* 蒙塵(몽진) : 난리를 피해 임금(王)이 피난 가는 것

塞 막을 색/변방 새

- 총획 13획
- 부수 土 흙 토

이 글자는 寒(차가울 한)자와 닮았다. 집(宀) 아래에서 얼음(冫)처럼 찬 바람이 들어온다는 것이 寒자이고, '**구멍을 흙(土)으로 막는다**(塞)'는 것이 塞자이다. 국경 주변 지역인 '**변방**'이라는 뜻에서는 '**새**'로 읽음에 유의하도록 하자.

* 塞源(색원) : 나쁜 일이 발생하는 근원 자체를 막음
* 要塞(요새) : 군사적 요충지에 설치한 방어 시설

企 꾀할 기

- 총획 6획
- 부수 人 사람 인

人과 止(그칠 지 : 발)의 결합으로 **사람(人)이 까치발(止)로 서 있음을 표현**했다. 까치발로 서는 것은 멀리 보기를 꾀하는 것이므로 '**꾀하다, 도모하다**'의 뜻이 되었다.

➕ 꾀하다 : '어떤 일을 이루려고 뜻을 두거나 힘을 쓰다'라는 뜻이다.

* 企劃(기획) : 일을 꾀하여 계획함
* 企業(기업) : 영리를 위하여 재화나 용역을 생산하고 판매하는 조직체

鎖 쇠사슬 쇄

- 총획 18획
- 부수 金 쇠 금

쇠(金)를 작은(小) 조개(貝)처럼 엮어서 만든 쇠사슬을 의미한다.

* 封鎖(봉쇄) : 굳게 막아버리거나 잠금
* 鎖國(쇄국) : 외세가 들어올 수 없게 나라를 굳게 걸어 잠금

錦 비단 금

- 총획 16획
- 부수 金 쇠 금

희고(白) 고운 헝겊(巾)으로 매우 **값진**(金) 것은 바로 **비단**이라는 의미이다.

* 錦繡江山(금수강산) : 비단에 수를 놓은 것처럼 아름다운 강산
* 錦衣還鄕(금의환향) : 비단옷을 입고 고향으로 돌아옴, 성공하여 돌아옴

몰 沒

沒 빠질 몰

- 총획 7획
- 부수 水(=氵) 물 수

사람(人)이 물(水)에 빠져서 손(又)으로 허우적거리는 모습을 나타낸 글자이다.

* 出沒(출몰) : 어떤 대상이 나타났다 사라졌다 함
* 沈沒(침몰) : 물속에 가라앉음

목 沐

沐 목욕할 목

- 총획 7획
- 부수 水(=氵) 물 수

'개울(水)가 나무(木)에 옷을 걸어놓고 멱을 감는다'는 뜻이다.

➕ 멱 : 냇물이나 강물 같은 곳에서 몸을 담그고 씻거나 노는 행위를 말한다.

* 沐浴(목욕) : 머리를 감으며 온몸을 씻는 일
* 沐雨(목우) : 비로 목욕을 한다는 뜻으로 풍우(風雨)에 시달림을 이르는 말

루 漏

漏 샐 루

- 총획 14획
- 부수 水(=氵) 물 수

尸(주검 시)는 여기서 尸(지게 호)의 생략형으로 '집'을 나타낸다. '비(雨) 오는 날 집(尸)에 물(水)이 샌다'는 의미를 나타낸다.

* 漏水(누수) : 물이 새다
* 漏落(누락) : 기입되어야 할 것이 빠짐

첨 添

添 더할 첨

- 총획 11획
- 부수 水(=氵) 물 수

'하늘(天)을 우러러 마음(心=忄)이 부끄럽지 않으려면 더욱 땀(水)을 더해 흘려가며 노력해야 한다'는 뜻이다.

* 錦上添花(금상첨화) : 비단 위에 꽃을 더한다는 뜻으로 좋은 일에 좋은 일이 또 생김을 이르는 말
* 添加(첨가) : 이미 있는 곳에 덧붙이거나 보탬

활·골 滑

滑 미끄러울 활/다스릴 골

- 총획 13획
- 부수 水(=氵) 물 수

'닭 뼈(骨)에 물기(水)가 있으면 미끌미끌하다'는 의미를 나타낸다.

* 潤滑(윤활) : 기름기나 물기가 있어 뻑뻑하지 않고 매끄러움
* 圓滑(원활) : 모난 데가 없이 원만함

濕 젖을 습

- **총획** 17획 **부수** 水(=氵) 물 **수**
- '실(絲)이 물(水)에 **젖어 햇볕(日)에 말리고 있는 모습**'을 나타낸 글자이다.
  * 濕潤(습윤) : 습기가 많음
  * 濕度(습도) : 축축한 정도

涉 건널 섭

- **총획** 10획 **부수** 水(=氵) 물 **수**
- 水와 步(걸음 보)의 결합으로 '**개울물(水)을 걸어(步)서 건넌다**'는 뜻이다.
  * 涉獵(섭렵) : '물을 건너 찾아 다닌다'는 뜻으로 많은 책을 널리 읽거나 여기저기 찾아 다니며 경험함을 이르는 말
  * 交涉(교섭) : 어떤 일을 이루기 위하여 서로 의논하고 절충함

演 멀리 흐를/펼 연

- **총획** 14획 **부수** 水(=氵) 물 **수**
- 寅(범 인)자는 모양이 많이 변했지만 화살을 본뜬 글자이다. 演자는 '**화살이 멀리 날아가듯 물도 멀리 흐른다**'는 것을 표현한 글자이다.
  * 演劇(연극) : 배우가 말과 행동으로 표현하는 무대 예술
  * 演奏(연주) : 악기를 사용하여 곡을 표현하거나 들려주는 일

派 물갈래 파

- **총획** 9획 **부수** 水(=氵) 물 **수**
- '**물(水)이 여러 갈래(𣲖)로 흘러 나감**'을 표현한 글자이다.
  * 黨派(당파) : 주장이나 이해를 함께하는 사람들의 모임
  * 支派(지파) : 종파(宗派)에서 갈라져 나간 파

脈 맥 맥

- **총획** 10획 **부수** 肉(=月) 고기 **육**
- '**우리 몸(肉)의 핏줄(𣲖)에서 뛰는 맥박**'을 의미하는 글자이다.
  * 脈搏(맥박) : 피가 동맥의 벽에 닿아서 생기는 일정한 주기의 파동
  * 山脈(산맥) : 산봉우리가 선상(線狀)으로 길게 이어 있는 지형

쉬어가요~

'가는 말이 고와야, 오는 말이 곱다'를 한문으로?
답 : 去言美(거언미)라야 來言美(래언미)니라

'푸른 바다에 좁쌀 하나'를 한문으로?
답 : 滄海一粟(창해일속)

애 涯

총획 11획　**부수** 水(=氵) 물 수

흐르는 물(水) 옆에 있는 언덕(厓), 즉 물가에 있는 언덕을 의미한다.

* 生涯(생애) : 살아 있는 한평생의 기간
* 天涯(천애) : 하늘의 끝, 까마득하게 멀리 떨어져 있는 곳

물가 애

루 淚

총획 11획　**부수** 水(=氵) 물 수

'주인에게 걷어차인 개(犬)가 집(戶)에 들어가 눈물(水)을 흘린다'는 의미를 나타내는 글자이다.

* 雙淚(쌍루) : 두 줄기의 눈물
* 血淚(혈루) : 피눈물

눈물 루

격 激

총획 16획　**부수** 水(=氵) 물 수

水, 白, 放(놓을 방)이 결합된 글자로 '댐으로 막아 놓은 물(水)을 터놓으니(放) 서로 부딪치며 흰(白) 물거품을 만든다'는 뜻이다.

* 激烈(격렬) : 말이나 행동이 세차고 사나움
* 激流(격류) : 사납고 빠르게 흐르는 물

부딪칠 격

칠 漆

총획 14획　**부수** 水(=氵) 물 수

'옻나무(木)에 상처(ノヽ)를 내어 진액(氵, 水)인 옻을 받아낸다'는 의미이다.

➕ 옻 : 옻나무에서 나는 진으로 물건을 칠하는 원료나 약재로 쓴다.

* 漆黑(칠흑) : 옻처럼 검고 광택이 있음
* 漆板(칠판) : 분필로 글씨를 쓰게 만든 판

옻칠할 칠

진 津

총획 9획　**부수** 水(=氵) 물 수

'붓(聿)에 먹물(水)을 묻혀 선을 긋듯이 물을 가로질러 건너는 나루터'를 의미하는 글자이다. 노량진(鷺梁津), 당진(唐津)처럼 지명에 津자가 들어가면 예전에 그곳에 나루터가 있었다는 뜻이다.

➕ 나루 : 강이나 좁은 바닷목에서 배가 건너다니는 일정 곳을 말한다.

* 天津(천진) : 발해만에 있는 도시
* 興味津津(흥미진진) : 흥미가 넘쳐흐름

나루 진

恕 용서할 서

총획 10획　**부수** 心 마음 심

如(같을 여)자는 부모님의 말씀(口)에 순종하는 딸(女)이라는 의미에서 '같다'의 뜻이 되었다. 두 사람의 마음(心)이 서로 같을(如) 때 용서할 수 있는 것이다.

* 容恕(용서) : 잘못한 일에 대해 꾸짖지 아니하고 덮어줌
* 忠恕(충서) : 충직하고 동정심이 많음

潭 못 담

총획 15획　**부수** 水(=氵) 물 수

오랜 옛날(早 : 이를 조) 물(水)로 덮여(襾 : 덮을 아) 있는 곳이 바로 연못이다.

➕ 못 : 넓고 오목하게 팬 땅에 물이 괴어 있는 곳을 말한다.

* 白鹿潭(백록담) : 한라산 꼭대기에 있는 연못
* 潭心(담심) : 깊은 연못의 중심

滅 멸망할 멸

총획 13획　**부수** 水(=氵) 물 수

水, 戌(개 술 : 창을 본뜬 글자), 火가 결합된 글자로 '어느 나라에 물난리(水), 전쟁(戌), 화재(火)가 겹쳐 멸망하고 말았음'을 나타내는 글자이다.

* 滅亡(멸망) : 망하여 없어짐
* 消滅(소멸) : 사라져 없어짐

液 진액 액

총획 11획　**부수** 水(=氵) 물 수

液자는 원래 사람(人=亻)의 몸에서 분비되는 액체, 즉 땀이나 침 등을 의미하는 글자였다. 夜자에 보면 亻자가 있음을 알 수 있다. 액체를 의미하는 글자이므로 水가 의미 요소이고 夜(밤 야)가 소리 요소이다.

* 津液(진액) : 생물의 몸에서 흐르는 액체
* 血液(혈액) : 피

岳 큰산 악

총획 8획　**부수** 山 메 산

岳자의 고문자는 으로 '겹겹으로 있는 큰 산'을 본뜬 글자이다.

* 冠岳山(관악산) : 서울 남부에 있는 산
* 岳丈(악장) : 장인어른

확인학습 Day 33

1. 다음 한자의 훈음을 쓰세요.

- 01 企 _____
- 02 錦 _____
- 03 沐 _____
- 04 添 _____
- 05 濕 _____
- 06 涉 _____
- 07 演 _____
- 08 派 _____
- 09 脈 _____
- 10 涯 _____
- 11 激 _____
- 12 恕 _____
- 13 液 _____
- 14 塵 _____
- 15 塞 _____
- 16 鎖 _____
- 17 沒 _____
- 18 漏 _____
- 19 滑 _____
- 20 淚 _____
- 21 漆 _____

2. 다음 한자의 독음을 쓰세요.

- 01 塵埃 _____
- 02 塞源 _____
- 03 封鎖 _____
- 04 出沒 _____
- 05 漏落 _____
- 06 潤滑 _____
- 07 血淚 _____
- 08 漆板 _____
- 09 濕度 _____
- 10 激烈 _____
- 11 滅亡 _____
- 12 岳丈 _____
- 13 津液 _____
- 14 支派 _____
- 15 忠恕 _____
- 16 漆黑 _____
- 17 脈搏 _____
- 18 白鹿潭 _____
- 19 演劇 _____
- 20 交涉 _____
- 21 興味津津 _____

3. 알맞은 한자를 쓰세요.

01 티끌 진		02 막을 색		03 쇠사슬 쇄	
04 빠질 몰		05 샐 루		06 미끄러울 활	
07 눈물 루		08 옻칠할 칠		09 나루 진	
10 못 담		11 멸망할 멸		12 큰산 악	
13 꾀할 기		14 비단 금		15 목욕할 목	
16 더할 첨		17 젖을 습		18 건널 섭	
19 멀리 흐를 연		20 물갈래 파		21 물가 애	

Day 33 보충한자

酒 술 주	총획 10획 · 부수 酉 · 3급
	飮酒(음주) : 술을 마심
	酒暴(주폭) : 만취 상태에서 폭력을 휘두르는 위해범

飮 마실 음	총획 13획 · 부수 食 · 준4급
	鄕飮酒禮(향음주례) : 예전에, 온 고을의 유생이 모여 술을 마시며 잔치하던 일

醫 의원 의	총획 18획 · 부수 酉 · 준4급
	名醫(명의) : 유명하고 유능한 의사
	醫學(의학) : 병을 고치는 데 대한 학문

匹 짝 필	총획 4획 · 부수 匚 · 3급
	配匹(배필) : 부부로서의 짝
	匹敵(필적) : 능력이 엇비슷하여 서로 맞섬

理 다스릴 리	총획 11획 · 부수 玉(=王) · 5급
	原理(원리) : 사물의 근본이 되는 이치
	眞理(진리) : 참된 이치나 도리

盡 다할 진	총획 14획 · 부수 皿 · 3급
	滅盡(멸진) : 멸하여 없어짐
	盡忠(진충) : 충성을 다함

班 나눌 반	총획 10획 · 부수 玉(=王) · 5급
	武班(무반) : 무관(武官)의 반열
	兩班(양반) : 문반(文班)과 무반(武班)을 아울러 이르는 말

益 더할 익	총획 10획 · 부수 皿 · 준3급
	利益(이익) : 물질적으로나 정신적으로 보탬이 되는 것

現 나타날 현	총획 11획 · 부수 玉(=王) · 준4급
	現在(현재) : 지금
	現金(현금) : 현재 실재하는 돈

舊 예 구	총획 18획 · 부수 臼 · 4급
	親舊(친구) : 오랫동안 알고 지내던 동무
	新舊(신구) : 새로운 것과 오래된 것

硯 벼루 연	총획 12획 · 부수 石 · 3급
	硯滴(연적) : 벼루에 물을 붓기 위해 미리 담아 놓는 물그릇
	硯池(연지) : 벼루 앞쪽에 오목한 부분

興 일어날 흥	총획 16획 · 부수 臼 · 준3급
	興盛(흥성) : 기운차게 일어나거나 번성함
	振興(진흥) : 떨치어 일어남

於 어조사 어
- 총획 8획 | 부수 方 | 3급
- 於此彼(어차피) : 이렇게 하든지 저렇게 하든지

施 베풀 시
- 총획 9획 | 부수 方 | 3급
- 實施(실시) : 실제로 시행함
- 施設(시설) : 도구나 기계 따위를 베풀어 설비함

族 겨레 족
- 총획 11획 | 부수 方 | 준4급
- 民族(민족) : 일정한 지역에서 오랫동안 공동 생활을 하며 형성된 사회 집단

旅 나그네 려
- 총획 10획 | 부수 方 | 4급
- 軍旅(군려) : 전쟁터에 나와 있는 군대
- 旅行(여행) : 일이나 유람을 목적으로 외국 또는 다른 고장에 가는 일

遊 놀 유
- 총획 13획 | 부수 辵(=辶) | 3급
- 遊覽(유람) : 돌아다니며 구경함
- 遊園地(유원지) : 놀기 위하여 각종 설비를 갖춘 곳

引 끌 인
- 총획 4획 | 부수 弓 | 준3급
- 牽引(견인) : 끌어당김
- 引用(인용) : 끌어당겨서 사용함

强 강할 강
- 총획 12획 | 부수 弓 | 5급
- 强國(강국) : 강한 나라
- 强盛(강성) : 강하고 융성함

弱 약할 약
- 총획 10획 | 부수 弓 | 5급
- 弱小(약소) : 약하고 작음
- 貧弱(빈약) : 가난하고 힘이 없음

知 알 지
- 총획 8획 | 부수 矢 | 준4급
- 知識(지식) : 알고 있는 내용이나 사물
- 知天命(지천명) : 쉰 살을 달리 이르는 말

智 지혜 지
- 총획 12획 | 부수 日 | 3급
- 智慧(지혜) : 사물의 이치를 깨닫고 정확하게 처리하는 정신적 능력

短 짧을 단
- 총획 12획 | 부수 矢 | 5급
- 短期(단기) : 짧은 기간
- 長短(장단) : 길고 짧음

矣 어조사 의
- 총획 7획 | 부수 矢 | 3급
- 漢文(한문)에서 종결 어미로 쓰이는 글자

初 처음 초
- 총획 7획 | 부수 刀 | 준4급
- 初期(초기) : 처음의 시기
- 太初(태초) : 가장 맨 처음

8~3급 한자도 함께 체크해 보세요!

Day 34
중국의 무당은 마스카라를 했다?

오늘은 蔑(업신여길 멸)자에 대해 알아보려고 합니다. 蔑자의 윗부분에 艹와 罒이 상하로 결합한 것이 있는데, 이것을 학자들은 '眉(눈썹 미)자에서 변형되었다'라고 합니다. 眉자의 갑골 문자는 ❀으로 아랫부분은 눈(目)을 의미하고 罒자에 가까운 형태를 하고 있습니다. 여기서 우리가 눈여겨 봐야할 점은 여러 가닥의 눈썹을 윗부분에 눈썹 세 가닥으로만 표현한 것입니다. 이에 해당하는 다른 글자를 살펴 보면 손가락은 다섯 개지만 세 개만 그려 ㇗(又)로 표현했고, 발가락도 다섯 개지만 역시 세 개만 그려 ㇗(止)로 표현했으며, 산에 봉우리는 무수히 많지만 역시 세 개만 그려 ㅿㅿ(山)으로 나타낸 것입니다. 그런데 ❀의 위에 있는 눈썹은 눈과 이마 사이에 있는 눈썹이 아닌 속눈썹을 그린 것이 분명합니다. 눈과 붙어있으니까 말이죠. 따라서 蔑자는 눈썹, 人, 戈가 더해진 글자가 됩니다. 실제로 蔑의 갑골 문자는 ❀로 눈썹을 강조한 사람이 창에 찔린 모습을 표현했습니다. 즉, '창에 찔렸으니 당연히 업신여김을 당했다'는 의미를 나타냅니다. 이와 비슷한 글자로 夢(꿈 몽)자가 있습니다. 夢자의 갑골 문자는 ❀으로 왼쪽은 눈썹을 세운 사람이고 오른쪽은 爿(침대 장)자입니다. 학자들은 이 사람을 무당이나 점치는 사람으로 보고 있는데 이는 고대 중국의 무당은 속눈썹을 세워 주술의 효력을 높이려 했고, 침대에 누워 꿈속에서 신(神)과 소통하려 했기 때문입니다. 또한 고대의 무당은 전쟁에도 참여하여 적군에게 주문을 거는 역할을 했다고 전해집니다. 그래서 상대편의 무당을 죽이는 것도 중요한 일이었으므로 蔑자가 만들어졌다고 합니다. 그리고 눈썹을 나타내는 眉자에 女를 더해 媚(아첨할 미)자를 만들어 무당이 여자가 많았음을 보여 주었다고 합니다.

이렇게 글자 하나로 당시의 상황까지 알 수 있다는 게 한자의 매력인 것 같습니다.

주 洲

洲
물가 주

총획 9획　**부수** 水(=氵) 물 수

소리 요소인 州(고을 주)자는 강물(川) 옆에 조성된 마을(丶)을 의미하는 글자이다. 洲 자는 '물가'를 의미하므로 水가 의미 요소이고 州가 소리 요소이다.

* 濠洲(호주) : 오스트레일리아
* 六大洲(육대주) : 지구상의 여섯 대륙. 아시아, 아프리카, 유럽, 오세아니아, 남아메리카, 북아메리카

묘 苗

苗
싹 묘

총획 9획　**부수** 艸(=⺿) 풀 초

밭(田)에서 풀싹(艸)이 돋아남을 의미하는 글자이다.

* 苗木(묘목) : 옮겨 심는 어린 나무
* 禾苗(화묘) : 옮겨 심기 위해 기른 벼의 싹

균 菌

菌
버섯 균

총획 12획　**부수** 艸(=⺿) 풀 초

'창고에 벼를 보관(囷)했더니 버섯(艸)이 돋아났다'라는 의미를 나타낸다.

* 細菌(세균) : 미세한 병원균
* 種菌(종균) : 씨로 쓸 홀씨나 팡이실 따위

국 菊

菊
국화 국

총획 12획　**부수** 艸(=⺿) 풀 초

'꽃잎이 마치 쌀알(米) 닮은 국화(艸)와 같다'라는 의미를 나타내는 글자이다.

* 菊花(국화) : 국화과의 여러해살이풀
* 黃菊(황국) : 꽃이 노란 국화

소 蘇

蘇
깨어날 소

총획 20획　**부수** 艸(=⺿) 풀 초

'힘이 없는 사람에게 물고기(魚)와 미음(禾), 채소(艸)를 먹이면 힘을 되찾는다'라는 의미를 나타낸다.

* 蘇生(소생) : 거의 죽어가다가 다시 살아남(= 甦生 : 소생)
* 美蘇(미소) : 미국과 소련

'달은 차면 기울고, 만물은 번성했다가 쇠잔해진다'를 한문으로?
답 : 月滿則缺, 物盛則衰(월만즉결, 물성즉쇠)
인생은 변화의 연속이죠? 轉禍爲福(전화위복) 잊지 마세요.

장 葬

葬
장사 지낼 장

총획 13획　**부수** 艸(=艹) 풀 초

'죽은(死) 이를 두 손(廾)으로 운반하여 땅에 묻고 풀(艸)로 덮어 봉분을 만든다'라는 의미로 '장사를 지내다'의 뜻이 되었다.

➕ 장사 : 죽은 사람을 땅에 묻거나 화장하는 일을 말한다.

* 埋葬(매장) : 땅에 묻는 장례법
* 火葬(화장) : 불에 태우는 장례법

몽 蒙

蒙
덮을 몽

총획 14획　**부수** 艸(=艹) 풀 초

'돼지(豕)가 새끼 한 마리 한 마리(一) 정성스레 풀(艸)로 덮어(冖)준다'라는 의미를 나타낸다.

* 蒙塵(몽진) : 임금의 피난
* 蒙昧(몽매) : 어리석음

차 茶
다

茶
차 차/다

총획 10획　**부수** 艸(=艹) 풀 초

'사람(人)이 먹는 나무(木)의 잎(艸)은 바로 차(茶)이다'라는 의미를 나타내는 글자이다.

* 綠茶(녹차) : 푸른빛이 그대로 나도록 말린 찻잎
* 茶房(다방) : 차나 음료를 팔며 사람들이 이야기 나눌 수 있게 꾸민 곳

천 薦

薦
천거할 천

총획 17획　**부수** 艸(=艹) 풀 초

艸가 의미 요소이고 廌(해태 치)가 소리 요소로 원래는 '풀'의 이름으로 쓰였으나 **'천거하다'**의 뜻으로 바뀌어 쓰이고 있다.

* 薦擧(천거) : 어떤 일을 할 수 있는 사람을 그 자리에서 쓰도록 소개함(= 推薦 : 추천)
* 公薦(공천) : 여러 사람이 합의하여 추천함

멸 蔑

蔑
업신여길 멸

총획 15획　**부수** 艸(=艹) 풀 초

戍(지킬 수 : 창을 들고 있는 사람)와 眉(눈썹 미 : )의 결합으로 眉자는 눈썹을 세운 무당을 의미한다. 蔑자는 창에 찔린 무당을 표현했으며 후에 **'업신여기다'**의 뜻이 되었다.

* 侮蔑(모멸) : 업신여기고 얕잡아 봄
* 蔑稱(멸칭) : 경멸하여 일컬음

蒸 찔 증

- **총획** 14획　**부수** 艸(=++) 풀 초
- 火, 그릇(凵 : 一로 변화), 水, 艸 등이 결합하여 '끓는 물(烝)의 증기로 풀(艸)을 찐다'라는 의미를 나타낸다.
  * 蒸氣(증기) : 끓는 물의 김
  * 汗蒸幕(한증막) : 높은 온도로 몸에 땀을 내기 위한 시설

蓋 덮을/대개 개

- **총획** 14획　**부수** 艸(=++) 풀 초
- '남의 집에 그릇(皿)을 가지고 갈(去) 때 그릇 위를 풀(艸)로 덮어야 한다'라는 의미를 나타낸다.
  * 無蓋車(무개차) : 뚜껑이 없는 차
  * 淵蓋蘇文(연개소문) : 고구려 후기의 정치가·장군

確 굳을 확

- **총획** 15획　**부수** 石 돌 석
- 石이 의미 요소로 '단단하다, 굳다'의 의미를 나타낸다. 隺(학 학 : 鶴의 원래자)이 소리 요소로 쓰였다.
  * 確實(확실) : 틀림없이 그러함
  * 明確(명확) : 명백하고 확실함

靈 신령 령

- **총획** 24획　**부수** 雨 비 우
- 靈자에 있는 口자 세 개는 사람들이 많이 모인 것을 나타내며, 巫(무당 무 : 하늘과 땅을 잇는 사람들)자는 기우제(祈雨祭)를 지낸다는 뜻이다. 비(雨)를 내리게 하는 무당(巫)은 신통한 무당이므로 靈자가 '신통하다, 신령하다'의 뜻이 되었다.
  * 神靈(신령) : 신기하고 영묘함
  * 靈魂(영혼) : 죽은 사람의 넋

雷 우레 뢰

- **총획** 13획　**부수** 雨 비 우
- '비(雨)오는 날 밭(田)을 가는데 우레가 친다'라는 의미이다.
- ➕ 우레 : 천둥과 같은 말이다.
  * 附和雷同(부화뇌동) : 줏대 없이 남의 의견만 따라 움직임
  * 雷聲(뇌성) : 천둥소리

> 쉬어가요~
> '비단옷 입고 밤길 가기(아무 보람없는 행동)'를 한문으로?
> 답 : 錦衣夜行(금의야행)

Day 34 중국의 무당은 마스카라를 했다?

패 霸	霸 으뜸 패	**총획** 19획 **부수** 襾 덮을 아 '어둠으로 덮여(襾)있는 달밤(月)에 혁명(革)을 일으켜 정권을 잡았다'라는 것으로 '으뜸'이라는 뜻이 되었다. * 霸權(패권) : 어떤 분야에서 으뜸의 자리를 차지하여 누리는 권력 * 霸者(패자) : 패권을 차지한 사람
염 厭	厭 싫을 염	**총획** 14획 **부수** 厂 언덕 한 '언덕(厂) 아래에서 개(犬)가 고기(肉=月)를 너무 많이 먹어(曰) 물렸다'라는 의미를 나타낸다. 曰(가로 왈)자는 口자처럼 입을 본뜬 글자이다. * 厭症(염증) : 싫증 * 嫌厭(혐염) : 매우 싫어함
액 厄	厄 재앙 액	**총획** 4획 **부수** 厂 언덕 한 '언덕(厂)에서 사람(㔾)이 굴러 떨어져서 사망한 그 일은 재앙이었다'라는 의미를 나타낸다. * 厄運(액운) : 액을 당할 운수 * 橫厄(횡액) : 뜻밖에 닥쳐오는 액운
궐 厥 궐 闕	厥 그 궐	**총획** 12획 **부수** 厂 언덕 한 屰자는 사람이 거꾸로 있는 모습이다. '언덕(厂) 아래에 어떤 사람이 거꾸로(屰) 쓰러져 있고 그것을 발견한 목격자가 입을 벌리고(欠) 놀라 '그……그……' 하며 말을 더듬는다'라는 뜻이다. * 厥者(궐자) : '그 사람'의 낮은 말 * 厥尾(궐미) : 짧은 꼬리
	闕 집·대궐 궐	**총획** 18획 **부수** 門 문 문 門자는 '문'이라는 의미 외에 '집'이라는 뜻도 내포하고 있다. '큰 집(門)의 규모에 놀라 어떤 사람은 쓰러졌고(屰) 어떤 사람은 입을 벌리고(欠) 있다'라는 의미이다. * 宮闕(궁궐) : 임금이 거처하는 집 * 大闕(대궐) : 크고 웅장한 집

睦 화목할 목

- **총획** 13획 **부수** 目 눈 목

睦자는 원래 '온화한 눈빛'을 의미하는 글자이다. 그래서 目자가 의미 요소이다. 오른쪽은 陸(뭍 륙)의 줄임형으로 소리 요소로 들어갔다. 후에 '온화한 눈빛'이라는 뜻이 '화목하다'의 뜻으로 쓰이게 되었다.

* 和睦(화목) : 뜻이 맞고 서로 정다움
* 親睦(친목) : 서로 친하여 화목함

隱 숨을 은

- **총획** 17획 **부수** 阜(=阝) 언덕 부

'언덕(阝) 뒤에 숨는다' 또는 '두 손(爫, 彐)에 무언가를 숨기고 싶은 마음(心)'을 표현한 글자이다.

* 隱居(은거) : 세상에 나오지 않고 숨어서 살다
* 隱者(은자) : 숨어 사는 사람

陣 진칠 진

- **총획** 10획 **부수** 阜(=阝) 언덕 부

'언덕(阝) 위에 전차(車)를 배치해 전투를 준비하다'라는 의미의 글자이다.

➕ 진치다 : '군사들이 진지를 구축하고 머무르다'라는 의미이다.

* 鶴翼陣(학익진) : 학이 날개를 펼친 듯한 모양으로 치는 진형(한산도 대첩)
* 陣法(진법) : 군대의 진치는 방법

陳 늘어놓을 진

- **총획** 11획 **부수** 阜(=阝) 언덕 부

東(동녘 동)자는 보따리 물건을 의미하는 글자로 '언덕(阝) 위에 물건(東)을 늘어놓고 진열한다'라는 의미이다.

* 陳列(진열) : 고객이 볼 수 있게 상품을 늘어놓음
* 陳腐(진부) : 낡고 오래됨

陶 질그릇 도

- **총획** 11획 **부수** 阜(=阝) 언덕 부

'사람(勹)이 언덕(阝)에서 질그릇(缶)을 굽는다'라는 의미이다.

➕ 질그릇 : 진흙만으로 구워 만든 그릇을 말한다.

* 陶瓷器(도자기) : 도기와 자기, 사기, 질그릇 따위의 통칭
* 陶藝(도예) : 도자기를 가공한 공예

확인학습 Day 34

1. 다음 한자의 훈음을 쓰세요.

01 苗 _____	02 菌 _____	03 蒙 _____
04 茶 _____	05 蓋 _____	06 確 _____
07 雷 _____	08 睦 _____	09 隱 _____
10 陣 _____	11 陳 _____	12 洲 _____
13 菊 _____	14 蘇 _____	15 葬 _____
16 薦 _____	17 蔑 _____	18 蒸 _____
19 靈 _____	20 霸 _____	21 厭 _____

2. 다음 한자의 독음을 쓰세요.

01 濠洲 _____	02 菊花 _____	03 蘇生 _____
04 火葬 _____	05 薦擧 _____	06 蔑稱 _____
07 霸權 _____	08 神靈 _____	09 汗蒸幕 _____
10 厭症 _____	11 厄運 _____	12 陶瓷器 _____
13 大闕 _____	14 陳腐 _____	15 嫌厭 _____
16 隱居 _____	17 和睦 _____	18 鶴翼陣 _____
19 蒙昧 _____	20 確實 _____	21 附和雷同 _____

맞은 개수 ▶ / 63   소요 시간 ▶

3. 알맞은 한자를 쓰세요.

01 물가 주
02 국화 국
03 깨어날 소
04 장사 지낼 장
05 천거할 천
06 업신여길 멸
07 찔 증
08 신령 령
09 으뜸 패
10 싫을 염
11 재앙 액
12 그 궐
13 집 궐
14 질그릇 도
15 싹 묘
16 버섯 균
17 덮을 몽
18 차 차
19 굳을 확
20 우레 뢰
21 화목할 목

Day 34 보충한자

利 이로울 리	총획 7획 · 부수 刀(=刂) · 5급	
	金利(금리) : 빌려준 돈이나 예금 따위에 붙는 이자	
	利刀(이도) : 날카로운 칼	

到 이를 도	총획 8획 · 부수 刀(=刂) · 4급
	到着(도착) : 목적지에 이름
	到達(도달) : 정한 곳에 다다름

制 절제할 제	총획 8획 · 부수 刀(=刂) · 준3급
	制度(제도) : 관습이나 도덕, 법률 따위의 규범
	法制(법제) : 법률과 제도

斷 끊을 단	총획 18획 · 부수 斤 · 준3급
	斷絕(단절) : 유대나 연관 관계를 끊음
	斷機之敎(단기지교) : 학문을 함에 포기하지 말라는 뜻

製 지을 제	총획 14획 · 부수 衣 · 준3급
	製造(제조) : 공장에서 물건을 만듦
	製菓(제과) : 과자를 만듦

壹 한 일	총획 12획 · 부수 士 · 준3급
	壹意(일의) : 한 가지에만 정신을 쏟음
	壹是(일시) : 모두, 일체(一切)

切 끊을 절	총획 4획 · 부수 刀 · 4급
	一切(일절) : 아주, 전혀, 절대로
	一切(일체) : 모든 것, 완전히, 전부

戒 경계할 계	총획 7획 · 부수 戈 · 준3급
	警戒(경계) : 뜻밖의 사고가 생기지 않도록 조심함
	戒嚴(계엄) : 일정한 곳을 병력으로 경계

別 다를 별	총획 7획 · 부수 刀(=刂) · 5급
	分別(분별) : 서로 다른 일이나 사물을 구별하여 가름
	別途(별도) : 원래의 것에 추가한 것

戌 개 술	총획 6획 · 부수 戈 · 준3급
	戌年(술년) : 개띠의 해

前 앞 전	총획 9획 · 부수 刀(=刂) · 5급
	前後(전후) : 앞과 뒤
	前期(전기) : 앞선 시기

戊 천간 무	총획 5획 · 부수 戈 · 준3급
	戊夜(무야) : 오경, 오전 3시~5시
	戊午士禍(무오사화) : 무오년(戊午年, 1498년)에 발생한 사화

8~3급 한자도 함께 체크해 보세요!

| 茂 무성할 무 | 총획 9획 / 부수 艸(=++) / 3급
茂盛(무성): 풀이나 나무 따위가 자라서 우거져 있음
茂林(무림): 나무가 우거진 숲 |

| 我 나 아 | 총획 7획 / 부수 戈 / 3급
我等(아등): 우리들
自我(자아): 스스로의 나 자신 |

| 豊 풍년 풍 | 총획 18획 / 부수 豆 / 3급
豊年(풍년): 곡식이 잘 자라서 수확이 많은 해
豊盛(풍성): 넉넉하고 많음 |

| 幸 다행 행 | 총획 8획 / 부수 干 / 준4급
多幸(다행): 뜻밖에 일이 잘되어 운이 좋음
幸福(행복): 복된 좋은 운수 |

| 衆 무리 중 | 총획 12획 / 부수 血 / 준3급
大衆(대중): 수많은 사람들의 무리
民衆(민중): 국가나 사회를 구성하는 일반 국민 |

| 年 해 년 | 총획 6획 / 부수 干 / 7급
權不十年(권불십년): 아무리 높은 권세라도 십 년을 넘지 못함 |

| 徒 무리 도 | 총획 10획 / 부수 彳 / 준3급
花郞徒(화랑도): 신라 때에 둔 화랑의 무리
徒手(도수): 맨손 |

| 祝 빌 축 | 총획 10획 / 부수 示 / 4급
慶祝(경축): 경사스러운 일을 축하함
祝文(축문): 제사 때 읽는 제문 |

| 後 뒤 후 | 총획 9획 / 부수 彳 / 5급
先後(선후): 앞과 뒤
後發先至(후발선지): 나중에 출발했으나 먼저 도착함 |

| 社 모일 사 | 총획 8획 / 부수 示 / 5급
社稷(사직): 나라나 조정을 이르는 말
會社(회사): 상행위와 영리 행위를 목적으로 하는 사단 법인 |

| 往 갈 왕 | 총획 8획 / 부수 彳 / 4급
旣往(기왕): 이미 지난 일이나 시간
往來(왕래): 가고 오고 함 |

| 禁 금할 금 | 총획 13획 / 부수 示 / 준3급
禁止(금지): 법이나 규칙으로 어떤 행위를 하지 못하도록 함
解禁(해금): 금지한 것을 풀어줌 |

| 中 가운데 중 | 총획 4획 / 부수 丨 / 7급
中心(중심): 한가운데
集中(집중): 한 가지 일에 모든 힘을 쏟아부음 |

Day 35
대나무는 종이로 사용했다

오늘은 簡(대쪽 간)자에 대해 알아보려고 합니다. 簡자의 원래 뜻은 '문서'인데, 『설문해자(說文解字)』에 있는 簡자의 뜻풀이를 보면, '簡, 牒也 (簡, 문서이다)'라고 나와 있습니다. 牒(문서 첩)을 찾으면 '札也'로 나오고, 札(편지 찰)을 찾으면 다시 '牒也'로 나옵니다. 따라서 簡, 牒, 札 모두 '편지, 서류' 등의 문서를 의미함을 알 수 있습니다. 이 글자들의 부수를 보면 簡은 竹(대나무 죽), 札은 木(나무 목), 牒은 片(조각 편 : 片자는 나무를 작게 자른 것을 의미한다)으로 이 글자들을 통해 고대 중국인들이 서사(書寫) 도구로 무엇을 사용했는지 알 수 있습니다.

그렇다면 종이는 언제 발명되었을까요? 중국 역사서에 따르면 후한(後漢) 시기 채륜(蔡倫)이라는 사람이 서기 105년 경 종이를 발명하여 황제에게 보고했다는 기록이 있습니다. 하지만 전국 시대(B.C. 403년~B.C. 221년)로 추정되는 종이 유물이 발견됨에 따라, 채륜은 종이를 발명했다기보다 그때까지 전해지던 제지 기술(製紙技術)을 정리하고 종합한 것으로 추정됩니다. 어쨌든 상당히 오랜 옛날부터 중국인들은 종이를 사용했는데, 이 제지 기술은 고구려 유민인 고선지 장군이 이끄는 군대와 이슬람 연합군이 탈라스에서 전투를 벌이게 되는 당나라 시기에 이슬람으로 흘러 들어가게 됩니다. 이어 유럽까지 들어가게 되면서 종이의 사용은 세계적으로 퍼져나가기 시작했습니다. 그렇다면 종이를 사용하기 전에 중국인들은 무엇을 사용했을까요? 아까 보았던 簡, 牒, 札에 그 힌트가 있는데 바로 대나무입니다. 고대 중국(지금으로부터 4,000여년 전의 은나라를 말함)은 지금의 동남아시아와 비슷할 만큼 더운 기후였고, 더운 그곳에서는 대나무가 많이 자랐기 때문에 대나무를 가장 먼저 사용했을 것으로 추정하고 있습니다.

隔
막힐 격

- 총획 13획
- 부수 阜(= 阝) 언덕 부

언덕을 쌓아 적을 막기도 하므로 阝가 의미 요소이고 鬲(솥 력)이 소리 요소이다. 阝(=阜)자가 '막다'의 뜻으로 사용된 또다른 글자로는 防(막을 방)자가 있다.

* 間隔(간격) : 시간, 공간적으로 벌어진 사이
* 隔差(격차) : 빈부, 기술, 수준 따위가 벌어져 차이가 나는 정도

穫
거둘 확

- 총획 19획
- 부수 禾 벼 화

'풀(艸)숲에 떨어진 새(隹)를 손(又)으로 잡듯이 벼(禾)를 잡아 **수확한다**'라는 의미를 나타낸다.

* 收穫(수확) : 익은 농작물을 거두어 들임
* 秋穫(추확) : 가을걷이

稱
일컬을 칭

- 총획 14획
- 부수 禾 벼 화

稱자의 왼쪽은 禾이고 오른쪽은 손(爫)으로 저울을 들고 있는 모습을 나타낸다. 원래의 뜻은 '벼의 무게를 재다'였으나 후에 '**일컫다, 명칭**'의 뜻으로 쓰이게 되었다.

* 呼稱(호칭) : 이름을 지어 부름
* 名稱(명칭) : 사람이나 사물을 부르는 이름

粟
조 속

- 총획 12획
- 부수 米 쌀 미

이 글자의 옛 형태는 ❉이다. 원래 **벼와 닮은 농작물과 열매가 떨어지는 모습을 본뜬 글자**였는데, 지금의 모습으로 변화되었다. 좁쌀도 작물이므로 米자가 들어가게 되었다.

* 粟米(속미) : 좁쌀
* 粟米酒(속미주) : 좁쌀로 담근 술

篤
도타울 독

- 총획 16획
- 부수 竹 대나무 죽

'말(馬)을 때리는 대나무(竹) 채찍은 **굵고 두터워야 한다**'라는 의미를 나타낸다.

➕ 도탑다 : '신의, 믿음, 관계, 인정 따위가 굳고 깊다'라는 뜻이다.

* 敦篤(돈독) : 도탑고 성실하다
* 篤志(독지) : 도탑고 친절한 마음

쉬어가요~

'남의 잔치에 밤내와라 감내와라 한다'를 한문으로?

답 : 他人之宴, 曰梨曰栗(타인지연, 왈리왈률)

축 築

築 쌓을 축

- 총획 16획　부수 竹 대나무 죽
- '건물을 짓는 장인(工)이 대나무(竹)와 나무(木)를 사용하여 건물을 쌓는다'라는 의미이다.
  * 建築(건축) : 집이나 성, 다리 따위의 구조물을 그 목적에 따라 설계하여 흙이나 나무, 돌, 벽돌, 쇠 따위를 써서 세우거나 쌓아 만드는 일
  * 築城(축성) : 성을 쌓음

근 筋

筋 힘줄 근

- 총획 12획　부수 竹 대나무 죽
- '몸(肉)에 힘(力)을 주어 대나무(竹)를 휘게 되면 근육이 튀어나온다'라는 의미를 나타낸다.
  * 筋肉(근육) : 힘줄과 살을 통틀어 이르는 말
  * 筋骨(근골) : 근육과 뼈

돌 突

突 갑자기 돌

- 총획 9획　부수 穴 구멍 혈
- '담벼락의 구멍(穴)에 숨어 있던 개(犬)가 갑자기 튀어나온다'라는 의미이다.
  * 衝突(충돌) : 서로 맞부딪치거나 맞섬
  * 突擊(돌격) : 갑자기 냅다 침

절 竊

竊 훔칠 절

- 총획 22획　부수 穴 구멍 혈
- '도둑이 어느 집을 잘 살피고 분별(釆 : 분별할 변)하여 구멍(穴)을 통해 안(内)으로 들어가 점(卜)치듯 돈 있는 곳을 알아내고, 훔쳐 나오다가 발자국(内)을 남기고 달아난다'는 의미를 나타내는 글자이다.
  * 竊盜(절도) : 남의 물건을 훔침
  * 剽竊(표절) : 글을 지을 때 남의 것을 몰래 따다 씀

묘 廟

廟 사당 묘

- 총획 15획　부수 广 집 엄
- '아침(朝)마다 조상을 모신 집(广)인 사당에서 제사를 올린다'라는 의미이다.
- ⊕ 사당 : 조상의 신주(神主)를 모셔 놓은 집을 말한다.
  * 宗廟(종묘) : 역대 왕을 모시던 왕실의 사당
  * 家廟(가묘) : 한 집안의 사당

서 庶

庶 여러 서

- **총획** 11획　**부수** 广 집 엄
- '집(广)에 있는 **여러 사람**(廿)이 **불**(火)을 쬐고 앉아 있음'을 나타내는 글자이다.
  * 庶民(서민) : 일반 국민
  * 庶子(서자) : 본처가 아닌, 소실에게서 태어난 아들

폐 廢

廢 버릴/폐할 폐

- **총획** 15획　**부수** 广 집 엄
- 發(필 발)자에는 弓, 殳(창 수)자가 쓰였는데, 이는 전쟁이 발발했음을 의미하는 글자이다. 따라서 廢자는 '**전쟁이 발발**(勃發)**하면 집**(广)**을 버리고 달아나야 한다**'라는 의미를 나타낸다.
- ➕ 폐하다 : '물건 따위를 쓰지 않고 버려두다'라는 뜻이다.
  * 廢止(폐지) : 실시해 오던 법규나 제도를 없애버림
  * 廢品(폐품) : 못쓰게 되어 버리는 물건

도 渡

渡 건널 도

- **총획** 12획　**부수** 水(=氵) 물 수
- 度(법도 도)자는 '손(又)으로 집(广)의 사람들을 법도 있게 다스린다'라는 의미를 나타낸다. 따라서 渡자는 '**물**(水)**의 법도**(度)**를 잘 파악하여 건넌다**'라는 뜻을 나타낸다.
  * 渡江(도강) : 강을 건넘
  * 賣渡(매도) : 팔아 넘김

장 粧

粧 단장할 장

- **총획** 12획　**부수** 米 쌀 미
- '**흙**(土)으로 **지은 집**(广)**을 쌀**(米)**처럼 하얗게 단장하다**'라는 의미이다.
  * 丹粧(단장) : 머리, 얼굴, 옷차림 등을 곱게 꾸밈
  * 粧飾(장식) : 옷이나 액세서리 등으로 꾸밈

할 割

割 벨 할

- **총획** 12획　**부수** 刀(=刂) 칼 도
- 害(해로울 해)자는 '집(宀) 앞에 있는 풀(丰)을 입(口)으로 먹으면 해롭다'라는 의미를 나타낸다. 때문에 割자는 '**해로운 것**(害)**은 칼**(刀)**로 베어버려야 한다**'라는 의미를 갖는다.
  * 分割(분할) : 잘라서 나눔
  * 役割(역할) : 자기가 마땅히 해야 할 맡은 바 직책과 임무

과 寡

寡
적을 과

- **총획** 14획　**부수** 宀 집 면
- '집(宀)에서 사람들(頁 : 머리 혈)이 무언가를 나누어(分) 가지면 몫이 적어진다'라는 의미이다.
  * 寡聞(과문) : 들은 것이 적음
  * 寡人(과인) : 왕이 스스로를 겸손하게 이르는 말

관 寬

寬
너그러울 관

- **총획** 15획　**부수** 宀 집 면
- '집(宀)에서 화초(艹)를 키우다 보면(見) 식구들의 작은(丶) 허물은 덮어줄 수 있는 넓은 마음을 갖게 된다'라는 의미이다.
  * 寬容(관용) : 너그럽게 용서함
  * 寬大(관대) : 넓고 큼

축 縮

縮
줄어들 축

- **총획** 17획　**부수** 糸 실 사
- 宿(잠잘 숙)자는 '집(宀)에 백(百)명의 사람(人)들이 잠을 잔다'라는 뜻이므로 縮자는 '실(糸)은 시간이 지나면(宿) 점차 줄어든다'라는 의미를 나타낸다. 宿자가 소리 요소로 쓰였다.
  * 伸縮(신축) : 늘어나고 줄어드는 것
  * 縮小(축소) : 작게 줄임

궁 宮

宮
집 궁

- **총획** 10획　**부수** 宀 집 면
- '방(口, 口)이 여러 개 있는 큰 집(宀)'을 의미하는 글자이다.
  * 宮闕(궁궐) : 왕이 사는 큰 집
  * 阿房宮(아방궁) : 진시황제(秦始皇帝)가 세운 궁궐. 크고 화려한 집에 비유함

의 宜

宜
마땅 의

- **총획** 8획　**부수** 宀 집 면
- '사당(宀)에 있는 도마(且)'를 의미하는 것으로 '조상에게 드리는 제사는 당연히 해야 한다'라는 의미이다. 때문에 '마땅하다'의 뜻이 생겨났다.
  * 宜當(의당) : 사물의 이치에 따라 당연히
  * 宜合(의합) : 알맞고 걸맞음

審 살필 심

총획 15획　**부수** 宀 집 면

番(차례 번)자는 짐승의 발자국을 본뜬 글자로 후에 '차례, 순서'의 뜻으로 가차되었다. 따라서 審자는 '**사당**(宀)을 관리할 때 **차례**(番)로 자세히 **살핀다**'라는 의미이다.

* 審査(심사) : 자세히 조사하여 등급이나 당락을 정함
* 審議(심의) : 자세히 살피고 의논함

심 審

宰 재상 재

총획 10획　**부수** 宀 집 면

'**왕궁**(宀)에서 **형벌**(辛)을 **집행하는 벼슬**'을 의미하는 글자로 그 직책이 바로 '**재상**'이었다.

* 宰相(재상) : 왕을 돕고 벼슬아치들을 관리하는 높은 벼슬
* 主宰(주재) : 어떤 일을 맡아 처리함

재 宰

簡 대쪽 간

총획 18획　**부수** 竹 대나무 죽

簡자는 **대나무 쪽**을 의미하므로 竹이 의미 요소이고 間이 소리 요소이다. 여기에 쓰인 間(사이 간)자는 '문틈(門) 사이로 햇빛(日)이 들어온다'라는 의미를 나타낸다.

* 竹簡(죽간) : 대나무로 만든 책, 간책(簡冊)
* 簡單(간단) : 어렵거나 복잡하지 않고 쉽고 단순함

간 簡

閏 윤달 윤

총획 12획　**부수** 門 문 문

태양력과 태음력의 날짜를 맞추기 위해 만든 달을 윤달이라고 한다. 고대에 **윤달**이 되면 **왕**(王)들은 사당의 **문**(門)앞에서 제사를 지냈다고 한다.

➕ 윤달 : 달력의 계절과 실제 계절과의 차이를 막기 위해 1년 중 달수가 어느 해보다 많은 달을 말한다.

* 閏月(윤월) : 윤달
* 閏年(윤년) : 윤달이나 윤일이 든 해

윤 閏
윤 潤

潤 윤택할 윤

총획 15획　**부수** 水(=氵) 물 수

'**왕**(王)이 출타하시려 하자 **문**(門)을 **물**(水)로 씻어 반짝반짝 **윤이 나게 하다**'라는 의미이다. 水가 의미 요소이고 閏이 소리 요소이다.

* 潤澤(윤택) : 깨끗하고 윤기가 흐름
* 濕潤(습윤) : 촉촉하게 젖어 있음

쉬어가요~

'밤새도록 울다가 누가 죽었는지 묻는다'를 한문으로?

답 : 旣終夜哭, 問誰不祿(기종야곡, 문수불록)

Day 35 확인학습

1. 다음 한자의 훈음을 쓰세요.

- 01 稱 _____
- 02 築 _____
- 03 筋 _____
- 04 突 _____
- 05 廟 _____
- 06 庶 _____
- 07 割 _____
- 08 縮 _____
- 09 宮 _____
- 10 宜 _____
- 11 審 _____
- 12 簡 _____
- 13 隔 _____
- 14 潤 _____
- 15 穫 _____
- 16 粟 _____
- 17 篤 _____
- 18 竊 _____
- 19 廢 _____
- 20 渡 _____
- 21 粧 _____

2. 다음 한자의 독음을 쓰세요.

- 01 隔差 _____
- 02 秋穫 _____
- 03 粟米 _____
- 04 篤志 _____
- 05 竊盜 _____
- 06 廢品 _____
- 07 渡江 _____
- 08 丹粧 _____
- 09 寡聞 _____
- 10 寬大 _____
- 11 宰相 _____
- 12 閏月 _____
- 13 濕潤 _____
- 14 竹簡 _____
- 15 審査 _____
- 16 宜當 _____
- 17 宮闕 _____
- 18 縮小 _____
- 19 分割 _____
- 20 宗廟 _____
- 21 突擊 _____

맞은 개수 ▶ / 63   소요 시간 ▶

3. 알맞은 한자를 쓰세요.

01 막힐 격		02 거둘 확		03 조 속	
04 도타울 독		05 훔칠 절		06 버릴 폐	
07 건널 도		08 단장할 장		09 적을 과	
10 너그러울 관		11 재상 재		12 윤달 윤	
13 윤택할 윤		14 일컬을 칭		15 쌓을 축	
16 갑자기 돌		17 사당 묘		18 여러 서	
19 벨 할		20 줄어들 축		21 집 궁	

Day 35 보충한자

得 얻을 득
- 총획 11획 | 부수 彳 | 준3급
- 所得(소득) : 일한 결과로 얻은 이익
- 利得(이득) : 이익을 얻음

達 통달할 달
- 총획 13획 | 부수 辵(=辶) | 준3급
- 通達(통달) : 막힘 없이 환히 통함
- 到達(도달) : 목적지에 이르름

從 좇을 종
- 총획 11획 | 부수 彳 | 3급
- 從者(종자) : 남을 따라다니는 사람
- 從屬(종속) : 자주성 없이 주가 되는 것에 딸려 붙음

遺 남길 유
- 총획 16획 | 부수 辵(=辶) | 준3급
- 遺産(유산) : 조상이 남긴 재산
- 遺業(유업) : 조상이 남긴 업적

道 길 도
- 총획 13획 | 부수 辵(=辶) | 5급
- 道理(도리) : 사람이 어떤 입장에서 마땅히 행해야 할 길
- 天道(천도) : 하늘이 낸 도리나 법

送 보낼 송
- 총획 10획 | 부수 辵(=辶) | 4급
- 配送(배송) : 물자를 여러 곳에 보내 줌
- 送別(송별) : 떠나는 사람을 이별하여 보냄

連 이을 련
- 총획 11획 | 부수 辵(=辶) | 준3급
- 連結(연결) : 사물과 사물 또는 현상과 현상이 서로 이어지거나 관계를 맺음

丹 붉을 단
- 총획 4획 | 부수 丶 | 3급
- 丹田(단전) : 배꼽 아래 세치 자리
- 丹心(단심) : 속에서 우러나오는 정성스러운 마음

逆 거스를 역
- 총획 10획 | 부수 辵(=辶) | 준3급
- 反逆(반역) : 나라와 겨레를 배반함
- 逆徒(역도) : 나라와 겨레를 배반한 사람

乃 이에 내
- 총획 2획 | 부수 丿 | 준3급
- 人乃天(인내천) : 사람이 곧 하늘, 천도교의 기본 사상
- 終乃(종내) : 필경, 마침내

退 물러날 퇴
- 총획 10획 | 부수 辵(=辶) | 4급
- 後退(후퇴) : 뒤로 물러남
- 進退(진퇴) : 나아감과 물러남

之 갈 지
- 총획 4획 | 부수 丿 | 3급
- 左之右之(좌지우지) : 이리저리 제 마음대로 휘두르거나 다룸

> 8~3급 한자도 함께 체크해 보세요!

乎 | 어조사 호
- 총획 5획 | 부수 丿 | 3급
- 斷乎(단호) : 일단 결심한 일을 과단성 있게 처리함
- 嗟乎(차호) : 탄식할 때 하는 소리

呼 | 숨 내쉴 호
- 총획 8획 | 부수 口 | 준3급
- 呼吸(호흡) : 숨을 쉼
- 嗚呼(오호) : 슬플 때나 탄식할 때 내는 소리

三 | 석 삼
- 총획 3획 | 부수 一 | 8급
- 三旬九食(삼순구식) : 한 달에 아홉 번 밥을 먹는다는 뜻으로 굶주린다는 말

乘 | 탈 승
- 총획 10획 | 부수 丿 | 3급
- 萬乘之國(만승지국) : 수레 만대를 거느릴 수 있는 나라, 천자(天子)의 나라

七 | 일곱 칠
- 총획 2획 | 부수 一 | 8급
- 七顚八起(칠전팔기) : 실패를 거듭해도 굴하지 않고 일어서며 꾸준히 노력함을 이르는 말

久 | 오랠 구
- 총획 3획 | 부수 丿 | 4급
- 悠久(유구) : 아득하게 오래다
- 永久(영구) : 어떤 상태가 시간상으로 무한히 이어짐

丑 | 소 축
- 총획 4획 | 부수 一 | 준3급
- 丑年(축년) : 소띠의 해
- 丑時(축시) : 새벽 1시부터 3시 사이

事 | 일 사
- 총획 8획 | 부수 亅 | 5급
- 公事(공사) : 국가나 공공 단체의 일
- 事業(사업) : 어떤 일을 일정한 목적과 계획을 가지고 경영함

惡 | 악할 악/미워할 오
- 총획 12획 | 부수 心 | 4급
- 惡黨(악당) : 나쁜 사람의 무리
- 嫌惡(혐오) : 싫어하고 미워함

上 | 윗 상
- 총획 3획 | 부수 一 | 7급
- 上級(상급) : 윗 등급
- 上手(상수) : 높은 솜씨의 사람

六 | 여섯 륙
- 총획 4획 | 부수 八 | 8급
- 六甲(육갑) : 육십갑자(六十甲子)의 준말
- 六旬(육순) : 60세

下 | 아래 하
- 총획 3획 | 부수 一 | 7급
- 不恥下問(불치하문) : 아랫사람에게 묻는 것을 부끄러워하지 않음
- 傘下(산하) : 어떤 세력의 관할 아래

典 | 법 전
- 총획 8획 | 부수 八 | 준4급
- 經典(경전) : 성현이 지은 또는 성현의 말이나 행실을 적은 책
- 典籍(전적) : 책(冊)을 달리 이르는 말

Day 36
예나 지금이나
귀신은 무서워

오늘은 畏(두려울 외)자에 대해 알아보려고 합니다. 畏자는 귀신의 탈을 쓴 사람을 본뜬 글자로 갑골 문자인 ᄬ를 자세히 보면, 오른쪽의 田자 밑에 人자가 있습니다. 이것은 귀신의 탈을 쓴 사람으로 그 사람이 긴 작대기 같은 것을 들고 있는데, 무언가를 내려치고 있는 모습을 하고 있습니다. 학자들은 이것을 두고 무당이 귀신의 탈을 쓰고 신의 지팡이(神杖)를 들고 있는 모습으로 이야기하고 있습니다. 그래서 '경외하다, 두려워하다' 등의 뜻이 파생되었다고 합니다. 귀신의 탈을 쓰고 있는 것으로 추정되는 글자는 또 있습니다. 바로 鬼(귀신 귀)자인데 鬼자의 갑골 문자는 ᄬ으로, 머리 부분은 畏자와 마찬가지로 田자처럼 썼고, 사람의 몸통 부분은 畏자가 서 있는 사람인 것과는 달리 무릎을 꿇고 앉아 있는 모습을 하고 있습니다. 따라서 학자들은 鬼자를 무당이라고 추측하고 있습니다. 왜냐하면, 鬼자의 뜻은 '귀신'인데 귀신과 무당은 관계가 있고, 또 무당은 신의 소리를 듣는 사람들이므로 무릎을 꿇고 들을 가능성이 있기 때문입니다. 또 다른 이유는 異(다를 이)자를 예로 들 수 있습니다. 異자의 갑골 문자는 ᄬ의 형태로 나타내는데, 畏와 鬼가 사람의 측면을 묘사한데 비해서 ᄬ자는 정면을 그린 것이 특징입니다. 양팔을 올린 것을 보면 탈을 쓰고 있는 것을 표현한 것 같기도 합니다. 무당은 일반인과 다른 신비한 능력을 지녔다고 고대인들은 생각했으므로 후에 '다르다'의 뜻이 파생된 것으로 보입니다.

那 어찌 나

총획 7획　**부수** 邑(=阝) 고을 읍

전쟁이 나서 고을(阝)에 있는 무기고를 열어보니 칼(刀)이 달랑 두(二)자루밖에 없을 때 하는 소리, "어찌하 나"로 외우면 기억하기 쉽다.

* 那落(나락) : 지옥
* 那何(나하) : 어찌하여

糧 양식 량

총획 18획　**부수** 米 쌀 미

量(헤아릴 량)자는 日과 東(보따리 물건)의 결합으로 '물건의 개수를 센다'라는 의미이다. 糧자는 양식을 나타내는 글자로 곡식을 의미하므로 米가 의미 요소이고 量이 소리 요소이다. 매일 밥을 지을 때 알맞은 양(量)을 헤아려 지으므로 量자는 뜻을 돕는다고도 할 수 있다.

* 糧食(양식) : 생존을 위해 먹어야 할 사람의 음식
* 軍糧(군량) : 군인들의 식량

囚 가둘 수

총획 5획　**부수** 囗 에울 위

'사람(人)이 감옥(囗)에 갇힌 것'을 의미하는 글자이다.

* 罪囚(죄수) : 죄를 지어 감옥에 갇힌 사람
* 囚人(수인) : 죄수

倒 넘어질 도

총획 10획　**부수** 人(=亻) 사람 인

'칼(刀)이 사람(人)의 몸에 이르면(至) 그는 쓰러질 수밖에 없다'라는 의미이다. 여기서 到(이를 도)자는 至(이를 지)가 의미 요소, 刀(칼 도)가 소리 요소인 글자이다.

* 不倒翁(부도옹) : 오뚝이
* 倒置(도치) : 차례나 위치를 뒤바꿈

廻 돌아올 회

총획 9획　**부수** 廴 멀리갈 인

回(돌 회)자는 글자 모습 그대로 돌고 있는 것을 의미한다. 따라서 廻자는 '가다가(廴) 몸을 돌려(回) 계속 가면 돌아온다'라는 의미를 나타낸다.

* 廻轉(회전) : 어떤 것을 축으로 물체가 빙글 돎
* 巡廻(순회) : 여러 곳을 돌아다님

답 畓

畓
논 답

총획 9획　**부수** 田 밭 전

이 글자는 우리나라에서 만든 글자이기 때문에 중국 음이 없다. '**물(水)이 흥건한 밭(田)은 논이다**'라는 의미를 나타내는 글자이다.

* 田畓(전답) : 논과 밭
* 畓農(답농) : 논농사

외 畏

畏
두려울 외

총획 9획　**부수** 田 밭 전

鬼(귀신 귀)자와 형태나 의미가 비슷한 글자로 후에 '**두렵다**'의 뜻이 되었다.

* 敬畏(경외) : 공경하면서 두려워함
* 畏懼(외구) : 두려워하며 무서워함

축 畜 / 축 蓄

畜
기를 축

총획 10획　**부수** 田 밭 전

畜자는 소의 창자(玄)와 위(胃)를 본뜬 글자로 원래 '가축'이라는 의미였다. 후에 가축을 '**기르다**'의 뜻이 되었다.

* 家畜(가축) : 집에서 기르는 소, 개, 닭 등의 동물
* 畜産(축산) : 가축을 사용하여 인간 생활에 도움이 되는 물질을 생산하는 농업

蓄
모을 축

총획 14획　**부수** 艹(=艹) 풀 초

'가축(畜)을 먹이기 위해 풀(艹)을 모은다'라는 의미이다.

* 貯蓄(저축) : 절약하여 모아 둠
* 蓄財(축재) : 재산을 모음

획 劃

劃
그을 획

총획 14획　**부수** 刀(=刂) 칼 도

畫(그림 화)자는 '붓(聿)으로 밭(田)을 그린다'라는 뜻이다. 따라서 劃자는 '**칼(刀)로 나무판에 그림(畫)을 그리려면 선을 그어야 한다**'라는 의미를 나타낸다.

* 企劃(기획) : 일을 꾀하여 계획함
* 劃一(획일) : 모두가 한결같아서 변함이 없음

쉬어가요~

'역마도 갈아타면 낫다'를 한문으로?
　　　답 : 馬好替乘(마호체승)

'들으면 병, 안 들으면 약'을 한문으로?
　　　답 : 聞則疾, 不聞則藥(문즉질, 불문즉약)

畢 마칠 필

- 총획 11획
- 부수 田 밭 전

畢자는 새를 잡는 그물을 본뜬 글자였는데 '**마치다, 끝나다**'의 뜻으로 가차되어 쓰인다.

* 畢竟(필경) : 끝장에 가서는
* 畢生(필생) : 한평생

劣 못할 렬

- 총획 6획
- 부수 力 힘 력

'**능력**(力)이 **적어**(少) **못한다**'는 의미이다.

* 庸劣(용렬) : 사람이 변변찮고 졸렬하다
* 拙劣(졸렬) : 옹졸하고 천하여 서투르다

勵 힘쓸 려

- 총획 17획
- 부수 力 힘 력

'**언덕**(厂) **아래에서 만**(萬) **번 힘쓴다**(力)'는 의미이다.

* 勸勵(권려) : 어떤 일을 하도록 격려하고 부추김
* 獎勵(장려) : 좋은 일에 힘쓰도록 북돋아 줌

巧 공교할 교

- 총획 5획
- 부수 工 장인 공

丂는 입을 벌린 사람의 옆모습이다. '**장인**(工)이 훌륭하게 **만든 물건을 보고 입 벌려**(丂) **놀라며 공교하다**'라고 외치는 모습을 의미한다.

* 工巧(공교) : 솜씨나 꾀 따위가 재치 있고 교묘하다
* 巧言令色(교언영색) : 아첨하는 말과 행동

差 어긋날 차

- 총획 10획
- 부수 工 장인 공

差자의 아랫부분을 자세히 보면 左(왼 좌)자가 있음을 알 수 있다. 왼손으로 어떤 일을 하면 서투르므로 '**어긋나다, 다르다**'의 뜻이 생긴 것으로 보인다.

➕ 어긋나다 : '기대에 맞지 아니하거나 일정한 기준에서 벗어나다'라는 뜻이다.

* 差異(차이) : 서로 같지 아니하고 다름
* 差等(차등) : 고르거나 가지런하지 않고 차별이 있음

명 冥

冥
어두울 명

총획 10획　**부수** 冖 덮을 멱

'해(日)가 여섯(六) 개라 할지라도 덮어(冖)버리면 어둡게 된다'라는 의미이다.

* 冥想(명상) : 고요히 눈을 감고 깊이 생각함
* 冥福(명복) : 죽은 뒤 저승에서 받는 복

요 腰

腰
허리 요

총획 13획　**부수** 肉(=月) 고기 육

要(요긴할 요)자는 여인(女)이 두 손을 허리에 댄(兩 : 덮을 아) 모습을 나타낸 글자로 원래 '허리'라는 뜻이었으나 후에 '중요하다, 필요하다'의 뜻이 되었다. 그래서 '허리'라는 뜻의 글자를 만들기 위해 要자에 肉(=月)자를 더해 허리 腰자를 만들게 되었다.

* 腰帶(요대) : 허리띠
* 腰痛(요통) : 허리 통증

충 衷

衷
정성 충

총획 10획　**부수** 衣 옷 의

속(中)에 입는 옷(衣)인 내의를 의미했으나 가슴 속 깊이 있는 '**정성된 마음**'이라는 뜻이 파생되었다. 衣가 의미 요소이고 中이 소리 요소이다.

* 衷心(충심) : 가슴 속에서 우러나오는 참된 마음
* 折衷(절충) : 서로 다른 사물이나 의견, 관점 따위를 알맞게 조절하여 서로 잘 어울리게 함

쇠·최 衰

衰
쇠할 쇠/상복 최

총획 10획　**부수** 衣 옷 의

이 글자의 의미 요소는 衣자로 원래의 뜻은 짚으로 만든 우비(雨備)인 '도롱이'였다. 후에 **쇠약하다**의 뜻으로 쓰이게 되었다. 이 글자가 '**상복(喪服)**'이라는 뜻으로 쓰일 때는 '**최**'로 읽어야 한다.

➕ 상복 : 상중에 있는 상제나 복인이 입는 예복을 말한다.

* 衰弱(쇠약) : 힘이 쇠하고 약함
* 斬衰(참최) : 거친 베로 짓되 아랫단을 꿰매지 않고 접는 상복

리 裏

裏
속 리

총획 13획　**부수** 衣 옷 의

'옷의 안, 옷 속'을 의미하는 글자로 衣가 의미 요소이고 里가 소리 요소이다.

* 裏面(이면) : 안쪽 면
* 表裏(표리) : 겉과 속

怖 두려울 포

- **총획** 8획　**부수** 心(=忄) 마음 심

布(베 포)자는 헝겊을 의미하는 글자로 巾이 의미 요소이고 父(아버지 부)가 소리 요소이다. 怖자는 '**마음이 두려운 것**'이므로 心이 의미 요소이고 布가 소리 요소가 된다.

* 恐怖(공포) : 두렵고 무서움
* 怖伏(포복) : 무서워서 엎드림

稀 드물 희

- **총획** 12획　**부수** 禾 벼 화

稀자는 '**벼(禾)의 풍년은 드물게 온다**'라는 의미로 禾가 의미 요소이고 希가 소리 요소이다. 소리 요소로 쓰인 希(바랄 희)자는 爻와 巾이 더해진 글자로 '비단(巾)에 수(爻)를 놓는다'는 의미이다.

* 稀少(희소) : 물건의 수가 매우 적음
* 稀薄(희박) : 밀도나 농도가 짙지 못하고 약함

帶 띠 대

- **총획** 11획　**부수** 巾 수건 건

윗부분은 허리띠와 버클(buckle)이고 ─(덮을 멱)은 '허리를 둘렀다'라는 의미이다. '**천으로 만든 허리띠**'라는 의미로 巾도 포함되었다. 帶자는 '**띠처럼 좁고 긴 지역**'을 의미하기도 한다.

* 革帶(혁대) : 가죽 허리띠
* 熱帶(열대) : 더운 기후의 지역

滯 막힐 체

- **총획** 14획　**부수** 水(=氵) 물 수

'**주머니를 띠(帶)로 묶으면 막히기도 한다**'라는 의미이다. 물이 막힌다는 의미이므로 水가 의미 요소이고 帶가 소리 요소이다.

* 滯症(체증) : 교통이 막히는 현상 혹은 먹은 음식이 소화가 잘 되지 않는 현상
* 停滯(정체) : 사물이 발전하거나 나아가지 못하고 제자리에 머물러 있음

罷 마칠 파

- **총획** 15획　**부수** 网(=罒) 그물 망

能(능할 능)자는 곰을 본뜬 글자이지만 '능하다'의 뜻으로 쓰인다. 참고로 곰은 熊(곰 웅)자를 쓴다. 罷자는 罒(그물 망)자와 能자가 결합된 글자로 '**곰 사냥이 끝났다**'라는 뜻이다.

* 罷業(파업) : 하던 일을 중지함
* 罷免(파면) : 잘못을 저지른 사람에게 임무나 직무를 그만두게 함

Day 36 확인학습

1. 다음 한자의 훈음을 쓰세요.

- 01 糧 _____
- 02 囚 _____
- 03 倒 _____
- 04 廻 _____
- 05 畓 _____
- 06 畜 _____
- 07 蓄 _____
- 08 劃 _____
- 09 畢 _____
- 10 劣 _____
- 11 勵 _____
- 12 巧 _____
- 13 差 _____
- 14 冥 _____
- 15 衰 _____
- 16 裏 _____
- 17 帶 _____
- 18 那 _____
- 19 畏 _____
- 20 腰 _____
- 21 怖 _____

2. 다음 한자의 독음을 쓰세요.

- 01 那落 _____
- 02 敬畏 _____
- 03 腰痛 _____
- 04 衷心 _____
- 05 怖伏 _____
- 06 稀少 _____
- 07 滯症 _____
- 08 罷業 _____
- 09 熱帶 _____
- 10 裏面 _____
- 11 斬衰 _____
- 12 折衷 _____
- 13 冥想 _____
- 14 工巧 _____
- 15 獎勵 _____
- 16 拙劣 _____
- 17 畢生 _____
- 18 企劃 _____
- 19 蓄財 _____
- 20 田畓 _____
- 21 家畜 _____

맞은 개수 ▶ / 63   소요 시간 ▶

3. 알맞은 한자를 쓰세요.

01 어찌 나
02 두려울 외
03 허리 요
04 정성 충
05 두려울 포
06 드물 희
07 막힐 체
08 마칠 파
09 양식 량
10 가둘 수
11 넘어질 도
12 돌아올 회
13 기를 축
14 모을 축
15 그을 획
16 마칠 필
17 논 답
18 못할 렬
19 힘쓸 려
20 공교할 교
21 어긋날 차

보충한자
Day 36

한자	정보	예시
兵 (군사 병)	총획 7획 / 부수 八 / 준4급	兵家(병가) : 고대 중국에서 군사학을 연구하는 사람들로 손무(孫武)와 오기(吳起)가 있음
許 (허락할 허)	총획 11획 / 부수 言 / 4급	許容(허용) : 허락하여 받아들임 允許(윤허) : 임금이 신하의 청을 허락함
具 (갖출 구)	총획 8획 / 부수 八 / 4급	具備(구비) : 있어야 할 것을 빠짐없이 다 갖춤 家具(가구) : 집안 살림에 쓰는 기구
卒 (마칠/군사 졸)	총획 8획 / 부수 十 / 준4급	兵卒(병졸) : 군사(軍士) 卒業(졸업) : 학생이 규정에 따라 교과 과정을 마침
全 (온전 전)	총획 6획 / 부수 入 / 5급	全國(전국) : 온 나라, 나라 전체 完全(완전) : 필요한 것이 모두 갖추어져 있어 모자람이나 흠이 없음
飛 (날 비)	총획 9획 / 부수 飛 / 준3급	飛行(비행) : 공중으로 날아서 감 雄飛(웅비) : 기운차고 용기 있게 활동함
千 (일천 천)	총획 3획 / 부수 十 / 6급	千字文(천자문) : 1천 개의 글자를 실은 책, 옛날에 습자 교재로 쓰였음
非 (아닐 비)	총획 8획 / 부수 非 / 준3급	非理(비리) : 옳은 이치에 어그러짐 是非(시비) : 옳은 것과 그른 것
南 (남녘 남)	총획 9획 / 부수 十 / 8급	南韓(남한) : 대한민국을 북한에 상대하여 부르는 말
舌 (혀 설)	총획 6획 / 부수 舌 / 준3급	舌戰(설전) : 말다툼 長廣舌(장광설) : 길고 줄기차게 잘하는 말솜씨
午 (낮 오)	총획 4획 / 부수 十 / 5급	午時(오시) : 오전 11시부터 오후 1시까지
辛 (매울 신)	총획 7획 / 부수 辛 / 준3급	辛苦(신고) : 괴롭게 애를 씀 辛酸(신산) : 세상살이의 쓰리고 고된 일

8~3급 한자도 함께 체크해 보세요!

酉 닭 유
- 총획 7획 | 부수 酉 | 준3급
- 酉時(유시) : 오후 5시부터 7시까지의 시각
- 酉方(유방) : 24방위의 하나. 서쪽

乙 새 을
- 총획 1획 | 부수 乙 | 준3급
- 乙酉(을유) : 60갑자의 스물두 번째
- 甲乙(갑을) : 갑과 을. 첫째와 둘째

墓 무덤 묘
- 총획 14획 | 부수 土 | 3급
- 省墓(성묘) : 조상의 산소에 가서 인사드리고 산소를 살핌
- 墳墓(분묘) : 무덤

走 달릴 주
- 총획 7획 | 부수 走 | 준3급
- 走行(주행) : 자동차 따위가 달려감
- 走狗(주구) : 남의 앞잡이 노릇을 하는 사람

雖 비록 수
- 총획 17획 | 부수 隹 | 3급
- 雖然(수연) : 비록 그렇다지만
- 弟雖章(제수장) : 용비어천가(龍飛御天歌) 제103장의 이름

辰 별 진/때 신
- 총획 7획 | 부수 辰 | 준3급
- 辰時(진시) : 오전 7시부터 9시까지의 시각
- 日月星辰(일월성신) : 해와 달과 별

瓦 기와 와
- 총획 5획 | 부수 瓦 | 3급
- 瓦當(와당) : 추녀 끝을 덮는 기와
- 靑瓦臺(청와대) : 한국의 대통령이 거처하는 곳

片 조각 편
- 총획 4획 | 부수 片 | 준3급
- 片肉(편육) : 얇게 썬 수육
- 破片(파편) : 깨어진 조각

曰 가로 왈
- 총획 4획 | 부수 曰 | 3급
- 曰梨曰栗(왈리왈률) : 배 놓아라 밤 놓아라 한다는 뜻으로 남의 일에 참견함

戶 집 호
- 총획 4획 | 부수 戶 | 준3급
- 門戶(문호) : 집으로 드나드는 문
- 戶主(호주) : 한 집안의 주인이자 어른이 되는 사람

又 또 우
- 총획 2획 | 부수 又 | 3급
- 日新又日新(일신우일신) : 하루하루 새롭게 또 하루 새롭게 함
- 又況(우황) : 하물며

麥 보리 맥
- 총획 11획 | 부수 麥 | 3급
- 麥芽(맥아) : 보리의 싹
- 麥酒(맥주) : 엿기름에 홉(hop)을 넣어 발효시킨 술

而 말 이을 이
- 총획 6획 | 부수 而 | 3급
- 而立(이립) : 나이 30세
- 似而非(사이비) : 겉보기에 비슷하나 근본적으로는 다름

Day 37
다시 한 번
전주(轉注)에 대해서!

전주(轉注)는 한자를 만드는 방법이 아니라 두 글자 사이의 관계를 말합니다. 전주의 전(轉)자는 '굴리다, 변화하다'의 뜻이고, 주(注)자는 '물을 붓다'라는 뜻으로 '주해하다, 뜻을 풀어 밝히다'라는 의미를 나타냅니다. 이제 전주에 대한 가장 설득력 있는 견해를 소개하고자 합니다. 우리가 '희다'의 의미로 알고 있는 白자는 원래 '잣'을 뜻하는 글자였습니다. 그런데 후에 白자는 '희다'의 뜻으로 가차되어 쓰이기 시작합니다. 그래서 白의 원래 뜻인 '잣'의 의미를 보존하기 위해 木자를 옆에 두어 柏(잣나무 백)자를 만들게 됩니다. 여기에서 '잣'이라고 하는 白자의 뜻이 柏자로 변화된 것입니다(轉). 때문에 柏(잣나무 백)자는 白(흰 백)자의 원래의 뜻(잣)을 주해(注)하고 있으며 뜻을 쉽게 풀어 밝혀주고(注) 있습니다. 즉 白자는 본자(本字)가 되고 柏은 전주자가 되는 것입니다. 白과 柏은 의미가 같고(잣), 음이 같으며(백), 모양도 비슷합니다. 전주자인 柏은 본자인 白을 注(주해하고 뜻을 밝힘)할 수 있지만 본자인 白은 전주자인 柏을 注할 수 없습니다.

전주는 선전후주(先轉後注)가 원칙이기 때문에 가차(假借)와 인신(引伸 : 파생)이 일어난 이후 생겨난 현상이라 볼 수 있습니다. 孰(누구 숙)자 역시 이에 해당하는 글자입니다. 원래는 '익다'의 뜻이었으나 나중에 '누구'라는 뜻으로 가차되자 '익다'의 뜻을 보존하기 위해 孰자 아래에 火를 더해 熟(익을 숙)자를 만들게 되었습니다. 음식을 익히려면 불로 익혀야 하기 때문입니다. 孰과 熟의 관계는 孰자가 본자이고 熟은 전주자가 됩니다. 이 모두가 전주자의 예에 해당됩니다.

幻 허깨비 환

총획 4획　**부수** 幺 작을 요

오른쪽은 力자를 쓰다만 모양으로 '힘(力)이 작고(幺) 없어서 허깨비가 보인다'라는 의미이다.

➕ 허깨비 : 기(氣)가 허하여 눈앞에 있지 않은 것이 있는 것처럼 보이는 것을 말한다.

* 幻影(환영) : 없는 것이 있는 것처럼 보이는 것
* 幻滅(환멸) : 꿈이나 기대가 깨짐. 그리고 그때 느끼는 괴로운 감정

率 거느릴 솔/비율 률

총획 11획　**부수** 玄 검을 현

새를 잡는 그물을 본뜬 글자이다. 여러 마리를 잡으므로 '거느리다'의 뜻이 되었다. 비율의 뜻에서는 '률'로 읽는다.

* 統率(통솔) : 무리를 거느려 다스림
* 比率(비율) : 다른 수나 양에 대한 어떤 수나 양의 비(比)

系 이어맬 계

총획 7획　**부수** 糸 실 사

실을 감아 놓은 타래와 실의 끝 모양을 본뜬 글자로 '손(丿)으로 실(糸)을 가져와 묶는다'라는 의미를 나타낸다.

* 直系(직계) : 혈연이 친자 관계에 의하여 직접적으로 이어져 있는 계통
* 系統(계통) : 일정한 체계에 따라 서로 관련되어 있는 부분들의 통일적 조직

係 맬 계

총획 9획　**부수** 人(=亻) 사람 인

'사람(人)이 실을 묶었다(系)'라는 의미를 나타낸다. 人이 의미 요소이고 系가 소리 요소이다.

* 關係(관계) : 둘 이상의 사람, 현상 따위가 서로 관련을 맺거나 관련이 있음
* 係員(계원) : 계 단위의 부서에서 일하는 사람

綿 솜 면

총획 14획　**부수** 糸 실 사

'실(糸)처럼 하얗고(白) 비단(巾)처럼 포근한 솜'을 나타내는 글자이다.

* 綿密(면밀) : 자세하고 빈틈 없음
* 綿織(면직) : 목화솜으로 짠 피륙

견 絹

絹 비단 견

- 총획 13획
- 부수 糸 실 사

'누에(肙)로부터 얻은 실(糸)로 비단을 짜다'라는 의미로 肙(누에 견)자가 소리 요소로 쓰인다.

* 絹織物(견직물) : 명주실로 짠 물건의 통칭
* 絹絲(견사) : 누에고치와 실

계 繫

繫 얽어맬 계

- 총획 19획
- 부수 糸 실 사

擊(칠 격)자에서도 봤듯이 糸의 윗부분은 창(殳)에 맞아 쓰러진 군사(軍)를 나타낸다. 따라서 繫자는 '그 쓰러진 군사를 밧줄(糸)로 꽉 묶는다'라는 의미이다.

⊕ 얽어매다 : '(끈이나 줄 따위로) 얽어서 동여 묶다'라는 뜻이다.

* 連繫(연계) : 어떤 일이나 사람과 관련하여 관계를 맺음
* 繫留(계류) : 어떤 사건이 해결되지 않고 걸려 있음

루 累

累 묶을/여러 루

- 총획 11획
- 부수 糸 실 사

'밭(田)에 있는 농작물을 끈(糸)으로 여러 묶음 묶어 놓았다'라는 의미이다.

* 累卵之危(누란지위) : 층층이 쌓아 놓은 알의 위태로움이라는 뜻으로, 몹시 아슬아슬한 위기를 비유적으로 이르는 말
* 連累(연루) : 남이 저지른 범죄에 연관됨

연 緣

緣 인연 연

- 총획 15획
- 부수 糸 실 사

이 글자의 의미 요소는 糸로 원래는 '옷 가장자리의 장식'을 의미했으나, '**인연**'의 뜻으로 가차되어 쓰인다.

* 因緣(인연) : 사람들 사이에 맺어진 관계
* 緣故(연고) : 혈통, 정분, 법률 따위로 맺어진 관계

총 總

總 다/묶을 총

- 총획 17획
- 부수 糸 실 사

糸가 의미 요소, 悤(바쁠 총)이 소리 요소로 원래의 뜻은 '**모아서 묶다**'이다. 후에 '**모두, 다**'의 뜻이 파생되었다.

* 總括(총괄) : 개별적인 여러 가지를 한데 모아서 묶음
* 總角(총각) : 결혼하지 않은 성인 남자

索 찾을 색/동아줄 삭

총획 10획   **부수** 糸 실 사

'다른 물건에 의해 **열**(十) **겹으로 덮여 있는**(冖) **실**(糸)**을 찾는다**'라는 의미이다. 이 글자가 '**동아줄, 노끈**' 등의 뜻으로 사용되면 '**삭**'으로 읽어야 한다.

➕ 동아줄 : 굵고 튼튼하게 꼰 줄을 말한다.

* 搜索(수색) : 구석구석 뒤지어 찾음
* 索引(색인) : 책의 내용 중 중요한 단어나 항목을 쉽게 찾아볼 수 있도록 정리한 부분

縣 고을 현

총획 16획   **부수** 糸 실 사

系의 왼쪽에 있는 글자는 首(머리 수)를 거꾸로 쓴 것으로 '죄수의 머리(首)를 베어 끈으로 묶어(系) 매달아 놓은 것'을 의미하였는데, 후에 '**행정 구역 단위**'를 나타내는 글자로 쓰이게 되었다.

* 郡縣(군현) : 옛날 행정 제도에서 군(郡)과 현(縣)을 아울러 이르는 말
* 縣令(현령) : 지방 행정 단위인 현(縣)을 다스리던 벼슬아치

懸 매달 현

총획 20획   **부수** 心 마음 심

縣이 원래 '매달다'의 뜻이었는데, 다른 뜻으로 쓰이자 縣에 心을 붙여 고유의 뜻을 유지했다. '縣의 **엽기적인 모습이 마음**(心) **속에 매달린 듯 떠오른다**'라는 의미이다.

* 懸案(현안) : 이전부터 의논하여 오면서 해결되지 않은 채 남아 있는 문제나 의안
* 懸垂幕(현수막) : 선전문, 구호문 따위를 적어 걸어 놓은 막

配 짝 배

총획 10획   **부수** 酉 닭 유

'**술**(酉)**을 마실 때는 자기**(自己) **혼자 마시지 말고 짝꿍과 함께 마시라**'는 의미를 나타낸다.

* 配偶者(배우자) : 부부의 한쪽에서 본 다른 쪽
* 按配(안배) : 알맞게 잘 처리하거나 배치함

醜 추할 추

총획 17획   **부수** 酉 닭 유

'**귀신**(鬼)**이 술**(酉)**을 마시고 추한 행동을 한다**'라는 의미이다.

* 醜行(추행) : 더럽고 지저분한 행동
* 美醜(미추) : 아름다움과 추함

울 鬱

鬱 답답할 울

총획 29획　**부수** 鬯 울창주 창

鬱자를 잘 보면 林자가 보인다. '**숲 속에 나무가 빽빽하여 답답하다**'라는 의미이다.

* 鬱蒼(울창) : 나무가 빽빽하게 우거지고 푸르다
* 鬱陵島(울릉도) : 동해 바다에 있는 섬

서 瑞

瑞 상서로울 서

총획 13획　**부수** 玉(=王) 구슬 옥

瑞자는 고대 중국의 옥장식을 총칭하는 글자였다. 玉은 매우 진귀한 보배였으므로 **상서롭다**의 뜻이 되었다.

➕ 상서롭다 : '복되고 길한 일이 일어날 조짐이 있다'라는 뜻이다.

* 瑞榮(서영) : 매우 상서롭고 영화로운 상태
* 瑞玉(서옥) : 상서로운 구슬

탁 琢

琢 쪼을 탁

총획 12획　**부수** 玉(=王) 구슬 옥

琢자는 '**옥을 쪼고 다듬는다**'라는 의미로 玉이 의미 요소이고 豖(다리 묶은 돼지 탁)이 소리 요소이다.

➕ 쪼다 : '뾰족한 끝으로 쳐서 찍다'라는 뜻이다.

* 切磋琢磨(절차탁마) : 부지런히 학문과 덕행을 닦음을 이르는 말
* 彫琢(조탁) : 보석 따위를 새기거나 쪼는 일

환 環
환 還

環 고리 환

총획 17획　**부수** 玉(=王) 구슬 옥

環자는 '**옷(衣)에 매달린 둥근 옥(玉)고리**'를 의미하는 글자이다. 여기에 쓰인 睘(놀라며 볼 경)자는 目과 衣가 결합된 글자로 '놀라며 옷을 본다'라는 의미이다.

* 循環(순환) : 주기적으로 되풀이하여 돌다
* 花環(화환) : 꽃으로 둥글게 만든 물건

還 돌아올 환

총획 17획　**부수** 辵(=辶) 쉬엄쉬엄 갈 착

'**길을 걷다가(辶) 둥글게(環) 돌아 다시 돌아온다**'라는 의미를 나타내며 辶이 의미 요소이고 環의 생략형인 睘이 소리 요소이다.

* 返還(반환) : 빌리거나 차지했던 것을 되돌려 줌
* 歸還(귀환) : 다른 곳으로 떠났던 사람이 원래의 곳으로 돌아옴

	진 珍
	진 診

珍
보배 진

- 총획 9획　부수 玉(=王) 구슬 옥
- '사람(人)이 모양(彡)을 내기 위해 진귀한 옥(玉)으로 꾸민다'라는 뜻이다.
- ➕ 보배 : 아주 귀하고 소중한 사람이나 물건을 말한다.
- ＊ 珍貴(진귀) : 보배롭고 보기 드물게 귀한 물건
- ＊ 珍珠(진주) : 조개의 살에 생기는 딱딱하고 둥근 물건

診
진찰할 진

- 총획 12획　부수 言 말씀 언
- '의사가 환자(人)의 모습(彡)을 보고 이야기(言)하며 진찰하다'라는 의미이다.
- ＊ 診察(진찰) : 환자에게 어떤 병이 있는지 살핌
- ＊ 檢診(검진) : 아픈 사람의 신체에 어떤 병이 있는지 검사하고 진찰함

기 飢

飢
주릴 기

- 총획 11획　부수 食 밥/먹을 식
- 几(안석 궤)자는 책상을 본뜬 글자이고, 飢자는 '굶주린다'라는 의미이므로 食이 의미 요소이고 几가 소리 요소이다. '밥상(几)에 아무것도 없어서 굶었다'로 외우면 기억하기 쉽다.
- ➕ 주리다 : '제대로 먹지 못하여 배를 곯다'라는 뜻이다.
- ＊ 飢餓(기아) : 굶주림
- ＊ 飢渴(기갈) : 배가 고프고 목이 마름

식 飾

飾
꾸밀 식

- 총획 14획　부수 食 밥/먹을 식
- '사람(人)이 먹고(食) 살만하니까 비단(巾)으로 자신을 꾸민다'라는 의미를 나타낸다.
- ＊ 裝飾(장식) : 옷이나 액세서리 따위로 치장함
- ＊ 修飾(수식) : 보기 좋게 꾸밈

도 盜

盜
도둑 도

- 총획 12획　부수 皿 그릇 명
- '어떤 사람이 입 벌려(欠) 침(氵)을 흘리면서 남의 그릇(皿)에 있는 음식을 탐내다'라는 의미로 '도둑, 훔치다'의 뜻을 나타낸다.
- ＊ 盜賊(도적) : 남의 물건을 훔치는 사람
- ＊ 竊盜(절도) : 훔치다

> 쉬어가요~
> '제 배가 부르면 종 배고픈 줄 모른다'를 한문으로?
> 답 : 我腹旣飽, 不察奴飢 (아복기포, 불찰노기)

Day 37 다시 한 번 전주(轉注)에 대해서! ▶ 389

Day 37 확인학습

1. 다음 한자의 훈음을 쓰세요.

- 01 率 _____
- 02 系 _____
- 03 係 _____
- 04 累 _____
- 05 緣 _____
- 06 總 _____
- 07 索 _____
- 08 配 _____
- 09 環 _____
- 10 珍 _____
- 11 飾 _____
- 12 盜 _____
- 13 幻 _____
- 14 綿 _____
- 15 絹 _____
- 16 繫 _____
- 17 縣 _____
- 18 懸 _____
- 19 醜 _____
- 20 鬱 _____
- 21 瑞 _____

2. 다음 한자의 독음을 쓰세요.

- 01 幻影 _____
- 02 綿密 _____
- 03 花環 _____
- 04 連繫 _____
- 05 縣令 _____
- 06 關係 _____
- 07 醜行 _____
- 08 鬱蒼 _____
- 09 瑞榮 _____
- 10 診察 _____
- 11 因緣 _____
- 12 總括 _____
- 13 索引 _____
- 14 懸案 _____
- 15 按配 _____
- 16 美醜 _____
- 17 彫琢 _____
- 18 絹織物 _____
- 19 歸還 _____
- 20 珍貴 _____
- 21 累卵之危 _____

맞은 개수 ▶ / 63   소요 시간 ▶

3. 알맞은 한자를 쓰세요.

01 허깨비 환
02 솜 면
03 비단 견
04 얽어맬 계
05 고을 현
06 매달 현
07 추할 추
08 답답할 울
09 상서로울 서
10 거느릴 솔
11 진찰할 진
12 이어맬 계
13 묶을 루
14 인연 연
15 다 총
16 찾을 색
17 짝 배
18 고리 환
19 보배 진
20 꾸밀 식
21 도둑 도

Day 37 다시 한 번 전주(轉注)에 대해서! ▶ 391

Day 37 보충한자

皮 가죽 피	총획 2획 · 부수 皮 · 3급 皮匠(피장) : 가죽으로 물건을 만드는 사람 皮革(피혁) : 날가죽과 무두질한 가죽의 총칭	月 달 월	총획 4획 · 부수 月 · 8급 月給(월급) : 다달이 받는 봉급 月光(월광) : 달에서 비쳐 오는 빛
虎 범 호	총획 8획 · 부수 虎 · 3급 虎班(호반) : 무신(武臣)의 반열(班列) 猛虎(맹호) : 사나운 호랑이	二 두 이	총획 2획 · 부수 二 · 8급 十二支(십이지) : 열두 개의 띠, 쥐띠·소띠 등 二重(이중) : 두 겹
門 문 문	총획 8획 · 부수 門 · 8급 專門(전문) : 한 가지의 학문이나 일에 전적으로 전심함 門徒(문도) : 스승의 가르침을 받는 사람	人 사람 인	총획 2획 · 부수 人 · 8급 人間(인간) : 사람, 사람이 사는 곳 異人(이인) : 비범한 사람
父 아버지 부	총획 4획 · 부수 父 · 8급 師父(사부) : 스승을 높이어 일컫는 말 先父君(선부군) : 돌아가신 아버지의 높임말	日 날 일	총획 4획 · 부수 日 · 8급 日程(일정) : 그날에 할 일 日就月將(일취월장) : 날마다 달마다 발전함
水 물 수	총획 4획 · 부수 水 · 8급 洪水(홍수) : 비가 많이 와서 하천이 넘치는 현상	一 한 일	총획 1획 · 부수 一 · 8급 一旦(일단) : 하루아침 一字無識(일자무식) : 한 글자도 알지 못함
十 열 십	총획 2획 · 부수 十 · 8급 十常(십상) : 십상팔구(十常八九)의 준말 聞一知十(문일지십) : 하나를 들으면 열을 안다는 뜻, 총명함	子 아들 자	총획 3획 · 부수 子 · 8급 子息(자식) : 아들과 딸의 총칭 孫子(손자) : 아들이 낳은 아들

> 8~3급 한자도 함께 체크해 보세요!

土 흙 토
- 총획 3획 | 부수 土 | 8급
- 國土(국토) : 나라의 영토
- 土地(토지) : 땅과 흙, 논밭, 집터

八 여덟 팔
- 총획 2획 | 부수 八 | 8급
- 八字(팔자) : 사람의 한평생의 운수
- 八達(팔달) : 길이 여덟 방향으로 통하여 있음

山 메 산
- 총획 3획 | 부수 山 | 7급
- 山脈(산맥) : 여러 산악이 잇달아 길게 뻗친 줄기
- 因山(인산) : 왕과 왕비의 장례

火 불 화
- 총획 4획 | 부수 火 | 8급
- 鎭火(진화) : 화재를 진압함
- 戰火(전화) : '전쟁'과 비슷한 말

小 작을 소
- 총획 3획 | 부수 小 | 7급
- 小人(소인) : 간사하고 도량이 좁은 사람
- 小學(소학) : 고대 중국에서, 소년들에 대한 초등교육

口 입 구
- 총획 3획 | 부수 口 | 7급
- 人口(인구) : 한 나라 일정 지역에 사는 사람의 총수
- 家口(가구) : 집안 식구

手 손 수
- 총획 4획 | 부수 手 | 7급
- 名手(명수) : 기능·솜씨가 뛰어난 사람
- 手段(수단) : 어떤 목적을 이루기 위한 방도

大 큰 대
- 총획 3획 | 부수 大 | 7급
- 大學(대학) : 국가와 인류의 발전을 위해 연구하는 최고 단계의 학교
- 大人(대인) : 높은 지위에 있는 사람

入 들 입
- 총획 2획 | 부수 入 | 7급
- 入札(입찰) : 계약을 체결할 때 희망자에게 낙찰 희망가격을 제출하게 하는 것

目 눈 목
- 총획 5획 | 부수 目 | 7급
- 目擊(목격) : 직접 자기의 눈으로 봄
- 目標(목표) : 목적을 이루기 위해 실제적 대상으로 삼는 것

足 발 족
- 총획 7획 | 부수 足 | 7급
- 滿足(만족) : 마음에 흡족함
- 手足(수족) : 손과 발

白 흰 백
- 총획 5획 | 부수 白 | 7급
- 告白(고백) : 생각한 바를 솔직하게 말함
- 白頭山(백두산) : 함경도에 있는 우리나라 제일의 산

青 푸를 청
- 총획 8획 | 부수 青 | 7급
- 青丘(청구) : 예전에, 중국에서 우리나라를 이르던 말
- 青天(청천) : 푸른 하늘

Day 38
彳은 사람 인(亻)자 두 개가 겹쳐진 글자가 아니에요

오늘 배울 한자 중에 彳(길/걸을 척)자와 관련된 글자들이 있습니다. 彳자는 行(다닐 행)자의 왼쪽만 쓴 것으로 '길'과 관련된 글자입니다. 彳자를 지금도 많은 사람들이 '두인변'이라고 부르고 宀(집 면)자를 '갓머리'라고 부르며 冫(얼음 빙)자를 '이수변'이라 부르고 있습니다. 이러한 명칭은 조선 시대 때 서당에서 어린 학동들에게 부수를 빨리 습득시키기 위한 하나의 방편으로 생각됩니다.

부수도 하나의 한자입니다. 따라서 그 나름의 형태가 있고 소리가 있으며 뜻을 담고 있습니다(예외적인 글자도 있기는 합니다). 때문에 형태가 아무리 간단한 글자라도 소리와 뜻이 있으면 그대로 불러줘야 한다는 것이 필자의 생각입니다. 行자는 사거리를 본뜬 글자로 갑골 문자는 ㅤ입니다. 行자의 오른쪽을 생략하고 왼쪽만 쓴 것이 彳이며 이 역시 '길'의 뜻을 갖고 있습니다. 宀자는 家자의 갑골 문자인 ㅤ를 보면 알 수 있듯이 집을 본뜬 글자이지 '갓'과는 아무런 관계가 없는 글자입니다. 따라서 宀은 '집 면'이라고 해야 합니다. 冫자는 冰(얼음 빙)의 초문(初文 : 초기의 글자)으로 후에 冫의 오른쪽에 의미를 강화하기 위해 水가 더해져 冰자가 된 것입니다. 따라서 冫은 '얼음 빙'이라 해야 합니다. 攵자는 文(글월 문)자와 닮아 '등글월 문'으로 불리고 있으나 손에 작대기를 들고 있는 모습을 나타내고 있으므로 '칠 복'자라고 해야 합니다. 厶자는 마늘을 닮았다고 해서 '마늘 모'라고 불리고 있으나 이 글자는 私의 초문으로 '사사로울 사'로 읽어야 합니다. 扌자는 '재방변'으로 불리고 있으나 手의 변형이므로 '손 수'라고 해야 맞습니다. 잘못 알려진 부수는 그 부수가 들어간 한자의 뜻을 잘못 알려줄 가능성이 있기 때문에 부수도 하나의 글자인 만큼 자신의 뜻과 소리로 읽어주어야 합니다.

旋
돌 선

총획 11획 　 부수 方 모 **방**

疋(발 소)자와 㫃(깃발 언)자의 결합으로 **군사들이 달리며(疋) 깃발(㫃)을 돌린다**'라는 의미이다.

* 旋盤(선반) : 금속을 회전시켜 가공하는 기계
* 旋律(선율) : 음악의 가락

弘
클 홍

총획 5획 　 부수 弓 활 **궁**

弓자와 厶(사사로울 사)자의 결합으로 厶는 쟁기를 본뜬 글자이다. '**활(弓)이 쟁기(厶)만큼 크다**'라는 의미를 나타낸다.

* 弘益人間(홍익인간) : 단군(檀君)의 건국 이념으로 널리 세상을 이롭게 한다는 뜻
* 弘報(홍보) : 널리 알리는 것

弔
조상할 조

총획 4획 　 부수 弓 활 **궁**

'**활(弓)에 화살(丨)을 먹여 무덤을 지킨다**'라는 의미를 나타낸다.

* 弔喪(조상) : 남의 죽음에 대하여 슬퍼하는 뜻을 드러냄
* 謹弔(근조) : 사람의 죽음에 대하여 삼가 슬픈 마음을 나타냄

臺
대 대

총획 14획 　 부수 至 이를 **지**

'**선비(士)들이 이야기(口)하며 꼭대기가 평평한(冖) 건물에 이르렀다(至)**'라고 외우면 쉽다.

➕ 대 : 꼭대기가 평평한 높은 건물을 말한다.

* 土臺(토대) : 모든 건조물 따위의 가장 아랫도리가 되는 밑바탕
* 舞臺(무대) : 춤이나 연극을 위해 마련된 곳

刺
찌를 자/척

총획 8획 　 부수 刀(=刂) 칼 **도**

刺자는 '**가시(朿)와 칼(刀)의 공통점은 찌를 수 있다**'라는 의미로 여기에 쓰인 朿(가시 자)자는 나무(木)를 덮고(冖)있는 가시를 나타낸다.

* 刺傷(자상) : 찔려 생긴 상처
* 刺殺(척살) : 찔러서 살해함

책 策

총획 12획　**부수** 竹 대나무 죽

꾀 책

이 글자는 원래 대나무로 만든 채찍을 의미했다. **채찍**으로 **말(馬)을 때리는 것**도 말을 달리게 하는 방법이므로 '꾀'라는 뜻이 나왔다. 竹이 의미 요소이고 朿가 소리 요소이다.

➕ 꾀다 : '그럴듯한 말이나 행동으로 남을 속이거나 부추겨서 자기 생각대로 끌다'라는 뜻이다.

* 策略(책략) : 어떤 일을 꾸미고 이루어 나가는 교묘한 방법
* 計策(계책) : 일을 이루기 위해 생각을 짜냄

극 劇

총획 15획　**부수** 刀(=刂) 칼 도

심할 극

'**호랑이(虍)와 멧돼지(豕)가 칼(刀)을 들고 심하게 싸우다**'라는 의미를 나타내는 글자이다.

* 演劇(연극) : 배우가 각본에 따라 연기하는 무대 예술
* 劇場(극장) : 연극이 공연되는 곳

쇄 刷

총획 8획　**부수** 刀(=刂) 칼 도

인쇄할 쇄

尸(주검 시)자는 '사람'을 의미라는 글자이다. '**사람(尸)이 나무판을 수건(巾)으로 닦고 칼(刀)로 글씨를 새겨 인쇄하다**'라는 의미이다.

* 印刷(인쇄) : 판면(版面)에 그려져 있는 글이나 그림 따위를 종이, 천 따위에 박아 냄
* 刷新(쇄신) : 폐단이나 낡은 것을 버리고 새롭게 함

찰 刹

총획 8획　**부수** 刀(=刂) 칼 도

절 찰

'**나무(木)를 칼(刀)로 깎아 기둥을 세우다**'라는 의미였으나 후에 '절'의 뜻이 생겼다.

* 刹那(찰나) : 매우 짧은 시간
* 寺刹(사찰) : 절

척 斥

총획 5획　**부수** 斤 도끼 근

물리칠 척

'**도끼(斤)로 적군을 찍어(ヽ) 물리치다**'라는 의미를 나타낸다.

* 斥倭(척왜) : 왜군을 물리침
* 斥邪(척사) : 사악한 것을 물리침

> **쉬어가요~**
> '윗물이 맑아야 아랫물이 맑다'를 한문으로?
> 답 : 水注於頂, 流歸于足(수주어정, 류귀우족)

斯 이 사

총획 12획　**부수** 斤 도끼 근

其자는 농기구인 '키'를 본뜬 글자이고 斤자는 도끼를 의미하는 글자이다. 두 물건은 자주 쓰이던 것이므로 몸 가까운 곳에 두었다. 그래서 '**이것**'이라는 뜻이 생겼다.

* 斯界(사계) : 해당되는 분야
* 斯文亂賊(사문난적) : 성리학에서 교리를 어지럽히고 사상에 어긋나는 언행을 하는 사람

械 기계 계

총획 11획　**부수** 木 나무 목

戒(경계할 계)자는 '두 손(廾)으로 창(戈)을 들고 적이 오는지 경계하는 것'을 의미한다. **옛날의 기계는 나무로 만들었으므로** 木이 의미 요소이고 戒가 소리 요소이다.

* 機械(기계) : 동력을 써서 움직이거나 일을 하는 장치
* 兵械(병계) : 전쟁에 쓰이는 기구

餓 주릴 아

총획 16획　**부수** 食 밥/먹을 식

我(나 아)자는 톱니가 달린 창(戈)을 의미했으나 나중에 '나'라는 뜻으로 가차되었다. '**주리는 것은 밥을 못 먹는 것**'이므로 食이 의미 요소이고 我가 소리 요소이다.

* 飢餓(기아) : 굶주림
* 餓鬼(아귀) : 염치 없이 먹을 것을 탐내는 사람을 이르는 말

豈 어찌 기

총획 10획　**부수** 豆 콩 두

豈자는 豆(콩 두)자와 마찬가지로 제사용 그릇을 본뜬 글자였으나 '**어찌**'라는 의문사로 가차되어 쓰이고 있다.

* 豈敢毁傷(기감훼상) : 부모님께서 낳아주신 몸을 어찌 훼손할 수 있겠는가
* 豈不(기불) : 어찌 ~하지 않으랴

辭 말씀 사

총획 19획　**부수** 辛 매울 신

亂(어지러울 란)자에서 보았듯이 𤔔(다스릴 란)자는 실(糸)을 두 손(爪, 又)으로 실패에 감는 모습이다. 따라서 辭자는 '**법정(辛 : 형벌 도구)에서 조리 있게(𤔔) 진술하는 이야기**'를 의미하는 글자이다.

* 辭典(사전) : 단어를 해설해 놓은 책
* 祝辭(축사) : 축하의 뜻을 나타내는 말이나 글

변 辨
변 辯

辨 분별할 변
- 총획 16획
- 부수 辛 매울 신

辛, 刂자는 형벌 도구로 '형벌 도구가 많은 **법정**(辛, 刂, 辛)**에서는 범인을 잘 분별하고 살펴서 잡아야 한다**'라는 의미를 나타낸다.

* 辨別(변별) : 사물의 옳고 그름이나 좋고 나쁨을 가림
* 辨濟(변제) : 빚을 갚는 것

辯 말 잘할 변
- 총획 21획
- 부수 辛 매울 신

'형벌 도구(辛)가 있는 곳에서는 말(言)을 조리 있게 잘 해야 한다'라는 의미이다.

* 辯護士(변호사) : 소송 당사자나 관계인의 의뢰에 따라 피고나 원고를 변론하며 법률에 관한 업무에 종사하는 사람
* 辯論(변론) : 사리를 밝혀 옳고 그름을 따짐

연 軟

軟 부드러울 연
- 총획 11획
- 부수 車 수레 거/차

欠자는 입을 벌린 사람이다. '차(車)가 사람과 부딪쳐서 사람이 입을 벌려(欠) 소리지르지만 차(車)는 부드럽게 밀고 지나간다'라는 의미이다.

* 硬軟(경연) : 단단함과 부드러움
* 柔軟(유연) : 부드럽고 연함

궤 軌

軌 굴대 궤
- 총획 9획
- 부수 車 수레 거/차

굴대는 수레바퀴 한 가운데 뚫린 구멍에 끼우는 긴 막대를 말한다. 따라서 車자가 의미 요소이고 九자가 소리 요소이다. 같은 뜻의 글자로는 軸(굴대 축)자가 있다.

* 軌道(궤도) : 수레가 지나간 바퀴 자국이 난 길
* 軌跡(궤적) : 어떠한 일을 이루어 온 과정이나 흔적

집 輯

輯 모을 집
- 총획 16획
- 부수 車 수레 거/차

'기술자들이 서로 말(口)하고 들으며(耳) 부품을 모아 수레(車)를 만든다'라는 의미를 나타낸다.

* 編輯(편집) : 일정한 방침 아래 여러 가지 재료를 모아 신문, 책 따위를 만드는 일
* 輯錄(집록) : 여러 책에서 모아져 기록됨

쉬어가요~

'오르지 못할 나무는 쳐다보지 마라'를 한문으로?
답 : 難上之木, 勿仰(난상지목, 물앙)

衡
저울 형

형 衡

- 총획 16획　부수 行 다닐 행

길(行), 뿔(角), 大자가 결합된 글자로 '길을 갈 때 소의 뿔에 긴(大) 막대를 대 놓는다'라는 의미를 나타내는 글자이다. 후에 '**평형, 저울**' 등의 뜻이 가차되었다.

* 均衡(균형) : 어느 한쪽으로 기울거나 치우치지 않고 고른 상태
* 度量衡(도량형) : 길이, 부피, 무게 따위의 단위를 재는 법

役
부릴 역

역 役
역 疫

- 총획 7획　부수 彳 길/걸을 척

'**병사**들이 **창**(殳)을 들고 **간다**(彳)'라는 의미이므로 '**병역, 부역**'과 관련된 글자이다.

* 役割(역할) : 자기가 지키고 해야 할 직무나 업무
* 兵役(병역) : 국민으로서 해야 할 군사적 의무

疫
전염병 역

- 총획 9획　부수 疒 병들 녁

'**창**(殳) 맞은 부분이 **병**(疒)이 되어 **전염**을 **시킨다**'라는 의미이다.

* 疫疾(역질) : 전염병
* 疫神(역신) : 천연두를 맡았다고 하는 신

御
어거할 어

어 御

- 총획 11획　부수 彳 길/걸을 척

彳(길), 午(고삐), 卩(사람)으로 이루어진 글자로 '**사람이 소나 말을 끌고 길을 간다**'라는 의미이다.

➕ 어거하다 : 소나 말을 몰고 가다라는 뜻이다.

* 御命(어명) : 임금의 명령
* 制御(제어) : 상대편을 억눌러서 제 마음대로 다룸

微
작을 미

미 微

- 총획 13획　부수 彳 길/걸을 척

彳, 長(긴 머리의 노인), 攵(칠 복)자의 결합으로 고대에는 **늙은이**(長)의 **머리**를 **몽둥이**로 **내리쳐**(攵) **죽음에 빨리 이르도록 하는 의식**이 있었다고 한다. 목숨이 작게 남아 있으므로 '**작다**'의 뜻이 되었다.

* 細微(세미) : 매우 가늘고 작음
* 微妙(미묘) : 뚜렷하지 않고 야릇하고 묘함

Day 38 확인학습

1. 다음 한자의 훈음을 쓰세요.

- 01 弘 _____
- 02 弔 _____
- 03 臺 _____
- 04 策 _____
- 05 劇 _____
- 06 刷 _____
- 07 斯 _____
- 08 械 _____
- 09 餓 _____
- 10 辭 _____
- 11 辨 _____
- 12 辯 _____
- 13 役 _____
- 14 微 _____
- 15 旋 _____
- 16 刺 _____
- 17 刹 _____
- 18 斥 _____
- 19 豈 _____
- 20 軟 _____
- 21 軌 _____

2. 다음 한자의 독음을 쓰세요.

- 01 旋律 _____
- 02 刺傷 _____
- 03 土臺 _____
- 04 寺刹 _____
- 05 排斥 _____
- 06 餓鬼 _____
- 07 硬軟 _____
- 08 軌跡 _____
- 09 輯錄 _____
- 10 均衡 _____
- 11 疫疾 _____
- 12 御命 _____
- 13 弘報 _____
- 14 弔喪 _____
- 15 微妙 _____
- 16 兵役 _____
- 17 斥倭 _____
- 18 辯論 _____
- 19 辨別 _____
- 20 辭典 _____
- 21 豈敢毀傷 _____

맞은 개수 ▶ / 63   소요 시간 ▶

3. 알맞은 한자를 쓰세요.

01 돌 선
02 찌를 자
03 절 찰

04 물리칠 척
05 어찌 기
06 부드러울 연

07 굴대 궤
08 모을 집
09 저울 형

10 전염병 역
11 어거할 어
12 클 홍

13 조상할 조
14 대 대
15 꾀 책

16 인쇄할 쇄
17 이 사
18 기계 계

19 주릴 아
20 말씀 사
21 분별할 변

Day 38 보충한자

犬 개 견	총획 4획 부수 犬 6급 犬公(견공) : '개'를 의인화하여 높여 이르는 말 忠犬(충견) : 주인에게 충성스러운 개	

犬 개 견	총획 4획　부수 犬　6급 犬公(견공) : '개'를 의인화하여 높여 이르는 말 忠犬(충견) : 주인에게 충성스러운 개
馬 말 마	총획 10획　부수 馬　6급 犬馬(견마) : 개와 말을 아울러 이르는 말 出馬(출마) : 선거에 입후보함
生 날 생	총획 5획　부수 生　6급 生日(생일) : 태어난 날 一生(일생) : 한평생
石 돌 석	총획 5획　부수 石　6급 石火(석화) : 매우 빠름을 이르는 말 巖石(암석) : 부피가 썩 큰 돌
心 마음 심	총획 4획　부수 心　6급 良心(양심) : 사람이 가져야 할 착한 마음 黑心(흑심) : 옳지 않은 욕심이 있는 마음
羊 양 양	총획 6획　부수 羊　6급 羊乳(양유) : 양의 젖 白羊(백양) : 털빛이 흰 양
魚 물고기 어	총획 11획　부수 魚　6급 魚網(어망) : 물고기를 잡는 그물 養魚(양어) : 물고기를 번식시킴
玉 구슬 옥	총획 5획　부수 玉　6급 玉石(옥석) : 옥과 돌, 좋은 것과 나쁜 것 玉篇(옥편) : 한자의 뜻을 설명한 책, 자전(字典)
牛 소 우	총획 4획　부수 牛　6급 牛肉(우육) : 쇠고기 牛耳讀經(우이독경) : 쇠귀에 경 읽기
耳 귀 이	총획 6획　부수 耳　6급 耳目(이목) : 귀와 눈, 남들의 주의(主義) 耳順(이순) : 60세의 나이
川 내 천	총획 3획　부수 川　6급 河川(하천) : 강과 시내 川流不息(천류불식) : 물은 흘러 쉬지 아니함
車 수레 거/차	총획 7획　부수 車　준5급 車馬(거마) : 수레와 말 牽引車(견인차) : 고장 차량을 끄는 자동차

> 8~3급 한자도 함께 체크해 보세요!

巾 수건 건
- 총획 3획 | 부수 巾 | 준 5급
- 手巾(수건) : 얼굴이나 몸을 닦는 헝겊
- 網巾(망건) : 상투를 틀고 머리카락이 내려오지 않게 두르는 것

工 장인 공
- 총획 3획 | 부수 工 | 준 5급
- 工夫(공부) : 학문이나 기술을 닦는 일
- 人工(인공) : 사람이 하는 일

夕 저녁 석
- 총획 3획 | 부수 夕 | 준 5급
- 朝夕(조석) : 아침과 저녁
- 夕食(석식) : 저녁 식사

力 힘 력
- 총획 2획 | 부수 力 | 준 5급
- 力士(역사) : 뛰어나게 힘이 센 사람
- 功力(공력) : 힘들여 이루는 공

食 밥/먹을 식
- 총획 9획 | 부수 食 | 준 5급
- 飮食(음식) : 먹을거리
- 食糧(식량) : 먹을 양식

立 설 립
- 총획 5획 | 부수 立 | 준 5급
- 樹立(수립) : 계획 등을 이룩하여 세움
- 孤立(고립) : 어떤 원인에 의해 막혀 홀로 됨

位 자리 위
- 총획 7획 | 부수 人(=亻) | 준 5급
- 順位(순위) : 차례로의 위치
- 地位(지위) : 개인이 차지하는 사회적 위치

文 글월 문
- 총획 4획 | 부수 文 | 준 5급
- 文章(문장) : 생각을 글로 표현한 것
- 名文(명문) : 썩 잘 지은 글

衣 옷 의
- 총획 6획 | 부수 衣 | 준 5급
- 衣服(의복) : 옷 몸을 싸서 가리기 위한 것
- 衣食住(의식주) : 입을 것, 먹을 것, 살 곳을 아울러 이르는 말

方 모 방
- 총획 4획 | 부수 方 | 준 5급
- 方向(방향) : 어떤 곳을 향한 쪽
- 方案(방안) : 일을 처리해 나갈 방법에 관한 일

自 스스로 자
- 총획 6획 | 부수 自 | 준 5급
- 自己(자기) : 제 몸, 제 자신
- 自由(자유) : 구속을 받지 않고 자기의 의사대로 행동함

士 선비 사
- 총획 3획 | 부수 士 | 준 5급
- 武士(무사) : 무예를 익혀 전쟁에 임하는 사람
- 人士(인사) : 사회적인 지위가 있는 사람

寸 마디 촌
- 총획 3획 | 부수 寸 | 준 5급
- 寸志(촌지) : 마음이 담긴 작은 선물
- 寸鐵殺人(촌철살인) : 간단한 단어나 말로 사람들을 감동시킴

Day 39
壬자는
도태되어 버린 글자

한자 중에는 다른 글자와 모양이 비슷해서 그 글자로 흡수되어버리는 경우가 있습니다. 그중의 하나가 徵자의 소리 요소로 쓰인 壬자입니다. 壬자는 『설문해자(說文解字)』에 '壬, 善也. 从人士. 士, 事也. 一曰象物出地挺生也. 凡壬之屬皆從壬. 他鼎切〖注〗臣鉉等曰：人在土上, 然而立也.〖注〗壬、壬形近易混.'라고 제시되어 있습니다. 이 문장을 대략 해석하면 '壬은 '좋다'의 뜻이다. 人자와 士(선비 사)자의 결합으로 士는 일하다(事)라는 의미를 가지고 있으며 땅에서 식물이 올라오는 것을 본떴다고도 한다. 글자의 발음은 '정'이다.〖주석〗 내가 생각하기에 壬자는 사람이 땅 위에 서 있는 모습을 본뜬 것이다.〖주석〗 壬자는 壬(북방 임)자와 닮아 쉽게 혼용되었다'라는 의미입니다.

『설문해자』에서도 설명되어 있듯이 壬자는 '정'이라는 소리와 함께 '善'이라는 뜻도 갖고 있는 글자입니다. 壬자의 소전(小篆)형태인 壬을 잘 살펴보면 亻자와 土자가 결합한 것으로 보입니다. 따라서 이 글자의 소리는 '정'으로 나며 뜻은 '땅 위에 서 있는 사람'과 관련 있는 의미로 추측할 수 있습니다. 壬자는 많은 글자 속에서 소리 요소로 쓰이고 있습니다. 廷(조정 정), 艇(거룻배 정), 庭(뜰 정), 挺(뺄 정)에서 소리 요소로 쓰이고 있고, 徵(부를 징←정), 懲(징계할 징←정)에서도 쓰이고 있으며, 聽(들을 청←정), 廳(관청 청←정) 등에서도 쓰이고 있습니다. 대부분이 2급 한자 시험에 자주 출제되는 글자들로 이는 그만큼 자주 쓰이고 중요하다는 뜻입니다. 이렇게 중요한 글자를 壬(북방 임)자와 헷갈리거나 아예 모른다면 한자를 배우는 데 있어 효율성이 떨어지는 것은 당연하겠죠?

縱
세로 종

- 총획 17획 부수 糸 실 사
- 從(좇을 종)자는 '길(彳)에서 한 사람(人)을 다른 사람(人)이 발(止)로 걸어 따라간다'라는 의미이다. 縱자는 糸가 의미 요소이고 從자가 소리 요소이다.
  * 縱橫(종횡) : 세로와 가로, 거침없이 마구 오가거나 이리저리 다님
  * 放縱(방종) : 제멋대로 행동하여 거리낌이 없음

종 縱

徵
부를 징/음률 이름 치

- 총획 15획 부수 彳 길/걸을 척
- 徵자와 壬(서 있는 사람 정)자가 결합된 글자로 壬이 소리 요소로 쓰였다. '**신분이 미미한(微) 백성을 불러 일을 시킨다**'라는 의미를 나타낸다.
  * 徵用(징용) : 국가 권력으로 국민을 강제적으로 일정한 업무에 종사시키는 일
  * 徵兵(징병) : 국가가 강제적으로 징집하여 일정 기간 병역에 복무시키는 일

징·치 徵
징 懲

懲
징계할 징

- 총획 19획 부수 心 마음 심
- 징계하는 것은 '야단쳐서 뉘우치게 하는 것'이므로 心이 의미 요소이고 徵자가 소리 요소이다. 또한 徵자는 '불러서(徵) 야단친다'라는 의미로 뜻을 도와주는 역할도 한다.
  * 懲戒(징계) : 허물이나 잘못을 뉘우치도록 나무라며 경계함
  * 懲罰(징벌) : 옳지 아니한 일을 하거나 죄를 지은 데 대하여 벌을 줌

徹
통할 철

- 총획 15획 부수 彳 길/걸을 척
- 彳을 뺀 나머지 글자는 鼎(솥 정)과 又(손)의 결합이다. '**길(彳)에서 솥(鼎)을 가져다(又) 놓고 제사를 지내어 길이 잘 통한다**'라는 의미이다.
  * 貫徹(관철) : 어려움을 뚫고 나아가 목적을 기어이 이룸
  * 透徹(투철) : 사리에 밝고 정확함

철 徹
철 撤

撤
거둘 철

- 총획 15획 부수 手(=扌) 손 수
- '여러 개의 **손(手, 又)**으로 제사에 썼던 **솥(鼎)**을 **거두어 치운다**'라는 의미이다.
- ⊕ 거두다 : '벌여 놓거나 차려 놓은 것을 정리하다'라는 뜻이다.
  * 撤收(철수) : 거두어 들이거나 걷어 치움
  * 撤回(철회) : 이미 제출하였던 것이나 주장하였던 것을 다시 회수하거나 번복함

도 導

導
인도할 도

- **총획** 16획 **부수** 寸 마디 촌

道(길 도)자는 '사람(首)이 길을 간다(辵)'라는 의미이므로 導자는 '**손**(寸)으로 **길**(道)을 **가리키고 인도한다**'라는 의미를 나타낸다.

* 引導(인도) : 길을 알려주고 이끌고 감
* 導引法(도인법) : 도가(道家)에서 선인(仙人)이 되기 위한 양생법의 하나

련 蓮

蓮
연꽃 련

- **총획** 15획 **부수** 艸(=艹) 풀 초

蓮자는 '**연꽃**'을 의미하므로 艹가 의미 요소이고 連이 소리 요소이다. 소리 요소로 쓰인 連(이을 련)자는 '길에 여러 대의 수레(車)가 이어서 간다(辶)'라는 의미이다.

* 蓮花(연화) : 연꽃
* 木蓮(목련) : 목련과의 자목련, 백목련을 통틀어 이르는 말

삭 朔

朔
초하루 삭

- **총획** 10획 **부수** 月 달 월

屰(거꾸로 역)자는 逆(거스를 역)자에 있듯이 사람이 거꾸로 서 있는 모습이다. '**달력**(月)의 30일부터 **거꾸로**(屰) **세어 올라가면** 1일, 즉 **초하루**'가 나오게 된다.

* 朔望(삭망) : 음력 초하룻날과 보름날을 아울러 이르는 말
* 朔會(삭회) : 활터에서 매달 초하루에 있는 모임

변 邊

邊
가 변

- **총획** 19획 **부수** 辵(=辶) 쉬엄쉬엄 갈 착

邊자는 '**가, 가장자리**'를 의미하는 글자이다. 이렇게 복잡한 글자는 나누어 외우면 편하다. 自宂方辶(자혈방착)으로 기억하도록 하자. 自자는 '코'를 본뜬 상형 문자이다. 따라서 自宂方辶은 '사람의 **콧구멍**(自宂)을 보기 위해 이 방향(方) 저 방향 왔다 갔다(辶) 했으나 어두워서 **가장자리만 보인다**'라고 이해하면 쉽다.

* 海邊(해변) : 바닷가
* 邊境(변경) : 나라의 경계가 되는 변두리의 땅

차 遮

遮
막을/가릴 차

- **총획** 15획 **부수** 辵(=辶) 쉬엄쉬엄 갈 착

'**여러**(庶) **사람**이 함께 **길을 가면**(辶) 자연히 **길이 막히게 된다**'라는 의미를 나타낸다.

* 遮陽(차양) : 햇빛을 막음
* 遮斷(차단) : 잘라서 막음

迷 — 미혹할 미

총획 10획　**부수** 辵(=辶) 쉬엄쉬엄 갈 **착**

'길을 가다가(辶) 여러 갈래의 길(米 : 8갈래)을 만나니 미혹되고 의심스럽다'라는 의미이다.

* 迷惑(미혹) : 무엇에 홀려 정신을 차리지 못함
* 迷路(미로) : 어지럽게 갈래가 져서 한 번 들어가면 다시 빠져 나오기 어려운 길

遣 — 보낼 견

총획 14획　**부수** 辵(=辶) 쉬엄쉬엄 갈 **착**

遣자는 사람을 다른 곳에 보낸다는 뜻으로, '여러 **사람 중(中)**에 **적합한 한 명(一)**을 **언덕(阝) 너머로 가게 하다(辶)**'라는 의미이다.

* 派遣(파견) : 일정한 임무를 주어 사람을 보냄
* 遣唐買物使(견당매물사) : 물건을 사러 당나라에 보낸 사신, 신라의 장보고(張保皐)가 당나라에 파견한 무역 사절

遷 — 옮길 천

총획 15획　**부수** 辵(=辶) 쉬엄쉬엄 갈 **착**

'높은 곳(䙴)으로 옮겨 가는(辶) 것'을 의미하는 글자로 辶이 의미 요소이고 䙴(높을 선)이 소리 요소이다.

* 變遷(변천) : 세월의 흐름에 따라 바뀌고 변함
* 司馬遷(사마천) : 고대 중국의 역사가, 『사기(史記)』의 저자

逸 — 편안할/숨을 일

총획 12획　**부수** 辵(=辶) 쉬엄쉬엄 갈 **착**

兎(토끼 토)와 辶의 결합으로 '**토끼가 달아나서 편히 쉬다**'라는 의미이다.

* 安逸(안일) : 편안하고 한가로움
* 隱逸(은일) : 세상을 피하여 숨음

遲 — 더딜 지

총획 16획　**부수** 辵(=辶) 쉬엄쉬엄 갈 **착**

牛의 윗부분은 尾(꼬리 미)자의 변형이다. 따라서 犀자는 **소(牛)**가 **꼬리(尾)**를 늘어뜨리고 천천히 간다(辶)'라는 의미이다.

* 遲刻(지각) : 정해진 시간보다 늦게 도착함
* 遲遲不進(지지부진) : 매우 더디어서 일 따위가 잘 진척되지 아니함

체	遞
체	逮

遞 갈마들 체

총획 14획 **부수** 辵(=辶) 쉬엄쉬엄 갈 착

'여러 마리의 **호랑이**(虎)가 **언덕**(厂) 위를 순서에 따라 올라간다(辶)'는 것이므로 '갈마들다'의 뜻이 되었다.

➕ 갈마들다 : '서로 교대하다'라는 의미이다.

* 遞減(체감) : 순서대로 덜어냄
* 郵遞局(우체국) : 우편 대체, 체신 예금, 전신 전화 수탁 업무 따위를 맡아보는 기관

逮 미칠 체

총획 12획 **부수** 辵(=辶) 쉬엄쉬엄 갈 착

辶과 隶(미칠 이 : 손에 동물의 꼬리를 잡은 모습)의 결합으로 '**달려가서**(辶) 동물을 **잡았다**(隶)'라는 의미이다.

* 逮捕(체포) : 사람의 신체에 대하여 직접적이고 현실적인 구속을 가하여 행동의 자유를 빼앗는 일
* 被逮(피체) : 남에게 붙잡힘

연	延
탄	誕

延 끌 연

총획 7획 **부수** 廴 멀리갈 인

'**발**(止)에 **상처**(丿)가 나서 빨리 **가지**(廴) 못하고 시간을 끌게 된다'라는 의미이다.

* 延期(연기) : 정해진 시간을 뒤로 물려서 늘림
* 延長(연장) : 시간이나 거리를 본래보다 길게 늘림

誕 낳을 탄

총획 14획 **부수** 言 말씀 언

言이 의미 요소, 延이 소리 요소로 '허풍, 속이는 말'이 원래의 뜻이었다. 그러나 후에 '**아기를 낳다**'라는 뜻이 파생되었다.

* 誕生(탄생) : 사람이 태어남, 예전에는 위대한 사람이 태어남을 높여 이르는 말
* 聖誕節(성탄절) : 예수의 탄생을 축하하는 날

환	丸

丸 둥글/알 환

총획 3획 **부수** 丶 불똥 주

丸자는 仄(기울 측)자를 뒤집어서 쓴 것이다. 圜(둥글 환)자와 소리가 같아 丸자도 '**둥글다, 알**'의 뜻으로 쓰이게 되었다.

* 丸藥(환약) : 둥글게 뭉쳐 만든 약
* 彈丸(탄환) : 총에 재어서 적을 향해 쏘아 보내는 물건

'하찮은 일이나 매우 적은 양'을 나타내는 한문은?

답: 鳥足之血(조족지혈 : 새발의 피)

了 마칠 료

료 了

총획 2획　**부수** 亅 갈고리 궐

자원이 확실히 밝혀지지 않은 글자이다. '학교에서 **수업이 끝나자 아이들(子)**이 팔을 내려 **了자가 되었다**'고 이해하면 기억하기 쉽다.

* 終了(종료) : 끝나다
* 魅了(매료) : 사람의 마음을 완전히 사로잡아 홀림

丈 어른 장

장 丈

총획 3획　**부수** 一 한 일

ㅣ아래에 又를 더한 글자로 '**노인이 손(又)에 지팡이(ㅣ)를 잡고 있는 것**'을 표현했다. 후에 '**노인, 어른**'의 뜻이 되었다. 丈에 木을 더한 杖자는 '지팡이 장'자이다.

* 丈人(장인) : 아내의 아버지
* 春府丈(춘부장) : 남의 아버지에 대한 높임말

丘 언덕 구

구 丘

총획 5획　**부수** 一 한 일

'**땅(一)에 있는 언덕(厂)**'을 그린 상형 문자이다.

* 孔丘(공구) : 성인(聖人) 공자(孔子)의 이름(머리의 앞뒤가 짱구여서 丘라는 이름이 붙었다고도 함)
* 丘陵(구릉) : 땅이 비탈지고 높은 곳

亞 버금 아

아 亞

총획 8획　**부수** 二 두 이

등이 굽은 두 사람이 마주보고 있는 모습으로 여기기도 하나, '**고대 중국의 왕이나 귀족의 무덤 속**'을 본뜬 글자로 추정된다.

➕ 버금 : 으뜸의 아래 또는 그런 지위에 있는 사람이나 물건을 뜻한다.

* 亞流(아류) : 학문에서 독창성 없이 모방하는 일이나 그렇게 한 것
* 亞細亞(아세아) : 아시아의 음역(音譯) 단어

互 서로 호

호 互

총획 4획　**부수** 二 두 이

대나무를 엮어 만든 바구니를 본뜬 글자라고 한다. '**서로**'의 뜻으로 가차되어 쓰인다.

* 相互(상호) : 상대가 되는 이쪽과 저쪽
* 互惠(호혜) : 서로 특별한 혜택을 주고 받는 일

'공든 탑이 무너지랴'를 한문으로?
답 : 積功之塔, 豈毀乎(적공지탑, 기훼호)

Day 39 王자는 도태되어 버린 글자

Day 39 확인학습

1. 다음 한자의 훈음을 쓰세요.

- 01 導 _____
- 02 蓮 _____
- 03 朔 _____
- 04 邊 _____
- 05 迷 _____
- 06 遣 _____
- 07 逸 _____
- 08 延 _____
- 09 丸 _____
- 10 了 _____
- 11 丈 _____
- 12 亞 _____
- 13 縱 _____
- 14 徵 _____
- 15 懲 _____
- 16 徹 _____
- 17 撤 _____
- 18 遮 _____
- 19 遷 _____
- 20 遲 _____
- 21 遞 _____

2. 다음 한자의 독음을 쓰세요.

- 01 放縱 _____
- 02 徵兵 _____
- 03 懲戒 _____
- 04 貫徹 _____
- 05 撤收 _____
- 06 遮斷 _____
- 07 變遷 _____
- 08 遲刻 _____
- 09 遞減 _____
- 10 被逮 _____
- 11 誕生 _____
- 12 丘陵 _____
- 13 相互 _____
- 14 亞流 _____
- 15 魅了 _____
- 16 丸藥 _____
- 17 延期 _____
- 18 隱逸 _____
- 19 派遣 _____
- 20 迷路 _____
- 21 邊境 _____

맞은 개수 ▶ / 63   소요 시간 ▶

3. 알맞은 한자를 쓰세요.

01 세로 종	02 부를 징	03 징계할 징
04 통할 철	05 거둘 철	06 막을 차
07 옮길 천	08 더딜 지	09 갈마들 체
10 미칠 체	11 낳을 탄	12 언덕 구
13 서로 호	14 버금 아	15 연꽃 련
16 초하루 삭	17 가 변	18 미혹할 미
19 보낼 견	20 편안할 일	21 끌 연

Day 39
보충한자

見 볼 견	총획 7획 · 부수 見 · 5급
	見聞(견문) : 보고 들은 지식
	見學(견학) : 보고 배움

毛 터럭 모	총획 4획 · 부수 毛 · 5급
	毛皮(모피) : 털가죽
	毛髮(모발) : 사람의 몸에 난 온갖 털

高 높을 고	총획 10획 · 부수 高 · 5급
	最高(최고) : 가장 높음
	高齡(고령) : 나이가 많음

米 쌀 미	총획 6획 · 부수 米 · 5급
	玄米(현미) : 벼의 왕겨만 벗긴 것
	米粟(미속) : 쌀과 벼

刀 칼 도	총획 2획 · 부수 刀 · 5급
	木刀(목도) : 나무로 만든 칼
	刀劍(도검) : 여러 종류의 칼에 대한 총칭

色 빛 색	총획 6획 · 부수 色 · 5급
	色彩(색채) : 빛깔
	色盲(색맹) : 색채를 식별하는 감각이 불완전함

老 늙을 로	총획 6획 · 부수 老 · 5급
	老人(노인) : 나이가 많은 사람
	敬老(경로) : 노인을 공경함

首 머리 수	총획 9획 · 부수 首 · 5급
	首都(수도) : 한 나라의 으뜸되는 도시
	部首(부수) : 한자에서, 그 한자의 뜻을 대표하는 부분

里 마을 리	총획 7획 · 부수 里 · 5급
	洞里(동리) : 마을, 동네
	鄕里(향리) : 고향의 마을

示 보일 시	총획 5획 · 부수 示 · 5급
	揭示(게시) : 여러 사람들이 두루 보게 내걸음
	誇示(과시) : 자랑하여 보여줌

面 낯 면	총획 9획 · 부수 面 · 5급
	側面(측면) : 정면이 아닌 옆면
	局面(국면) : 일이 되어 나가는 상태

身 몸 신	총획 7획 · 부수 身 · 5급
	人身(인신) : 사람의 몸, 개인의 신상
	身分(신분) : 개인의 사회적 위치나 계급

> 8~3급 한자도 함께 체크해 보세요!

言 말씀 언
- 총획 7획 | 부수 言 | 5급
- 發言(발언) : 의견을 나타내는 말
- 言及(언급) : 어떤 일과 관련하여 말함

用 쓸 용
- 총획 5획 | 부수 用 | 5급
- 引用(인용) : 끌어다 사용함
- 用法(용법) : 사용하는 방법

竹 대나무 죽
- 총획 6획 | 부수 竹 | 5급
- 竹刀(죽도) : 대나무로 만든 칼
- 竹馬故友(죽마고우) : 어릴 때 함께 놀던 친구

肉 고기 육
- 총획 6획 | 부수 肉 | 5급
- 肉身(육신) : 사람의 몸
- 豬肉(저육) : 돼지고기

貝 조개 패
- 총획 7획 | 부수 貝 | 5급
- 魚貝(어패) : 물고기와 조개
- 貝物(패물) : 산호, 수정, 호박(琥珀) 등으로 만든 물건

音 소리 음
- 총획 9획 | 부수 音 | 5급
- 騷音(소음) : 시끄러운 소리
- 音響(음향) : 소리의 울림

行 다닐 행
- 총획 6획 | 부수 行 | 5급
- 施行(시행) : 실제로 행함
- 行爲(행위) : 사람이 행하는 일

邑 고을 읍
- 총획 7획 | 부수 邑 | 5급
- 都邑(도읍) : 한 나라의 수도
- 邑內(읍내) : 읍의 안

血 피 혈
- 총획 6획 | 부수 血 | 5급
- 獻血(헌혈) : 자기의 피를 남에게 뽑아 주는 일
- 血稅(혈세) : 가혹한 세금

長 긴 장
- 총획 8획 | 부수 長 | 5급
- 校長(교장) : 하나의 학교를 대표하는 장(長)
- 長壽(장수) : 목숨이 길고 오래 삶

黃 누를 황
- 총획 12획 | 부수 黃 | 5급
- 黃沙(황사) : 중국에서 날아오는 누런 먼지
- 黃河(황하) : 중국문명의 발상지인 누런 강

田 밭 전
- 총획 5획 | 부수 田 | 5급
- 田園(전원) : 논밭과 동산, 시골
- 田畓(전답) : 밭과 논

角 뿔 각
- 총획 7획 | 부수 角 | 준4급
- 角弓(각궁) : 물소뿔을 재료로 만든 한국의 전통 활
- 角力(각력) : 힘을 겨룸, 씨름

Day 39 王자는 도태되어 버린 글자

Day 40
여러분의 건승을 기원하며!

오늘 우리가 배울 글자는 醉(술취할 취)자입니다. 醉자는 왼쪽에 酉(닭 유 : 술 항아리), 오른쪽에 卒(군사/마칠 졸)자가 결합된 글자로 卒자는 '군사'라는 뜻 외에 '끝나다, 마치다'의 의미가 있습니다. 학업을 끝마치면 졸업(卒業)을 하지 않는가. 이제 우리의 한자 공부도 끝나가니 卒자를 넣었고, 공부가 끝나면 한 잔하며 풍류(風流)를 즐길 줄도 알아야 하므로 醉자를 넣은 것입니다.

공부하는 책은 한 번 보고 버려서는 안 됩니다. 적어도 세 번은 되풀이해서 봐야 합니다. 예전에 영어 교재로 유명한 안현필(安賢弼) 선생님이라는 분이 계셨습니다. 이 분은 중학생 나이에 일본에 건너가(해방 이전) 홀로 근로하며, 학업을 병행하셨습니다. 일본에서 영문학을 전공한 후 북해도(北海道)에 있는 고등학교에서 교사 생활을 하다가 귀국하여 우리나라 고등학교에서 교편을 잡으면서 『영어실력기초(英語實力基礎)』라는 책을 집필하셨습니다. 이 책에는 재미있는 그분의 지난 이야기와 본문 중간 중간에 '잔소리'가 있어 독자들을 격려하고 다그치는 선생님의 말씀이 책 속에 고스란히 담겨 있습니다. 그중 귀에 못이 박히도록 강조하는 것이 바로 '다독(多讀)'이었습니다. 학생이 교재를 한 권 정했으면, 적어도 10번은 되풀이해서 공부를 해야 한다는 것이었습니다. 책 한 권을 10번 보게 되면 몇 페이지에 무슨 문장이 있는지 눈에 보이게 되고, 그렇게 수준을 높여서 다른 책을 봐야 한다고 말씀하였다. 한자 책의 경우는 약 세 번만 되풀이해서 보고 본문에 있는 글자를 열심히 쓰면서 공부한다면, 시험에 무난히 합격할 수 있습니다. 합격하고 나서 한자를 쓰지 않으면 반년도 지나지 않아 모두 잊어버리게 되겠죠? 평소에 일기를 쓰거나 스케줄을 잡을 때 한자를 섞어 쓰면 감각을 유지할 수 있습니다. 부디 여러분이 이 책으로 공부하여 한자 시험에 꼭 합격했으면 하는 바람입니다.

兮 어조사 혜

총획 4획　**부수** 八 여덟 팔

입에서 공기가 나가는 것을 의미하며 **어조사, 감탄사**로 쓰이는 글자이다.

* 兮也(혜야) : 어조사(윗말을 완화하고 아랫말을 강조하는 뜻으로 쓰임)
* 寂兮寥兮(적혜료혜) : '형체도 소리도 다 없다'라는 뜻으로 노자(老子)의 중심 사상을 이르는 말

俱 함께 구

총획 10획　**부수** 人(=亻) 사람 인

具(갖출 구)자는 鼎(솥 정)자와 廾(두손 공)자가 위아래로 결합한 글자이다. '솥을 이동시켜 제사를 준비한다'는 데서 '갖추다'의 뜻이 되었다. 具자에서는 鼎이 생략되어 目처럼 변했다. 俱자는 '鼎은 커서 혼자 옮길 수 없으므로 **다른 사람(人)과 함께 옮긴다**'라는 의미이다.

* 俱樂部(구락부) : 클럽(club)의 한자 표기
* 俱現(구현) : 내용이 속속들이 다 들어남

升 되 승

총획 4획　**부수** 十 열 십

升자는 斗(말 두)자처럼 손잡이가 긴 바가지를 본뜬 글자이다. '**용량이 한 되의 작은 것**'을 升이라 표현하였다.

➕ 되 : 곡식, 가루, 액체 따위를 담아 분량을 헤아리는 데 쓰는 그릇을 말한다.
* 升堂入室(승당입실) : 학문이 점점 깊어감을 비유하는 말
* 升斗之利(승두지리) : 대수롭지 않은 이익

昇 오를 승

총획 8획　**부수** 日 날 일

'**태양(日)이 하늘에서 떠오르듯 바가지(升)도 떠올리는 도구**'이다. 여기서 升이 소리 요소이기도 하다.

* 昇降(승강) : 올라가고 내려옴, 승강기(昇降機)
* 昇天(승천) : 하늘로 올라감

 술취할 취

총획 15획　**부수** 酉 닭 유

卒(군사/마칠 졸)자는 衣자와 X가 결합된 글자로 고대에는 노예 출신인 하급 병사들의 옷에 X자를 썼다고 한다. '**군사들이 술(酉) 마시기를 끝내니(卒) 모두 술에 취했다**'라는 의미이다.

* 陶醉(도취) : 어떠한 것에 마음이 쏠려 취하다시피 됨
* 心醉(심취) : 어떤 일이나 사람에 깊이 빠져 마음을 빼앗김

복 卜

卜
점 복

총획 2획   **부수** 卜 점 복

고대 중국에서 **점을 칠 때** 거북이의 배딱지를 불로 지져 갈라진 틈을 보고 길흉(吉凶)을 판단하였다. 卜자는 **갈라진 틈을 본뜬 글자**이다.

* 占卜(점복) : 점치는 일
* 卜居(복거) : 살만한 곳을 가려서 정함

근 斤

斤
도끼 근

총획 4획   **부수** 斤 도끼 근

斤자는 사실 도끼보다는 까뀌의 모양과 더 비슷하여 **까뀌를 본뜬 것**으로 추정된다.

➕ 까뀌 : 나무를 찍어 깎거나 다듬는 데 쓰는 연장을 말한다.

* 斤斧(근부) : 도끼
* 斤正(근정) : 밝게 살펴 바로 잡음

아 牙

牙
어금니 아

총획 4획   **부수** 牙 어금니 아

'위아래 어금니가 붙어있는 것'을 본뜬 글자이다.

* 象牙(상아) : 코끼리의 어금니
* 牙城(아성) : 주장(主將)이 거처하던 성

현 玄

玄
검을 현

총획 5획   **부수** 玄 검을 현

실을 본뜬 글자로 다른 글자 속에서 **실이나 끈의 뜻**을 나타내며 소리 요소로 자주 사용되는 글자이다. 때문에 糸, 幺 등의 글자와 닮았다. 후에 '**검다, 오묘하다**'의 뜻이 가차되어 쓰이고 있다.

* 玄關(현관) : 건물의 출입문이나 건물에 붙이어 따로 달아낸 문간
* 玄妙(현묘) : 이치나 기예의 경지가 헤아릴 수 없이 미묘함

과 瓜

瓜
오이 과

총획 5획   **부수** 瓜 오이 과

줄기에 매달린 '**오이**'를 본뜬 글자이다.

* 瓜年(과년) : 결혼하기에 적당한 여자의 나이
* 瓜田不納履(과전불납리) : 오이밭에서는 신을 고쳐 신지 말라는 뜻으로 의심받을 행동을 하지 말아야 함을 이르는 말

矛 창 모

총획 5획　**부수** 矛 창 모

끝이 뾰족하게 생긴 단순한 '창'을 의미하는 글자이다.

* 矛盾(모순) : 창과 방패, 이치에 맞지 않는 말
* 矛戟(모극) : 창

矢 화살 시

총획 5획　**부수** 矢 화살 시

촉이 위, 깃이 아래를 향하고 있는 '화살'을 본뜬 글자이다.

* 弓矢(궁시) : 활과 화살
* 竹矢(죽시) : 대나무로 만든 화살

禾 벼 화

총획 5획　**부수** 禾 벼 화

잘 영글어 **고개를 숙이고 있는** '벼'를 본뜬 글자이다.

* 禾尺(화척) : 버드나무의 수공이나 소 잡는 일을 생업으로 하던 천민, 백정
* 嘉禾(가화) : 낱알이 많이 달린 큰 벼

穴 구멍 혈

총획 5획　**부수** 穴 구멍 혈

산에 있는 '동굴'을 본뜬 글자이다.

* 穴居(혈거) : 동굴에서 생활함
* 穴深(혈심) : 무덤 구덩이의 깊이

羽 깃 우

총획 6획　**부수** 羽 깃 우

새의 '날개'를 본뜬 글자이다.

➕ 깃 : 새의 날개를 말한다.

* 白羽扇(백우선) : 하얀 깃털로 만든 부채
* 羽化登仙(우화등선) : 날개가 돋아 신선이 되어 하늘에 오른다는 말

주 舟

배 주

총획 6획　**부수** 舟 배 주

돛이 없는 '배'를 본뜬 글자이다.

* 舟師(주사) : 조선 시대에 수군(水軍)을 달리 일컫던 말
* 吳越同舟(오월동주) : 서로 적의를 품은 사람들이 한자리에 있게 된 경우나 서로 협력해야 하는 상황

혁 革

가죽 혁

총획 9획　**부수** 革 가죽 혁

짐승의 '가죽'을 의미하는 글자이다. 가죽은 짐승의 모습과 다르므로 후에 '다르다, 바꾸다'의 뜻이 파생되었다.

* 革命(혁명) : 이전의 왕통을 뒤집고 다른 왕통이 대신하여 통치하는 일
* 改革(개혁) : 기구나 제도를 새롭게 바꿈

록 鹿

사슴 록

총획 11획　**부수** 鹿 사슴 록

뿔을 강조한 '사슴'을 본뜬 글자이다.

* 指鹿爲馬(지록위마) : 윗사람을 농락하여 권세를 마음대로 함을 이르는 말
* 逐鹿(축록) : 사슴을 쫓다. 정권이나 지위를 위해 다툼

마 麻

삼 마

총획 11획　**부수** 麻 삼 마

삼은 인류가 매우 오랫동안 재배하던 작물이라고 한다. 집에서 가공을 했으므로 广자가 들어간 것이다.

* 大麻(대마) : 삼. 뽕나뭇과의 한해살이 풀
* 快刀亂麻(쾌도난마) : 잘 드는 칼로 마구 헝클어진 삼 가닥을 자른다는 뜻으로 어지럽게 뒤얽힌 사물을 강력한 힘으로 명쾌하게 처리함을 이르는 말

고 鼓

북 고

총획 13획　**부수** 鼓 북 고

'북을 치는 것'을 표현한 글자로 효자는 북을 본뜬 글자이고 支자는 북채를 잡고 있는 손이다.

* 鼓舞(고무) : 북을 치고 춤을 추며, 힘을 내도록 격려하여 용기를 북돋우다
* 勝戰鼓(승전고) : 싸움에 이겼을 때 울리는 북

齊 가지런할 제

총획 14획　**부수** 齊 가지런할 제

벼가 '가지런하게 자라고 있는 것'을 본뜬 글자이다.

* 修身齊家治國平天下(수신제가치국평천하) : 몸을 닦고, 집을 다스리고 나라를 다스리며, 세계를 평화롭게 하다
* 齊唱(제창) : 여러 사람이 다 같이 소리를 질러 부름

龍 용 룡

총획 16획　**부수** 龍 용 룡

상상 속의 동물인 '용(龍)'을 그린 글자이다.

* 臥龍(와룡) : 누운 용, 초야에 묻혀 있는 큰 인물을 비유적으로 이르는 말
* 飛龍(비룡) : 하늘을 나는 용

龜 거북 귀/갈라질 균/땅이름 구

총획 16획　**부수** 龜 거북 귀

'거북이'를 본뜬 글자로 거북이의 등처럼 '갈라지다'의 뜻일 때는 '균'으로 발음하며, 인명(人名)이나 지명(地名)으로 쓸 때는 '구'로 읽어야 한다.

* 龜船(귀선) : 거북선
* 龜裂(균열) : 갈라지다
* 龜尾(구미) : 경상북도에 있는 지명

戈 창 과

총획 4획　**부수** 戈 창 과

날 부분이 낫처럼 생긴 창을 본뜬 글자이다.

* 干戈(간과) : 방패와 창, 전쟁을 비유하는 말
* 戈矛(과모) : 창

鬼 귀신 귀

총획 10획　**부수** 鬼 귀신 귀

'귀신의 탈을 쓴 사람'을 본뜬 글자이다.

* 鬼神(귀신) : 돌아가신 조상의 넋
* 鬼哭聲(귀곡성) : 귀신이 우는 소리

쉬어가요~

'農夫餓死, 枕厥種子(농부아사, 침궐종자 : 농부는 굶어 죽어도 그 종자를 베고 죽는다)'에는 두 가지 뜻이 있습니다. 무슨 뜻일까요?

답 : ① 어리석고 답답하며 인색하기만 한 사람
② 자신이 맡은 바 일에 최선을 다하는 투철한 직업 의식

Day 40 여러분의 건승을 기원하며!

Day 40 확인학습

1. 다음 한자의 훈음을 쓰세요.

- 01 卜 _____
- 02 斤 _____
- 03 牙 _____
- 04 瓜 _____
- 05 矛 _____
- 06 矢 _____
- 07 禾 _____
- 08 穴 _____
- 09 羽 _____
- 10 舟 _____
- 11 革 _____
- 12 鹿 _____
- 13 麻 _____
- 14 齊 _____
- 15 龍 _____
- 16 龜 _____
- 17 戈 _____
- 18 鬼 _____
- 19 兮 _____
- 20 俱 _____
- 21 升 _____

2. 다음 한자의 독음을 쓰세요.

- 01 俱現 _____
- 02 昇天 _____
- 03 陶醉 _____
- 04 占卜 _____
- 05 干戈 _____
- 06 龜裂 _____
- 07 飛龍 _____
- 08 齊唱 _____
- 09 鼓舞 _____
- 10 玄妙 _____
- 11 逐鹿 _____
- 12 革命 _____
- 13 穴居 _____
- 14 禾尺 _____
- 15 鬼哭聲 _____
- 16 矛戟 _____
- 17 瓜年 _____
- 18 快刀亂麻 _____
- 19 牙城 _____
- 20 弓矢 _____
- 21 升堂入室 _____

맞은 개수 ▶   / 63   소요 시간 ▶

3. 알맞은 한자를 쓰세요.

01 어조사 혜	02 함께 구	03 되 승
04 오를 승	05 검을 현	06 북 고
07 술취할 취	08 점 복	09 도끼 근
10 어금니 아	11 오이 과	12 창 모
13 화살 시	14 벼 화	15 구멍 혈
16 깃 우	17 배 주	18 가죽 혁
19 사슴 록	20 삼 마	21 가지런할 제

Day 40 보충한자

流 흐를 류	총획 10획 　부수 水(=氵)　 준4급 流通(유통) : 거침없이 흘러 통함 交流(교류) : 서로 주고받음	

黑 검을 흑 — 총획 12획　부수 黑　준4급
黑字(흑자) : 수입이 지출보다 많음
暗黑(암흑) : 매우 캄캄함

仕 섬길 사 — 총획 5획　부수 人(=亻)　준4급
奉仕(봉사) : 남을 위하여 일함
出仕(출사) : 벼슬을 하여 처음으로 관직에 나아감

甘 달 감 — 총획 5획　부수 甘　4급
甘露(감로) : 달콤한 이슬, 태평한 시절에 내린다고 함
甘美(감미) : 달콤하고 맛있음

臣 신하 신 — 총획 6획　부수 臣　준4급
臣下(신하) : 임금을 도와 나라를 다스리는 사람
忠臣(충신) : 충성스러운 신하

骨 뼈 골 — 총획 10획　부수 骨　4급
骨肉(골육) : 혈통이 같은 부자(父子)나 형제
骨子(골자) : 말·일의 매우 중요한 부분

赤 붉을 적 — 총획 7획　부수 赤　준4급
赤信號(적신호) : 위험을 알려주는 신호
赤字(적자) : 지출이 수입보다 많은 일

比 견줄 비 — 총획 4획　부수 比　4급
比肩(비견) : 어깨를 나란히 하다
比率(비율) : 일정한 양이나 수에 대한 다른 양이나 수의 비(比)

止 그칠 지 — 총획 4획　부수 止　준4급
停止(정지) : 하던 일을 중도에서 멈춤
禁止(금지) : 금하여 못하게 함

鼻 코 비 — 총획 14획　부수 鼻　4급
鼻祖(비조) : 어떤 일을 가장 먼저 시작한 사람
吾鼻三尺(오비삼척) : 내 코가 석자

風 바람 풍 — 총획 9획　부수 風　준4급
強風(강풍) : 매우 강하게 부는 바람
南風(남풍) : 남쪽에서 부는 바람

氏 성씨 씨 — 총획 4획　부수 氏　4급
氏族(씨족) : 원시사회에서, 같은 조상을 가진 사회 집단
某氏(모씨) : 아무개, 어떤 사람

8~3급 한자도 함께 체크해 보세요!

雨 비 우	총획 8획 · 부수 雨 · 4급 雨傘(우산) : 비를 막기 위한 도구 暴雨(폭우) : 세차게 쏟아지는 비

鳥 새 조	총획 11획 · 부수 鳥 · 4급 比翼鳥(비익조) : 암수의 날개가 하나씩이라서 짝을 짓지 않으면 못 나는 새, 사이좋은 부부

干 방패 간	총획 3획 · 부수 干 · 준3급 干戈(간과) : 창과 방패, 전쟁 干城(간성) : 방패와 성, 나라를 지키는 군대나 인재

至 이를 지	총획 6획 · 부수 至 · 4급 至極(지극) : 더할 수 없이 극진하다 至誠(지성) : 지극한 정성

谷 골 곡	총획 7획 · 부수 谷 · 준3급 深谷(심곡) : 깊은 골짜기 栗谷(율곡) : 이이(李珥) 선생의 호(號)

支 지탱할/갈라질 지	총획 4획 · 부수 支 · 4급 支流(지류) : 강의 원줄기로 흘러들거나 흘러나온 물줄기 支持(지지) : 붙들어서 버티어 줌

弓 활 궁	총획 3획 · 부수 弓 · 준3급 弓術(궁술) : 활 쏘는 기술 弓馬(궁마) : 궁술과 마술(馬術)을 아울러 이르는 말

最 가장 최	총획 12획 · 부수 日 · 4급 最上(최상) : 가장 위 最近(최근) : 얼마 아니 되는 지나간 날

斗 말 두	총획 4획 · 부수 斗 · 준3급 泰斗(태두) : 태산(泰山)과 북두(北斗), 어느 방면에서 뛰어난 사람 斗星(두성) : 북두칠성(北斗七星)

齒 이 치	총획 15획 · 부수 齒 · 4급 齒牙(치아) : 이의 점잖은 일컬음 齒列(치열) : 이가 박힌 줄의 생김새

豆 콩 두	총획 7획 · 부수 豆 · 준3급 豆腐(두부) : 콩으로 만든 음식의 하나 綠豆(녹두) : 밭에 심는 콩과에 딸린 한해살이 풀

香 향기 향	총획 9획 · 부수 香 · 4급 香氣(향기) : 좋은 느낌을 주는 냄새 香水(향수) : 향기가 나는 물

烈 매울 렬/열	총획 10획 · 부수 火(=灬) · 준3급 烈士(열사) : 나라를 위해 절개를 지키며 싸운 사람 激烈(격렬) : 지극히 맹렬함

부록

사자성어 四字成語

반의자 反義字

유의자 類義字

약자 略字

사자성어 四字成語

사자성어	독음	의미
角者無齒 (이 치)	각자무치	뿔이 있는 놈은 이가 없다는 뜻으로, 한 사람이 모든 복을 겸하지는 못함을 이르는 말이다.
肝膽相照 (간 간 쓸개 담)	간담상조	간과 쓸개를 서로 비추다는 뜻으로 매우 친한 사이를 이르는 말이다.
葛巾野服 (칡 갈)	갈건야복	은둔자의 거칠고 소박한 의복을 이르는 말이다.
擧案齊眉 (가지런할 제 / 책상 안)	거안제미	밥상을 눈썹 높이로 들어 공손(恭遜)히 남편(男便) 앞에 가지고 간다는 뜻으로, 남편(男便)을 깍듯이 공경(恭敬)함을 일컫는 말이다.
隔世之感 (사이 뜰 격)	격세지감	아주 바뀐 다른 세상(世上)이 된 것 같은 느낌 또는 딴 세대(世代)와 같이 많은 변화(變化)가 있었음을 비유(比喩)하는 말이다.
牽强附會 (끌 견 / 붙을 부)	견강부회	이치(理致)에 맞지 않는 말을 억지로 끌어 붙여 자기(自己) 주장(主張)의 조건(條件)에 맞도록 함을 일컫는 말이다.
謙讓之德 (사양할 양 / 겸손할 겸)	겸양지덕	겸손(謙遜)하게 사양(辭讓)하는 미덕(美德)을 이르는 말이다.
經天緯地 (다스릴 위)	경천위지	온 천하를 경륜하여 다스릴 만하다는 말이다.
孤軍奮鬪 (떨칠 분 싸움 투)	고군분투	후원(後援)이 없는 외로운 군대(軍隊)가 힘에 벅찬 적군(敵軍)과 맞서 온 힘을 다하여 싸움 또는 홀로 여럿을 상대(相對)로 싸운다는 의미이다. 적은 인원(人員)이나 약한 힘으로 남의 힘을 받지 아니하고, 힘에 벅찬 일을 극악스럽게 한다는 의미를 나타내기도 한다.
孤立無援 (구원할 원)	고립무원	고립(孤立)되어 도움을 받을 데가 없음을 이르는 말이다.
鼓腹擊壤 (칠 격)	고복격양	배를 두드리고 흙덩이를 친다는 뜻으로, 배불리 먹고 흙덩이를 치는 놀이를 한다 즉, 매우 살기 좋은 시절(時節)을 말한다.
苦肉之策 (꾀 책)	고육지책	제 몸을 상해 가면서까지 꾸며내는 방책이라는 뜻으로, 일반적으로 어려운 상태에서 벗어나기 위해 어쩔 수 없이 하는 계책을 말하며 고육지계(苦肉之計)라고도 한다.

孤掌難鳴 손바닥 장	고장난명	외손뼉이 울랴라는 뜻으로 혼자 고립해서는 일이 이룩되지 않음을 이르는 말이다.
口蜜腹劍 꿀 밀 배 복	구밀복검	입에는 꿀을 바르고 뱃속에는 칼을 품고 있다는 말로, 겉으로는 꿀맛같이 절친한 척하지만 내심으로는 음해할 생각을 하거나 돌아서서 헐뜯는 것을 비유한 말이다.
群鷄一鶴 닭 계 학 학	군계일학	닭의 무리 가운데 있는 한 마리의 학이라는 뜻으로, 평범(平凡)한 여러 사람들 가운데 있는 뛰어난 한 사람을 이르는 말이다.
權謀術數 저울추 권 꾀할 모	권모술수	상대방을 속이거나 곤경에 빠뜨리는 술책을 말한다.
勸善懲惡 징계할 징	권선징악	선한 행동을 권하고 악한 행동을 징계한다는 말이다.
錦衣還鄕	금의환향	타향에 가서 성공하게 된 몸으로 고향에 돌아온다는 말이다.
騎虎之勢 말탈 기	기호지세	호랑이를 타고 달리는 기세(氣勢)라는 뜻으로, 범을 타고 달리는 사람이 도중(途中)에서 내릴 수 없는 것처럼 도중(途中)에 그만두거나 물러설 수 없는 형세(形勢)를 이르는 말이다.
男負女戴 일 대	남부여대	사내는 짐을 지고 여자는 이다라는 뜻으로 가난한 사람들이 살 곳을 찾아 떠돈다는 의미이다.
勞心焦思	노심초사	마음을 수고롭게 애쓰며 속이 타도록 신경을 곤두세운다는 뜻이다.
綠衣紅裳	녹의홍상	푸른 저고리와 붉은 치마라는 뜻으로 젊은 여자의 곱게 치장한 복색을 말한다.
累卵之危	누란지위	알을 쌓아 놓은 듯한 위태(危殆)로움이라는 뜻으로, 매우 아슬아슬한 형세(形勢)를 이르는 말이다.
堂狗風月	당구풍월	서당(書堂) 개 3년에 풍월(風月)을 한다는 뜻으로 일하는 것을 오래 보고, 듣고 하면 자연(自然)히 할 줄 알게 됨을 이르는 말이다.
桃園結義	도원결의	유비, 관우, 장비가 복숭아 동산에서 형제의 의를 맺음을 이르는 말이다.
道聽塗說 길 도	도청도설	길거리에서 들은 이야기를 곧 그 길에서 다른 사람에게 말한다는 뜻으로, 길거리에 떠돌아다니는 뜬 소문(所聞)을 의미한다.
塗炭之苦 진흙 도	도탄지고	진구렁에 빠지고 숯불에 타는 괴로움을 이르는 말로, 흔히 잘못된 정치에 의한 백성의 고통을 일컫는 말이다.
同價紅裳	동가홍상	같은 값이면 다홍치마라는 뜻으로 같은 값이면 좋은 물건을 가짐을 이르는 말이다.

棟梁之材	동량지재	한 집안이나 나라를 다스릴 만한 인재를 말한다.
萬頃蒼波	만경창파	만 이랑의 푸른 물결이라는 뜻으로, 한없이 넓고 푸른 바다를 일컫는다.
孟母三遷	맹모삼천	맹자의 어머니가 아들을 가르치기 위해 세 번 이사하였음을 이르는 말이다.
面從腹背	면종복배	겉으로는 순종(順從)하는 체하고 속으로는 딴 마음을 먹음을 의미한다.
毛遂自薦	모수자천	모수(毛遂)가 스스로 천거(薦擧)했다는 뜻으로, 자기(自己)가 자기(自己)를 추천(推薦)하는 것을 이르는 말이다.
武陵桃源	무릉도원	이 세상(世上)을 떠난 별천지(別天地)를 이르는 말이다.
博學多識	박학다식	학문(學問)이 넓고 식견(識見)이 많음을 이르는 말이다.
博學篤志	박학독지	학식이 매우 넓고 뜻이 도타움을 이르는 말이다.
拔本塞源	발본색원	근본(根本)을 빼내고 원천(源泉)을 막아 버린다는 뜻으로, 사물(事物)의 폐단(弊端)을 없애기 위(爲)해서 근본이 되는 요소를 뿌리째 뽑아 버림을 이르는 말이다.
傍若無人	방약무인	좌우에 사람이 없는 것같이 언행을 마음대로 한다는 말이다.
杯中蛇影	배중사영	술잔 속의 뱀 그림자라는 뜻으로 자기 혼자 의혹된 마음에 빠져 고민함을 이르는 말이다.
伯牙絶絃	백아절현	백아가 거문고 줄을 끊다라는 뜻으로 친한 친구의 죽음을 슬퍼함을 이르는 말이다.
伯仲之勢	백중지세	실력이 서로 엇비슷하여 우열을 가릴 수 없음을 이르는 말이다.
附和雷同	부화뇌동	일정한 주장이 없이 다른 의견에 이유 없이 찬성하여 따라다님을 뜻한다.
夫唱婦隨	부창부수	가정에서의 부부 화합의 도리를 이르는 말이다.
非夢似夢	비몽사몽	꿈인지 생시인지 어렴풋함을 이르는 말이다.
氷姿玉質	빙자옥질	얼음같이 투명(透明)한 모습과 옥과 같이 뛰어난 바탕이라는 뜻으로, 용모(容貌)와 재주가 모두 뛰어남을 말한다. 매화(梅花)의 다른 이름이기도 하다.

四顧無親	사고무친	사방을 돌아보아도 의지할 만한 친족이 없음을 이르는 말이다.
士氣衝天 (찌를 충)	사기충천	병사들의 사기와 의욕이 하늘을 찌름을 뜻한다.
森羅萬象	삼라만상	우주(宇宙) 안에 있는 온갖 사물(事物)과 현상(現象)을 이르는 말이다.
桑田碧海 (뽕나무 상)	상전벽해	뽕나무 밭이 바다로 변한다는 뜻으로 세상의 모든 일이 덧없이 변함을 이르는 말이다.
生者必滅 (꺼질 멸)	생자필멸	생명(生命)이 있는 것은 반드시 죽게 마련이라는 뜻이다.
纖纖玉手 (가늘 섬)	섬섬옥수	가녀리고 가녀린 옥 같은 손이라는 말로, 가냘프고 고운 여자(女子)의 손을 의미한다.
脣亡齒寒	순망치한	'입술이 없으면 이가 시리다'라는 말로 가까운 두 나라 중 하나가 망하면 다른 하나도 위험에 직면한다는 뜻이다.
乘勝長驅 (몰 구)	승승장구	승리한 기세를 타고 마구 휘몰아침을 이르는 말이다.
神出鬼沒 (빠질 몰)	신출귀몰	귀신같이 나타났다가 사라진다는 뜻으로, 그 움직임을 쉽게 알 수 없을 만큼 자유자재로 나타나고 사라짐을 비유적으로 이르는 말이다.
惡戰苦鬪 (싸울 투)	악전고투	어려운 싸움과 괴로운 다툼이라는 뜻으로 강력(强力)한 적을 만나 괴로운 싸움을 함 또는 곤란(困難)한 상태(狀態)에서 괴로워하면서도 노력(努力)을 계속(繼續)함을 이르는 말이다.
羊頭狗肉 (머리 두)	양두구육	양의 머리를 걸어 놓고 개고기를 판다는 뜻으로, 겉보기만 그럴듯하게 보이고 속은 변변하지 아니함을 이르는 말이다.
億兆蒼生	억조창생	수많은 백성이라는 뜻을 나타내는 말이다.
如履薄氷 (밟을 리 얇을 박)	여리박빙	얇은 얼음을 밟듯 몹시 위험(危險)함을 가리키는 말이다.
炎涼世態 (서늘할 량 불꽃 염 모양 태)	염량세태	뜨거웠다가 차가워지는 세태(世態)라는 뜻으로, 권세(權勢)가 있을 때에는 아첨(阿諂)하여 쫓고 권세(權勢)가 떨어지면 푸대접(待接)하는 세속(世俗)의 형편(形便)을 일컫는 말이다.
榮枯盛衰 (마를 고 쇠할 쇠)	영고성쇠	영화(榮華)롭고 마르고 성(盛)하고 쇠함이란 뜻으로, 세월이 흐름에 따라 성(盛)하고 쇠함이 서로 뒤바뀌는 현상(現象)을 일컫는다.
五里霧中 (안개 무)	오리무중	무슨 일에 대하여 알 길이 없음을 이르는 말이다.

瓦解土崩	와해토붕	사물이 크게 무너져 흩어짐을 이르는 말이다.
外柔內剛	외유내강	겉으로는 부드럽고 순하게 보이나 속은 곧고 굳셈을 이르는 말이다.
愚公移山	우공이산	우공이 산을 옮긴다는 말로, 남이 보기에는 어리석은 일처럼 보이지만 한 가지 일을 끝까지 밀고 나가면 언젠가는 목적(目的)을 달성(達成)할 수 있다는 뜻이다.
遠禍召福	원화소복	화를 멀리하고 복을 불러들인다는 의미이다.
以夷制夷	이이제이	다른 세력의 힘을 이용하여 또 다른 세력을 견제함을 이르는 말이다.
仁者無敵	인자무적	어진 사람은 널리 사람을 사랑하므로 천하(天下)에 적대(敵對)할 사람이 없음을 이르는 말이다.
一騎當千	일기당천	한 사람이 천 사람을 당해낸다는 뜻으로 힘이 아주 셈을 비유하는 말이다.
一觸卽發	일촉즉발	한 번 닿기만 하여도 곧 폭발(爆發)한다는 뜻으로, 조그만 자극(刺戟)에도 큰일이 벌어질 것 같은 아슬아슬한 상태(狀態)를 이르는 말이다.
切齒腐心	절치부심	이를 갈면서 속을 썩인다는 뜻으로, 대단히 분하게 여겨 마음을 썩임을 이르는 말이다.
漸入佳境	점입가경	점점 아름다운 지경으로 들어간다는 뜻으로 점점 흥미로워짐을 이르는 말이다.
縱橫無盡	종횡무진	행동이 자유롭게 제한이 없음을 이르는 말이다.
衆寡不敵	중과부적	적은 군사로 많은 군사를 대적하지 못함을 이르는 말이다.
指鹿爲馬	지록위마	사슴을 가리켜 말이라고 한다는 뜻으로, 윗사람을 농락(籠絡)하여 권세(權勢)를 마음대로 한다는 의미를 나타낸다.
支離滅裂	지리멸렬	이리저리 흩어져 갈피를 잡을 수 없음을 일컫는 말이다.
遲遲不進	지지부진	몹시 더디어서 잘 나아가지 않음을 뜻하는 말이다.
進退維谷	진퇴유곡	앞으로도 뒤로도 나아가거나 물러서지 못한다라는 뜻으로, 궁지(窮地)에 빠진 상태(狀態)를 일컫는 말이다.
塵合泰山	진합태산	티끌 모아 태산이라는 뜻으로 작은 물건도 많이 모이면 큰 것이 된다는 말이다.

사자성어	독음	의미
滄海一粟 (큰 바다 창, 조 속)	창해일속	큰 바다에 던져진 좁쌀 한 톨이라는 뜻으로, 지극(至極)히 작거나 보잘것없는 존재(存在)를 의미하거나, 이 세상(世上)에서의 인간(人間) 존재(存在)의 허무(虛無)함을 이르는 말이다.
天壤之差 (흙 양)	천양지차	하늘과 땅 사이와 같이 엄청난 차이(差異)를 말한다.
天衣無縫	천의무봉	선녀의 옷에는 바느질 자리가 없다는 뜻으로 성격이나 언동 등이 매우 자연스러워 꾸민 데가 없음을 이르는 말이다.
千載一遇 (실을 재)	천재일우	좀처럼 만나기 어려운 기회를 뜻한다.
寸鐵殺人 (쇠 철)	촌철살인	한 치의 쇠붙이로도 사람을 죽일 수 있다는 뜻으로, 간단한 말로도 남을 감동하게 하거나 남의 약점을 찌를 수 있음을 이르는 말이다.
秋毫之末	추호지말	가을철에 털갈이하여 가늘어진 짐승의 털이라는 뜻으로 매우 작은 것을 이르는 말이다.
快刀亂麻	쾌도난마	헝클어진 삼을 잘 드는 칼로 자른다는 뜻으로, 복잡(複雜)하게 얽힌 사물(事物)이나 비꼬인 문제(問題)들을 솜씨 있고 바르게 처리(處理)함을 비유하는 말이다.
兎營三窟 (지을 영, 굴 굴)	토영삼굴	토끼가 위험을 피하기 위해 구멍 셋을 만든다는 뜻으로 자신의 안전을 위해 몇 가지의 계책을 세운다는 말이다.
破邪顯正	파사현정	사악(邪惡)한 도리(道理)를 깨뜨리고 바른 도리(道理)를 드러낸다는 뜻이다.
抱腹絶倒 (안을 포, 넘어질 도)	포복절도	배를 안고 넘어진다는 뜻이거나 몹시 우스워서 배를 안고 몸을 가누지 못할 만큼 웃는다는 뜻이다.
含憤蓄怨 (분할 분, 쌓을 축, 원망할 원)	함분축원	분을 품고 원한(怨恨)을 쌓는다는 의미이다.
虛張聲勢	허장성세	헛되이 목소리의 기세(氣勢)만 높인다는 뜻으로, 실력(實力)이 없으면서도 허세(虛勢)로만 떠벌린다는 의미이다.
軒軒丈夫	헌헌장부	외모가 준수하고 쾌활한 사내를 비유하는 말이다.
螢雪之功	형설지공	반딧불과 눈빛을 이용해 공부한다는 뜻으로 고생하며 학문을 닦음을 이르는 말이다.
好事多魔 (마귀 마)	호사다마	좋은 일에는 방해(妨害)가 되는 일이 많음을 이르는 말이다.

紅爐點雪 화로 로	홍로점설	뜨거운 불길 위에 한 점 눈을 뿌리면 순식간에 녹듯이 사욕(邪慾)이나 의혹(疑惑)이 일시에 꺼져 없어지고 마음이 탁 트여 맑음을 일컫는 말 또는 크나큰 일에 작은 힘이 조금도 보람이 없음을 가리키는 말이다.
畫蛇添足	화사첨족	뱀을 그리는데 다리를 더한다라는 뜻으로 쓸데없이 군일을 하다가 실패함을 비유한 말이다.
花容月態	화용월태	아름다운 여자(女子)의 고운 자태(姿態)를 이르는 말이다.
畫中之餠 떡 병	화중지병	그림의 떡이라는 뜻으로 탐이 나도 아무 소용이 없고 실속도 없음을 이르는 말이다.
換骨奪胎 태보 태	환골탈태	환골은 옛사람의 시문(詩文)을 본떠서 어구를 만드는 것이고, 탈태는 고시(古詩)의 뜻을 본떠서 원시(原詩)와 다소 뜻을 다르게 짓는 것을 말한다. 옛 사람이나 타인(他人)의 글에서 그 형식(形式)이나 내용(內容)을 모방(模倣)하여 자기(自己)의 작품(作品)으로 꾸미는 일 또는 이전과 전혀 달라짐을 의미한다.
會者定離	회자정리	만나면 언젠가는 헤어지게 되어 있다는 뜻이다. 반대로 거자필반(去者必返)은 헤어진 사람은 반드시 돌아오게 된다는 의미를 나타낸다.
後生可畏 두려워할 외	후생가외	후배들의 발전을 두렵게 생각함을 이르는 말이다.

반의자 反義字

한자	훈음		한자	훈음
硬	굳을 경	⇔	軟	연할 연
經	날줄 경	⇔	緯	씨줄 위
寡	적을 과	⇔	多	많을 다
飢	주릴 기	⇔	飽	배부를 포
旦	아침 단	⇔	夕	저녁 석
騰	오를 등	⇔	落	떨어질 락
明	밝을 명	⇔	冥	어두울 명
美	아름다울 미	⇔	醜	추할 추
昇	오를 승	⇔	降	내릴 강
伸	펼 신	⇔	縮	줄어질 축
愛	사랑 애	⇔	憎	미워할 증
緩	느릴 완	⇔	急	급할 급
存	있을 존	⇔	廢	버릴 폐
縱	세로 종	⇔	橫	가로 횡
衆	무리 중	⇔	寡	적을 과
眞	참 진	⇔	僞 = 假	거짓 위 = 거짓 가
出	날 출	⇔	沒	잠길 몰

유의자 類義字

한자	훈음		한자	훈음
慨	슬퍼할 개	-	歎	탄식할 탄
牽	끌 견	-	引	끌 인
祿	녹 록	-	俸	녹 봉
謙	겸손할 겸	-	遜	겸손할 손
傾	기울 경	-	斜	비낄 사
雇	품팔이 고	-	傭	품팔이 용
恐	두려울 공	-	怖	두려울 포
購	살 구	-	買	살 매
嘔	토할 구	-	吐	토할 토
圈	둘레 권	-	圍	둘레 위
飢	주릴 기	-	餓	주릴 아
鍛	단련할 단	-	鍊	쇠불릴 련
敦	도타울 돈	-	篤	도타울 독
滅	멸망할 멸	-	亡	망할 망
侮	업신여길 모	-	蔑	업신여길 멸
墳	무덤 분	-	墓	무덤 묘
紊	어지러울 문	-	亂	어지러울 란
返	돌아올 반	-	還	돌아올 환

한자	훈음		한자	훈음
鳳	봉황새 봉	-	凰	봉황새 황
寺	절 사	-	刹	절 찰
纖	가늘 섬	-	細	가늘 세
哀	슬플 애	-	悼	슬퍼할 도
燃	불탈 연	-	燒	불사를 소
年	해 년	-	載	해 재
梧	오동나무 오	-	桐	오동나무 동
配	짝 배	-	偶	짝 우
隱	숨을 은	-	匿	숨을 닉
竊	훔칠 절	-	盜	도둑 도
提	끌 제	-	携	끌 휴
智	지혜 지	-	慧	지혜 혜
寵	사랑 총	-	愛	사랑 애
偏	치우칠 편	-	僻	후미질 벽
魂	넋 혼	-	魄	넋 백
鴻	기러기 홍	-	雁	기러기 안
謄	베낄 등	-	寫	베낄 사

약자 略字

한자	약자	훈음
徑	径	지름길 경
歐	欧	토할 구
惱	恼	괴로워할 뇌
膽	胆	쓸개 담
獵	猟	사냥할 렵
靈	霊, 灵	신령 령
爐	炉	화로 로
灣	湾	물굽이 만
蠻	蛮	오랑캐 만
禪	禅	고요할 선
纖	繊	가늘 섬
隨	随	따를 수
攝	摂	끌어 잡을 섭
獸	獣	짐승 수
譯	訳	번역할 역
譽	誉	기릴 예

한자	약자	훈음
鬱	欝	답답할 울
蠶	蚕	누에 잠
莊	荘	장엄할 장
竊	窃	훔칠 절
劑	剤	약 지을 제
鑄	鋳	부어 만들 주
慘	惨	참혹할 참
觸	触	닿을 촉
墮	堕	떨어질 타
廢	廃	폐할 폐
陷	陥	빠질 함
縣	県	고을 현
峽	峡	골짜기 협
螢	蛍	반딧불 형
懷	懐	품을 회
戲	戯	희롱할 희

확인학습 정답 찾아보기

확인학습 정답

Day01 (30~31쪽)

1. ① 짐/연꽃 하 ② 겨를/틈 가 ③ 이마 액 ④ 얽힐/맥락 락 ⑤ 쇠불릴 련 ⑥ 난초 란 ⑦ 책 펴낼 간 ⑧ 언덕 안 ⑨ 시렁 가 ⑩ 누각 각 ⑪ 간할 간 ⑫ 난간 란 ⑬ 간 간 ⑭ 달굴 련 ⑮ 땀 한 ⑯ 간절할 간 ⑰ 흉터 흔 ⑱ 뵐·아뢸 알 ⑲ 높이들 게 ⑳ 수레/처마 헌 ㉑ 칡 갈

2. ① 공란 ② 한해 ③ 난간 ④ 간장 ⑤ 동헌 ⑥ 간절 ⑦ 흔적 ⑧ 게시 ⑨ 알현 ⑩ 각료 ⑪ 휴가 ⑫ 수하물 ⑬ 액수 ⑭ 맥락 ⑮ 낙동강 ⑯ 능란 ⑰ 출간 ⑱ 사간원 ⑲ 갈등 ⑳ 연마 ㉑ 간담회

3. ① 阿 ② 洛 ③ 諫 ④ 欄 ⑤ 爛 ⑥ 肝 ⑦ 汗 ⑧ 旱 ⑨ 軒 ⑩ 懇 ⑪ 痕 ⑫ 葛 ⑬ 謁 ⑭ 架 ⑮ 額 ⑯ 暇 ⑰ 鍊 ⑱ 揭 ⑲ 絡 ⑳ 閣 ㉑ 蘭

Day02 (40~41쪽)

1. ① 거울 감 ② 쪽 람 ③ 소금 염 ④ 강철 강 ⑤ 버리 강 ⑥ 낄 개 ⑦ 막을 거 ⑧ 떨어질·상거할 거 ⑨ 겸할 겸 ⑩ 굳을 경 ⑪ 달·엿 당/사탕 탕 ⑫ 마침내·마칠 경 ⑬ 넘칠 람 ⑭ 살필 량 ⑮ 싸움배 함 ⑯ 그림자 영 ⑰ 누를/수결 압 ⑱ 당나라 당 ⑲ 굳셀 강 ⑳ 싫어할 혐 ㉑ 줄기 간

2. ① 남획 ② 함대 ③ 압수 ④ 강직 ⑤ 간부 ⑥ 서한 ⑦ 겸양 ⑧ 염전 ⑨ 혐오 ⑩ 양해 ⑪ 약탈 ⑫ 당료 ⑬ 귀감 ⑭ 강철 ⑮ 개입 ⑯ 거부 ⑰ 거리 ⑱ 겸직 ⑲ 강경 ⑳ 황당 ㉑ 영향

3. ① 濫 ② 艦 ③ 押 ④ 剛 ⑤ 幹 ⑥ 翰 ⑦ 謙 ⑧ 廉 ⑨ 嫌 ⑩ 唐 ⑪ 影 ⑫ 諒 ⑬ 掠 ⑭ 竟 ⑮ 鑑 ⑯ 糖 ⑰ 藍 ⑱ 硬 ⑲ 鹽 ⑳ 鋼 ㉑ 兼

Day03 (50~51쪽)

1. ① 이지러질 결 ② 마를 고 ③ 시어미 고 ④ 볏짚/원고 고 ⑤ 욕심 욕 ⑥ 넉넉할 유 ⑦ 칠 공 ⑧ 바칠 공 ⑨ 두려울 공 ⑩ 목 항 ⑪ 이바지할 공 ⑫ 공손할 공 ⑬ 거리 항 ⑭ 항구 항 ⑮ 기릴 송 ⑯ 송사할 송 ⑰ 넓을 홍 ⑱ 기러기 홍 ⑲ 독할 혹 ⑳ 넓을 호 ㉑ 가는 털 호

2. ① 영결 ② 호인 ③ 호걸 ④ 추호 ⑤ 혹독 ⑥ 홍안 ⑦ 홍수 ⑧ 결석 ⑨ 고부 ⑩ 고갈 ⑪ 기고 ⑫ 송사 ⑬ 물욕 ⑭ 공격 ⑮ 조공 ⑯ 공포 ⑰ 조항 ⑱ 공급 ⑲ 항간 ⑳ 칭송 ㉑ 호연지기

3. ① 徑 ② 訣 ③ 胡 ④ 豪 ⑤ 毫 ⑥ 浩 ⑦ 酷 ⑧ 鴻 ⑨ 洪 ⑩ 缺 ⑪ 枯
⑫ 姑 ⑬ 稿 ⑭ 慾 ⑮ 裕 ⑯ 攻 ⑰ 貢 ⑱ 恐 ⑲ 項 ⑳ 供 ㉑ 恭

Day 04 (60~61쪽)

1. ① 바로잡을 교 ② 견줄 교 ③ 들 교 ④ 대롱 관 ⑤ 재앙 화 ⑥ 잡을 구
⑦ 진실로 구 ⑧ 얽을 구 ⑨ 휘두를 휘 ⑩ 늙은이 옹 ⑪ 객지에 살 교
⑫ 목맬 교 ⑬ 교활할 교 ⑭ 과자 과 ⑮ 집/객사 관 ⑯ 몰 구 ⑰ 갈매기 구
⑱ 토할 구 ⑲ 개 구 ⑳ 살 구 ㉑ 안방 규

2. ① 구조 ② 교포 ③ 팔괘 ④ 교토 ⑤ 과자 ⑥ 여관 ⑦ 구축
⑧ 교정 ⑨ 관장 ⑩ 구매 ⑪ 규수 ⑫ 교수형 ⑬ 괘도 ⑭ 휘황
⑮ 구라파 ⑯ 비교 ⑰ 근교 ⑱ 양두구육 ⑲ 앙화 ⑳ 구속 ㉑ 새옹지마

3. ① 翁 ② 僑 ③ 絞 ④ 狡 ⑤ 菓 ⑥ 館 ⑦ 驅 ⑧ 鷗 ⑨ 歐 ⑩ 狗 ⑪ 購
⑫ 閨 ⑬ 桂 ⑭ 卦 ⑮ 掛 ⑯ 輝 ⑰ 矯 ⑱ 較 ⑲ 郊 ⑳ 管 ㉑ 禍

Day 05 (70~71쪽)

1. ① 문서 권 ② 빌 기 ③ 주먹 권 ④ 삼갈 근 ⑤ 탄식할 탄 ⑥ 거문고 금
⑦ 탐낼 탐 ⑧ 기이할 기 ⑨ 부칠 기 ⑩ 속일 기 ⑪ 대개 개 ⑫ 벼리 기
⑬ 경기 기 ⑭ 왕비 비 ⑮ 기계 기 ⑯ 둘레 권 ⑰ 부끄러울 괴 ⑱ 흙덩이 괴
⑲ 꼭두각시 괴 ⑳ 겨우 근 ㉑ 무궁화 근

2. ① 기부 ② 참괴 ③ 금괴 ④ 괴기 ⑤ 근근 ⑥ 탄식 ⑦ 근역
⑧ 포함 ⑨ 기마 ⑩ 개탄 ⑪ 기피 ⑫ 왕비 ⑬ 기강 ⑭ 기회
⑮ 경기 ⑯ 개론 ⑰ 사기 ⑱ 기발 ⑲ 심금 ⑳ 조근 ㉑ 문화권

3. ① 圈 ② 愧 ③ 蘇 ④ 葬 ⑤ 薦 ⑥ 蔑 ⑦ 蒸 ⑧ 靈 ⑨ 覇 ⑩ 厭 ⑪ 厄
⑫ 祈 ⑬ 拳 ⑭ 謹 ⑮ 歎 ⑯ 琴 ⑰ 貪 ⑱ 奇 ⑲ 寄 ⑳ 欺 ㉑ 槪

Day 06 (80~81쪽)

1. ① 싸움 투 ② 아가씨 낭 ③ 사모할 련 ④ 무딜·둔할 둔 ⑤ 찢을 렬
⑥ 고개 령 ⑦ 떨어질 령 ⑧ 박달나무 단 ⑨ 탄알 탄 ⑩ 빌릴 대 ⑪ 구리 동
⑫ 아침 단 ⑬ 고요할 선 ⑭ 터 대 ⑮ 얼 동 ⑯ 마룻대 동 ⑰ 오동나무 동
⑱ 모일·진칠 둔/어려울 준 ⑲ 행랑 랑 ⑳ 오랑캐 만 ㉑ 물굽이 만

2. ① 단석 ② 참선 ③ 대지 ④ 동결 ⑤ 동량 ⑥ 오동 ⑦ 주둔
⑧ 행랑 ⑨ 항만 ⑩ 만이 ⑪ 책력 ⑫ 연령 ⑬ 화로 ⑭ 간록
⑮ 영락 ⑯ 예둔 ⑰ 연모 ⑱ 분수령 ⑲ 투쟁 ⑳ 동화 ㉑ 임대

3. ① 旦 ② 禪 ③ 垈 ④ 凍 ⑤ 棟 ⑥ 桐 ⑦ 屯 ⑧ 廊 ⑨ 蠻 ⑩ 灣 ⑪ 曆
⑫ 齡 ⑬ 爐 ⑭ 祿 ⑮ 鬪 ⑯ 娘 ⑰ 戀 ⑱ 鈍 ⑲ 裂 ⑳ 嶺 ㉑ 零

Day07 (90~91쪽)

1. ① 엄습할 습　② 다락 루　③ 바퀴 륜　④ 언덕 릉　⑤ 이웃 린　⑥ 불쌍히 여길 련
　⑦ 사모할 모　⑧ 본뜰/모범 모　⑨ 모을 모　⑩ 망령들 망　⑪ 병고칠 료　⑫ 동료 료
　⑬ 새장 롱　⑭ 사랑 총　⑮ 갈 마　⑯ 자주·여러 루　⑰ 문지를 마
　⑱ 마귀 마　⑲ 사막 막　⑳ 장막 막　㉑ 질펀할 만

2. ① 치료　② 동료　③ 농락　④ 총애　⑤ 누차　⑥ 탁마　⑦ 안마
　⑧ 마귀　⑨ 사막　⑩ 장막　⑪ 낭만　⑫ 거만　⑬ 망망　⑭ 망측
　⑮ 망라　⑯ 습격　⑰ 누각　⑱ 윤회　⑲ 능멸　⑳ 연민　㉑ 망령

3. ① 療　② 僚　③ 籠　④ 寵　⑤ 屢　⑥ 磨　⑦ 摩　⑧ 魔　⑨ 漠　⑩ 幕　⑪ 漫
　⑫ 慢　⑬ 茫　⑭ 罔　⑮ 網　⑯ 襲　⑰ 樓　⑱ 輪　⑲ 陵　⑳ 隣　㉑ 慕

Day08 (100~101쪽)

1. ① 돌/일반 반　② 팔 판　③ 판목 판　④ 돌아올 반　⑤ 무역할 무　⑥ 꾀할 모
　⑦ 아무 모　⑧ 맹세 맹　⑨ 뉘우칠 회　⑩ 번성할 번　⑪ 소경 맹　⑫ 매화 매
　⑬ 재빠를 민　⑭ 거칠 황　⑮ 업신여길 모　⑯ 해산할 만　⑰ 안개 무　⑱ 중매 매
　⑲ 어지러울 문　⑳ 불쌍히 여길 민　㉑ 갑자기 홀

2. ① 민감　② 모멸　③ 분만　④ 무산　⑤ 중매　⑥ 문란　⑦ 민연
　⑧ 홀연　⑨ 배반　⑩ 반석　⑪ 반입　⑫ 반려　⑬ 전반　⑭ 판로
　⑮ 판권　⑯ 반환　⑰ 무역　⑱ 권모　⑲ 맹서(세)　⑳ 번식　㉑ 황무지

3. ① 荒　② 侮　③ 娩　④ 霧　⑤ 媒　⑥ 紊　⑦ 憫　⑧ 忽　⑨ 叛　⑩ 盤　⑪ 搬
　⑫ 伴　⑬ 般　⑭ 販　⑮ 版　⑯ 返　⑰ 貿　⑱ 謀　⑲ 某　⑳ 盟　㉑ 悔

Day09 (110~111쪽)

1. ① 터럭 발　② 꽃다울 방　③ 해로울 방　④ 복돋을 배　⑤ 칠 박　⑥ 뿌릴 파
　⑦ 법 범　⑧ 뜰 범　⑨ 벽 벽　⑩ 피할 피　⑪ 뺄·뽑을 발　⑫ 본받을 방
　⑬ 길쌈 방　⑭ 곁 방　⑮ 배상할 배　⑯ 맏 백　⑰ 잣나무 백
　⑱ 닥칠/핍박할 박　⑲ 배댈 박　⑳ 큰 배 박　㉑ 푸를 벽

2. ① 발본　② 방사　③ 방직　④ 방관　⑤ 배관　⑥ 백중　⑦ 송백
　⑧ 구박　⑨ 숙박　⑩ 선박　⑪ 벽해　⑫ 배양　⑬ 번역　⑭ 문벌
　⑮ 궁벽　⑯ 피난　⑰ 장벽　⑱ 범세계　⑲ 교범　⑳ 파종　㉑ 혼비백산

3. ① 拔　② 倣　③ 紡　④ 傍　⑤ 賠　⑥ 伯　⑦ 柏　⑧ 迫　⑨ 泊　⑩ 舶　⑪ 碧
　⑫ 魄　⑬ 翻　⑭ 閥　⑮ 僻　⑯ 髮　⑰ 芳　⑱ 妨　⑲ 培　⑳ 拍　㉑ 播

Day10 (120~121쪽)

1. ① 넓을 보　② 족보 보　③ 기울 보　④ 물가 포　⑤ 잡을 포　⑥ 넓을 박
　⑦ 얇을 박　⑧ 폭 폭　⑨ 버금 부　⑩ 배 복　⑪ 겹칠 복　⑫ 봉우리 봉

⑬ 나라 방 ⑭ 줄/부칠 부 ⑮ 관청 부 ⑯ 아우를 병 ⑰ 병풍 병 ⑱ 문서 부
⑲ 다다를 부 ⑳ 덮을 복 ㉑ 벌 봉

2. ① 병합 ② 병풍 ③ 부기 ④ 부임 ⑤ 복면 ⑥ 양봉 ⑦ 재봉
⑧ 녹봉 ⑨ 부패 ⑩ 부신 ⑪ 정부 ⑫ 납부 ⑬ 연방 ⑭ 복제
⑮ 복안 ⑯ 부식 ⑰ 진폭 ⑱ 희박 ⑲ 해박 ⑳ 체포 ㉑ 보편

3. ① 倂 ② 屛 ③ 簿 ④ 赴 ⑤ 覆 ⑥ 蜂 ⑦ 縫 ⑧ 俸 ⑨ 腐 ⑩ 符 ⑪ 普
⑫ 譜 ⑬ 補 ⑭ 浦 ⑮ 捕 ⑯ 博 ⑰ 薄 ⑱ 幅 ⑲ 副 ⑳ 腹 ㉑ 複

Day11 130~131쪽

1. ① 가루 분 ② 어지러울 분 ③ 분할 분 ④ 아니 불 ⑤ 떨 불 ⑥ 비평할 비
⑦ 비석 비 ⑧ 여종 비 ⑨ 물리칠 배 ⑩ 장수 수/거느릴 솔 ⑪ 붙을 부
⑫ 무덤 분 ⑬ 무너질 붕 ⑭ 도둑 비 ⑮ 광대 배 ⑯ 먹일 사 ⑰ 인삼 삼
⑱ 참혹할 참 ⑲ 상자 상 ⑳ 말 사 ㉑ 속일 사

2. ① 부속 ② 분말 ③ 분규 ④ 분묘 ⑤ 분노 ⑥ 지불 ⑦ 붕어
⑧ 비평 ⑨ 비적 ⑩ 비참 ⑪ 존비 ⑫ 비석 ⑬ 시비 ⑭ 연배
⑮ 배우 ⑯ 근시 ⑰ 장수 ⑱ 인삼 ⑲ 사취 ⑳ 배출 ㉑ 사회

3. ① 附 ② 墳 ③ 崩 ④ 匪 ⑤ 俳 ⑥ 飼 ⑦ 蔘 ⑧ 慘 ⑨ 箱 ⑩ 粉 ⑪ 紛
⑫ 憤 ⑬ 拂 ⑭ 批 ⑮ 碑 ⑯ 婢 ⑰ 排 ⑱ 帥 ⑲ 輩 ⑳ 詞 ㉑ 詐

Day12 140~141쪽

1. ① 무리 당 ② 갚을 상 ③ 넓힐 척/박을 탁 ④ 어긋날/섞일 착
⑤ 문서 적 ⑥ 도울 찬 ⑦ 기릴 찬 ⑧ 베풀 선 ⑨ 넘을 초 ⑩ 밝을 소
⑪ 비출 조 ⑫ 치마 상 ⑬ 맛볼 상 ⑭ 손바닥 장 ⑮ 높을 륭 ⑯ 클 석
⑰ 둘 조 ⑱ 가늘 섬 ⑲ 세낼 세 ⑳ 나비 접 ㉑ 염탐할 첩

2. ① 의상 ② 찬미 ③ 장악 ④ 융성 ⑤ 조치 ⑥ 섬유 ⑦ 전세
⑧ 간첩 ⑨ 변상 ⑩ 초본 ⑪ 소집 ⑫ 소개 ⑬ 조명 ⑭ 초인
⑮ 선포 ⑯ 접영 ⑰ 협찬 ⑱ 미상불 ⑲ 부적 ⑳ 석사 ㉑ 사상누각

3. ① 裳 ② 嘗 ③ 掌 ④ 隆 ⑤ 碩 ⑥ 措 ⑦ 纖 ⑧ 貰 ⑨ 蝶 ⑩ 諜 ⑪ 沙
⑫ 抄 ⑬ 召 ⑭ 紹 ⑮ 黨 ⑯ 償 ⑰ 拓 ⑱ 錯 ⑲ 籍 ⑳ 贊 ㉑ 讚

Day13 150~151쪽

1. ① 꾈 유 ② 통할 투 ③ 구할 수 ④ 빌 도 ⑤ 우편 우
⑥ 드디어/이룰 수 ⑦ 감독할 독 ⑧ 겨레 척 ⑨ 열흘 순 ⑩ 방패 순
⑪ 허파 폐 ⑫ 끌 제 ⑬ 독 제 ⑭ 마를 조 ⑮ 따를 수 ⑯ 떨어질 타
⑰ 찾을 수 ⑱ 부어 만들 주 ⑲ 드리울 수 ⑳ 졸 수 ㉑ 쫓을 축

2. 　① 건조　② 수행　③ 수색　④ 주화　⑤ 수직　⑥ 혼수　⑦ 축출
　　 ⑧ 정적　⑨ 순직　⑩ 순환　⑪ 신축　⑫ 제방　⑬ 제휴　⑭ 폐렴
　　 ⑮ 모순　⑯ 친척　⑰ 독려　⑱ 우편　⑲ 완수　⑳ 수요　㉑ 유혹

3. 　① 燥　② 隨　③ 墮　④ 搜　⑤ 鑄　⑥ 垂　⑦ 睡　⑧ 逐　⑨ 寂　⑩ 殉　⑪ 循
　　 ⑫ 伸　⑬ 誘　⑭ 透　⑮ 需　⑯ 禧　⑰ 郵　⑱ 遂　⑲ 督　⑳ 戚　㉑ 旬

Day 14 (160~161쪽)

1. 　① 굳게 얽을 긴　② 밑 저　③ 막을 저　④ 바를 아　⑤ 잔치 연
　　 ⑥ 비칠 영　⑦ 못 지　⑧ 허락할 낙　⑨ 흙 양　⑩ 모양 양　⑪ 상서로울 상
　　 ⑫ 버들 양　⑬ 큰 띠 신　⑭ 콩팥 신　⑮ 싹 아　⑯ 간사할 사　⑰ 살필 안
　　 ⑱ 안장 안　⑲ 늦을 안　⑳ 재앙 앙　㉑ 누를 억

2. 　① 신사　② 신장　③ 맥아　④ 간사　⑤ 안배　⑥ 안장　⑦ 재앙
　　 ⑧ 억울　⑨ 야기　⑩ 은닉　⑪ 영양　⑫ 상세　⑬ 상서　⑭ 양식
　　 ⑮ 토양　⑯ 허락　⑰ 천지　⑱ 반영　⑲ 연회　⑳ 아악　㉑ 저당

3. 　① 紳　② 腎　③ 芽　④ 邪　⑤ 按　⑥ 鞍　⑦ 宴　⑧ 殃　⑨ 抑　⑩ 壤　⑪ 匿
　　 ⑫ 孃　⑬ 詳　⑭ 緊　⑮ 底　⑯ 抵　⑰ 雅　⑱ 宴　⑲ 映　⑳ 池　㉑ 諾

Day 15 (170~171쪽)

1. 　① 끓을 탕　② 역마 역　③ 풀 석　④ 못 택　⑤ 가릴 택　⑥ 맑을 담
　　 ⑦ 헤엄칠 영　⑧ 천천히 서　⑨ 길 도　⑩ 수레 여　⑪ 줄 사　⑫ 물 따라갈 연
　　 ⑬ 납 연　⑭ 날카로울 예　⑮ 화창할 창　⑯ 번역할 역　⑰ 읊을 영
　　 ⑱ 차례/서술할 서　⑲ 진흙/바를 도　⑳ 비낄 사　㉑ 나/줄 여

2. 　① 유창　② 역서　③ 음영　④ 서술　⑤ 역마　⑥ 사선　⑦ 예금
　　 ⑧ 명예　⑨ 검열　⑩ 오락　⑪ 첨예　⑫ 연필　⑬ 연안　⑭ 여론
　　 ⑮ 완서　⑯ 도중　⑰ 담박　⑱ 선택　⑲ 윤택　⑳ 해석　㉑ 도청도설

3. 　① 暢　② 譯　③ 詠　④ 敍　⑤ 塗　⑥ 斜　⑦ 予　⑧ 預　⑨ 譽　⑩ 閱　⑪ 湯
　　 ⑫ 驛　⑬ 釋　⑭ 澤　⑮ 擇　⑯ 淡　⑰ 泳　⑱ 徐　⑲ 途　⑳ 輿　㉑ 賜

Day 16 (180~181쪽)

1. 　① 멀 요　② 벼 도　③ 욀 송　④ 더러울 오　⑤ 어리석을 우　⑥ 갓 관
　　 ⑦ 구원할 원　⑧ 맡길 위　⑨ 밥통 위　⑩ 오동나무 오　⑪ 미칠 광　⑫ 그윽할 유
　　 ⑬ 흔들 요　⑭ 요임금/높을 요　⑮ 불사를 소　⑯ 새벽 효　⑰ 요망할 요
　　 ⑱ 녹일 용　⑲ 쓸/떳떳할 용　⑳ 품팔이 용　㉑ 자랑할 과

2. 　① 오염　② 광란　③ 원조　④ 요동　⑤ 당요　⑥ 소각　⑦ 효성
　　 ⑧ 요사　⑨ 용암　⑩ 중용　⑪ 용병　⑫ 과대　⑬ 우연　⑭ 투혼
　　 ⑮ 완행　⑯ 운치　⑰ 위장　⑱ 위탁　⑲ 우둔　⑳ 오염　㉑ 심산유곡

3. ① 援 ② 梧 ③ 狂 ④ 幽 ⑤ 搖 ⑥ 堯 ⑦ 燒 ⑧ 曉 ⑨ 妖 ⑩ 鎔 ⑪ 庸 ⑫ 傭 ⑬ 誇 ⑭ 偶 ⑮ 魂 ⑯ 緩 ⑰ 韻 ⑱ 遙 ⑲ 稻 ⑳ 誦 ㉑ 汚

Day17 (190~191쪽)

1. ① 날개 익 ② 둘레/에워쌀 위 ③ 지킬 위 ④ 보낼 수 ⑤ 가지 조 ⑥ 멀 유 ⑦ 거동 의 ⑧ 의심할 의 ⑨ 게으를 태 ⑩ 이를 위 ⑪ 살갗 부 ⑫ 어긋날 위 ⑬ 씨줄 위 ⑭ 나을 유 ⑮ 피리 적 ⑯ 뽑을 추 ⑰ 굴대 축 ⑱ 다스릴 윤 ⑲ 저 이 ⑳ 탄식할 희 ㉑ 엉길 응

2. ① 범위 ② 호위 ③ 수송 ④ 조목 ⑤ 가위 ⑥ 의례 ⑦ 의혹 ⑧ 태만 ⑨ 익룡 ⑩ 태풍 ⑪ 태교 ⑫ 응시 ⑬ 주축 ⑭ 영윤 ⑮ 이태리 ⑯ 위선 ⑰ 한유 ⑱ 만파식적 ⑲ 위반 ⑳ 피부 ㉑ 유유자적

3. ① 謂 ② 膚 ③ 違 ④ 緯 ⑤ 愈 ⑥ 笛 ⑦ 抽 ⑧ 軸 ⑨ 尹 ⑩ 伊 ⑪ 噫 ⑫ 凝 ⑬ 碍 ⑭ 殆 ⑮ 胎 ⑯ 颱 ⑰ 翼 ⑱ 圍 ⑲ 衛 ⑳ 輸 ㉑ 條

Day18 (200~201쪽)

1. ① 칼날 인 ② 혼인 인 ③ 품팔이 임 ④ 관청 서 ⑤ 남을/잔인할 잔 ⑥ 밟을 천 ⑦ 천할 천 ⑧ 권면할 장 ⑨ 꾸밀 장 ⑩ 오장 장 ⑪ 막을 장 ⑫ 휘장 장 ⑬ 베풀 장 ⑭ 아이 밸 임 ⑮ 음란할 음 ⑯ 실마리 서 ⑰ 검을/이 자 ⑱ 자석 자 ⑲ 술잔/부을 작 ⑳ 낚시 조 ㉑ 표범 표

2. ① 봉인 ② 권장 ③ 음란 ④ 단서 ⑤ 임금 ⑥ 자석 ⑦ 만작 ⑧ 조어 ⑨ 표변 ⑩ 장엄 ⑪ 저장 ⑫ 표창 ⑬ 재판 ⑭ 과장 ⑮ 휘장 ⑯ 오장 ⑰ 무장 ⑱ 임산부 ⑲ 천민 ⑳ 잔류 ㉑ 자산어보

3. ① 刃 ② 姙 ③ 淫 ④ 緖 ⑤ 玆 ⑥ 磁 ⑦ 酌 ⑧ 釣 ⑨ 豹 ⑩ 莊 ⑪ 藏 ⑫ 彰 ⑬ 姻 ⑭ 賃 ⑮ 殘 ⑯ 踐 ⑰ 獎 ⑱ 裝 ⑲ 臟 ⑳ 障 ㉑ 帳

Day19 (210~211쪽)

1. ① 씻을 탁 ② 뛸 약 ③ 꺾을 절 ④ 밝을 철 ⑤ 점칠 점 ⑥ 정자 정 ⑦ 바로잡을 정 ⑧ 편안할 녕 ⑨ 조정 정 ⑩ 길/법 정 ⑪ 관청/청사 청 ⑫ 칠·정벌할 정 ⑬ 가지런할 정 ⑭ 증세 증 ⑮ 옷마를 재 ⑯ 실을 재 ⑰ 일 대 ⑱ 용서할 사 ⑲ 물방울 적 ⑳ 딸 적 ㉑ 맹세할 서/세

2. ① 탁족 ② 연재 ③ 도약 ④ 사면 ⑤ 연적 ⑥ 적요 ⑦ 선서 ⑧ 함정 ⑨ 정탐 ⑩ 함정 ⑪ 전형 ⑫ 국제 ⑬ 증세 ⑭ 정리 ⑮ 정벌 ⑯ 청사 ⑰ 조정 ⑱ 강녕 ⑲ 교정 ⑳ 철인 ㉑ 대관식

3. ① 際 ② 載 ③ 戴 ④ 赦 ⑤ 滴 ⑥ 摘 ⑦ 誓 ⑧ 艇 ⑨ 偵 ⑩ 穽 ⑪ 型 ⑫ 濯 ⑬ 躍 ⑭ 折 ⑮ 哲 ⑯ 占 ⑰ 亭 ⑱ 訂 ⑲ 寧 ⑳ 廷 ㉑ 程

Day20 (220~221쪽)

1. 01 돋을 도　02 건널 제　03 조수 조　04 달아날 도　05 뛸 도　06 그루 주
   07 다를 수　08 기둥 주　09 두루 주　10 준걸 준　11 맺을 체　12 약 지을 제
   13 시끄러울 소　14 복숭아 도　15 구슬 주　16 물이름/물가 수　17 새길 조
   18 실 산　19 부추길 사　20 부딪칠/찌를 충　21 버금 중

2. 01 체결　02 조제　03 소음　04 주변　05 도전　06 진주　07 주차
   08 조각　09 산화　10 교사　11 시사　12 충돌　13 중개　14 증오
   15 기증　16 승려　17 준걸　18 무릉도원　19 지주　20 수훈　21 수주대토

3. 01 締　02 劑　03 騷　04 桃　05 挑　06 珠　07 洙　08 駐　09 彫　10 酸　11 唆
   12 衝　13 仲　14 憎　15 贈　16 僧　17 濟　18 潮　19 逃　20 跳　21 株

Day21 (230~231쪽)

1. 01 조카 질　02 짤 직　03 값 치　04 삼갈 신　05 둘 치　06 진압할 진
   07 맵시 자　08 재물 자　09 암컷 자　10 조세 조　11 짤 조　12 맛/뜻 지
   13 비계 지　14 번식할 식　15 벼락/진동할 진　16 떨칠 진　17 새벽 신
   18 입술 순　19 오를 등　20 베낄 등　21 등나무 등

2. 01 지방　02 식민　03 진동　04 진흥　05 자세　06 순음　07 등락
   08 등사　09 등전　10 방자　11 자문　12 조세　13 채색　14 교지
   15 숙질　16 소조　17 배치　18 자금성　19 근신　20 진압　21 혼정신성

3. 01 旨　02 脂　03 殖　04 震　05 振　06 晨　07 脣　08 騰　09 謄　10 藤　11 恣
   12 諮　13 紫　14 彩　15 組　16 租　17 雌　18 資　19 姿　20 鎭　21 置

Day22 (240~241쪽)

1. 01 빚 채　02 길쌈/공 적　03 자취 적　04 곳집 창　05 순행할 순　06 칼 검
   07 험할 험　08 멜 담　09 깎을 삭　10 흐릴 탁　11 탈 초　12 벨 참
   13 부끄러울 참　14 점차 점　15 잠시 잠　16 푸를 창　17 큰 바다 창　18 슬퍼할 처
   19 쓸개 담　20 닮을 초　21 망볼 초

2. 01 참신　02 참회　03 점차　04 잠시　05 초소　06 창공　07 처참
   08 담력　09 탁주　10 보초　11 화촉　12 접촉　13 추세　14 창고
   15 초상화　16 소속　17 삭감　18 창해일속　19 담임　20 순행　21 초미지급

3. 01 斬　02 慙　03 漸　04 暫　05 蒼　06 滄　07 悽　08 膽　09 肖　10 哨　11 燭
   12 觸　13 趨　14 焦　15 濁　16 屬　17 削　18 擔　19 險　20 劍　21 巡

Day23 (250~251쪽)

1. 01 벼리 유　02 그물/비단 라　03 어릴 치　04 법도 준　05 굽힐 굴　06 졸할 졸
   07 지을 술　08 총 총　09 뜻/취미 취　10 겯 측　11 헤아릴 측　12 침노할 침

⑬ 적실 침 ⑭ 잠잘 침 ⑮ 잠길 침/성씨 심 ⑯ 맡길 탁 ⑰ 엮을 편
⑱ 부탁 탁 ⑲ 슬퍼할 도 ⑳ 치우칠 편 ㉑ 두루 편

2. ① 사유 ② 최촉 ③ 동굴 ④ 목침 ⑤ 부탁 ⑥ 애도 ⑦ 편애
⑧ 치졸 ⑨ 재편 ⑩ 청탁 ⑪ 침몰 ⑫ 침대 ⑬ 침투 ⑭ 침략
⑮ 측량 ⑯ 측면 ⑰ 취지 ⑱ 총통 ⑲ 진술 ⑳ 굴신 ㉑ 만산편야

3. ① 惟 ② 催 ③ 窟 ④ 枕 ⑤ 託 ⑥ 悼 ⑦ 偏 ⑧ 遍 ⑨ 寢 ⑩ 浸 ⑪ 侵
⑫ 測 ⑬ 側 ⑭ 趣 ⑮ 銃 ⑯ 述 ⑰ 屈 ⑱ 準 ⑲ 稚 ⑳ 編 ㉑ 維

Day24 (260~261쪽)

1. ① 평론할 평 ② 태보 포 ③ 대포 포 ④ 터질 폭 ⑤ 뜰 표 ⑥ 입을 피
⑦ 다 함 ⑧ 탑 탑 ⑨ 겨룰/막을 항 ⑩ 배 항 ⑪ 씨 핵
⑫ 새길 각 ⑬ 들/평수 평 ⑭ 해질 폐 ⑮ 폐백 폐 ⑯ 덮을 폐 ⑰ 배부를 포
⑱ 자못 파 ⑲ 꿀 밀 ⑳ 한할·원망할 감 ㉑ 갖출/마땅 그 해

2. ① 평수 ② 폐단 ③ 화폐 ④ 편파 ⑤ 포식 ⑥ 표류 ⑦ 파다
⑧ 봉밀 ⑨ 모함 ⑩ 유감 ⑪ 갱유 ⑫ 해당 ⑬ 동포 ⑭ 핵심
⑮ 출항 ⑯ 항거 ⑰ 해금 ⑱ 차폐 ⑲ 피해 ⑳ 폭발 ㉑ 각주구검

3. ① 坪 ② 弊 ③ 幣 ④ 蔽 ⑤ 飽 ⑥ 漂 ⑦ 頗 ⑧ 蜜 ⑨ 陷 ⑩ 憾 ⑪ 坑
⑫ 該 ⑬ 奚 ⑭ 刻 ⑮ 核 ⑯ 航 ⑰ 抗 ⑱ 塔 ⑲ 咸 ⑳ 被 ㉑ 標

Day25 (270~271쪽)

1. ① 소리/울릴 향 ② 누릴 향 ③ 도타울 돈 ④ 활시위 현 ⑤ 줄 현
⑥ 드릴 헌 ⑦ 바꿀 환 ⑧ 쇳돌 광 ⑨ 넓힐 확 ⑩ 무너질 괴 ⑪ 잠잠할 묵
⑫ 성곽 곽 ⑬ 끌 견 ⑭ 골짜기 협 ⑮ 위협할 협 ⑯ 반딧불이 형 ⑰ 사로잡을 로
⑱ 미혹할 혹 ⑲ 가죽신 화 ⑳ 봉황새 황 ㉑ 가로 횡

2. ① 성곽 ② 견인 ③ 협곡 ④ 위협 ⑤ 음향 ⑥ 희롱 ⑦ 포로
⑧ 제화 ⑨ 미혹 ⑩ 봉황 ⑪ 종횡 ⑫ 회포 ⑬ 훈장 ⑭ 유사
⑮ 침묵 ⑯ 붕괴 ⑰ 확장 ⑱ 교환 ⑲ 공헌 ⑳ 돈독 ㉑ 형광등

3. ① 郭 ② 牽 ③ 峽 ④ 脅 ⑤ 螢 ⑥ 戲 ⑦ 虜 ⑧ 惑 ⑨ 靴 ⑩ 凰 ⑪ 橫
⑫ 懷 ⑬ 勳 ⑭ 似 ⑮ 響 ⑯ 享 ⑰ 敦 ⑱ 弦 ⑲ 獻 ⑳ 換 ㉑ 鑛

Day26 (280~281쪽)

1. ① 하물며 황 ② 이길 극 ③ 토끼 토 ④ 벼슬 경 ⑤ 달릴 분 ⑥ 맺을 계 ⑦ 떨칠 분
⑧ 빼앗을 탈 ⑨ 차례 질 ⑩ 밟을/신발 리 ⑪ 오만할 오 ⑫ 도울 좌 ⑬ 목구멍 후
⑭ 우산 산 ⑮ 찰 축 ⑯ 오줌 뇨 ⑰ 여승 니 ⑱ 진흙 니 ⑲ 주검 시 ⑳ 잡을 악
㉑ 어깨 견

2. ① 오만 ② 제후 ③ 후음 ④ 양산 ⑤ 축국 ⑥ 동이 ⑦ 연주
   ⑧ 내하 ⑨ 당뇨 ⑩ 탈취 ⑪ 극복 ⑫ 시신 ⑬ 파악 ⑭ 견장
   ⑮ 이력서 ⑯ 보좌 ⑰ 질서 ⑱ 비구니 ⑲ 계약 ⑳ 분주 ㉑ 이전투구

3. ① 傲 ② 侯 ③ 喉 ④ 傘 ⑤ 蹴 ⑥ 夷 ⑦ 奏 ⑧ 奈 ⑨ 尿 ⑩ 尼 ⑪ 泥
   ⑫ 屍 ⑬ 握 ⑭ 肩 ⑮ 佐 ⑯ 況 ⑰ 克 ⑱ 兎 ⑲ 卿 ⑳ 奔 ㉑ 契

Day27 290~291쪽

1. ① 살찔 비 ② 뇌 뇌 ③ 돼지 돈 ④ 제사 사 ⑤ 나란히 병 ⑥ 넘을 월
   ⑦ 평온할 타 ⑧ 첩 첩 ⑨ 간사할 간 ⑩ 종 노 ⑪ 독 독 ⑫ 구멍 공
   ⑬ 맏 맹 ⑭ 깨달을 각 ⑮ 익을 숙 ⑯ 기록할 지 ⑰ 생각할 려 ⑱ 법 헌
   ⑲ 지혜 혜 ⑳ 아교 교 ㉑ 즐길 긍

2. ① 아교 ② 수긍 ③ 맹장 ④ 겸손 ⑤ 지혜 ⑥ 번뇌 ⑦ 헌법
   ⑧ 고려 ⑨ 숙련 ⑩ 노비 ⑪ 독약 ⑫ 맹추 ⑬ 타당 ⑭ 초월
   ⑮ 병렬 ⑯ 제사 ⑰ 돈육 ⑱ 두뇌 ⑲ 비만 ⑳ 간특 ㉑ 청각

3. ① 膠 ② 肯 ③ 猛 ④ 遜 ⑤ 孰 ⑥ 慧 ⑦ 惱 ⑧ 肥 ⑨ 腦 ⑩ 豚 ⑪ 祀
   ⑫ 竝 ⑬ 越 ⑭ 妥 ⑮ 妾 ⑯ 姦 ⑰ 奴 ⑱ 毒 ⑲ 孔 ⑳ 孟 ㉑ 熟

Day28 300~301쪽

1. ① 괴이할 괴 ② 쉴 게 ③ 넉넉할 우 ④ 부끄러울 치 ⑤ 모양 태 ⑥ 견딜 내
   ⑦ 형통할 형 ⑧ 발자취 적 ⑨ 나타날 현 ⑩ 잠깐/이랑 경 ⑪ 기울 경 ⑫ 열 계
   ⑬ 아전 리 ⑭ 새길 명 ⑮ 바꿀 체 ⑯ 버릴 사 ⑰ 보호할 호 ⑱ 하소연할 소
   ⑲ 두려워할 구 ⑳ 나라동산 원 ㉑ 병/빠를 질

2. ① 자태 ② 비원 ③ 질주 ④ 간암 ⑤ 빈삭 ⑥ 통곡 ⑦ 취사
   ⑧ 소송 ⑨ 보호 ⑩ 교체 ⑪ 명심 ⑫ 관리 ⑬ 계몽 ⑭ 치욕
   ⑮ 경각 ⑯ 현저 ⑰ 족적 ⑱ 의구심 ⑲ 인내 ⑳ 형통 ㉑ 경국지색

3. ① 懼 ② 苑 ③ 疾 ④ 癌 ⑤ 頻 ⑥ 哭 ⑦ 炊 ⑧ 訴 ⑨ 護 ⑩ 捨 ⑪ 替
   ⑫ 銘 ⑬ 啓 ⑭ 傾 ⑮ 頃 ⑯ 顯 ⑰ 跡 ⑱ 亨 ⑲ 耐 ⑳ 態 ㉑ 恥

Day29 310~311쪽

1. ① 임할 림 ② 귀밝을 총 ③ 잇닿을 련 ④ 재촉할 촉 ⑤ 의거할 거 ⑥ 칠 격
   ⑦ 좇을 준 ⑧ 위로할 위 ⑨ 물리칠 각 ⑩ 그릇될 류 ⑪ 눈썹 미 ⑫ 냄새 취
   ⑬ 부를 빙 ⑭ 던질 포 ⑮ 잡을 착 ⑯ 잡을 파 ⑰ 꽂을 삽 ⑱ 끌 휴
   ⑲ 끌어 잡을 섭 ⑳ 벼슬 이름 위 ㉑ 찾을 심

2. ① 오류 ② 아미 ③ 향취 ④ 초빙 ⑤ 촉구 ⑥ 포기 ⑦ 포착
   ⑧ 파지 ⑨ 삽입 ⑩ 휴대 ⑪ 섭취 ⑫ 대위 ⑬ 심방 ⑭ 밀봉
   ⑮ 작위 ⑯ 위선 ⑰ 기각 ⑱ 위로 ⑲ 준법 ⑳ 의거 ㉑ 유야무야

3. ① 謬 ② 眉 ③ 臭 ④ 聘 ⑤ 耶 ⑥ 抛 ⑦ 捉 ⑧ 把 ⑨ 挿 ⑩ 携 ⑪ 攝
⑫ 尉 ⑬ 尋 ⑭ 封 ⑮ 爵 ⑯ 僞 ⑰ 却 ⑱ 慰 ⑲ 遵 ⑳ 擊 ㉑ 據

Day30 320~321쪽

1. ① 희롱할 롱 ② 나물 소 ③ 엄숙할 숙 ④ 뾰족할 첨 ⑤ 모양 상 ⑥ 미리 예
⑦ 모양 모 ⑧ 고울 려 ⑨ 새 금 ⑩ 구실 부 ⑪ 비뚤 왜 ⑫ 밟을 답
⑬ 성길/트일 소 ⑭ 순임금 순 ⑮ 눈 깜짝할 순 ⑯ 부르짖을 규 ⑰ 얽힐/살필 규
⑱ 대궐 전 ⑲ 단련할 단 ⑳ 헐 훼 ㉑ 짐승 수

2. ① 부세 ② 왜곡 ③ 답사 ④ 소통 ⑤ 요순 ⑥ 엄숙 ⑦ 절규
⑧ 규명 ⑨ 전당 ⑩ 단련 ⑪ 훼손 ⑫ 야수 ⑬ 엽기 ⑭ 노획
⑮ 감옥 ⑯ 학대 ⑰ 금수 ⑱ 예정 ⑲ 가상 ⑳ 첨단 ㉑ 순식간

3. ① 賦 ② 歪 ③ 踏 ④ 疏 ⑤ 舜 ⑥ 瞬 ⑦ 叫 ⑧ 糾 ⑨ 殿 ⑩ 鍛 ⑪ 毁
⑫ 獸 ⑬ 獵 ⑭ 獲 ⑮ 獄 ⑯ 虐 ⑰ 禽 ⑱ 麗 ⑲ 貌 ⑳ 豫 ㉑ 尖

Day31 330~331쪽

1. ① 손님 빈 ② 도둑 적 ③ 질 부 ④ 꿸 관 ⑤ 버릇 관 ⑥ 욕될 욕
⑦ 짙을 농 ⑧ 잠길 잠 ⑨ 어지러울 란 ⑩ 쌍 쌍 ⑪ 섞일 잡 ⑫ 떠날 리
⑬ 저물 혼 ⑭ 꿈 몽 ⑮ 하우씨 우 ⑯ 힘입을 뢰 ⑰ 녹을 융 ⑱ 누에 잠
⑲ 빌 걸 ⑳ 기러기 안 ㉑ 품팔이 고

2. ① 혼정 ② 의뢰 ③ 독사 ④ 금융 ⑤ 잠실 ⑥ 걸인 ⑦ 안항
⑧ 고용 ⑨ 고문 ⑩ 단봉 ⑪ 침잠 ⑫ 빈객 ⑬ 도적 ⑭ 부담
⑮ 설욕 ⑯ 농도 ⑰ 양잠 ⑱ 단정학 ⑲ 혼란 ⑳ 이별 ㉑ 하우씨

3. ① 禹 ② 賴 ③ 蛇 ④ 融 ⑤ 蠶 ⑥ 乞 ⑦ 雁 ⑧ 雇 ⑨ 顧 ⑩ 鳳 ⑪ 鶴
⑫ 賓 ⑬ 賊 ⑭ 負 ⑮ 貫 ⑯ 慣 ⑰ 辱 ⑱ 濃 ⑲ 潛 ⑳ 亂 ㉑ 雙

Day32 340~341쪽

1. ① 빽빽할 삼 ② 배 리 ③ 밤 률 ④ 가를 석 ⑤ 물들일 염 ⑥ 주춧돌 초
⑦ 뛰어날/호걸 걸 ⑧ 불탈 연 ⑨ 재 회 ⑩ 토할 토 ⑪ 자리 좌
⑫ 누를 압 ⑬ 뽕나무 상 ⑭ 낱 매 ⑮ 버릴 기 ⑯ 패/편지 찰 ⑰ 들보 량
⑱ 번거로울 번 ⑲ 어조사 언 ⑳ 빛날 경 ㉑ 제비 연

2. ① 부상 ② 매수 ③ 기권 ④ 서찰 ⑤ 삼엄 ⑥ 번잡 ⑦ 연식
⑧ 희조 ⑨ 오열 ⑩ 월장 ⑪ 매장 ⑫ 압력 ⑬ 감염 ⑭ 토로
⑮ 연료 ⑯ 여걸 ⑰ 기초 ⑱ 좌우명 ⑲ 분석 ⑳ 이화 ㉑ 양상군자

3. ① 桑 ② 枚 ③ 棄 ④ 札 ⑤ 梁 ⑥ 煩 ⑦ 焉 ⑧ 炅 ⑨ 燕 ⑩ 熙 ⑪ 鳴
⑫ 墙 ⑬ 埋 ⑭ 森 ⑮ 梨 ⑯ 栗 ⑰ 析 ⑱ 染 ⑲ 礎 ⑳ 傑 ㉑ 燃

Day33 (350~351쪽)

1. 01 꾀할 기 02 비단 금 03 목욕할 목 04 더할 첨 05 젖을 습 06 건널 섭
   07 멀리 흐를/펼 연 08 물갈래 파 09 맥 맥 10 물가 애 11 부딪칠 격
   12 용서할 서 13 진액 액 14 티끌 진 15 막을 색/변방 새 16 쇠사슬 쇄
   17 빠질 몰 18 샐 루 19 미끄러울 활/다스릴 골 20 눈물 루 21 옻칠할 칠

2. 01 진애 02 색원 03 봉쇄 04 출몰 05 누락 06 윤활 07 혈루
   08 칠판 09 습도 10 격렬 11 멸망 12 악장 13 진액 14 지파
   15 충서 16 칠흑 17 맥박 18 백록담 19 연극 20 교섭 21 흥미진진

3. 01 塵 02 塞 03 鎖 04 沒 05 漏 06 滑 07 涙 08 漆 09 津 10 潭 11 滅
   12 岳 13 企 14 錦 15 沐 16 添 17 濕 18 涉 19 演 20 派 21 涯

Day34 (360~361쪽)

1. 01 싹 묘 02 버섯 균 03 덮을 몽 04 차 차/다 05 덮을/대개 개
   06 굳을 확 07 우레 뢰 08 화목할 목 09 숨을 은 10 진칠 진 11 늘어놓을 진
   12 물가 주 13 국화 국 14 깨어날 소 15 장사 지낼 장 16 천거할 천 17 업신여길 멸
   18 찔 증 19 신령 령 20 으뜸 패 21 싫을 염

2. 01 호주 02 국화 03 소생 04 화장 05 천거 06 멸칭 07 패권
   08 신령 09 한증막 10 염증 11 액운 12 도자기 13 대궐 14 진부
   15 혐염 16 은거 17 화목 18 학익진 19 몽매 20 확실 21 부화뇌동

3. 01 洲 02 菊 03 蘇 04 葬 05 薦 06 蔑 07 蒸 08 靈 09 覇 10 厭 11 厄
   12 厥 13 闕 14 陶 15 苗 16 菌 17 蒙 18 茶 19 確 20 雷 21 睦

Day35 (370~371쪽)

1. 01 일컬을 칭 02 쌓을 축 03 힘줄 근 04 갑자기 돌 05 사당 묘 06 여러 서
   07 벨 할 08 줄어들 축 09 집 궁 10 마땅 의 11 살필 심 12 대쪽 간
   13 막힐 격 14 윤택할 윤 15 거둘 확 16 조 속 17 도타울 독 18 훔칠 절
   19 버릴/폐할 폐 20 건널 도 21 단장할 장

2. 01 격차 02 추확 03 속미 04 독지 05 절도 06 폐품 07 도강
   08 단장 09 과문 10 관대 11 재상 12 윤월 13 습윤 14 죽간
   15 심사 16 의당 17 궁궐 18 축소 19 분할 20 종묘 21 돌격

3. 01 隔 02 穫 03 粟 04 篤 05 竊 06 廢 07 渡 08 粧 09 寡 10 寬 11 宰
   12 閏 13 潤 14 稱 15 築 16 突 17 廟 18 庶 19 割 20 縮 21 宮

Day36 (380~381쪽)

1. 01 양식 량 02 가둘 수 03 넘어질 도 04 돌아올 회 05 논 답 06 기를 축
   07 모을 축 08 그을 획 09 마칠 필 10 못할 렬 11 힘쓸 려 12 공교할 교
   13 어긋날 차 14 어두울 명 15 쇠할 쇠/상복 최 16 속 리 17 띠 대
   18 어찌 나 19 두려울 외 20 허리 요 21 두려울 포

2. 01 나락 02 경위 03 요통 04 충심 05 포복 06 희소 07 체증
   08 파업 09 열대 10 이면 11 참죄 12 절충 13 명상 14 공교
   15 장려 16 졸렬 17 필생 18 기획 19 축재 20 전답 21 가축

3. 01 那 02 畏 03 腰 04 衷 05 怖 06 稀 07 滯 08 罷 09 糧 10 囚 11 倒
   12 廻 13 畜 14 蓄 15 劃 16 畢 17 畓 18 劣 19 勵 20 巧 21 差

Day37 (390~391쪽)

1. 01 거느릴 솔/비율 률 02 이어맬 계 03 맬 계 04 묶을/여러 루 05 인연 연
   06 다/묶을 총 07 찾을 색/동아줄 삭 08 짝 배 09 고리 환 10 보배 진
   11 꾸밀 식 12 도둑 도 13 허깨비 환 14 솜 면 15 비단 견 16 얽어맬 계
   17 고을 현 18 매달 현 19 추할 추 20 답답할 울 21 상서로울 서

2. 01 환영 02 면밀 03 화환 04 연계 05 현령 06 관계 07 추행
   08 울창 09 서영 10 진찰 11 인연 12 총괄 13 색인 14 현안
   15 안배 16 미추 17 조탁 18 견직물 19 귀환 20 진귀 21 누란지위

3. 01 幻 02 綿 03 絹 04 繫 05 縣 06 懸 07 醜 08 鬱 09 瑞 10 率 11 診
   12 系 13 累 14 緣 15 總 16 索 17 配 18 環 19 珍 20 飾 21 盜

Day38 (400~401쪽)

1. 01 클 홍 02 조상할 조 03 대 대 04 꾀 책 05 심할 극 06 인쇄할 쇄
   07 이 사 08 기계 계 09 주릴 아 10 말씀 사 11 분별할 변 12 말 잘할 변
   13 부릴 역 14 작을 미 15 돌 선 16 찌를 자/척 17 절 찰 18 물리칠 척
   19 어찌 기 20 부드러울 연 21 굴대 궤

2. 01 선율 02 자상 03 토대 04 사찰 05 배척 06 아귀 07 경연
   08 궤적 09 집록 10 균형 11 역질 12 어명 13 홍보 14 조상
   15 미묘 16 병역 17 척왜 18 변론 19 변별 20 사전 21 기감훼상

3. 01 旋 02 刺 03 刹 04 斥 05 豈 06 軟 07 軌 08 輯 09 衡 10 疫 11 御
   12 弘 13 弔 14 臺 15 策 16 刷 17 斯 18 械 19 餓 20 辭 21 辨

Day39 (410~411쪽)

1. ① 인도할 도 ② 연꽃 련 ③ 초하루 삭 ④ 가 변 ⑤ 미혹할 미 ⑥ 보낼 견
   ⑦ 편안할/숨을 일 ⑧ 끌 연 ⑨ 둥글/알 환 ⑩ 마칠 료 ⑪ 어른 장
   ⑫ 버금 아 ⑬ 세로 종 ⑭ 부를 징/음률 이름 치 ⑮ 징계할 징 ⑯ 통할 철
   ⑰ 거둘 철 ⑱ 막을/가릴 차 ⑲ 옮길 천 ⑳ 더딜 지 ㉑ 갈마들 체

2. ① 방종 ② 징병 ③ 징계 ④ 관철 ⑤ 철수 ⑥ 차단 ⑦ 변천
   ⑧ 지각 ⑨ 체감 ⑩ 피체 ⑪ 탄생 ⑫ 구릉 ⑬ 상호 ⑭ 아류
   ⑮ 매료 ⑯ 환약 ⑰ 연기 ⑱ 은일 ⑲ 파견 ⑳ 미로 ㉑ 변경

3. ① 縱 ② 徵 ③ 懲 ④ 徹 ⑤ 撤 ⑥ 遮 ⑦ 遷 ⑧ 遲 ⑨ 遞 ⑩ 逮 ⑪ 誕
   ⑫ 丘 ⑬ 互 ⑭ 亞 ⑮ 蓮 ⑯ 朔 ⑰ 邊 ⑱ 迷 ⑲ 遣 ⑳ 逸 ㉑ 延

Day40 (420~421쪽)

1. ① 점 복 ② 도끼 근 ③ 어금니 아 ④ 오이 과 ⑤ 창 모 ⑥ 화살 시
   ⑦ 벼 화 ⑧ 구멍 혈 ⑨ 깃 우 ⑩ 배 주 ⑪ 가죽 혁 ⑫ 사슴 록
   ⑬ 삼 마 ⑭ 가지런할 제 ⑮ 용 룡 ⑯ 거북 귀/갈라질 균/땅이름 구
   ⑰ 창 과 ⑱ 귀신 귀 ⑲ 어조사 혜 ⑳ 함께 구 ㉑ 되 승

2. ① 구현 ② 승천 ③ 도취 ④ 점복 ⑤ 간과 ⑥ 균열 ⑦ 비룡
   ⑧ 제창 ⑨ 고무 ⑩ 현묘 ⑪ 축록 ⑫ 혁명 ⑬ 혈거 ⑭ 화척
   ⑮ 귀곡성 ⑯ 모극 ⑰ 과년 ⑱ 쾌도난마 ⑲ 아성 ⑳ 궁시 ㉑ 승당입실

3. ① 兮 ② 俱 ③ 升 ④ 昇 ⑤ 玄 ⑥ 鼓 ⑦ 醉 ⑧ 卜 ⑨ 斤 ⑩ 牙 ⑪ 瓜
   ⑫ 矛 ⑬ 矢 ⑭ 禾 ⑮ 穴 ⑯ 羽 ⑰ 舟 ⑱ 革 ⑲ 鹿 ⑳ 麻 ㉑ 齊

찾아보기

ㄱ

架 시렁 가	25
暇 겨를/틈 가	25
却 물리칠 각	309
刻 새길 각	259
閣 누각 각	25
覺 깨달을 각	288
刊 책 펴낼 간	28
肝 간 간	27
姦 간사할 간	287
幹 줄기 간	37
懇 간절할 간	29
諫 간할 간	26
簡 대쪽 간	369
葛 칡 갈	29
憾 한할·원망할 감	258
鑑 거울 감	35
剛 굳셀 강	36
綱 벼리 강	36
鋼 강철 강	36
介 낄 개	36
慨 슬퍼할 개	68
蓋 덮을/대개 개	357
槪 대개 개	68
坑 구덩이 갱	259
拒 막을 거	37
距 떨어질·상거할 거	37
據 의거할 거	308
乞 빌 걸	327
傑 뛰어날/호걸 걸	337

劍 칼 검	237
揭 높이들 게	29
憩 쉴 게	295
隔 막힐 격	365
激 부딪칠 격	348
擊 칠 격	308
肩 어깨 견	279
牽 끌 견	266
絹 비단 견	386
遣 보낼 견	407
訣 이별할/비결 결	45
缺 이지러질 결	45
兼 겸할 겸	37
謙 겸손할 겸	38
炅 빛날 경	338
徑 지름길 경	45
竟 마침내·마칠 경	39
頃 잠깐/이랑 경	297
硬 굳을 경	38
卿 벼슬 경	276
傾 기울 경	298
系 이어맬 계	385
係 맬 계	385
契 맺을 계	277
桂 계수나무 계	59
啓 열 계	298
械 기계 계	397
繫 얽어맬 계	386
姑 시어미 고	45
枯 마를 고	45
雇 품팔이 고	328

鼓 북 고	418
稿 볏짚/원고 고	46
顧 돌아볼 고	329
哭 울 곡	298
孔 구멍 공	287
攻 칠 공	47
供 이바지할 공	48
恭 공손할 공	48
恐 두려울 공	48
貢 바칠 공	47
戈 창 과	419
瓜 오이 과	416
菓 과자 과	56
誇 자랑할 과	178
寡 적을 과	368
郭 성곽 곽	265
冠 갓 관	178
貫 꿸 관	326
慣 버릇 관	326
管 대롱 관	56
寬 너그러울 관	368
館 집/객사 관	56
狂 미칠 광	175
鑛 쇳돌 광	268
卦 점괘 괘	59
掛 걸 괘	59
怪 괴이할 괴	295
傀 꼭두각시 괴	66
塊 흙덩이 괴	65
愧 부끄러울 괴	65
壞 무너질 괴	269

☐☐	軌	굴대 궤	398	☐☐ 菌 버섯 균	355	☐☐	奴	종 노	287
☐☐	巧	공교할 교	377	☐☐ 克 이길 극	276	☐☐	濃	짙을 농	326
☐☐	狡	교활할 교	56	☐☐ 劇 심할 극	396	☐☐	惱	괴로워할 뇌	289
☐☐	郊	들 교	56	☐☐ 斤 도끼 근	416	☐☐	腦	뇌 뇌	285
☐☐	絞	목맬 교	55	☐☐ 筋 힘줄 근	366	☐☐	尿	오줌 뇨	278
☐☐	較	견줄 교	55	☐☐ 僅 겨우 근	66	☐☐	尼	여승 니	279
☐☐	僑	객지에 살 교	55	☐☐ 槿 무궁화 근	66	☐☐	泥	진흙 니	279
☐☐	膠	아교 교	285	☐☐ 謹 삼갈 근	66	☐☐	匿	숨을 닉	158
☐☐	矯	바로잡을 교	55	☐☐ 琴 거문고 금	67				
☐☐	丘	언덕 구	409	☐☐ 禽 새 금	319			ㄷ	
☐☐	拘	잡을 구	57	☐☐ 錦 비단 금	345				
☐☐	狗	개 구	58	☐☐ 肯 즐길 긍	285	☐☐	旦	아침 단	75
☐☐	苟	진실로 구	58	☐☐ 企 꾀할 기	345	☐☐	檀	박달나무 단	75
☐☐	俱	함께 구	415	☐☐ 忌 꺼릴 기	69	☐☐	鍛	단련할 단	317
☐☐	構	얽을 구	58	☐☐ 奇 기이할 기	67	☐☐	淡	맑을 담	166
☐☐	歐	토할 구	57	☐☐ 祈 빌 기	66	☐☐	潭	못 담	349
☐☐	購	살 구	58	☐☐ 紀 벼리 기	69	☐☐	擔	멜 담	237
☐☐	懼	두려워할 구	295	☐☐ 豈 어찌 기	397	☐☐	膽	쓸개 담	238
☐☐	驅	몰 구	57	☐☐ 寄 부칠 기	68	☐☐	畓	논 답	376
☐☐	鷗	갈매기 구	57	☐☐ 飢 주릴 기	389	☐☐	踏	밟을 답	315
☐☐	菊	국화 국	355	☐☐ 棄 버릴 기	336	☐☐	唐	당나라 당	38
☐☐	屈	굽힐 굴	246	☐☐ 欺 속일 기	68	☐☐	糖	달·엿 당/사탕 탕	39
☐☐	窟	굴 굴	246	☐☐ 機 기계 기	69	☐☐	黨	무리 당	135
☐☐	宮	집 궁	368	☐☐ 畿 경기 기	69	☐☐	垈	터 대	76
☐☐	券	문서 권	65	☐☐ 騎 말탈 기	68	☐☐	帶	띠 대	379
☐☐	拳	주먹 권	65	☐☐ 緊 굳게 얽을 긴	155	☐☐	貸	빌릴 대	75
☐☐	圈	둘레 권	65			☐☐	臺	대 대	395
☐☐	厥	그 궐	358		ㄴ		☐☐	戴	일 대	205
☐☐	闕	집·대궐 궐	358				☐☐	挑	돋울 도	216
☐☐	鬼	귀신 귀	419	☐☐ 那 어찌 나	375	☐☐	倒	넘어질 도	375
☐☐	龜	거북 귀/갈라질 균/땅이름 구		☐☐ 諾 허락할 낙	158	☐☐	逃	달아날 도	216
			419	☐☐ 娘 아가씨 낭	77	☐☐	桃	복숭아 도	216
☐☐	叫	부르짖을 규	316	☐☐ 耐 견딜 내	296	☐☐	陶	질그릇 도	359
☐☐	糾	얽힐/살필 규	316	☐☐ 奈 어찌 내/나	278	☐☐	悼	슬퍼할 도	249
☐☐	閨	안방 규	58	☐☐ 寧 편안할 녕	207	☐☐	途	길 도	167

☐☐ 渡 건널 도	367
☐☐ 盜 도둑 도	389
☐☐ 塗 진흙/바를 도	167
☐☐ 跳 뛸 도	216
☐☐ 稻 벼 도	176
☐☐ 導 인도할 도	406
☐☐ 禱 빌 도	146
☐☐ 毒 독 독	287
☐☐ 督 감독할 독	147
☐☐ 篤 도타울 독	365
☐☐ 豚 돼지 돈	285
☐☐ 敦 도타울 돈	265
☐☐ 突 갑자기 돌	366
☐☐ 凍 얼 동	76
☐☐ 桐 오동나무 동	76
☐☐ 棟 마룻대 동	76
☐☐ 銅 구리 동	76
☐☐ 屯 모일·진칠 둔	77
☐☐ 鈍 무딜·둔할 둔/어려울 준	77
☐☐ 謄 베낄 등	227
☐☐ 藤 등나무 등	228
☐☐ 騰 오를 등	227

ㄹ

☐☐ 羅 그물/비단 라	245
☐☐ 洛 물이름 락	26
☐☐ 絡 얽힐/맥락 락	26
☐☐ 亂 어지러울 란	327
☐☐ 欄 난간 란	27
☐☐ 爛 빛날 란	27
☐☐ 蘭 난초 란	27
☐☐ 濫 넘칠 람	35
☐☐ 藍 쪽 람	35
☐☐ 廊 행랑 랑	77

☐☐ 掠 노략질할 략	39
☐☐ 梁 들보 량	336
☐☐ 諒 살필 량	39
☐☐ 糧 양식 량	375
☐☐ 慮 생각할 려	289
☐☐ 勵 힘쓸 려	377
☐☐ 麗 고울 려	319
☐☐ 曆 책력 력	78
☐☐ 煉 달굴 련	27
☐☐ 憐 불쌍히 여길 련	87
☐☐ 蓮 연꽃 련	406
☐☐ 聯 잇닿을 련	306
☐☐ 鍊 쇠불릴 련	26
☐☐ 戀 사모할 련	78
☐☐ 劣 못할 렬	377
☐☐ 裂 찢을 렬	78
☐☐ 廉 청렴할 렴	38
☐☐ 獵 사냥 렵	318
☐☐ 零 떨어질 령	79
☐☐ 嶺 고개 령	79
☐☐ 齡 나이 령	79
☐☐ 靈 신령 령	357
☐☐ 虜 사로잡을 로	267
☐☐ 爐 화로 로	79
☐☐ 鹿 사슴 록	418
☐☐ 祿 복/녹 록	79
☐☐ 弄 희롱할 롱	315
☐☐ 籠 새장 롱	85
☐☐ 雷 우레 뢰	357
☐☐ 賴 힘입을 뢰	325
☐☐ 了 마칠 료	409
☐☐ 僚 동료 료	85
☐☐ 療 병고칠 료	85
☐☐ 龍 용 룡	419
☐☐ 累 묶을/여러 루	386

☐☐ 屢 자주·여러 루	86
☐☐ 樓 다락 루	86
☐☐ 淚 눈물 루	348
☐☐ 漏 샐 루	346
☐☐ 謬 그릇될 류	305
☐☐ 輪 바퀴 륜	86
☐☐ 栗 밤 률	335
☐☐ 隆 높을 륭	136
☐☐ 陵 언덕 릉	86
☐☐ 吏 아전 리	298
☐☐ 梨 배 리	335
☐☐ 裏 속 리	378
☐☐ 履 밟을/신발 리	278
☐☐ 離 떠날 리	328
☐☐ 隣 이웃 린	86
☐☐ 臨 임할 림	305

ㅁ

☐☐ 麻 삼 마	418
☐☐ 摩 문지를 마	87
☐☐ 磨 갈 마	87
☐☐ 魔 마귀 마	87
☐☐ 幕 장막 막	88
☐☐ 漠 사막 막	87
☐☐ 娩 해산할 만	96
☐☐ 慢 거만할 만	89
☐☐ 漫 질펀할 만	88
☐☐ 灣 물굽이 만	78
☐☐ 蠻 오랑캐 만	78
☐☐ 妄 망령될 망	89
☐☐ 罔 없을 망	89
☐☐ 茫 망망할 망	89
☐☐ 網 그물 망	89
☐☐ 枚 낱 매	335

☐☐	埋 묻을 매	339	☐☐	憫 불쌍히 여길 민	98	☐☐	繁 번성할 번	96
☐☐	梅 매화 매	95	☐☐	蜜 꿀 밀	257	☐☐	飜 뒤칠/나부낄 번	108
☐☐	媒 중매 매	97				☐☐	閥 문벌 벌	108
☐☐	脈 맥 맥	347		**ㅂ**		☐☐	汎 뜰 범	109
☐☐	孟 맏 맹	287				☐☐	範 법 범	109
☐☐	盲 소경 맹	95	☐☐	拍 칠 박	107	☐☐	碧 푸를 벽	108
☐☐	猛 사나울 맹	288	☐☐	泊 배댈 박	107	☐☐	僻 후미질/치우칠 벽	109
☐☐	盟 맹서 맹	96	☐☐	迫 닥칠/핍박할 박	107	☐☐	壁 벽 벽	109
☐☐	綿 솜 면	385	☐☐	舶 큰 배 박	107	☐☐	辨 분별할 변	398
☐☐	滅 멸망할 멸	349	☐☐	博 넓을 박	116	☐☐	邊 가 변	406
☐☐	蔑 업신여길 멸	356	☐☐	薄 얇을 박	116	☐☐	辯 말 잘할 변	398
☐☐	冥 어두울 명	378	☐☐	伴 짝 반	99	☐☐	倂 아우를 병	115
☐☐	銘 새길 명	298	☐☐	返 돌아올 반	98	☐☐	竝 나란히 병	286
☐☐	矛 창 모	417	☐☐	叛 배반할 반	98	☐☐	屛 병풍 병	115
☐☐	侮 업신여길 모	95	☐☐	般 돌/일반 반	99	☐☐	普 넓을 보	115
☐☐	某 아무 모	97	☐☐	搬 운반할 반	99	☐☐	補 기울 보	115
☐☐	募 모을 모	88	☐☐	盤 소반 반	99	☐☐	譜 족보 보	115
☐☐	貌 모양 모	319	☐☐	拔 뺄·뽑을 발	105	☐☐	卜 점 복	416
☐☐	慕 사모할 모	88	☐☐	髮 터럭 발	105	☐☐	腹 배 복	117
☐☐	模 본뜰/모범 모	88	☐☐	妨 해로울 방	105	☐☐	複 겹칠 복	118
☐☐	謀 꾀할 모	97	☐☐	邦 나라 방	118	☐☐	覆 덮을 복	117
☐☐	沐 목욕할 목	346	☐☐	芳 꽃다울 방	105	☐☐	封 봉할 봉	309
☐☐	睦 화목할 목	359	☐☐	倣 본받을 방	105	☐☐	俸 녹·봉급 봉	119
☐☐	沒 빠질 몰	346	☐☐	紡 길쌈 방	106	☐☐	峰 봉우리 봉	118
☐☐	夢 꿈 몽	329	☐☐	傍 곁 방	106	☐☐	蜂 벌 봉	118
☐☐	蒙 덮을 몽	356	☐☐	俳 광대 배	128	☐☐	鳳 봉황새 봉	329
☐☐	苗 싹 묘	355	☐☐	配 짝 배	387	☐☐	縫 꿰맬 봉	118
☐☐	廟 사당 묘	366	☐☐	培 북돋을 배	106	☐☐	付 줄/부칠 부	119
☐☐	貿 무역할 무	97	☐☐	排 물리칠 배	127	☐☐	府 관청 부	119
☐☐	霧 안개 무	96	☐☐	賠 배상할 배	106	☐☐	附 붙을 부	125
☐☐	默 잠잠할 묵	269	☐☐	輩 무리 배	127	☐☐	負 질 부	325
☐☐	紊 어지러울 문	97	☐☐	伯 맏 백	106	☐☐	赴 다다를 부	117
☐☐	眉 눈썹 미	305	☐☐	柏 잣나무 백	107	☐☐	副 버금 부	117
☐☐	迷 미혹할 미	407	☐☐	魄 넋 백	108	☐☐	符 부신 부	119
☐☐	敏 재빠를 민	95	☐☐	煩 번거로울 번	337	☐☐	腐 썩을 부	119

☐☐	膚 살갗 부	185	☐☐	斯 이 사	397	☐☐	宣 베풀 선	138
☐☐	賦 구실 부	315	☐☐	詐 속일 사	129	☐☐	旋 돌 선	395
☐☐	簿 문서 부	116	☐☐	詞 말 사	128	☐☐	禪 고요할 선	75
☐☐	奔 달릴 분	277	☐☐	飼 먹일 사	128	☐☐	纖 가늘 섬	137
☐☐	粉 가루 분	125	☐☐	賜 줄 사	168	☐☐	涉 건널 섭	347
☐☐	紛 어지러울 분	125	☐☐	辭 말씀 사	397	☐☐	攝 끌어잡을 섭	307
☐☐	憤 분할 분	125	☐☐	削 깎을 삭	238	☐☐	貰 세낼 세	137
☐☐	墳 무덤 분	125	☐☐	朔 초하루 삭	406	☐☐	召 부를 소	139
☐☐	奮 떨칠 분	277	☐☐	傘 우산 산	275	☐☐	昭 밝을 소	139
☐☐	弗 아니 불	126	☐☐	酸 실 산	218	☐☐	紹 이을 소	139
☐☐	拂 떨 불	126	☐☐	森 빽빽할 삼	335	☐☐	訴 하소연할 소	299
☐☐	崩 무너질 붕	126	☐☐	蔘 인삼 삼	129	☐☐	疏 성길/트일 소	315
☐☐	妃 왕비 비	69	☐☐	插 꽂을 삽	307	☐☐	燒 불사를 소	176
☐☐	批 비평할 비	126	☐☐	桑 뽕나무 상	335	☐☐	蔬 나물 소	316
☐☐	卑 낮을 비	126	☐☐	祥 상서로울 상	159	☐☐	蘇 깨어날 소	355
☐☐	肥 살찔 비	285	☐☐	詳 자세할 상	159	☐☐	騷 시끄러울 소	215
☐☐	匪 도둑 비	127	☐☐	像 모양 상	319	☐☐	粟 조 속	365
☐☐	婢 여종 비	127	☐☐	裳 치마 상	135	☐☐	屬 무리 속	239
☐☐	碑 비석 비	127	☐☐	嘗 맛볼 상	135	☐☐	遜 겸손할 손	288
☐☐	賓 손님 빈	325	☐☐	箱 상자 상	129	☐☐	率 거느릴 솔/비율 률	385
☐☐	頻 자주 빈	297	☐☐	償 갚을 상	135	☐☐	訟 송사할 송	49
☐☐	聘 부를 빙	306	☐☐	索 찾을 색/동아줄 삭	387	☐☐	頌 기릴 송	49
			☐☐	塞 막을 색/변방 새	345	☐☐	誦 욀 송	177
	人		☐☐	雙 쌍 쌍	328	☐☐	刷 인쇄할 쇄	396
			☐☐	徐 천천히 서	167	☐☐	鎖 쇠사슬 쇄	345
☐☐	司 맡을 사	128	☐☐	恕 용서할 서	349	☐☐	衰 쇠할 쇠/상복 최	378
☐☐	似 같을 사	269	☐☐	庶 여러 서	367	☐☐	囚 가둘 수	375
☐☐	邪 간사할 사	156	☐☐	敍 차례/서술할 서	167	☐☐	垂 드리울 수	146
☐☐	沙 모래 사	138	☐☐	瑞 상서로울 서	388	☐☐	洙 물이름/물가 수	217
☐☐	祀 제사 사	286	☐☐	署 관청 서	196	☐☐	帥 장수 수/거느릴 솔	129
☐☐	唆 부추길 사	218	☐☐	誓 맹세할 서/세	206	☐☐	殊 다를 수	217
☐☐	捨 버릴 사	299	☐☐	緖 실마리 서	196	☐☐	遂 드디어/이룰 수	147
☐☐	斜 비낄 사	167	☐☐	析 가를 석	336	☐☐	搜 찾을 수	146
☐☐	赦 용서할 사	205	☐☐	碩 클 석	136	☐☐	睡 졸 수	147
☐☐	蛇 뱀 사	326	☐☐	釋 풀 석	165	☐☐	需 구할 수	146

찾아보기 ▶ 455

☐☐	隨	따를 수	145	☐☐	牙 어금니 아	416	☐☐	役 부릴 역	399
☐☐	輸	보낼 수	186	☐☐	亞 버금 아	409	☐☐	疫 전염병 역	399
☐☐	獸	짐승 수	317	☐☐	阿 언덕 아	25	☐☐	譯 번역할 역	165
☐☐	孰	누구 숙	288	☐☐	芽 싹 아	156	☐☐	驛 역마 역	165
☐☐	肅	엄숙할 숙	317	☐☐	雅 바를 아	156	☐☐	延 끌 연	408
☐☐	熟	익을 숙	288	☐☐	餓 주릴 아	397	☐☐	沿 물 따라갈 연	169
☐☐	旬	열흘 순	148	☐☐	岳 큰 산 악	349	☐☐	宴 잔치 연	156
☐☐	巡	순행할 순	237	☐☐	握 잡을 악	279	☐☐	軟 부드러울 연	398
☐☐	盾	방패 순	148	☐☐	岸 언덕 안	28	☐☐	鉛 납 연	169
☐☐	殉	따라 죽을 순	148	☐☐	按 살필 안	156	☐☐	演 멀리 흐를/펼 연	347
☐☐	脣	입술 순	227	☐☐	晏 늦을 안	157	☐☐	緣 인연 연	386
☐☐	循	돌 순	149	☐☐	雁 기러기 안	328	☐☐	燕 제비 연	338
☐☐	舜	순임금 순	316	☐☐	鞍 안장 안	157	☐☐	燃 불탈 연	337
☐☐	瞬	눈 깜짝할 순	316	☐☐	謁 뵐·아뢸 알	29	☐☐	閱 볼/검열할 열	169
☐☐	述	지을 술	246	☐☐	癌 암 암	296	☐☐	染 물들일 염	336
☐☐	濕	젖을 습	347	☐☐	押 누를/수결 압	36	☐☐	厭 싫을 염	358
☐☐	襲	엄습할 습	85	☐☐	壓 누를 압	339	☐☐	鹽 소금 염	35
☐☐	升	되 승	415	☐☐	殃 재앙 앙	157	☐☐	泳 헤엄칠 영	166
☐☐	昇	오를 승	415	☐☐	涯 물가 애	348	☐☐	映 비칠 영	157
☐☐	僧	중 승	219	☐☐	碍 막을 애	188	☐☐	詠 읊을 영	166
☐☐	矢	화살 시	417	☐☐	厄 재앙 액	358	☐☐	影 그림자 영	39
☐☐	屍	주검 시	279	☐☐	液 진액 액	349	☐☐	預 미리/맡길 예	168
☐☐	侍	실 시	128	☐☐	額 이마 액	26	☐☐	豫 미리 예	319
☐☐	殖	번식할 식	225	☐☐	耶 어조사 야	306	☐☐	銳 날카로울 예	169
☐☐	飾	꾸밀 식	389	☐☐	惹 이끌 야	158	☐☐	譽 기릴·칭찬할 예	168
☐☐	伸	펼 신	149	☐☐	躍 뛸 약	205	☐☐	汚 더러울 오	177
☐☐	晨	새벽 신	226	☐☐	楊 버들 양	159	☐☐	娛 즐길 오	169
☐☐	紳	큰 띠 신	155	☐☐	樣 모양 양	159	☐☐	梧 오동나무 오	175
☐☐	腎	콩팥 신	155	☐☐	壤 흙 양	158	☐☐	傲 오만할 오	275
☐☐	愼	삼갈 신	227	☐☐	孃 아가씨 양	159	☐☐	嗚 탄식할 오	338
☐☐	尋	찾을 심	309	☐☐	御 어거할 어	399	☐☐	獄 옥 옥	318
☐☐	審	살필 심	369	☐☐	抑 누를 억	157	☐☐	翁 늙은이 옹	55
				☐☐	焉 어조사 언	337	☐☐	緩 느릴 완	179
		ㅇ		☐☐	予 나/줄 여	168	☐☐	歪 비뚤 왜	315
				☐☐	輿 수레 여	168	☐☐	畏 두려울 외	376

☐☐	妖 요망할 요	176	☐☐	誘 꾈 유	145	☐☐	殘 남을/잔인할 잔	196
☐☐	堯 요임금/높을 요	176	☐☐	尹 다스릴 윤	187	☐☐	暫 잠시 잠	236
☐☐	搖 흔들 요	175	☐☐	閏 윤달 윤	369	☐☐	潛 잠길 잠	327
☐☐	腰 허리 요	378	☐☐	潤 윤택할 윤	369	☐☐	蠶 누에 잠	327
☐☐	遙 멀 요	175	☐☐	融 녹을 융	327	☐☐	雜 섞일 잡	328
☐☐	慾 욕심 욕	47	☐☐	辱 욕될 욕	326	☐☐	丈 어른 장	409
☐☐	庸 쓸/떳떳할 용	177	☐☐	越 넘을 월	286	☐☐	帳 휘장 장	199
☐☐	傭 품팔이 용	177	☐☐	隱 숨을 은	359	☐☐	莊 장엄할 장	198
☐☐	鎔 녹일 용	177	☐☐	淫 음란할 음	195	☐☐	張 베풀 장	199
☐☐	羽 깃 우	417	☐☐	凝 엉길 응	188	☐☐	掌 손바닥 장	135
☐☐	禹 하우씨 우	325	☐☐	宜 마땅 의	368	☐☐	粧 단장할 장	367
☐☐	偶 짝 우	178	☐☐	疑 의심할 의	188	☐☐	葬 장사 지낼 장	356
☐☐	郵 우편 우	147	☐☐	儀 거동 의	188	☐☐	裝 꾸밀 장	198
☐☐	愚 어리석을 우	178	☐☐	伊 저 이	187	☐☐	奬 권면할 장	198
☐☐	優 넉넉할 우	295	☐☐	夷 오랑캐 이	277	☐☐	障 막을 장	199
☐☐	韻 운치 운	179	☐☐	翼 날개 익	189	☐☐	墻 담 장	339
☐☐	鬱 답답할 울	388	☐☐	刃 칼날 인	195	☐☐	藏 감출 장	198
☐☐	苑 나라동산 원	296	☐☐	姻 혼인 인	195	☐☐	臟 오장 장	198
☐☐	援 구원할 원	179	☐☐	逸 편안할/숨을 일	407	☐☐	宰 재상 재	369
☐☐	委 맡길 위	179	☐☐	姙 아이 밸 임	195	☐☐	裁 옷 마를 재	199
☐☐	胃 밥통 위	179	☐☐	賃 품팔이 임	195	☐☐	載 실을 재	205
☐☐	尉 벼슬 이름 위	308				☐☐	底 밑 저	155
☐☐	圍 둘레/에워쌀 위	185		**ㅈ**		☐☐	抵 막을 저	155
☐☐	違 어긋날 위	185				☐☐	寂 고요할 적	148
☐☐	僞 거짓 위	309	☐☐	刺 찌를 자/척	395	☐☐	笛 피리 적	186
☐☐	慰 위로할 위	308	☐☐	姿 맵시 자	228	☐☐	賊 도둑 적	325
☐☐	衛 지킬 위	186	☐☐	恣 방자할 자	228	☐☐	跡 발자취 적	297
☐☐	緯 씨줄 위	185	☐☐	玆 검을/이 자	196	☐☐	摘 딸 적	206
☐☐	謂 이를 위	185	☐☐	紫 자줏빛 자	229	☐☐	滴 물방울 적	206
☐☐	幽 그윽할 유	175	☐☐	資 재물 자	228	☐☐	績 길쌈/공(功) 적	235
☐☐	惟 생각할 유	245	☐☐	磁 자석 자	196	☐☐	蹟 자취 적	235
☐☐	悠 멀 유	187	☐☐	雌 암컷 자	229	☐☐	籍 문서 적	137
☐☐	裕 넉넉할 유	47	☐☐	諮 물을 자	228	☐☐	殿 대궐 전	317
☐☐	愈 나을 유	186	☐☐	酌 술잔/부을 작	197	☐☐	折 꺾을 절	206
☐☐	維 벼리 유	245	☐☐	爵 벼슬 작	309	☐☐	竊 훔칠 절	366

☐☐	占	점칠 점	207	☐☐	洲	물가 주	355		ㅊ
☐☐	漸	점차 점	236	☐☐	奏	아뢸 주	278		
☐☐	蝶	나비 접	138	☐☐	株	그루 주	216	☐☐ 差 어긋날 차	377
☐☐	廷	조정 정	207	☐☐	珠	구슬 주	217	☐☐ 茶 차 차/다	356
☐☐	征	칠·정벌할 정	208	☐☐	駐	머무를 주	217	☐☐ 遮 막을/가릴 차	406
☐☐	亭	정자 정	207	☐☐	鑄	부어 만들 주	146	☐☐ 捉 잡을 착	306
☐☐	穽	함정 정	209	☐☐	俊	준걸 준	218	☐☐ 錯 어긋날/섞일 착	136
☐☐	訂	바로잡을 정	207	☐☐	準	법도 준	246	☐☐ 贊 도울 찬	137
☐☐	偵	정탐할 정	208	☐☐	遵	좇을 준	308	☐☐ 讚 기릴 찬	137
☐☐	艇	거룻배 정	208	☐☐	仲	버금 중	219	☐☐ 札 패/편지 찰	336
☐☐	整	가지런할 정	209	☐☐	症	증세 증	209	☐☐ 刹 절 찰	396
☐☐	程	길/법 정	208	☐☐	蒸	찔 증	357	☐☐ 斬 벨 참	235
☐☐	堤	둑 제	149	☐☐	憎	미워할 증	219	☐☐ 慘 참혹할 참	129
☐☐	提	끌 제	149	☐☐	贈	줄 증	219	☐☐ 慙 부끄러울 참	235
☐☐	際	때/사이 제	209	☐☐	旨	맛/뜻 지	225	☐☐ 倉 곳집 창	236
☐☐	齊	가지런할 제	419	☐☐	池	못 지	158	☐☐ 滄 큰 바다 창	236
☐☐	劑	약 지을 제	215	☐☐	脂	비계 지	225	☐☐ 彰 밝을 창	199
☐☐	濟	건널 제	215	☐☐	誌	기록할 지	289	☐☐ 蒼 푸를 창	236
☐☐	弔	조상할 조	395	☐☐	遲	더딜 지	407	☐☐ 暢 화창할 창	165
☐☐	租	조세 조	229	☐☐	織	짤 직	225	☐☐ 彩 채색 채	229
☐☐	彫	새길 조	218	☐☐	津	나루 진	348	☐☐ 債 빚 채	235
☐☐	條	가지 조	187	☐☐	珍	보배 진	389	☐☐ 策 꾀 책	396
☐☐	措	둘 조	136	☐☐	陣	진칠 진	359	☐☐ 悽 슬퍼할 처	237
☐☐	組	짤 조	229	☐☐	振	떨칠 진	226	☐☐ 戚 겨레 척	148
☐☐	釣	낚시 조	197	☐☐	陳	늘어놓을 진	359	☐☐ 拓 넓힐 척/박을 탁	136
☐☐	照	비출 조	139	☐☐	診	진찰할 진	389	☐☐ 斥 물리칠 척	396
☐☐	潮	조수 조	215	☐☐	塵	티끌 진	345	☐☐ 遷 옮길 천	407
☐☐	燥	마를 조	145	☐☐	震	벼락/진동할 진	226	☐☐ 賤 천할 천	197
☐☐	拙	졸할 졸	246	☐☐	鎭	진압할 진	227	☐☐ 踐 밟을 천	197
☐☐	縱	세로 종	405	☐☐	徵	부를 징/음률 이름 치	405	☐☐ 薦 천거할 천	356
☐☐	佐	도울 좌	275	☐☐	懲	징계할 징	405	☐☐ 哲 밝을 철	206
☐☐	座	자리 좌	339	☐☐	姪	조카 질	225	☐☐ 徹 통할 철	405
☐☐	舟	배 주	418	☐☐	疾	병/빠를 질	296	☐☐ 撤 거둘 철	405
☐☐	周	두루 주	218	☐☐	秩	차례 질	278	☐☐ 尖 뾰족할 첨	318
☐☐	柱	기둥 주	217	☐☐	輯	모을 집	398	☐☐ 添 더할 첨	346

☐☐ 妾 첩 첩	286	☐☐ 趣 뜻/취미 취	247	☐☐ 態 모양 태	296
☐☐ 諜 염탐할 첩	138	☐☐ 醉 술취할 취	415	☐☐ 颱 태풍 태	189
☐☐ 廳 관청/청사 청	208	☐☐ 側 곁 측	247	☐☐ 擇 가릴 택	166
☐☐ 逮 미칠 체	408	☐☐ 測 헤아릴 측	247	☐☐ 澤 못 택	166
☐☐ 替 바꿀 체	299	☐☐ 値 값 치	226	☐☐ 吐 토할 토	339
☐☐ 遞 갈마들 체	408	☐☐ 恥 부끄러울 치	295	☐☐ 兎 토끼 토	276
☐☐ 滯 막힐 체	379	☐☐ 稚 어릴 치	245	☐☐ 透 통할 투	145
☐☐ 締 맺을 체	215	☐☐ 置 둘 치	226	☐☐ 鬪 싸움 투	77
☐☐ 抄 베낄 초	138	☐☐ 漆 옻칠할 칠	348		
☐☐ 肖 닮을 초	238	☐☐ 沈 잠길 침/성씨 심	248	**ㅍ**	
☐☐ 哨 망볼 초	238	☐☐ 枕 베개 침	248		
☐☐ 焦 탈 초	239	☐☐ 侵 침노할 침	247	☐☐ 把 잡을 파	307
☐☐ 超 넘을 초	139	☐☐ 浸 적실 침	248	☐☐ 派 물갈래 파	347
☐☐ 礎 주춧돌 초	337	☐☐ 寢 잠잘 침	248	☐☐ 頗 자못 파	257
☐☐ 促 재촉할 촉	307	☐☐ 稱 일컬을 칭	365	☐☐ 播 뿌릴 파	108
☐☐ 燭 촛불 촉	238			☐☐ 罷 마칠 파	379
☐☐ 觸 닿을 촉	239	**ㅌ**		☐☐ 版 판목 판	98
☐☐ 銃 총 총	247			☐☐ 販 팔 판	99
☐☐ 聰 귀밝을 총	305	☐☐ 妥 평온할 타	286	☐☐ 覇 으뜸 패	358
☐☐ 總 다/묶을 총	386	☐☐ 墮 떨어질 타	145	☐☐ 偏 치우칠 편	249
☐☐ 寵 사랑 총	85	☐☐ 托 맡길 탁	248	☐☐ 遍 두루 편	249
☐☐ 抽 뽑을 추	186	☐☐ 託 부탁 탁	249	☐☐ 編 엮을 편	249
☐☐ 醜 추할 추	387	☐☐ 琢 쪼을 탁	388	☐☐ 坪 들/평수 평	255
☐☐ 趨 달릴 추	239	☐☐ 濁 흐릴 탁	239	☐☐ 評 평론할 평	255
☐☐ 畜 기를 축	376	☐☐ 濯 씻을 탁	205	☐☐ 肺 허파 폐	149
☐☐ 逐 쫓을 축	147	☐☐ 誕 낳을 탄	408	☐☐ 幣 폐백 폐	255
☐☐ 軸 굴대 축	187	☐☐ 彈 탄알 탄	75	☐☐ 廢 버릴/폐할 폐	367
☐☐ 蓄 모을 축	376	☐☐ 歎 탄식할 탄	67	☐☐ 弊 해질 폐	255
☐☐ 築 쌓을 축	366	☐☐ 奪 빼앗을 탈	277	☐☐ 蔽 덮을 폐	255
☐☐ 縮 줄어들 축	368	☐☐ 貪 탐낼 탐	67	☐☐ 抛 던질 포	306
☐☐ 蹴 찰 축	276	☐☐ 塔 탑 탑	258	☐☐ 怖 두려울 포	379
☐☐ 衷 정성 충	378	☐☐ 湯 끓을 탕	165	☐☐ 胞 태보 포	256
☐☐ 衝 부딪칠/찌를 충	219	☐☐ 怠 게으를 태	189	☐☐ 捕 잡을 포	116
☐☐ 炊 불땔 취	299	☐☐ 殆 위태할/거의 태	189	☐☐ 浦 물가 포	116
☐☐ 臭 냄새 취	305	☐☐ 胎 아이 밸 태	189	☐☐ 砲 대포 포	256

☐☐	飽 배부를 포	256	☐☐	獻 드릴 헌	267	☐☐	禍 재앙 화	57
☐☐	幅 폭 폭	117	☐☐	險 험할 험	237	☐☐	確 굳을 확	357
☐☐	爆 터질 폭	256	☐☐	革 가죽 혁	418	☐☐	擴 넓힐 확	268
☐☐	豹 표범 표	197	☐☐	玄 검을 현	416	☐☐	穫 거둘 확	365
☐☐	漂 뜰 표	257	☐☐	弦 활시위 현	265	☐☐	丸 둥글/알 환	408
☐☐	標 표시할 표	256	☐☐	絃 줄 현	266	☐☐	幻 허깨비 환	385
☐☐	被 입을 피	257	☐☐	縣 고을 현	387	☐☐	換 바꿀 환	268
☐☐	避 피할 피	109	☐☐	懸 매달 현	387	☐☐	還 돌아올 환	388
☐☐	畢 마칠 필	377	☐☐	顯 나타날 현	297	☐☐	環 고리 환	388
			☐☐	穴 구멍 혈	417	☐☐	滑 미끄러울 활/다스릴 골	346
	ㅎ		☐☐	嫌 싫어할 혐	38	☐☐	況 하물며 황	276
			☐☐	峽 골짜기 협	266	☐☐	荒 거칠 황	95
☐☐	荷 짐/연꽃 하	25	☐☐	脅 위협할 협	266	☐☐	凰 봉황새 황	268
☐☐	虐 사나울 학	318	☐☐	亨 형통할 형	297	☐☐	灰 재 회	338
☐☐	鶴 학 학	329	☐☐	型 틀·본보기 형	209	☐☐	廻 돌아올 회	375
☐☐	汗 땀 한	28	☐☐	衡 저울 형	399	☐☐	悔 뉘우칠 회	96
☐☐	旱 가물 한	28	☐☐	螢 반딧불이 형	266	☐☐	懷 품을 회	269
☐☐	翰 날개/글 한	37	☐☐	兮 어조사 혜	415	☐☐	劃 그을 획	376
☐☐	割 벨 할	367	☐☐	慧 지혜 혜	289	☐☐	獲 사로잡을 획	318
☐☐	含 머금을 함	67	☐☐	互 서로 호	409	☐☐	橫 가로 횡	268
☐☐	咸 다 함	258	☐☐	胡 오랑캐 호	46	☐☐	曉 새벽 효	176
☐☐	陷 빠질 함	257	☐☐	浩 넓을 호	46	☐☐	侯 제후 후	275
☐☐	艦 싸움배 함	35	☐☐	毫 가는 털 호	46	☐☐	喉 목구멍 후	275
☐☐	抗 겨룰/막을 항	258	☐☐	豪 호걸 호	46	☐☐	勳 공 훈	269
☐☐	巷 거리 항	49	☐☐	護 보호할 호	299	☐☐	揮 휘두를 휘	59
☐☐	航 배 항	258	☐☐	惑 미혹할 혹	267	☐☐	輝 빛날 휘	59
☐☐	項 목 항	48	☐☐	酷 독할 혹	47	☐☐	毁 헐 훼	317
☐☐	港 항구 항	49	☐☐	昏 저물 혼	329	☐☐	携 끌 휴	307
☐☐	奚 어찌 해	259	☐☐	魂 넋 혼	178	☐☐	痕 흉터 흔	29
☐☐	該 갖출/마땅/그 해	259	☐☐	忽 갑자기 홀	98	☐☐	稀 드물 희	379
☐☐	核 씨 핵	259	☐☐	弘 클 홍	395	☐☐	熙 빛날 희	338
☐☐	享 누릴 향	265	☐☐	洪 넓을 홍	49	☐☐	噫 탄식할 희	188
☐☐	響 소리/울릴 향	265	☐☐	鴻 기러기 홍	48	☐☐	戲 희롱할 희	267
☐☐	軒 수레/처마 헌	28	☐☐	禾 벼 화	417			
☐☐	憲 법 헌	289	☐☐	靴 가죽신 화	267			

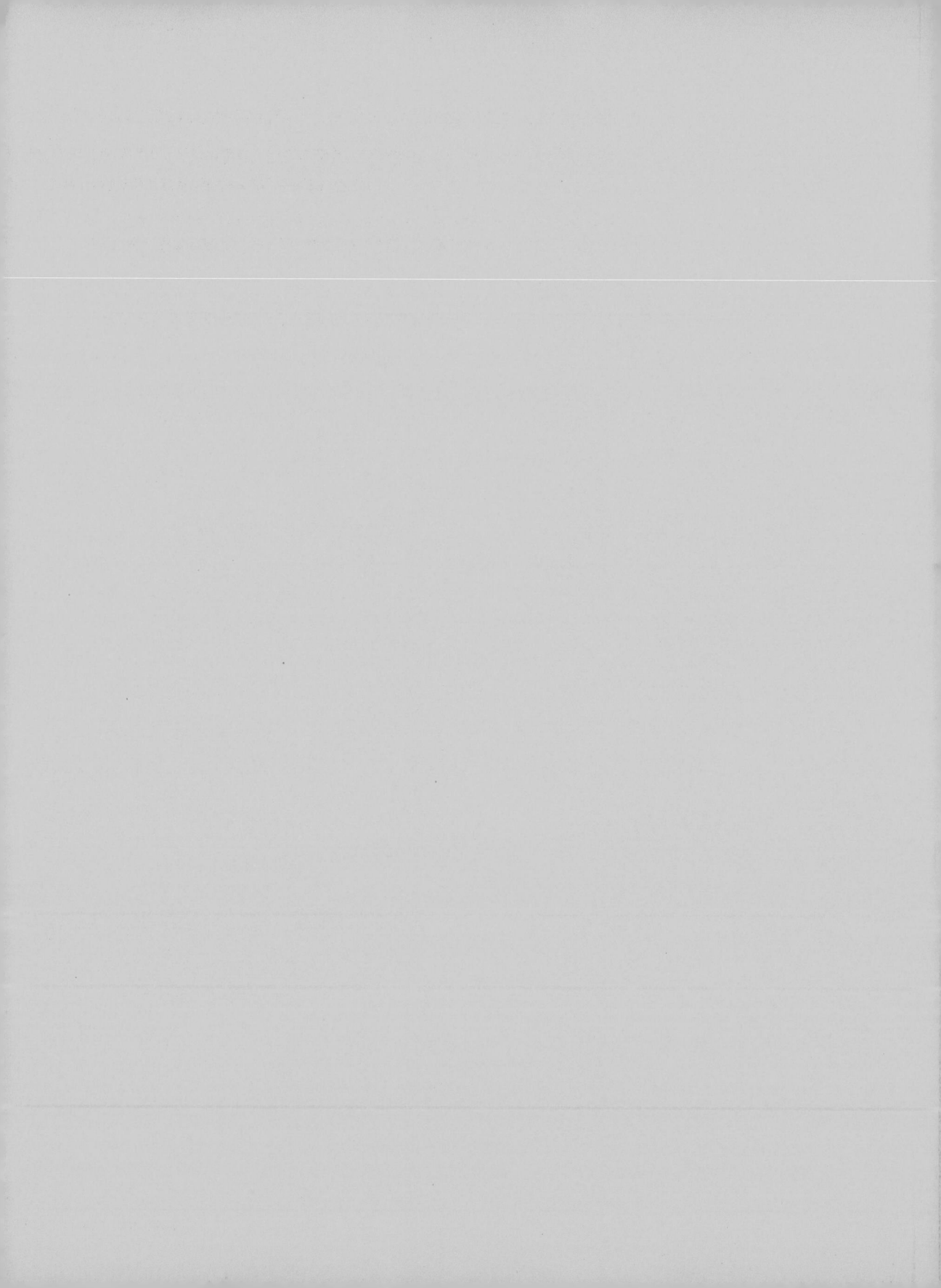